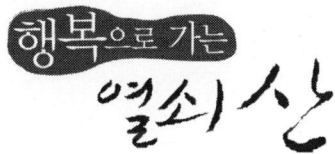
행복으로 가는

열쇠산

KB241265

교육학자 김성봉 교수의 삶, 자연, 행복

행복으로 가는 열쇠 산

| 김성봉 지음 |

이담
Books

교육학자 김성봉 교수의
삶, 자연, 행복

 진리·행복은 우리와 가까이 있다. 다만 진리는 자신을 잘 드러내지 않고 조용히 머물러 있어 우리가 잘 알지 못할 뿐이고, 행복은 우리의 마음속에 있어 언제든지 자신을 찾아주기를 애타게 기다리고 있을 따름이다. 우리는 위대한 존재이다. 왜냐하면 마음만 먹으면 진리·행복과 얼마든지 함께할 수 있고, 자연을 벗 삼아 모든 존재들과 어울려 놀 수도 있기 때문이다. 문제는 이를 얼마나 깨닫고 가까이 하느냐에 달려있다. 이미 많은 선지식인들과 위인들은 이 세상을 어떻게 살아야 하는 지와 진리와 행복에 머무는 방법들에 대해 많이 말씀하셨다. 따라서 우리는 더 많이 깨달아서 한 순간이라도 더 진리·행복 속으로 들어가 이들과 하나가 되어야 한다. 이를 위해서는 자기 혁신이 요구된다. 진리는 空이나 공기처럼 내가 태어나기 전에도, 내가 이 글을 쓰기 전에도, 내가 죽은 후에도, 언제나 존재할 것이다. 따라서 이런 글을 굳이 쓸 필요도 없는데 이 글을 쓴 이유는 이런 과정을 통해 나도 좀 더 진리·행복의 길로 가고자 원하고 있기 때문이다.

이 글은 지난 6년 동안에 생활하면서 읽은 책이나 경험한 일들 그리고 시간이 날 때마다 가끔씩 조용한 산사나 숲에 갔었을 때 느낀 점을 조금씩 적어 두었던 글이다. 따라서 일기처럼 그때마다 느낀 점을 그대로 적었기에 부족한 부분도 있고 다소 비슷한 부분도 없지 않기에, 특히 이 글을 읽는 독자 여러분의 생각과 맞지 않는 부분도 당연히 있다고 생각한다. 하지만 생활하면서 가슴에서 우러나오는 내면의 소리를 그대로 솔직히 적었으며 가급적이면 읽기 쉽게 적으려고 노력을 했다. 따라서 이 책은 많은 지식을 제공하는 데 그 목적이 있지 않고 마음 수양의 과정에 조금이나마 도움이 되었으면 하는 차원에서 만들어진 것이기에 누군가 이 책을 읽고서 단 몇 줄이라도 마음에 들거나 한 가지라도 느낀 점이 있다면 나로서는 더 이상 바랄 것이 없다.

나의 주된 관심은 삶 속에서의 평안과 행복이다. 그래서 이 책 내용의 대부분은 어떻게 하면 더 평안하고 행복해질 수 있을까와 관련된 것이라 해도 과언은 아니다. 그 이유는 걱정이 많은 나 자신의 문제를 해결하고자 하는 목적도 있지만 무엇보다도 이것은 인간이면 누구나 바라는 최고의 관심사이기 때문에 평소에 관심을 가지고 그 해결점을 찾아보고 싶었기 때문이다. 특히 교육학을 공부하는 나는 그 누구보다도 더 이 주제들에 대한 깊은 이해와 연구를 하여 참된 진리와 행복에 이르는 바람직한 방법들에 대해 잘 알 의무가 있다고 생각하고 있다. 아직도 그 과정에 있고 여러 면에서 부족한 점도 많아 부끄럽지만 과감히 책으로 출간하고자 하는 용기를 내었다.

　세찬 비바람과 눈보라가 치고 살을 도려내는 것 같은 아픔과 말로 표현하지 못할 정도의 어려움이 우리에게 밀려오더라도 우리는 살아야 하며 보다 즐겁고 행복하게 살아야 할 의무가 우리에게 있다. 따라서 나를 포함하여 우리 모두가 더 행복한 삶을 살았으면 하는 바람을 가지고 있기에 여기에 먼저 내 나름대로 생각해 본 행복해지는 방법에 대해 간추려 몇 가지를 말하고자 한다. 그 첫째는 긍정적 사고라 확신한다. 왜냐하면 긍정적 사고를 하면 어디에서든, 어떤 상황이든지, 어떤 일이 빚어지더라도 그것을 좋게 보기에 걱정과 고민을 덜할 것이기 때문이다. 즉, 긍정적으로 생각하면 다 그 나름의 이유도 있고 또한 그것들이 오히려 나를 더 잘되게 하기 위함이라고 본다. 그리고 상황을 왜곡하지도 확대하지도 않는다. 두 번째는 무한히 낮아질 수 있을 만큼 최대한 낮은 마음을 가지는 것이라고 생각한다. 그러면 모든 것에 더 감사할 수 있는 인간이 되기 때문이다. 결국에는 살아 있는 자체만으로도 매우 감사하며 영광으로 생각할 것이다. 이때 순간순간이 즐겁고 기쁘다. 낮은 마음을 가지고 생활하면 자연히 욕심도 덜 갖게 되며, 적은 것에도 만족하고, 가지고 있지 않은 것에 눈을 덜 돌리고, 자신이 가지고 있는 것에 더 만족을 하며 살기에 더 많은 행복을 느낄 것이다. 세 번째는 가급적 자신과 세상에 대한 객관적인 눈을 가지고 자신에게 보다 맞는 일과 환경 속에서 살며, 어떤 일을 하든지 간에 자신의 일에 자부심과 긍지도 잃지 않으며, 나름대로 꿈(희망)을 가지고 사는 것이라 생각한다. 네 번째는 선행이라 생각한다. 선행하면 자기도 모르게 행복과 기쁨이 용솟음치기 때문이다. 그런데 쉽지가 않다. 왜냐하면 선행은 자신이 가진 것을 당장 남에게 주는 것이거나 보다 남에게 잘하는 것이기에 주는 것에 익숙하지 않거나, 남을 위하고자 하는 마음이 적거나, 더 가지려고 하는 마음을 가지고 있는 경우에는 하기가 어렵기 때문이다. 그러나 우리는 좁은 문으로 가야 한다. 비록 많은 사람들이 이를 잘 모르고 관심을 갖지 않을지라도 우리가 가야 할 길이라고 생각하고 굳은 신념과 지혜를 가자. 누군가 말했듯이 부족하고 가난하고 힘없고 병든 사람을 돕는 것은 하나님과 더 가까워지는 것이란 말이 불현듯 떠오른다.

짧은 인생, 죽으면 언제 다시 올지 모르는 이 인생을 우리는 살고 있다. 살면서 걱정도 많이 하기도 하고, 알게 모르게 잘못을 하기도 하지만, 가급적이면 소중한 시간을 걱정하는 데 허비하지 말고, 잘못된 행동도 덜하고, 남을 돕는 좋은 일을 많이 하며 행복하게 살아야 한다. 지나간 과거의 일이지만 나는 아쉽게도 부모님께 받은 사랑이 매우 크지만 제대로 효도를 못해 드려서 항상 가슴 아프게 생각하고 있다. 그래서 이 자리를 통해 또 죄송하다는 말씀을 올리고 싶다. 우리 아버지와 어머니께서는 내가 공부하는 것에 대해서는 아낌없는 지원을 해 주셨다. 실제로 석사과정까지 필요한 학비와 생활비, 책값 등 전 비용을 다 지불해 주셨다. 우리 할머니는 특히 나에게 불교를 알게 해 주신 분이다. 어릴 때 불교 신자인 할머니를 따라 절에 간 기억이 있으며, 수시로 집에서도 불경을 읽으셨기에, 그것이 나로 하여금 종교에 더 가까이 가게끔 만든 결정적 계기가 되었다고 생각하니 고마울 따름이다. 기독교

집안에서 태어나 자란 사람이 자연스럽게 교회를 다니고 성경을 가까이하는 것처럼, 나는 불교를 믿는 집안에서 자랐기에 자연스럽게 불교를 믿게 된 것이다.

따라서 이 책에는 불교 쪽에 가까운 내용이 많다. 왜냐하면 무엇인가 좋은 아이디어를 얻기 위해서 조용하고 맑은 곳을 자주 갈 필요가 있고, 자연을 특히 좋아하는 내가 편안한 곳을 찾다 보니 또한 그곳에 좋은 절이 있었기 때문이다. 나는 근본적으로 기독교나 불교나 그 어떤 종교도 결국 그 핵심이자 강조하는 것은 다 같다고 생각한다. 그것은 바로 사랑과 자비이다. 불교에서는 우리 인간중생들이 부처를 닮는 것, 자기 자신이 부처가 되는 것을 강조하는 반면에, 기독교에서는 원죄를 진 우리 인간들이 앞으로 어떻게 살아야 하는지를 잘 보여 준 예수를 닮을 것을 강조하고 있다고 생각한다. 문제는 우리가 얼마나 부처나 예수와 비슷한 삶을 사느냐인데 벌써 가깝게 접근한 사람도 있는 반면에 아직 까마득히 멀리 떨어져 있는 사람도 있는 것이 현실이다. 우리 모두 더 노력할 수밖에 없다.

나는 인간주의를 강조하며 연구하고 있는 학자로서 이미 나름대로 인간주의의 핵심 가치를 밝혀서 제시한 바가 있다. 인간주의는 자연주의와 결코 다르지만은 않다. 인간을 이 세상의 최고의 꽃이라 생각하지 않더라도 최소한 인간을 위하고 존중하는 마음을 더 갖기 위해서는 먼저 자연을 사랑할 수 있어야 한다. 자연은 대자연의 일부이기도 한 우리들에게 많은 것을 주고 있다. 따라서 항상 말없이 아낌없이 주고 있는 자연에 매 순간 감사하고 고마운 마음을 가지는 것이 도리이다. 그래서 식탁위에 나물이 있다면 그들에게 감사하게 생각하고 고마운 마음을 가진다. 그러면 자기도 모르게 더 기쁘고 즐거운 마음을 가지고 식사를 할 수가 있다. 이는 상대를 존중하고 귀하게 여기면 상대도 나를 그렇게 해 준다는 이치 때문이다. 상대가 나를 통해 즐거우면 나도 상대를 통해 즐겁게 된다. 이는 현자가 삶을 사는 방법이다.

마지막으로 관세음보살처럼 직장에서 봉사의 정신으로 열심히 일을 하며 가정에서도 묵묵히 남편을 뒷바라지하랴 자식들을 키우랴 헌신하고 있는 착한 내 아내에게 고맙다는 말을 꼭 하고 싶고, 부모님 말씀 잘 듣고 씩씩하고 멋있게 잘 자라고 있는 우리 두 아들 태호와 태성이에게도 항상 고마움을 느끼고 있다. 그리고 이 자리를 통해 오늘의 내가 있도록 직접적으로든 간접적으로든 많은 도움을 준 이 세상에 존재하는 모든 것들에게도 감사의 마음을 표하는 바이다.

한편 부족한 책을 발간하게끔 배려해 준 한국학술정보(주) 사장님께 감사의 말씀을 드리며 그 외 김영권·임은정· 이지연·곽유정 선생님 등 여러분들께도 감사의 말씀을 드립니다.

2009년 꽃이 피는 봄에
지은이 씀

목 차

 **퇴계 선생**

얼마 전 퇴계 선생님께서 사셨다는 도산서원에 갔다 온 적이 있다. 그가 남겼을 그 무엇인가를 찾고도 싶었고 어떻게 사셨는지를 그려보고도 싶었기 때문이다. 둘러보면서 문득 연구하는 사람은 특히 자기가 하고 싶은 분야 즉, 끌리고 좋아하는 분야를 연구하는 것이 좋다는 생각이 들었다. 이것은 다른 분야에 종사하는 사람도 마찬가지이다. 그래야 더 신바람이 나서 시간을 잊고 일에 더 깊숙이 매진할 수 있을 뿐만 아니라 이 과정에서 진리에 더 근접하고 있다는 것을 깨닫게도 된다.

이것과 관련하여 나는 평소에 학생들에게 진로를 결정할 때 특히 like, ability, value를 고려해야 한다고 말했다. 대체로 중학교 정도의 시기에 1차적으로 결정하는 것이 좋은데 이때 돈이나 사회적 평판 등 여러 가지를 생각할 수 있지만 특히 내가 세 가지를 든 이유는 첫째, 자신이 좋아하는 분야로 가는 것이 가장 바람직하며 둘째, 자신이 그 일을 어떤 다른 일을 할 때보다도 더 잘할 수 있을 정도의 능력과 소질을 기본적으로 가지고 있어야 하며 셋째, 자신이 추구하고자 하는 이상이나 인생의 목표 혹은 가치를 실현할 수 있는 쪽으로 결정을 하는 것이 좋다고 보았기 때문이다.

아무튼 퇴계 선생님은 지금도 우리 후손들에게 학문뿐 아니라 국가의 관리로서 어떻게 살아야 하는지를 잘 보여 주고 있는 모델이 되고 있음은 의심의 여지가 없다. 우리가 익히 잘 아는 바와 같이 그는 학문과 나라에 대한 사랑이 지극하여 서원을 통해 제자들을 길렀으며, 또한 나랏일도 하였는데 특히 임금이 불러도 사양했다는 말이 생각나 그가 마냥 부럽기만 하였다. 왜냐하면 그렇게 할 정도의 능력과 여유를 그가 분명히 갖추고 있었기 때문이다. 그리고 그의 이러한 자유자재한 삶뿐 아니라 특히 자연을 벗 삼아 즐겼다는 점이 나에게는 더욱 부러웠다. 그는 무엇보다도 매화, 소나무, 국화, 대나무, 연꽃을 많이 좋아하였고 이외에는 시냇물과 바위도 좋아했다고 한다. 나도 바위를 좋아하고 소나무를 좋아하기에 서로 공통점이 있다는 생각도 들었다. 그래서 앞으로 가능하면 집에 이런 친구들을 두고 함께하는 시간을 더 가지려고 한다.

나오면서 퇴계 선생에 대한 책을 한 권 사서 보니 가정교육뿐만 아니라 왕을 포함한 지도자가 지녀야 할 자세 등에 대해서도 좋은 글을 썼음을 알 수 있었다. 이는 내가 평소에 관심을 많이 가지고 있던 분야라서 앞으로 더 공부하고 자료도 모아 이 방면 쪽으로도 글을 한번 써야겠다는 생각이 들었다.

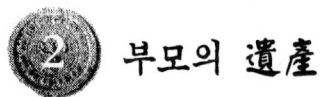

② 부모의 遺産

부석사는 이곳 연구실에서 20여 분의 거리에 있기에 자주 간다. 아미타불 앞에서 절을 108배씩 하고 내려오면서 중간지점에 있는 큰 북을 가끔 스님들이 치는 소리를 들으면 나뿐만 아니라 이 세상의 모든 생물들이 좋아할 것 같고 영혼들도 즐거워할 것 같다는 생각을 해 보았다. 내 자신은 절에 오르면서 108배를 하면서 운동이 되어 좋고, 보시함에 적선을 할 수 있어서 또 좋고, 그 과정에서 많은 깨달음도 얻을 수 있어서 좋다.

이 세상에는 다양한 사람들이 살고 있는데 될 수 있는 한 좋은 사람들이 많으면 좋다. 그럼 어떻게 하면 보다 좋은 사람들이 많아지고, 사람들이 더 행복하다고 느끼며 살까라는 생각을 해보았다. 물론 그것은 흔히 하는 말로 마음먹기에 달렸다. 따라서 좋은 생각을 많이 하도록 하여 몸에 배도록 하는 것이 제일 중요한데, 이를 가능하게 하는 것은 바로 교육, 좀더 구체적으로 말하면 가정교육이다. 따라서 진정으로 한 인간(자식)을 사랑한다면 자기자식에게 보다 좋은 것을 물려주어야 한다는 생각을 당연히 해야 한다.

그럼 물려주어야 할 가장 중요한 것 혹은 좋은 것은 무엇일까? 개인적으로 나는 아버님이 돌아가시고 난 다음에야 내 자식에게 꼭 물려주어야겠다고 다짐한 것은 이제 물질(돈)이 아니라 부모님(나와 나의 아내)과 함께 한 좋은 추억을 그의 가슴에 주는 것이 되었다. 그래서 이런 생각을 하고 난 다음부터는 가급적이면 가족끼리 보내는 여가 시간을 더 가지도록 하고 있고, 될 수 있는 한 좋은 모습을 보여주도록 하며, 여행도 많이 하는 등 좋은 시간을 보내고자 한다. 이처럼 내가 자식에게 물려줄 유산의 넘버원은 부모와 함께 한 즐거웠던 추억이다.

둘째는 세상에 대한 긍정적인 사고라 생각한다. 우리는 이 세상에 살면서 매우 다양한 경험을 하기도 하고 못 볼 것을 보기도 하고 듣지 말아야 할 것을 듣기도 한다. 그리고 이 세상은 다양한 존재가 각기 자신의 이익이나 목표를 향해 줄달음질치는 곳이다. 하지만 가급적이면 즐겁게 살아야 하는데 이때 가장 필요한 것이 긍정적 사고방식으로 이는 어릴 때부터 부모가 잘 물려주어야 할 매우 큰 보물이라 생각한다. 이것을 얼마나 물려주었느냐에 따라 그 자식의 행과 불행에 대한 생각도 달라질 것이다. 아시다시피 이 세상에 살고 있는 사람들의 생각들은 매우 다양하다. 어떤 사람은 적게 가지고 있으면서 행복하게 사는 사람도 있고, 어떤 사람들은 남이 보기에 많이 가지고 있지만 덜 행복하게 살 수도 있다. 세상과 일 그리고 본인에 대한 긍정적인 밝은 시각은 매우 필요하다. 그래서 나는 이와 관련하여 다음과 같은 사람들을 특히 부모나 교육자들이 자식(학생)에게 교육적 모델로 제시해야 한다고 생각한다. 이 세상이 아름답다고 생각하는 인간, 이 세상에 태어나 살고 있다는 그 사실만으로도 감사할 줄 아는 인간, 자신이 앞으로 무엇이든지 다른 사람들에게 도움을 줄 수 있는 기회가 무궁무진함에 기뻐할 줄 아는 인간이다.

셋째, 이 세상에 살면서 꼭 해야 하는 일이자 가장 중요한 것이 바로 선행(사랑)이라는 것임을 일깨워 주고 이를 물려주는 것이다. 먼저 자신이 무한한 사랑을 받고 있는 존재임을 느끼게 하고 또 다른 존재에게 많은 사랑을 줘야 하는 것을 의무임을 깨닫게 하는 것이다. 부처, 예수님, 플라톤, 공자 등의 이루 헤아릴 수 없는 많은 위인의 글을 보거나 생각해보면 그들이 제일 강조한 것은 선행(사랑하는 마음)이었다. 가정에서부터 사랑을 많이 물려받은 자식은 다음에 그 사랑을 다른 사람에게 많이 전파하고 물려준다. 따라서 부모는 당연히 사랑을 많이 주어야 한다. 사랑을 표현하는 방법에는 돈이 안 드는 고운 말, 맑고 밝은 웃음 등 매우 다양한 방법이 있다.

넷째는 부모의 성실한 모습을 물려주는 것이다. 어떤 일을 하고 적은 돈을 벌더라도 자신의 일에 대한 긍정적 생각, 자부심 및 노력하는 모습을 가지는 것은 바로 자식들이 배운다. 그러면 성실한 사람이 되어 더 나아가서는 부모님보다 더 훌륭한 사람이 될 수도 있다. 힘들어도 긍정적으로 생각하고 열심히 사는 모습은 필히 자식들에게 많은 힘이 될 것이다. 우리 모두 위에서 말한 것뿐만 아니라 좋은 것들을 더 많이 자식들에게 물려줄 수 있도록 하자. 그러면 미래의 사회는 더 밝은 사회가 될 것이다.

 **각 개인에 대한 배려**

몇 년 전 교직과 교수로서 교생 실습 나간 학생들을 보러 태백 기계공업고등학교에 갔었다. 이때 태백의 땅을 나는 태어나서 처음 으로 밟았다. 강원도를 생각하면 옛날에 중학교 2학년 때에 완행 기차 타고 엄청나게 많은 굴들을 지나며 경주에서 서울로 수학여행 을 갔었는데 그때 도계를 갔던 기억이 떠오른다. 내가 87년도에 교 생실습을 갔으니 거의 20년 만에 이제는 교생을 담당하는 교수로 가게 된 것이다. 색다른 느낌도 들었다. 나는 그 당시 교생실습학교 가 나의 대학교에서 가기가 힘든 지역에 위치해 있었고 환경도 다 르고 색다른 생활로 인해 매우 힘들었던 기억이 남아 있다.

교장 선생님을 만나고 잠깐 이야기를 나누었지만 내 신분이 대 학교수인지라 다소 좋았다. 현재 공고에 대한 기피현상으로 1학년 경우에는 정원이 미달이라 했다. 나는 이것은 여기만의 문제가 아 니라 전국적인 현상이라 했다. 나도 과거 실업계(전문계) 학교에 교사로 근무해 본 경험이 있기에 누구보다도 잘 알고 있는 바이다. 대다수 학생들의 수준이 중학교 정도도 되지 않는다는 것도 익히 잘 알고 있다. 그 당시에도 나는 실업계학교용 교재가 별도로 필요하다고 생각했었다(특별 선택 교과목에 대해 여러 교과서를 사용하도록 할 수 있다는 최근 교과부의 발표가 있었는데 정말 중요한 것은 영어, 수학 등 필수 과목에 대한 다양한 교재가 있어야 한다). 영어, 수학, 국어 등에서 한참 아래이다. 그래서 더욱더 흥미가 없다. 1학년 학생 중에는 공부에 흥미가 없는 학생뿐 아니라 실습에도 흥미가 없는 학생들이 있다고 말씀하셔서 이에 대한 대책이 있어야 할 것이다. 그래서 이들을 어떻게 교육시키는 것이 바람직한가 하는 물음을 제기해 볼 수 있다. 그리고 좋은 방안을 찾아야 하는 것이 우리의 의무이다. 왜 그런 현상이 벌어진 것인가? 배우는 내용이 어렵거나 흥미가 없어서, 아니면 가정이 불안정하여, 아니면 삶에 의욕이 없어서인가? 이것도 아니면 돈이 필요해서 등 여러 가지가 복합적으로 엮여 있는 것임에는 틀림이 없다.

옛날에 가 보고 싶어 했던 태백산이 있는 곳이기에 실제 와 보니 그렇게 멀리 떨어져 있는 곳도 아니라 생각되어 다음에는 태백산 등산을 하러 꼭 다시 와 봐야겠다는 다짐을 했다. 이곳은 옛날부터 내가 다음에 시간을 내어 한번은 가 보아야지라고 생각하고 있던 지역으로 우리나라의 등줄기산맥인 소백산맥과 태백산맥으로 둘러싸여 있는 곳이다. 그런데 이렇게 올 수 있게 되어 무엇보다도 하느님과 부처님의 덕이라 생각하니 감개가 무량하다. 가는 길 주위에 펼쳐진 경치도 좋아서 잠시 가던 길을 멈추고 내려 흐르는 계곡에 발을 담그고 싶었지만 다음 기회에 하기로 미루었다.

 # 위대한 작품을 위한 노력

우리는 용이란 동물을 이상적인 존재임과 동시에 매우 길한 동물로 여기고 있다. 실제 나는 용띠이기에 다소 이상적이기도 하여 큰 꿈을 가지고 살면서 그 꿈을 이루려고도 하며 아무튼 좋은 일을 많이 하고 싶은 마음을 가지고 있다. 그런데 이것이 자칫 이상은 큰데 현실이 그렇지 못하여 괴리가 크면 욕구불만이 생기기 쉽기에 욕심을 좀 줄이는 것이 좋다고 생각한다. 사실 나는 욕심이 많다. 그래서 가끔 절에 가서 108배를 하면서 탐·진·치에서 벗어나게 해 달라고 빈다. 지금 나에게 있어 제일 큰 화두는 마음을 다스리고 편안한 마음을 가지는 것이다. 많이 가졌든지 지위가 높든지 하는 것이 행복과 정비례하지는 않기 때문이다. 가진 자는 그만한 이유가 있는데 가지려고 애쓰는 만큼 그 소유욕은 줄지 않기에 삶은 늘 피곤할 수 있다.

내가 있는 곳에서 예천의 용문사까지는 대략 40km쯤 된다. 풍기에서 예천까지가 27㎞쯤 되고 다시 용문사까지 13㎞쯤 가니 말이다. 절을 하면서, 물론 누구나 노력을 하겠지만 특히 중요하고 큰 일들은 다 자신의 노력에 하늘이나 부처님이 도와준 덕 때문이란 생각이 들었다. 사람이 태어나고 죽는 것, 언제 어디에서 태어나는 것 등은 모두 자기 뜻만으로는 힘들다고 보기 때문이다. 따라서 순리에 따르고 결과에 승복하는 것이 현명한 처세술이 될 것이다. 잎이 피면 언젠가는 지고 생겨났다가 언젠가는 진다. 되돌아보니 사실 내가 겪은 큰일이나 큰 줄기는 거의 나도 모르게 이루어졌다는 것이 강하게 느껴진다. 내가 재수하여 결국 사범대에 들어간 것, 좋은 스승을 만난 것, 학교의 교사로 임명된 것, 집사람을 만나 결혼한 것, 지금의 태호와 태성이를 낳은 것, 박사논문을 쓴 것, 대학교수가 된 것은 모두 큰 사건들로서 자연스럽게 그렇게 되었다. 그래서 강의시간에 학생들에게 '자기 인생에서 큰일들은 자기도 모르게 만들어지니 앞으로 자기에게 벌어질 큰일들이 자기한테 유리하고 좋게 형성되고 복을 받기 위해서는 평소에 좋은 일을 많이 하고 열심히 살면 된다'고 말했다. 그렇지 않고 착한 마음과 성실함이 빠진 체 눈앞의 것만을 쫓고 원하는 것이다. 돈 혹은 예쁜 여자 등에 목을 매는 것은 다 부질없는 잘못된 행동이라 하였다. 한마디로 말하면 착실하게 살면 된다는 것이다.

앞으로 십 몇 년이 지나면 나도 환갑이다. 환갑이 되기 전에 무엇을 할 것인가에 대해 잘 정해야 한다. 태어나서 20년 동안은 한마디로 말하면 공부 열심히 하여 대학에 입학한 시기였고, 그 다음 20년은 공부를 더 하기 위해 석사 및 박사과정을 밟으며 나의 사상의 토대를 닦은 시기이자 중·고등학교 선생님으로 가르치는 직업에 입문하여 여러 대학에서 강의도 한 교육체험 시기였다. 결국 40대 초반에 교수가 되었다. 그럼 앞으로 20년은 무엇을 해야 하나? 나는 가끔 불국사의 다보탑이나 석가탑 그리고 토함산의 석가모니 부처님을 많이 생각한다. 이처럼 위대한 작품을 만들고 싶다는 염원에서 그러는데 정작 나는 조각가도 예술인도 아니기에 현실적으로 불가능하다. 그래서 그나마 내가 품는 바람은 교육자를 인간을 재창조하는 예술인으로 보고 훌륭한 학생을 낳는 멋진 교육자가 되어야겠다는 각오를 해본다.

최근 들어 나는 진·선·미에 대해 많이 생각한다. 이것들은 인간이 추구해야 할 가장 높은 가치이다. 나는 진리와 지혜의 길로 빨리 가고 싶고, 좋은 일을 많이 하여 선의 길로도 가고 싶고, 아름답고 멋이 있는 생활을 하는 길로도 가고 싶다. 물론 이 세 가지는 다 서로 통하는 것들이다. 최소한 나는 강의나 글을 통해 그리고 실제 나의 삶을 통해 진·선·미를 실천하고자 한다. 이를 위해

첫째, 욕심을 줄인다. 그래야 더 깨끗해져 진리를 환히 볼 수 있다.

둘째, 만족을 한다. 그래야 더 자족하고 남에게 많은 선행을 할 수 있다.

셋째, 좋은 생각을 한다. 그래야 더 많은 힘과 용기를 얻으며 아름다운 세상 속에 살 수가 있다.

나무아미타불 관세음보살.

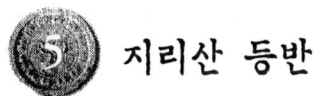 **지리산 등반**

올 여름방학에는 역사에 남은 특별한 사건이 하나 발생했다. 그것은우리 첫째 아들인 태호와 내가 지리산 꼭대기인 천왕봉에 올라간 일이다. 그동안 나는 최소 10번 정도는 지리산 천왕봉에 갔다 온 경험이 있지만 태호는 한 번도 가지 않았고 천왕봉까지는 꼬박 5시간 정도 걸어야 하며 내려오는 데도 4시간 정도의 시간을 요하기 때문에 매우 힘든 코스라 태호가 끝까지 해내리라고는 상상도 못 했다. 그런데 더 놀라운 사실은 초등학교 3학년 밖에 안된 아이가 나보다 더 잘 올라갔다는 사실이다. 나는 몸도 무겁고 뱃살도 있고 해서 땀이 정말 비 오듯이 흘리면서 겨우 올라가는데 태호는 몸이 가벼워서 그런지 나보다 더 잘 걸었다. 그 후 나는 태호를 다시 보게 되었다. 마냥 철모르는 어린 아이로만 생각했는데 그동안 나도 모르게 건강하게 잘 자란 것 같아 좋았다.

나는 처가가 진주여서 지리산에 가끔 가지만 태어나서 처음으로 간 때는 1988년쯤으로 기억된다. 그때 나는 대학원에 다니고 있었고 과의 동기들은 군대에서 복학하여 다니고 있던 시기이다. 밤에 서울역에서 출발하여 새벽 5시쯤 구례에 도착하여 화엄사까지 택시를 타고 가서 그곳에서 날이 밝기를 기다렸다가 노고단, 촛대봉 등을 거쳐 2박3일 동안 지리산의 산속에서 텐트에서 자고 밥을 직접 해 먹으면서 종주하였다. 정말 화엄사에서 노고단 쪽 정상까지는 매우 힘들었다. 이 코스는 너무 힘들어 여자들은 거의 가지 못하고 울면서 간다는 말을 누가 하였는데 그 말이 실감났다. 역시 우리 일행중의 여자들은 노고단 정상까지 가고는 너무 힘들어 그만 포기하고 집에 돌아갔다. 이때 지리산의 날씨는 여자의 마음과 같다는 이야기를 들었고 또한 몸으로 실감했다. 2박 3일간 계속 걸었는데 날이 개였다가 다시 비가 오고 비가 왔다가 조금 후 다시 햇살이 비치었다. 변덕이 매우 심했다. 금강산은 아직 가 보지 못해서 모르겠고 내가 가 본 산들 중에는 개인적으로는 설악산을 제일 좋아한다. 흔히 설악산은 남자의 산이고 지리산은 여자의 산이라 한다. 그것은 아마 설악산은 매우 큰 바위들도 많고 웅장한 면이 있고 지리산은 그것에 반해 크지만 여자처럼 포근한 느낌을 주기 때문이다. 산 정산에서 보는 고사목은 일품이었다. 아무튼 사람은 힘들었던 것을 더 기억하고 그것을 이겨낸 후에 느끼는 보람을 더 좋은 추억으로 간직한다. 그래서 정상을 정복하고 느끼는 그 오묘한 기쁨은 어려웠던 것을 한 순간에 깨끗이 씻어주었다.

교육학자 김성봉 교수의 삶, 자연, 행복

 **요가를 하고 와서 I**

이 세상에서 완성을 이루는 것은 매우 어렵고 불가능하다. 그래서 우리는 완벽을 추구하는 어리석은 사람이 되지도 말고 무리하게 욕심을 내어 완성을 하려다가 쓸데없는 걱정과 고통을 만들지도 말아야 할 것이다. 누가 말하지 않았는가! 완성은 없다고 말이다. 하지만 우리는 완성을 기약하지는 못하더라도 원하는 꿈을 이루기 위해서는 멈추지 말아야 한다. 계속 노력해야 한다. 그래서 혹 이생에서 못 이루면 다음 생에서라도 하겠다는 굳은 각오를 해야 한다.

요즘 마음을 비우고 온천에 가서 목욕을 자주 해서 그런지 아니면 고민을 덜해서 그런지 내가 생각하기에도 내 얼굴이 좀 좋아진 것 같다. 강의가 다 끝나고 방학이 되어서 그런지도 모르지만 말이다. 자주 씻어야 깨끗해지듯이 마음도 자주 닦으면 그렇게 되리라 생각된다. 수신 혹은 수심을 해야 할 것이다. 부단히. 그러나 이것도 완성이란 없다.

그래서 어찌 생각하면 현생 혹은 지금이 완성과 불완성의 결합이 아닌가 하는 생각도 든다. 공부, 돈, 권력, 자신의 수양 등 모두가 완성과 완벽이 없기에 지금의 삶 속에서 그것을 느껴야 할 것 같다. 내가 가지고 있는 것 혹은 지금의 삶이 가장 최적의 혹은 최선의 것이라 생각한다.

몸도 가볍게 정신도 가볍게 해야 보다 높은 곳으로 갈 수 있을 것이다. 상식적으로 생각해도 가벼워야 더 높고 멀리 갈 수 있기 때문이다. 높은 경지에 오르기는 어렵다. 그만큼 참고 노력해야 하고 자기를 극복해야 하기 때문이다. 나는 이 세상에서 제일 우리가 염두에 두어야 할 중요한 말로 평소에 착실과 조화(調和)를 꼽는다. 자신이 하는 어떤 일이나 만나는 그 누구에게나 성실한 마음으로 대하고 착한 마음으로 맞이하는 것이 무엇보다 중요하다고 보고 있으며, 또한 자신과 타자와의 조화, 음과 양과의 조화, 강함과 부드러움과의 조화, 자신과 자신이 하는 일과의 조화, 자신과 세계와의 조화 등을 이루는 것이 제일 중요한 일이라 본다.

이 세상에 살고 있는 사람들 모두가 더 행복해지기를 나는 바란다. 이것이 나의 관심 사항들 중의 하나이다. 그럼 어떻게 하면 가능할까? 물론 그 방법에는 여러 가지가 있을 것이다.

천국(극락)이 있다면 어떻게 하면 갈 수 있을까? 낙원 혹은 불국토를 어떻게 건설할 것인가도 마찬가지이다.

앞에서 말했듯이 우리는 노력(발견)과 수신을 꾸준히 해야 한다. 이 두 가지를 함께해야 한다. 이 세상은 보기에 따라 천국일 수도 있다. 그리고 자신이 생각하기에 따라 아닐 수도 있고 심지어는 지옥이라 느낄 수도 있을 것이다. 그래서 보다 행복하려면 생활에 있어 먼저 물적인 면에서의 부족이나 결핍이 없도록 개인도 노력하고 국가도 도움을 주어야 하는 것은 당연한 일이고, 특히 각 개인들은 생활 속에서 한편으로는 자신과 맞는 사람과 맞는 일을 더 가지도록 하여 힘들다는 생각보다는 하루하루가 즐겁다고 생각하며 살도록 해야 하고, 또 다른 한편으로는 될 수 있는 한 불만을 덜 가지며 살기 위해 어떤 처지에 있든지 간에 긍정적으로 생각하도록 자신을 만들어야 한다. 따라서 우리는 계속 몸과 마음을 닦아야 한다.

 **太白山에 갔다 와서**

항상 마음에 두고 가고 싶은 곳이었던 이곳 태백산을 드디어 시간이 나서 등산을 하였다. 3월 말인데도 눈이 와서 푹푹 빠지면서 힘들게 눈길을 걸어가며 올라갔다. 어떤 곳은 벌써 얼어서 미끄러지기도 하였다. 정상 부근에 가니 푸르고 맑은 하늘에 떠있는 흰 구름이 바로 내 눈앞에 가까이 펼쳐져 있어 조금만 노력하면 잡을 수 있을 것 같았다. 그 순간 꼭 천국에 온 것 같다는 생각도 들었다. 정상에는 하늘에 제사를 지내는 천제단이 있었고 커다랗게 쓴 태백산이란 비석도 있어서 기념으로 사진을 찍었다. 정말 좋았다. 야호를 크게 외치기도 하였다. 힘든 과정을 참고 이겨 내어 다른 사람을 위해 보다 좋은 일을 많이 하는 것이 기쁘고 행복한 삶을 사는 지름길임을 산을 올라가면서 또다시 느꼈다. 하지만 나 자신을 포함한 대부분의 사람들은 힘든 것을 싫어하고 남에게 베푸는 것에 익숙하지 않기에 우리는 계속 수양하면서 살아가야 할 것이다.

 # 거제도의 외도를 갔다 와서

거제도의 해금강을 처음으로 구경한 것은 1984년 여름이니 벌써 25년이 되었다. 종로학원에서 재수할 때 지리 선생님이 우리나라에 가 볼 만한 곳이 너무 많다며 다음에 가 보라고 많이 이야기하였다. 그래서 이때 거제도에서부터 서쪽 끝 홍도, 흑산도까지 갔었다. 오늘 가 본 이 외도는 과거 30년 전에 교사였던 부부가 뜻한 바가 있어 단둘이서 개척을 했단다. 과거 20년 전에는 세상에 알려지지 않았는데 그동안 세상에 알려져 나도 한번 가 보아야겠다는 마음을 먹고 갔던 것이다. 피땀을 들여 미개척지를 이렇게 아름답게 가꾼 것을 보고 나도 이렇게 한번 해 보았으면 하는 생각이 제일 먼저 들었다. 고생을 했겠지만 후세 사람들이 계속하여 아름다움을 만끽할 수 있으니 얼마나 좋은 일인가!

이곳을 보니 태국여행에서 구경한, 이와 비슷한 농장이 떠올랐다. 호랑이는 죽어서 가죽을 남기고 사람은 죽어서 이름을 남긴다는 말이 새삼 떠올랐으며, 경주의 불국사와 같은 불국토 건설의 마음을 가지고 있기에 100% 장담을 할 수는 없지만 보다 많은 사람들이 원하는 편안한 생활을 할 수 있는 이상적인 공간을 만드는 데 일조해야겠다는 생각이 났다. 사람들이 편안히 쉴 수 있도록 호수와 정원을 만들어 아름다운 꽃과 분수대가 있게 하고 마음공부도 하고 노작 및 자기 일도 하게 하고 등산 및 운동도 하게 하는 인간적인 공동체이자 교육장을 만들어 보다 행복한 삶을 살게 하고 싶다. 여기에는 아름다운 음악을 들으며 편안하고 즐거운 마음을 갖도록 하는 것, 좋은 사람들을 초청하여 좋은 말씀을 듣게도 하며, 도서관을 구비하여 좋은 책도 읽으며 좋은 생각을 할 수 있게 하는 것 등 이루 헤아릴 수 없이 많은 것들이 필요할 것이라 생각된다. 그런데 과연 실현할 수 있을 것인가? 문제는 의지와 돈이다. 물론 운도 한 몫 할 것이다.

오늘따라 기분이 가라앉아 우울하기도 하다. 왠지 그런 것 같다. 특별히 어떤 사건이 있는 것도 아닌데 말이다. 굳이 말하자면 오늘 영덕을 거쳐 올라오는 데 6시간 정도 걸렸다는 것과 가족과 떨어졌다는 것이다. 요가를 하면서 어떻게 하면 기분을 좋게 할 수 있을까? 혹은 기분이 왜 가라앉은 것인가에 대한 분석을 해 보았다. 요가를 통해 나는 몇 가지를 알았다. 운동을 통해 몸을 가볍게 혹은 에너지, 힘을 냄으로써 보다 자신감 있고 어두운 생각보다는 밝은 생각을 더 할 수 있다는 점이다. 따라서 기분이 좋지 않을 때는 운동으로 몸이 회복될 수 있게 해야 할 것이다. 그리고 기분이 좋지 않은 것은 여러 내외적 요인이 있겠지만 몸이 좋지 않을 때 더 그런 것 같다. 따라서 몸을 좋게 회복시키는 것으로 운동으로 힘이 있게 하는 것이 좋은 방법이라 생각한다. 그리고 걱정이나 고민을 머릿속에 둘 필요가 없다. 걱정한다고 해결되지도 않기에 생각하지 않도록 마음을 먹는 것이 필요하다. 그리고 경우에 따라서는 목욕을 하거나 취미활동을 통해 기분 전환을 할 필요도 있다고 본다. 또한 일부러라도 좋은 생각을 많이 하도록 본인이 노력한다. 그중의 하나는 겸손한 낮은 마음을 가지는 것이다. 내가 가지고 있는 것 내가 누리고 있는 것에 대해 감사하는 마음을 갖는 것이다. 이것은 궁극적으로 남에 대한 생각과 배려로 이어진다. 타인에 대해 섬기는 마음과 태도를 취하면 인간관계가 좋아진다. 따라서 타인에게 보다 도움이 되는 일들을 계획하는 것도 좋다고 본다. 그리고 현실을 인정하고 겸허히 받아들이는 것이다. 처자식과 떨어져 지내는 것이 주어진 현실이기에 받아들이고 이것에 집착하지 않는 것이다. 그리고 보다 자신이 즐거움을 찾을 수 있는 것을 하는 것이다. 나는 무엇을 할 때 기분이 좋은가라는 생각도 해 본다. 지금 당장 이루기 어려운 큰 이상의 성취와 완성에 집착하지 않는 것도 좋을 듯싶다. 이것은 하루 아침에 되지도 않기에 생각할수록 오히려 몸만 상하게 할 수도 있기 때문이다. 좋은 책을 읽거나 좋은 음악을 듣거나 자연을 거닐며 진리를 생각하는 것도 괜찮을 것 같다.

교육학자 김성봉 교수의 삶, 자연, 행복

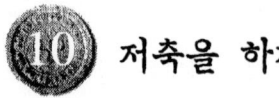 **저축을 하자**

오르막이 있으면 내리막이 있다.

잘될 때가 있으면 잘못될 때도 있다.

돈 많이 벌 때도 있고 그렇지 못할 때도 있다.

자기 뜻대로 될 때도 있고 자기 뜻대로 안 될 때도 있다.

자기 생각보다 운이 있을 때도 있고 운이 없을 때도 있다.

生이 있으면 死가 있다.

가질 때가 있으면 잃을 때도 있다.

저축하자.

훗일을 위해 돈뿐만 아니라 권력도 비축하자.

어떻게 해야 하는가?

할 수 있을 때 보다 더 많은 적선(積善)을 한다.

한 사람이라도 더 어려운 사람들을 도와준다.

왜 그렇게 해야 하나?

뿌린 대로 거두기 때문이다.

가진 것이 없고 힘들 때 도움을 받기 위해서도

반드시 보험을 들어 두는 것이 현명한 자세이다.

남에게 도움을 주고 잘하면 그것이 다 자신에게 결국 돌아온다.

따라서 평소에 할 수 있을 때 자기 자신과 가까운 사람에게 미리 좋은
씨를 뿌려 두자.

그러면 언젠가는 자기도 모르는 사이에 몇 배가 되어 다시 돌아온다.

 내가 좋아하는 것들

나는 푸른 하늘의 흰 구름을 좋아한다. 아마 저 맑고 흰 구름같이 되고 싶어서 그런지도 모른다. 나는 누가 보든 안보든지 간에 항상 푸르게 자신을 유지하고 있는 푸른 소나무를 매우 좋아한다. 주위 환경이 어떠하든지 간에 사시사철 항상 변하지 않고 있는 그 기백이 마음에 든다. 분명히 진리를 품고 있는 것 같아 나도 닮고 싶은 마음이 있다.

나는 흐르는 물을 좋아한다. 특히 심산유곡의 공기 좋은 곳에서 졸졸 흐르는 물을 특히 좋아한다. 항상 움직이면서 만물을 깨끗이 씻어 주는 것 같고, 형태가 고정되어 있지 않으며 한없이 부드러워 보이는 이런 깨끗함과 유연함을 아마 내가 닮고 싶어하는 것 같다.

나는 자신의 운명을 잊고 재잘대는 새소리를 좋아한다. 주어진 현실에 순응하며 자신의 운명마저도 아랑곳하지 않고 그냥 자신의 삶을 재미있게 즐기고 있는 것처럼 보인다.

교육학자 김성봉 교수의 삶, 자연, 행복

순간 내가 어떻게 살아야 하는지에 대한 생각들이 나의 뇌리를
스쳐갔다.

맑게 갠 푸른 하늘의 흰 구름
따스한 햇살 속의 푸른 소나무
지저귀는 종달새와 졸졸 흐르는 시냇물
맑고 깨끗한 빈 마음으로
참 진리를 듣고 보살행을 하여
무한 기쁨을 맛보자.

 **월하스님의 그림자 없는 나무를 읽고서**

첫째, 각성이다.

우리가 앉아 있는 이 법당은 깨우치려는 방법으로서 존재한다는 말이 가슴에 와 닿는다. 우리 모두 깨우쳐야 한다. 따라서 교육에서 가장 중요한 것은 앎이고 보다 덕이 있는 인간이 되게 하는 것이기에 깨우치게 하는 교육이 필요하다. 그래서 교육에서 많이 강조하는 핵심어가 바로 각성이다. 세상과 사물의 원리와 이치를 깨달아 보다 지혜로운 인간이 되어야 할 것이다.

둘째, 마음이다.

부처님께서 많은 법을 설하신 것은 결국 마음 하나 깨닫기 위한 방편에 지나지 않는다. 그래서 누가 말했듯이 해인사 장경각의 경판은 이 마음 심(心)자 하나 해석하는 데 불과하다. 마음이 어떤 것이라고 말하는 사람이 아무리 많아도 본인이 직접 이해하고 깨달아야 한다. 길을 가르쳐 주는 사람이 아무리 많아도 누구나 자신의 길을 찾아야 한다.

이것을 깨달으려면 각고의 노력을 해야 하고 오랜 시간이 걸린다. 살다보면 자신이 지금 어디에 있는지도 모르며 각자 어떻게 움직이고 있는지도 잘 모르기 일쑤이기 때문이다. 세상을 살아가기 위해서는 주체적으로 움직이는 자신에 대해 보다 잘 아는 것이 근본이기에 알기 위해 부지런히 애써야 한다. 그리고 보다 위대한 사람은 먼저 자기관리를 잘하며 바른길(正道)로 꾸준히 가서 열매를 맺는 사람이다.

자기 회복을 하기 위해서는 먼저 인간적 자각이 있어야 하고 자기를 허공같이 비워야 한다. 비어 있는 자기가 될 때 여러 사람과 어울려도 갈등 없이 살아갈 수 있다. 인간의 영혼이 맑아지려면 우리 자아를 헌신적 자아로 길들여야 한다.

이는 자기 초월 혹은 초월적 봉사정신이라 할 수 있다. 남의 종이 되고자 하는 마음이나 남을 항상 위하는 마음을 갖는 것을 말한다. 그러나 세상은 부와 권력이 편재되어 있고 보다 더 가지려고 하고 가진 것을 빼앗기지 않으려고 하기에 남에 대한 봉사와 섬김은 힘들다. 사실 더 가진 사람일수록 더 남에게 베푸는 사람이 되는 세상이 되어야 하는데 그렇지가 못한 것은 그 동안 가진 사람이 되기 위해 몸부림쳤기 때문일 것이다. 그래서 여유가 없다. 그래서 가끔 있는 사람들이 더한 경우가 생기는 것이다. 그리고 서로 가지려고 하는 세상의 이런 메커니즘 속에서 살다보면 또한 자연히 주는 것이나 남을 섬기는 것에 자기도 모르게 인색해 진다.

셋째, 행복이다.

부처님 교훈대로 삼 일에 죽 한 홉도 감지덕지하다는 마음만 가지면 그 이상 더 좋은 복은 없는데 마음속에 부족함을 느끼면 느낄수록 마음이 흔들려 방황하다가 쌓아 놓은 물질에 휘말려 정신까지 잃어버리게 된다. 정진에 여념이 없으면 번뇌망상이 단절되고, 대도(大道)를 구하는 마음이 크면 집착심을 해탈하여 심득자재하여 비로소 진정한 자유와 마음의 평화를 얻는다.

이는 옛 성현들이 공통적으로 지적한 것으로 모든 문제를 푸는 하나의 첩경이다. 공자·맹자도 물욕을 줄이는 것을 강조했다. 물욕의 생각을 비울수록 좋다. 그러면 몸과 마음이 가벼워진다. 쓸데없는 걱정과 고민을 덜하게 한다. 자신을 학대하는 사람은 자신의 부족한 점, 잘못한 점에 매달리고 더 가지려고 하는 욕심으로 괴로워한다.

넷째, 분에 맞는 생활이다.

금생에 갈팡질팡 사는 이가 내생의 복을 빌어 봐야 이루어질 수가 없다. 금생에 거짓말과 빚으로 얼버무려 넘긴 자는 내생에 그 업보를 마땅히 받기에 자신의 분에 맞게 성실히 살아가야 한다. 노력은 십 원어치도 하지 않고 백 원을 쓰면 그 외의 것은 모두가 빚이 되니 금생에 못사는 이는 전생의 빚을 갚느라 못 먹고 헐벗는 것이며 더 많은 빚을 진 사람은 다음에 소나 말이 되어 갚게 되니 노력 외의 것은 없다고 할 수 있다.

내가 보기에 모든 것은 인과응보 즉, 업에 따라 이루어진다. 전생이나 과거에 자신이 한 행동으로 현재 그 결과가 생기며 현재의 노력에 따라 미래가 이루어지기에 교육자로서 인간은 무한의 변화 가능성을 가지고 있고 삶도 자신이 만들어 나갈 여지가 많기에 보다 좋은 내일을 만나기 위해 부지런히 몸과 마음을 갈고 닦아야 할 것이다. 인과에 따라 행해진다고 볼 때 중생이 부처가 되지 못하는 것은 내 속에 있는 부처가 중생 놀음하는 것이기에 타인이 아닌 바로 나의 탓이다. 그래서 결국 자신을 짓밟는 이는 바로 자신이지 타인이 아니다. 순간순간 항상 마음을 가다듬지 않으면 이내 업보에 의한 망상이 자신을 휘감게 되며, 하나의 파도가 흔들리면 만 가지 파도가 따르듯 온갖 번뇌와 나태가 따른다.

다섯째, 높은 단계의 사람이다.

둥근 해가 바다에서 떠오르면 어느 곳부터 비추겠는가? 높은 산봉우리부터 비춘다. 해가 높은 산봉우리부터 비추기 시작해서 골짜기마다 비추듯이 먼저 인연이 있는 중생부터 제도한다.

사람마다 각기 처지가 다르고 능력에 차이가 있어 빛을 받는 양이 각기 다르다. 하지만 노력하여 햇볕을 더 받는 쪽으로 이동을 해야 한다. 높은 단계에 있는 사람은 더 해를 생각하며 더 햇볕을 받기를 원하고 사실 햇빛이 더 비치는 곳에 머무는 사람이다. 이 높은 단계에 있는 훌륭한 사람은 물질욕에 매몰되지 않고 보다 올바른 방향으로 가고자 부단히 노력을 한 사람이다. 그는 살면서 먼지처럼 알게 모르게 생기는 힘들고 어려운 고통을 참고 이겨 낸다. 따라서 위대한 사람은 누구에게나 주어져 있는 많은 산봉우리 중에서 보다 높은 산봉우리를 오르는 사람이자 높은 그곳에 도달한 사람으로 보다 큰 고통과 힘든 것을 이겨 낸 사람이라 할 수 있다. 높은 단계에 가지 못한 사람은 이생에서 못하였기에 언제 또 살지 모르는 기약이 없는 다음 생에 가서 계속 더 올라가야만 한다.

여섯째, 좋은 것만 본다.

인간은 4차원의 존재이다. 과거, 현재, 미래가 공존하며 새로운 것을 꿈꾸기도 하기 때문이다. 그런데 될 수 있으면 지나간 과거와 먼 미래에 얽매이지 말아야 한다. 특히 좋지 못한 것일수록 피해야 할 것이다. 순간순간 현재를 열심히 살고 즐겨야 한다. 자신이 주인공으로서 만들어 가야 한다. 그리고 만나는 사람마다 부처로 생각하고 섬겨야 할 것이다. 그리고 할 수 있는 한 남의 허물을 보지 말고 세상의 좋지 못한 일들 덜 보고 덜 생각하며 가급적 타인의 장점을 보도록 하며 세상의 아름다운 많은 것들을 더 많이 보도록 한다.

일곱째, 오늘을 소중히 여긴다.

오늘 이 시각은 참으로 소중한 것임을 깨달아야 하고, 이 순간 무엇을 생각하며 무엇을 하고 있는가를 시시각각으로 각성하여야 하는 것이다. 오늘의 가치를 높이고자 하는 이라면 해야 할 일은 너무나 많고 그 시간이 짧다고 느낄 것이다. 따라서 공부하면서 일하고 일하면서 공부를 해야 한다. 공부를 하는 이유는 일을 보다 능률 있게 많이 하기 위해 혹은 크고 어려운 일을 능히 할 수 있는 지혜와 방편을 갖기 위함이다.

순간순간은 영원히 돌아오지 않는다. 흐르는 물과 같기도 하고 활을 떠난 화살과도 같다. 오늘은 present로 선물이다. 아침에 눈을 뜨면 자신이 살아 있고 자신에게 또 하루의 삶이 주어진 것에 먼저 무한히 감사해야 한다. 어제는 지나간 과거이고 오늘 하루의 삶은 설령 비슷한 일과로 진행될 지라도 맞게 될 상황은 각기 다르다. 눈앞에 지나가는 강물은 어제 이곳을 지나간 그 물이 아니다. 따라서 하루하루를 보다 새로운 마음가짐을 가지고 임하며 보다 좋은 일을 하도록 하자.

 **자기 변화**

　다음은 내가 가는 길에 가끔씩 들러 점심을 사 먹는 안동근처에 있는 한 휴게소 식당에서 본 글이다. 인상에 남아 여기에 하나를 소개한다. 그런데 그 후 우연히 보게 된 <우리에게 소중한 것은, 김홍식, 주변인의 길>에 이 내용이 약간은 다르지만 실려져 있었다.

　죽음을 맞이하여 깨달은 한 가지 진실 나 자신……
　내가 젊고 자유로워서 상상력에 한계가 없었을 때, 나는 세상을 변화시키겠다는 꿈을 가졌었다.
　좀 더 나이가 들고 지혜를 얻었을 때 나는 세상이 변하지 않으리라는 것을 알았다. 그래서 내 시야를 약간 좁혀 내가 살고 있는 나라를 변화시키겠다고 결심했다. 그러나 그것 역시 불가능한 일이었다.
　황혼의 나이가 되었을 때 나는 마지막 시도로, 나와 가장 가까운 내 가족을 변화시키겠다고 마음먹었다. 그러나 아무도 달라지지 않았다.
　이제 죽음을 맞이하기 위해 누운 자리에서 나는 문득 깨달았다. 만일 내가 내 자신을 먼저 변화시켰더라면 그것을 보고 내 가족이 변화되었을 것을……
　또한 그것에 용기를 얻어 내 나라를 더 좋은 곳으로 바꿀 수 있었을 것을.

교육학자 김성봉 교수의 삶, 자연, 행복

그리고 누가 아는가, 세상까지도 변화되었을지.
<웨스트민스터 대성당 지하묘지의 영국 성공회주교 무덤 앞>

이 세상은 오랜 세월에 걸쳐 이어져 온 것이며 그 나름의 움직이는 원리가 있다. 그리고 이 세상에는 무수히 많은 사람들이 살고 있는데 모두 자기 자신의 입장만 고집하거나 자신의 뜻대로 하려고 하면 혼란이 가중될 것이다. 나 자신이 먼저 달라지고 변화하면 그것이 자연적으로 주위로 퍼져 결국 세상도 변화하게 된다. 그래서 세상을 바꾸고자 마음먹은 사람이 있다면 먼저 자신부터 변화하도록 하는 것이 제일 빠르고도 손쉬운 방법임을 알아야 할 것이다.

 **상담소를 방문하고**

　모처럼 생명의 전화 상담소를 방문했다. 가능하면 시간을 자주 내어서 봉사활동을 해야 하는데 그렇지가 못해 앞으로는 미리 가능한 날짜를 잡아 봉사활동을 규칙적으로 할 작정이다. 가면 책상 앞에 좋은 글들이 몇 편씩 붙어 있고 조용히 시간을 가지고 책도 읽을 수가 있고 힘들고 어렵다고 전화로 하소연하는 사람들에게 힘과 용기 혹은 지혜를 줄 수도 있어서 좋다. 내가 이 상담소를 처음 알게 된 때는 과거 내가 백수였던 때로 기억된다. 그 당시 나는 직장을 그만둔 시절이었고 또한 하고자 하는 일이 제대로 되지 않았을 뿐만 아니라 한치 앞도 예측할 수 없어서 매우 방황을 하던 시기였기 때문에 많이 힘든 나날들을 보내고 있었다. 그때 나는 많은 생각을 하였다. 예를 들면 지금의 상황에서 현실적으로 내가 진정으로 할 수 있는 일은 무엇인지? 내가 정말로 관심을 두고 있는 것은 무엇인지? 내가 앞으로 가야 할 길이자 해야 할 일

은 정말로 무엇인지 등에 관한 것이다. 나는 내 자신이 봉사활동에 관심이 많다는 것을 느꼈고 그후 우연히 봉사활동을 할 수 있는 이곳을 알게 되어 연수과정을 밟고 지금까지 하고 있다. 이처럼 단절된 힘든 시기가 오히려 당사자에게 좋은 길로 가게 하는 기회가 됨을 다시 한 번 더 느꼈다. 왜냐하면 내가 과거에 대학입시에서 생각지도 못했는데 아깝게 떨어져 1년동안 자취를 하며 힘든 재수시절을 했지만 다시 본 대학입학 시험에서 또 실수하여 절망을 하고 있던 때에도 나는 몇 날 며칠을 깊이 생각한 끝에 결국 그동안 가기로 했던 경영학과 쪽을 포기하고 교육학과를 선택하였고 이것이 지금 나의 길이 된 결정적인 계기가 되었기 때문이다.

상담소에서 장 선생님과 간단히 이야기하는 중에 내가 대학에서 강의를 교직 쪽 학생을 대상으로 한다고 하니 앞으로 지식은 인터넷을 통해 얼마든지 제공받을 수 있다고 하면서 삶의 목표 쪽의 강의가 더 필요할 것이라 말했다. 맞는 말이다. 그녀는 이 일을 하면서 여러 사연들을 많이 접해 본 경험이 있기 때문에 오늘날의 사회문제들을 해결하고자 하는 차원에서 그런 말을 한 것이라 짐작해본다. 따라서 삶의 올바른 목적이 무엇인지, 진정 가치가 있는 것이 무엇인지에 대해 진지하게 가르칠 필요가 있다. 특히 교육자는 더욱더 이 부분에 대해 명쾌한 입장을 취하고 안내자가 되어주어야 한다. 그래서 올바른 인생관과 인간됨에 대해 충분히 가르쳐야 한다. 왜냐하면 돈도 지식도 중요하지만 왜 살며 어떻게 사는 것이 보다 올바르고 좋은지에 대한 바른 시각을 가지게 하는 것이 더 중요하기 때문이다. 나도 더 공부하여 가르치는 학생들뿐 아니라 어디에서 누구를 대상으로 강의를 할 때라도 보다 바람직한 삶의 목표와 자세에 대해 분명히 말할 수 있는 사람이 되고자 다짐한다.

한편 상담소의 책상 위에 적힌 좋은 글 중에서 하나를 여기에 소개하고자 한다. 누군가 좋은 글이라 생각하고 여러 사람들이 보면 좋겠다고 생각하여 붙여 두었다고 보는데 그 글들 중에서 제목이 '오드리 헵번이 아들에게 들려준 글'이란 글이 나의 마음에 들어 일부를 소개하겠다. 이 글의 출처에 대해서는 적혀 있지 않아서 잘 알 수 없었는데 그 후에 이 글의 일부가 「아름다움의 비결」이라는 것으로 인터넷에 올라있는 것을 알게 되었다. 참 좋은 말이라 생각하며 다른 사람들도 알고 이렇게 실천했으면 하는 마음을 가지고 있다.

아름다운 입술을 가지고 싶으면 친절한 말을 하라!
사랑스런 눈을 갖고 싶으면 사람들의 좋은 점을 보라!
날씬한 몸매를 갖고 싶으면 너의 음식을 배고픈 사람들과 나누어라!
한 손은 너 자신을 돕는 손이고, 다른 한 손은 다른 사람을 돕는 손이다.

참 좋은 말이라 생각하며 다른 사람들도 알고 실천했으면 하는 마음에서 적어 보았다.

 # 법구경의 좋은 글들

모든 일은 마음이 근본이다. 맑고 순수한 마음을 가지고 말하거나 행동하면 즐거움이 따른다.

진리를 음료수로 삼는 사람은 맑은 마음으로 편안히 잠들 것이다. 지혜로운 사람은 항상 즐긴다. 성인들이 말씀한 그 진리의 깨달음을 얻기 위해 마음을 바르게 닦고 집착을 끊고 소유욕을 버리고 항상 평안하고 즐거우며 번뇌가 사라져 빛나는 사람은 이 세상에서 이미 대자유의 경지에 이른 것이다.

지혜로운 자는 생각을 깊이 하고 참을성 있고 항상 부지런히 수행하여 마음의 대자유에 이르리라.

온 세상의 왕이 되기보다, 천상에 올라가기보다 또는 온 세상을 다스리기보다 대자유에 이르는 첫걸음이 훨씬 뛰어나다.

잠 못 이루는 사람에게 밤은 길고, 지쳐 있는 나그네에게는 지척도 천 리 길이고, 바른 진리를 깨닫지 못한 자에게는 윤회의 밤길이 아득하여라.

'그는 나를 욕하고 상처 입혔다. 나를 이기고 내 것을 빼앗았다.' 이러한 생각을 품지 않으면 마침내 미움이 가라앉는다.

이 세상에서 원한은 원한에 의해서 결코 사라지지 않는다. 원한을 버릴 때에만 사라지나니 이것은 변치 않을 영원한 진리다.

남의 허물을 보지 마라. 남이 그렇게 했건 말건 상관하지 마라. 다만 내 자신이 저지른 허물과 게으름만을 보라.

'우리는 이 세상에서 언젠가 죽어야 할 존재'임을 깨닫지 못하는 이가 있다. 이것을 깨달으면 온갖 싸움이 사라질 것을.

아무것도 가진 것 없이 크게 즐기며 살자. 우리는 광음천의 신들처럼 즐거움을 먹으며 살자.

게을러서 정진하지 않는 사람은 악마가 그를 쉽게 정복한다. 바람이 연약한 나무를 넘어뜨리듯이.

감각의 욕망을 잘 억제하며 먹고 마심에 절제가 있고 굳은 신념으로 정진하는 사람은 악마도 그를 정복할 수 없다. 바람이 바위산을 어찌할 수 없듯이.

꽃을 꺾는 일에만 팔려 마음에 끈질긴 집착을 가지고 욕망에 빠져 허덕이는 사람은 마침내 죽음의 악마에게 정복당한다.

항상 육신을 억제하는 성자는 불멸의 경지에 이른다. 거기에 이르면 근심이 없다.

악한 짓을 한 사람은 이 세상과 저세상에서 근심한다. 착한 일을 한 사람은 이 세상과 저세상에서 기뻐한다. 못된 짓을 한 사람은 이 세상과 저세상에서 괴로워한다.

건강은 가장 큰 이익이고, 만족은 가장 큰 재산이다.

게으름에 빠지지 마라. 육체의 즐거움을 가까이하지 마라. 지혜로운 이는 부지런하여 지혜의 높은 다락에 올라서서 근심하는 무리들을 내려다본다.

붙잡기 어렵고 경솔하고 욕망에 따라 헤매는 마음을 억제하는 것은 좋은 일이다. 억제된 마음은 평화를 가져오기 때문이다.

자기야말로 자신의 주인. 어떤 주인이 따로 있을까? 자기를 잘 다룰 때 비로소 얻기 힘든 주인을 얻은 것이다.

달리는 수레를 멈추게 하듯 끓어오르는 분노를 다스리는 이를 나는 진짜 마부라고 부를 수 있다.

일을 잘 처리한다고 해서 공정한 사람은 아니다. 옳음과 그름 이 두 가지를 잘 분별하는 이가 현명하다.

해서는 안 될 일은 하지 않으며 해야 할 일만을 꾸준히 하고 생각이 깊고 조심성 있는 사람에게서 번뇌는 점점 사라져 간다.

비난을 참고 견디는 데 익숙한 이는 사람 가운데서 가장 뛰어난 사람이다.

일이 생겼을 때 벗이 있음은 즐겁고 만족은 어떤 경우에나 즐겁다. 착하게 살면 죽는 순간에도 즐겁고 모든 고통에서 벗어나서 즐겁다.

몸과 마음에 내 것이란 생각이 없고 그것이 없어진다고 해서 조금도 걱정하지 않는 사람 그를 진정한 수행자라 한다.

수행자여, 배 안에 스며든 물을 퍼내라. 배가 가벼워야 속력이 빨라질 것이다. 이와 같이 탐욕과 성냄을 끊어 버리면 그대는 마침내 대자유의 기슭에 닿게 되리라.

태양은 한낮에 빛나고 달은 한밤에 빛나며 무사들은 갑옷에서 빛나고 수행자는 명상으로 빛난다. 그러나 부처는 자비스런 광명으로 항상 빛난다.

 **달라이 라마의 행복론을 읽고서**

첫째, 만족하라.

누구나 행복할 수 있다. 그 첩경은 만족하는 것이다. 만족하면 할수록 행복할 것이다. 따라서 행복에 대한 기대수준이 낮아야 한다. 이를 위해서는 과거의 어려울 때 혹은 어려운 환경의 사람들을 생각해야 한다. 그리고 마음을 낮추어라. 즉, 에이즈환자 이야기처럼 평범한 일들에 감사하고 가지고 있는 것에 감사해야 한다. 살아 있음에 감사하라. 볼 수 있음에 감사하라. 물 한 모금 먹을 수 있음에 감사하라. 또한 과거와 미래에 얽매이지 말고 남과 비교도 피하라!

둘째, 물질보다는 내적 편안함을 추구하라.

행복을 물질이나 외부에서 찾지 말고 내부에서 찾자. 외부에서 찾으면 끝없이 소유(돈)를 추구한다.

건강이 행복의 제일 바탕이다. 먼저 육체적으로 건강하기 위해 땀을 흘려라! 운동하라. 그리고 미움, 분노, 불안, 좌절에서 벗어나야 한다. 모든 것은 결국은 자기 자신이 만든 것이다. 타인에게 잘하고 타인이 원하는 것을 주면 좋다.

원한은 원한으로 갚지를 못한다. 잊는 것이 좋다.

자비롭고 따뜻하고 친절한 마음을 가진 사람이 건강한 사람이다. 남을 위하는 마음과 봉사활동은 건강하고 행복해진다.

셋째, 사랑 속에 있음을 느껴라!

우리는 눈에 보이는 혹은 보이지 않는 것의 사랑 속에서 살고 있다. 부처님, 하나님, 대자연, 조상, 부모님, 친구, 스승, 많은 동시대의 사람들……로부터 사랑을 받고 있으며 사랑하는 존재임을 자각하는 자일수록 정신건강에 좋다. 우리 주위의 많은 것들은 타인들이 땀을 흘려 이룩한 것이다. 타인과의 원만한 대인관계(친밀감)를 가지면 사망률이 낮고 암 발생률도 낮아진다.

개인주의 성향이 강한 서양과 의학 분야에서는 인간을 물질적으로만 보는 것을 초월하여 긍정적, 선한 존재 그리고 마음이 있는 존재임을 늘 인지해야 한다. 인간이란 어떤 존재인가에 대한 정립이 필요하며 인간존중을 해야 한다. 왜 인간을 존중해야 하는가에 대한 답을 하는 것이다.

삶을 살아가는 자세가 중요하다. 자신이 어떤 삶을 살 것인가는 본인이 결정할 사항이다. 과연 삶이란? 자신이 하는 일에 최선을 다하는 것이고 그 다음은 자신이 할 수 있는 일을 찾아가며 자신

의 가치를 깨닫는 것이다. 그리고 남에 대한 봉사와 희생을 하고
있다면 이것보다 더 좋은 일은 없을 것이다.

 **영월의 법흥사에 갔다 와서 I**

지난번에 갔는데 오늘 다시 가게 되었다. 풍기에서도 1시간 30분 정도는 걸렸다.

시원하게 내려오는 시냇물
맑은 하늘과 따뜻한 햇살
새소리도 들리고
나는 복받은 사람이란 생각이 절로 나네.

극락전에서 3배 하며 지극한 기쁨을 얻게 해 달라고 빌었다. 그리고 옆의 만다라 그림을 보며 우주본질인 대일여래를 알고 저 신들의 세계에 가기도 바랐다. 조금 더 올라가 적멸보궁에서 108배를 했다. 부처님이 왜 존경을 받는가라는 생각이 들었다. 그것은 진리를 밝혔고 뭇 중생을 바른길로 가도록 했기 때문이라 생각된다.

타인에게 즉, 부하들이나 백성에게 있어 보다 좋은 상사나 지도자란 그들의 먹는 문제를 해결해 주고 보다 진리에 가깝게 갈 수 있도록 깨우치는 것이란 생각도 들었다.

좋은 세상이란 분명 서로가 다른 사람을 더 생각하고 이해하고 뭔가 도움이 되고 베푸는 곳이라 본다면 못된 세상은 서로 남을 도울 생각을 하지 않을 뿐만 아니라 심지어는 남이 못되기를 바라는 사람들이 있는 곳일 것이다.

나는 이마에 선이 있는데 이미 생겨 있는 것은 어쩔 수가 없지만 앞으로는 가급적 좋은 마음으로 이를 녹여내고 싶은 마음을 가지고 있다. 그래서 보다 밝은 인간, 미소를 머금은 부처 같은 사람이 되고자 한다. 그래서 가끔씩 나 스스로에게 자문자답한다. 뭐가 그리 괴로운가! 더 이상 괴롭게 생각하지 말자. 세상을 보다 긍정적으로 보자고 수시로 나에게 주문한다. 첫째, 세상과 나를 포함한 인간들은 불완전하다. 따라서 완전이나 완성이 어렵기 때문에 집착하지도 말고 설령 그렇게 되지 않았다고 불만을 가지지 말자. 둘째, 이 세상은 모두가 주인공이다. 그래서 내 중심으로만 살지 말고 타인과 세상을 더 생각하며 살자. 이것이 대인의 자세이다. 지금은 지구 중심이 아니라 태양 중심이란 말이 더 맞는 말이듯이 말이다. 자기중심에서 벗어나자. 셋째, 너무 큰 목표나 기대를 갖지 말자. 느긋함을 가지고 하루하루 충실히 그리고 즐겁게 사는 것이 보다 현명한 삶의 자세이다. 이 세상에서의 대부분의 일들을 모두 사소한 것으로 여기고 웃으며 살자. 죽음도 대수롭지 않게 생각할 줄 아는 큰사람이 되자.

 **좋은 일을 꿈꾸며 살자**

살면서 우리는 일이 뜻대로 되지 않기도 하고, 남이 나를 알아주기는커녕 오해하거나 왜곡하는 경우도 있고, 하는 일들에 권태를 느낄 때도 많다. 그러나 어찌하랴. 살기는 살아야 하고 이왕 사는 것 조금이라도 더 즐겁게 살아야 하기에 우리는 노력해야 한다. 스스로의 마음을 추슬러야 한다. 인간은 어떤 존재이냐에 대해서는 매우 많은 답이 나올 수가 있다. 예를 들면 인간은 노동(일)을 해야만 하는 존재이다. 인간은 먹고 자야 하는 존재이다. 인간은 창조력을 가진 예술적 존재이다. 인간은 신을 생각할 수 있는 종교적인 존재이다. 인간은 배워야만 하는 존재이다. 등 여러 가지가 있을 것이다. 그런데 무엇보다도 빼놓을 수가 없는 것이 바로 인간은 목표를 정하고 계획을 세우며 살아야 하는 존재라는 것이다. 문제는 어떤 목표이냐이다. 그 사람의 생각과 처한 상황에 따라 매우 다양할 수 있다. 그래서 그것은 작은 목표일 수도 있고 큰

목표일 수도 있다. 내가 보기에는 많은 목표들 중에서 선행을 하고자 하는 목표가 있어야 한다는 것이다. 선행하고자 하는 목표를 가지는 것만으로도 사람을 좋은 쪽으로 이끈다. 그에게 매우 풍부한 재밋거리나 아이디어가 제공된다. 그는 자기도 모르게 더 착한 사람이 된다. 그리고 알게 모르게 즐겁다.

신은 인간 모두에게 공평히 행복으로 갈 수 있는 열쇠를 주었다고 나는 믿고 있다. 이 말은 그 사람의 부모님, 하는 일, 지위고하, 연령, 능력과 처지 등 이 모든 것들을 불문하고 행복하고 잘살 수 있다는 것이다. 내가 이렇게 생각하는 이유는 바로 누구나 선행을 할 수 있는 존재일뿐만 아니라 선행하면 기뻐지기 때문이다. 선행에는 머리가 좋고 나쁘고, 많이 가지고 적게 가지고가 문제되지 않는다. 마음이 중요하다. 착한 일은 누구나 할 수 있고 돈과 시간도 그리 많이 들지 않는 것도 많으며 특히 기다림도 필요가 없다. 누구나 마음만 먹으면 하루에도 여러 번 착한 일을 할 수가 있다. 내 개인적으로는 될 수 있으면 하루에 세 번의 착한 일을 하는 것이 좋다고 보지만, 최소한 하루에 한 번은 착한 일을 하도록 하자. (一日一善) 그럴 때 삶은 더 풍요로워지고 즐거워진다. 따라서 지금 삶이 재미가 없거나 힘들다는 생각이 들면 첫째, 될 수 있으면 걱정·근심거리를 머리에서 비우고 힘들다는 생각을 하지 않는다. 둘째, 지금 당장 당신이 할 수 있는 착한 일을 해 보라. 그러면 곧 기분이 좋아질 것이다. 셋째는 미래에 자신이 이룰 꿈을 생각하며 그때 맛볼 기쁨을 미리 맛본다.

 # 스티브 원더의 'isn't she lovely'란 음악을 들으며

스티브 원더(Stevie Wonder)는 내가 좋아하는 가수 중 한 명이다. 그가 부른 노래 중 특히 'I just called to say I love you'는 매우 잘 알려진 곡이다. 나도 80년대에 이 노래가 좋아서 많이 들었던 것으로 기억한다. 보통사람들과는 달리 앞을 못 보면서도 이렇게 우리에게 아름다운 노래를 준 그에게 신의 가호가 있기를 빌며 경의를 표한다.

'isn't she lovely'란 노래는 갓 태어난 자신의 딸 아이샤(Aisha)를 생각하며 만든 것으로 생명에 대한 감사함과 아내에 대한 고마움을 담고 있다. 이 곡은 자식에 대한 사랑을 최고로 표현한 작품으로 딸을 천사의 최고 작품이라고 말했다. 나도 공감한다. 왜냐하면 누가 나에게 이 세상에 지금까지 살면서 제일 잘한 일이 무엇이냐고 묻는다면 나는 선뜻 우리 태호와 태성이를 낳은 것이라 말할 작정이기 때문이다.

이 노래는 삶과 생명을 귀히 여기는 가사로 이루어졌다. 특히 Life

and love are the same이라는 표현이 있어 더욱더 좋다. 그렇다. 삶은 사랑이다. 살아간다는 것은 사랑하는 것이다. 그리고 사랑은 주는 것이자, 뭔가 좋은 일을 만드는 것이기에 이렇게 하는 자는 분명 삶을 즐겁게 그리고 값지게 사는 사람이 될 것이다.

오래전에 나온 『살며, 사랑하며, 배우며』라는 책도 있다. 관심이 있으면 한 번쯤 읽어 보라. 첫째, 당신이 이 세상에서 가장 사랑하는 것은 무엇인가? 자기 자신을 포함하여 무엇인지 생각해 보라. 그리고 적어 보라.

둘째, 가장 관심 있어 하는 부분은 또 어떤 것인가? 간절히 바라는 것 중에서 이루고자 하는 목표에 대해 생각해 보라. 단기 목표를 세우라.

셋째, 삶은 사랑하는 것이고 주는 것이기에 당신은 사랑하는 사람이나 원하는 목표나 대상을 위해 보다 좋은 일을 해 주는 것이 필요하다. 따라서 지금 당신은 사랑의 대상을 위해 어떤 좋은 일을 꿈꾸고 있으며 실천하고 있는가? 이것은 최고 값진 것이자, 행복, 천국으로 가는 길일 수 있다.

그 외에 여러 가수들을 좋아하는데 특히 목가적인 노래를 좋아한다. 그래서 사이먼 앤드 가펑클을 좋아했으며. 특히 'The Sound Of Silence'란 노래를 자주 들었다. 우리나라 노래로는 유심초의 사랑이여, 김종환의 사랑을 위하여, 나훈아의 사랑, 해바라기의 사랑으로 등 사랑에 대한 노래를 대체로 좋아한다. 한편 나의 어릴 때의 취미는 영화감상으로 그 당시에 본 '닥터지바고', '로미오와 줄리엣', '사운드 오버 뮤직', '내일을 행해 쏴라', '로마의 휴일', '바람과 함께 사라지다' 등의 명작들을 많이 보았다. 그래서 비비안리, 오드리 헵번, 소피 마르소, 리즈 테일러, 올리비아 핫세, 왕조현, 이소룡, 그레고리 펙, 폴 뉴먼, 로버트 래드포드, 잭 니콜스, 줄리아 로버츠 등을 좋아했다.

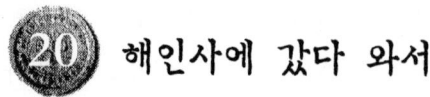

해인사에 갔다 와서

　모처럼 시간이 되어서 이곳 풍기에서 해인사에 갔다. 가장 최근에는 집사람과 3년 전에 온 것으로 기억이 된다. 집사람 시험 합격도 빌고 나 자신도 보다 성숙하기를 빌기 위해서였다. 소원성취란 글이 적힌 큰 초를 2개 사서 놓고 108배를 했다. 지옥이란 곳으로 떨어진 자가 있다면 정말로 나쁜 인간인가라는 생각도 들었다. 한에 하나 자신이 지옥이라 할 만한 곳에 있다고 판단되면 방법은 간단하다. 자신이 살다가 그런 상황을 맞이한 것이기에 그곳에서 탈출하면 될 것이다. 물론 많은 노력이 뒤따라야 한다. 그곳은 자신과 맞지 않는 곳일 수도 있고, 자신이 이기적이거나 못된 사람이거나 혹은 그런 사람들 속에 있는 경이기기도 하기에 수양을 통해 자신을 변화시켜서 서로가 서로를 아끼는 것이 진정으로 가치 있는 것임을 서로가 알게 해야 하는데 이는 매우 어려운 일이다. 나도 과거 깊은 어둠 속에 추락한 적이 있었다. 빛이 전혀 보이지 않고 앞으로도 보일 것 같지 않을 정도의 깜깜한 터널을 지날 때도 있었다. 노력해도 되지 않는 무기력이 오면 더욱더 암담하다. 그러나 절망하거나 포기하지 말고 노력을 하면 언젠가는 밝은 빛을 볼 수 있다는 것을 나는 몸소 체험해서 잘 알고 있다. 고통과 시련은 자신이 잘못해서 빚어진 경우도 있지만 더 높은 희열과 기쁨을 주기 위해 당연히 치러야 되는 신고식과 같은 것이기에 겸허히 받아들여야 한다.

현재의 삶은 하루하루가 모인 것이고 하루하루는 순간순간이 모인 것이기에 인생을 보다 즐겁게 사는 길은 순간순간을 재미있고 즐겁게, 달리 말하면 고민과 걱정을 하지 않고 사는 것이다. 좀 더 구체적으로 어떻게 하는 것이 좋은지에 대해 생각해 보았다. 첫째, 자신의 능력에 맞는 목표를 세워 행하는 것이 필요하다. 무리한 목표나 계획보다는 일단 가능한 일부터 하는 것이 좋다. 둘째, 그 목표(결과)에 매 순간 순간 매달리지 않는다. 즉, 집착하지 말고 좀 여유를 가지고 임하라는 말이다. 산을 오를 때도 마찬가지이다. 정상에 언제 도착하는가라는 생각을 계속하고 걸으면 힘이 더 든다. 목표를 정하고 실행으로 옮긴 이후에는 그냥 가면 된다. 힘들 때도 있으며 빨리 가고자 하는 생각은 아무 소용이 없다. 단지 나름대로 최대한 여유를 가지고 살도록 노력하며, 때로는 자기 기분을 최상으로 유지하도록 노력도 하고, 일을 즐기고 아름다운 것도 보면서 살 줄 아는 사람이 되어야 할 것이다. 그래서 나도 보다 올바른 길로 가고자 하는 마음뿐만 아니라 가끔씩 옆도 보며 재미있게 사는 것이 보다 현명한 삶이란 생각도 해보았다. 그래서 셋째는 재미있는 일이나 좋은 일을 많이 만들어 사는 것이다. 인생을

교육학자 김성봉 교수의 삶, 자연, 행복

너무 무겁게 생각하지 말고 가볍게 생각한다. 이 말에는 한 번 지나간 시간은 되돌릴 수가 없기에 인생은 실전이라고도 흔히 말하지만 인생은 금과 같은 순간순간의 시간들이 계속해서 당신에게 주어짐을 명심하고 언제든지 마음만 먹으면 재미있고 멋진 날을 충분히 보낼 수 있음을 명심하자. 충분히 지금 이 순간에 기뻐하라. 당신을 행복의 강에 있게 하라. 능력이 있는 자는 더 잘 할 수가 있다.

 ## 오대산 상원사에 갔다 와서

오대산은 재수할 때 만난 친구들과 재수한 바로 그 다음 해 여름 방학 때 태어나서 처음으로 갔었다. 그 다음은 1986년쯤 우리 학과의 파란돌이라는 동아리 회원들과 오대산에 간 적이 있다. 그 후로는 박사논문을 쓰는 것이 잘 안 되어 혼자서 서울에서 내려갔었다. 물론 몇 년 전에는 고려대 사·철학 파트에서 이곳에 온 적도 있다. 오늘은 집사람 시험 합격해 달라고 빌기 위해 왔다. 이제까지 상원사까지는 가지 않았는데 이번에는 꼭 부처님 진신사리가 모셔진 적멸보궁에 가기로 마음먹고 올라갔다. 물론 올라가는 길이 좀 멀었다. 역시 보다 좋은 곳, 보다 높은 곳으로 가기 위해서는 역시 힘이 들고 더 인내해야 함을 한 번 더 느꼈다. 가서 108배 하였다. 진짜 공기가 맑고 좋았다. 氣(기)를 한 몸에 받을 수 있었다. 좋은 생각도 들었다. 돈이나 권력과 같은 것을 더 가지려 하지 말고 자신이 더욱 가치 있는 것을 창조하는 사람이 되는 것이 옳

다는 것도 깨달았다. 권력도 마찬가지일 것이다. 권력을 상황과 사람에 따라 적절히 나누어 주어 재량적으로 하게 하는 것이 바른 방법이란 생각도 들었다. 내려오면서 만 원을 주고 기와에 우리 가족 이름 쓰고 건강, 지혜와 진리 쪽으로 가게 해 달라고도 적었고 선행도 더 많이 하고 국가에 이바지하는 사람도 되었으면 하는 바람도 가졌다. 집사람이 이제까지 나와 애들을 위해 많은 고생을 했다. 그리고 최근에는 나와 자식뿐 아니라 국가의 교육발전을 위해 시험을 치니 그 마음이 대견하여 부처님께 꼭 도와 달라고 기원했다. 나는 앞으로 집사람과 함께 좋은 곳으로 여행을 하며 좋은 것을 많이 보고 좋은 생각을 많이 하고 또한 좋은 일을 많이 하며 극락(천당)에 같이 가기를 바라고 있다.

 # 설악산 봉정암에 갔다 와서

모처럼 시간이 났고 하여 마음을 먹고 이번에는 부처님의 불뇌사리가 모셔져 있는 설악산 봉정암에 가기로 했다. 1박 2일 예정으로 풍기에서 새벽 5시쯤 출발하여 강릉 속초를 거쳐 설악산 밑에 주차를 하고 백담사까지 버스를 타고 갔다. 백담사는 18여 년만에 오는데 옛날에는 계곡에 작은 돌계단만 있었는데 그사이 다리도 새로 놓고 많이 달라졌다. 만해 한용운 선생님의 기념관도 있었다. 우리나라가 일본에 짓밟힌 시기에 나라사랑과 올바른 정신을 가진 분임이 그의 유품과 글에 잘 나타나 있었다. 걸어서 대략 11㎞ 되는 봉정암에 가는 데 5시간 30분 정도 걸렸고 모처럼 와서 그런지 경치가 역시 끝내주었다. 기암괴석과 병풍처럼 둘러싼 산과 같이 큰 바위, 아름다운 계곡과 폭포, 푸른 소나무와 울긋불긋한 물감을 칠한 듯한 나뭇잎들 그리고 붉은 단풍들을 보니 앞으로 1년에 한 번씩은 꼭 와야겠다는 다짐을 하였다. 다음에는 필히 집사람과 태호 그리고 태성이와 같이 오기로 마음먹었다. 남아로서

호연지기를 기를 수 있고 좋은 경치를 보고 심신을 닦을 수도 있고 스트레스를 잊고 풀 수 있기에 다음부터는 여유를 가지고 이곳에도 자주 오면서 살아야겠다는 다짐도 했다.

엄청 많은 사람들이 와서 작은 방에 20명이나 잤다. 그리고 보살들이 전국 각지에서 많이 왔고 올라가는 날 저녁밥으로 먹은 뜨끈한 미역국은 별미였다. 스님의 말씀을 듣고 밤 12시까지 기도를 하고 내려와 아침에 어제 사리탑에서 108배를 했는데 내려가기 전에 또 108배를 하였다. 좋은 깨달음도 있었다.

어렵게 인간으로 태어나 부처님의 진리를 항상 가슴에 품고 따르고자 하며 부처님께 의지하고 부처님을 믿고 즐겁게 살아 극락에 가야 함을 느꼈다. 이 세상에는 많은 사람들이 살지만 소수만이 힘든 과정을 이겨 내고 올바른 판단으로 살아 결국에는 좋은 곳(천국－극락)의 문으로 들어갈 수가 있다는 생각도 했다. 나는 많은 생각을 하였다. 이제까지 어떻게 살았는가? 즉, 무엇을 위해 살았는가? 내가 가장 잘한 일은? 등 …… 앞으로는 더 달라져야 한다고도 생각했다. 이기심에서도 벗어나고 자기 판단(고집) 위주에서도 벗어나 가족과 타인을 위해 좋은 일도 하고 도움을 주며 살아야 할 것이다. 진리를 찾는 것도 어렵지만 깨달은 진리를 실천하기는 더욱 어렵다. 강건한 마음으로 순수한 마음으로 착한 마음으로 올바른 마음으로 이제까지 소홀했던 좋은 일과 즐거운 생활을 하자. 너무 위(출세)만 쳐다보고 너무 일(인정받기 위해)에만 매달리지 말고 열심히 살면서 틈틈이 시간도 내어 좋은 곳도 다니면서 주위의 어려운 사람들에게 한 번이라도 더 관심과 사랑을 표하는 것이 도리임을 깨달았다.

 # 소백산 비로사에 갔다 와서

풍기에 있는 나의 집에서 10분 거리에 비로사가 있다. 소백산을 오르는 여러 갈래의 길들 중의 한 코스로서 자주 간다. 자연 속에서 맑은 공기를 마시며 절에 가서 108배를 하면 운동도 되고 낮은 마음도 생기고 갈 때마다 보시도 할 수 있어서 자주 간다. 한때는 그 앞에 서 있는 은행나무에서 떨어진 은행을 줍기 위해서도 갔었다. 목을 많이 쓰는 교사인 집사람과 내가 목에 좋다는 은행을 많이 먹는 것이 좋은데 백화점에서 사 먹으면 비싸기 때문에 돈을 지불하지 않고 구할 수 있으면 그 방법을 선택하기도 한다.

옛날 공자께서는 一日 三省이란 말을 했다. 그 이유는 인간은 생각하는 동물이며 악한 일을 할 수도 있고 착한 일도 할 수 있는 넓은 개연성을 가진 존재이기에 보다 더 나아진 삶을 살기 위해 3번 반성한다는 것은 참 좋은 말씀이다. 이 과정에서 자기를 되돌아보고 참회하거나 생각하지도 못했던 개선점을 찾기도 한다. 그리고 또 다른 말인 아침에 도를 들으면 저녁에 죽어도 좋다는 표현이 있다. 이것은 인생의 궁극적인 목표가 道(진리)임을 암시하는 것이고 이 도를 통해 참기쁨을 맛볼 수도 있다는 의미이다. 나는 지금 시점이 되어서야 그 진정한 뜻을 조금은 알 것 같다. 그리고 그 말에 공감한다. 이 얼마나 소중한 일인가! 그러나 현대의 사람들은 너무 앞일만 보고 그것이 전부인 양 쫓기다시피 인생을 살기 때문에 진정한 그 의미를 잘 모르는 것 같다.

　나는 맑은 공기를 마시며 대자연 속을 거닐면서 많이 깨닫는다. 오늘도 불현듯 떠오르는 것은 위에서 말한 공자의 말씀과 함께 공부와 물질에 얽매이지 말고 버리라는 것이다. 그리하면 더 큰 것을 얻으리라는 것이다. 버리지 않고 비우지 않는데 어찌 채울 수 있는가. 더 버릴수록 더 큰 것을 맞이할 수 있다. 움켜쥔 손을 놓아야 다른 것을 잡을 수 있다. 크게 비워야 더 큰 자연을 가슴에 품을 수 있다. 작은 물질에 목을 매고 놓지 않으려고 할 때 더 크고 참으로 좋은 것을 놓치기 쉽다. 아름다운 강산 이 누구 것인가! 누구에게나 열려 있고 즐김의 대상이 되는 것이다. 중요한 것은 마음을 어떻게 먹느냐와, 얼마나 자기 눈에 들어오느냐이다.

　오늘 또 깨달은 것은 오늘 하루를 살면서 얼마나 많은 사람들에게 아니면 몇 번이나 다른 사람을 기쁘게 하고 도움을 주었는가를 생각하라는 것이다. 많은 진리는 최종적으로 이것으로 귀결된다. 그것은 바로 자기를 포함하여 타인에게 보다 좋은 일들을 몸소 행하는 것이다. 웃음(미소)을 주든지, 좋고 고운 말을 하든지, 남의 가려운 부분을 긁어 주든지, 먹을 것을 나누어 주든지, 도와주는 행위를 하는 것이다. 이를 위해 먼저 해야 할 것은 더 버리고 더 만족하라는 것이다. 이렇게 될 때 그는 삶을 더 즐길 수 있고 더 빛을 낼 준비를 갖춘 사람이 된다.

 **천왕봉에서 일출을 보면서**

모처럼 다시 한 번 더 지리산 천왕봉에 올라갔다. 전날 장모님이 계시는 진주에 가족과 함께 가서 저녁을 먹고 일출을 보기 위해 네 번째 야간산행을 감행하였다. 목적은 12월 31일 밤에 올라가 아침에 새해 해돋이를 지리산 정상에서 보기 위함이다. 큰마음을 먹은 것이다. 이것은 결코 쉬운 일이 아니다. 그 이유는 첫째, 지리산이 굉장히 큰 산이라 정상까지 가는 길 중에서 제일 짧은 코스가 중산리에서 올라가는 길인데 이곳에서 천왕봉까지는 꼬박 5시간을 걸어야 하며 그것도 캄캄한 밤에 잠을 자지 않고 걸어가야 한다는 것이다. 둘째는 지리산은 기후변화가 잦아서 지리산 정상에서 해돋이를 보는 것은 매우 어렵다는 점이다. 그래서 심지어는 3대가 덕을 쌓아야 볼 수 있다는 이야기까지 있다. 이처럼 하늘이 허락을 하여야 하기 때문이다. 그래서 산 정상에서 해돋이를 보는 것은 큰 영광이라 하지 않을 수가 없다. 어떤 경우에는 올라가는 것 자체를 허락하지 않는 경우도 있다. 매서운 추위는 차치

하고 눈이 많이 오는 경우에는 올라가고 싶어도 올라갈 수가 없기 때문이다. 사실 2008년 새해 때에는 너무 많은 눈이 와서 31일 오후에 입산통제가 내려져 만반의 준비를 했다가 나는 어쩔 수없이 포기했었다. 따라서 다른 날도 아니고 일월일일 새해 첫날의 해돋이를 보는 것은 더욱더 어려운 일이라 만약에 본다면 그것은 큰 행운인 것이다.

　나는 그동안 3년 연속 이곳 정상에서 장엄하게 떠오르는 해를 1월 1일 새해 아침에 보았다. 그날은 바로 2002년, 2003, 2004년 새해 첫날이다. 한편 그동안 몇 년 동안 가지 못했기 때문도 있지만 나는 2009년 첫 해돋이를 천왕봉에서 보고자 마음을 굳혔다. 그래서 몇 일 몸 관리를 하였다. 올라가는 것을 계기로 보다 새로운 마음가짐을 할 수도 있고 보다 큰 좋은 일들이 있었으면 하는 바람도 할 수 있기 때문이다. 그런데 올해는 밤2시부터 올라갈 수 있다고 하여 꾸준히 올라가야 해를 볼 수 있겠구나라는 생각을 하였는데 로타리산장에 가니 안내요원이 산 정상 쪽에 눈이 15미터 정도 왔고 날씨가 매우 추워 구경하기가 어렵다는 방송을 하였다. 그렇지만 나는 감행하였다. 한 번 하면 주로 끝까지 하는 스타일이라 산장에서 먼저 길을 나섰다. 역시 올해도 산 정상 쪽은 몹시 추웠지만 무엇보다도 걱정은 날씨가 너무 뿌옇고 흐려서 도저히 해가 뜰 것이라 생각할 수가 없는 형편이었다. 그래도 나는 왔으니 사진을 찍기 위해 천왕봉이라 적힌 비 앞까지 갔다. 그런데 시간이 되어서 그런지 사람들이 와-하는 소리가 나더니 그렇게 굳고 흐리게 보이던 하늘이 바람에 의해 눈 깜짝할 사이에 열리더니 해가 보였다. 붉은 해가 올라오고 있었다. 날씨가 흐려 해는 그 후에도 보였다가는 보이지 않다가 그랬다. 이때 나는 아! 하늘은 알아서 해 주는 구나라는 생각이 들었다. 정상에서 분명히 내 눈에 보인 하늘의 날씨는 좋지 않았다는 사실이었고 그래서 당연히 해를 볼 수가 없다고 나는 생각했었는데 그것이 어긋났기 때문이다. 순식간에 떠오르는 해는 자신을 드러내었고 그곳에 올라간 우리들은 해를 보는 기적을 본 것이다. 이제 나는 4번이나 정상에서 해돋이를 본 사람이 되었다.

매년 갈 때마다 해 뜨는 것을 보았으면 하는 기대를 가슴에 품고 발에는 아이젠을 하고 손전등으로 앞을 비추어가며 밤새도록 어두운 산길을 땀을 뻘뻘 흘리며 있는 힘을 다하여 참고 올라간다. 올해도 올라가면서 내가 왜 이 고생을 하는가라는 물음도 나왔다. 하지 않아도 누가 뭐라고 하지 않는다. 그런데 굳이 하는 이유는 나름대로 고생을 통해 새 마음을 가지게 되고 새 사람이 될 수 있기 때문이다. 하고 날 때마다 앞으로 죽을 때까지 몇 번이나 더 하겠나라는 생각을 한다. 정말 이제는 몇 번 하지 못할 것 같다. 무릎도 아프고 너무 힘이 많이 들기 때문이다. 생각해 보니 인생도 그런 것이 아닌가라고 조심스럽게 생각해본다. 어려운 인생을 살면서 한 단계 더 높은 존재가 될 수 있다.

한편 지금도 있을 수 없는 것 하나는 2002년과 2003년에 많은 별들이 하늘에서 나를 반갑게 맞이한 일이다. 지금까지 살면서 그렇게 많은 별들을 내 머리 가까이에 있는 것을 본 적이 없다. 많은 별들이 우리들을 서로 먼저 보려고 아우성하고 있는 것만 같았다. 또 하나는 태어나서 처음으로 해돋이를 보러 밤새 올라갔다가 2002년 새해 첫 날에 겪은 고생담이다. 처음 시도한 경험이라 그런지 엄청 고생했다는 기억이 아직까지 남아있다. 그 원인은 원래 산을 좋아하고 등산도 취미로 자주 하여서 나름대로 산이라면 자신이 있어서 별 다른 준비도 하지 않고 빈손으로 올라간 데 있다. 산에서 얼어서 죽는 것이 바로 이런 것이구나라는 경험을 이때 하였다. 특히 너무 일찍 올라가서 정상 부근에서 해 뜰 시각까지 무려 1시간이나 군대에서 했던 매복처럼 계속 기다려야만 했다. 다시 내려갈 수도 없는 상황이었고 정상에서의 세찬 바람 때문에 체감온도는 영하 20도가 훨씬 넘었다. 그 당시에 나는 박사논문을 다 마무리하지 못하고 절망과 낙담으로 하루하루를 보내고 있던 때라 나 스스로 돌파구를 마련하고 싶은 마음이 간절했었다. 그래서 힘든 일인데도 불구하고 실시한 것이다. 그 이유에는 마음을 다잡기 위해, 무엇인가 그 해결책을 얻기 위해, 혹은 어려움을 돌파할 용기를 얻기 위해서였다. 산의 좋은 정기도 받을 수 있을 뿐만 아니라 새해 해돋이를 보고 기(氣)를 받아 힘차게 살고도 싶었다.

물론 추위를 무릅쓰고 밤새 올라가는 것도 힘들지만 제일 큰 문제는 공교롭게도 하늘이 허락하지 않으면 보고 싶어도 해가 뜨는 것을 못 본다는 것이다. 그러나 나는 운이 좋아서 2002, 2003, 2004년 그리고 2009년 새해 첫날 해돋이를 지리산 정상인 천왕봉 꼭대기에서 보는 영광을 가지게 되었다.

나는 살아 있다. 나는 살아야 한다.

나는 할 수 있다. 나는 해야만 한다는 각오를 하면서 무려 5시간을 걸어서 정상에서 이글거리며 올라오는 태양을 온몸으로 맞았다.

생명 에너지의 원천인 빛. 나는 가슴으로 받아들였다.

진정한 패자는 실패에 무릎을 꿇고 더 이상 하지 않고 포기하는 것임을 깨달았다.

기도한다.

건강, 즐거움, 국가 및 인류에 대한 봉사.

뜻한 바를 잘 이루게 해 달라고

뜻이 많이 진척되기를 기원하였다.

현재 이 순간순간을 즐기자.

더 이상 과거 미래에 얽매이지 말고 보다 기쁘게 살자는 생각도 하였다.

지리산 천왕봉 근처 눈 덮인 소나무들

밟을 때마다 느껴지는 눈 소리가 매 순간 다르다. 온몸으로 자연을 느낀다.

항상 새로운 것을 기대하면서 살자.

온몸으로 새롭게 느끼며 하루하루를 살자. 이것이 인생을 즐기는 한 방법임을 느꼈다.

 **2차 건강검진을 받으러 가며**

　과거 중·고등학교에 근무할 때 정기적으로 건강검진을 받다가 백수 등으로 그동안 받지 못하다가 직장을 다시 얻어 올해 건강검진을 받았는데 여전히 혈압이 높았다. 혈압 약을 계속 먹고 있었는데 잘 떨어지지가 않았고 그동안 약을 많이 먹어서 그런지 간 기능도 별로 좋지 않다고 나와 다시 재검을 받으러 갔다. 병원에 가면서 이런 저런 생각이 들었다. 이제까지 살면서 몸 관리를 못 하여 나에게 제일 큰 고통을 준 것은 이빨이다. 아직까지도 좋지가 않아 가끔 치과에 가는데 와이프는 아마 내가 죽을 때까지 갈 것이라고 했다. 1차 검진 때 받은 위내시경 검사의 결과는 위염과 십이지장염이어서 한 달 정도 약을 먹고 있다. 그리고 며칠 전 밤에 발을 헛디뎌 오른쪽 발목의 인대가 늘어나 물리치료를 받고 침을 맞기도 하고 피를 뽑기도 하였으며, 한 달 전에 과하게 먹은 술 때문에 오른쪽 눈 밑이 계속 쑤시고 아프다.

　죽을 때 잘 죽자. 내 몸의 어디가 아파서 고통스러워하며 죽지 말고 건강하게 살다가 죽어야 된다는 생각도 들었다. 그래야 자식들도 부담이 덜 될 것이다. 잘 죽는 것은 그동안 몸 관리를 잘했음을 암시하기도 하고, 살아 있을 때 보다 건강하고 즐겁게 살았음을 나타내는 것이기도 하고, 자식들이나 주위사람들에게 피해를 주지 않았다는 것을 말해주기에 건강해야 함을 다시 한 번 더 느꼈고 언제 죽을지는 아직 잘 모르지만 건강하게 천수를 누리고 살다가 편안하게 죽어야겠다는 희망을 가져보았다.

 # 단양휴게소 봉계탕을 먹으러 가며

우연히 중앙고속도로의 단양휴게소에 들린 적이 있다. 제천과 풍기 사이에 있는 북단양 휴게소인데 명당이라 그런지 들어가는 휴게소의 문에 이곳이 최고의 명당자리라는 글귀가 쓰여 있었다. 마침 내 눈에는 봉황의 봉 자이며 닭을 뜻하는 계가 합쳐진 봉계탕이란 글자가 보였다. 시켜보니 닭의 살을 얇게 찢어 넣었고 여러 가지 약초도 들어가 있는 등 좋았다.

한편 차를 몰고 가는 도중에 테이프 노래가 구슬퍼서 그런지 돌아가신 할머니와 부모님 생각에 하염없는 눈물이 쏟아졌다. 잘 못해 드려서 그런 것 같은데 다시 보고 싶지만 이제 더 이상 볼 수가 없기에 다음에 죽어서라도 다시 보고 싶다는 간절한 마음도 들었다.

할머니는 나를 어릴 때부터 길러 주셨는데 돌아가실 때 아버님은 내가 시험기간이고 하여 공부를 해야 한다고 판단하시어 나에게 연락을 하지 않아 임종을 지켜보지 못해서 항상 아쉽게 생각하고 있다. 아마도 할머니는 눈을 제대로 감지 못했을 것이다. 틀림없이 공부한다고 서울에 올라가 있는 나를 보지 못해 매우 아쉬워했을 것이다. 그 다음에 어머니는 위암 수술을 받았는데 재발되어 방사성 치료 때문에 살이 다 빠지고 힘들어 했는데 어머니의 암 앞에서 무기력했던 내 자신 그리고 그 후 많이 아프셨던 아버님이 한번은 같이 자자고 했는데 사정이 있어 그렇게 하지 못한 것이 두고두고 가슴에 남아있다.

이렇게 나는 불효자이기에 항상 부모님을 생각하면 눈물이 난다. 살아 있을 때 잘해야 하는데 알면서도 개인적인 사정이 겹쳐 부모님을 끝까지 잘 보살펴드리지 못해 마음이 아프며 정말로 부모는 자식이 생각하는 것보다도 더 빨리 가신다는 사실을 몸소 겪었다. 지금은 돌아가신 부모님을 다시 살릴 수 없기에 최소한 돌아가신 부모님을 반드시 극락왕생시켜드려야겠다는 마음은 먹고 있다.

 **자업자득**

맑고 즐거운 마음을 갖고 밝은 미소, 고운 말을 하며, 착한 행동을 많이 하자.

남을 탓하지도 남을 부러워하지도 말자. 부자와 높은 지위에 오른 자들은 분명 그만큼 더 노력했고 더 뿌렸기 때문이다. 일단 현재 주어진 자신의 조건(패)를 인정하고 만족해한다. 이것이 바로 安養과 極樂으로 가는 방법 중의 하나이다. 그리고 잘된 타인을 보고 왜 저리 복이 많으며 나는 왜 이 모양인가라고 신세한탄하지 말고 지금부터라도 노력하고 베풀자.

당신은 남에게 대접받기를 원하는가? 그러면 먼저 상대에게 잘하라. 모든 것은 자기 자신이 지은 업에 따라 받는다. 자신의 태어남도, 자신이 누구 집의 자식이 된 것도, 자신이 밤에 잠을 설치는 것도, 자신이 고통을 받는 것도, 자신이 운이 있는 것도, 자신이 잘되는 것도, 자신이 더 가지게 된 것 등 ······

공짜가 없다. 뿌린 대로 거둔다는 말이 세상의 이치인 것 같다.

부자가 되고 싶은가? 높은 지위를 가지고 싶은가? 편안하고 대접 받기를 원하는가? 운이 있고 싶고 행복해지고 싶은가? 극락(천국)에 가고 싶은가? 그럼 먼저 뿌려라. 그만큼 노력하라는 이야기이다. 그것은 도둑이다. 노력하지 않고, 뿌리지 않고 가지기를 바라서는 안 될 것이다. 상대에게 못된 짓 하면 그것이 다 자기에게 그대로 돌아온다는 것을 항상 명심하고 살면 그는 상대에게 나쁜 짓을 쉽게 하지 않을 것이다.

 **괌 여행**

아내와 결혼 10주년 기념 겸 가족해외여행을 괌으로 갔다. 앞으로 특별한 사정이 없는 한 일 년에 한 번씩 해외 가족여행을 하기로 하였고 갈 때의 여러 가지 상황을 고려하여 짧게 혹은 좀 더 길게 그리고 가까운 곳으로 혹은 좀 더 먼 곳으로 갈지는 갈 때쯤 최종적으로 정하기로 했다. 몇 년 전 비행기 추락사고도 있어서 다소 망설였지만 가기로 결정한 것은 거리상으로 비행기로 그렇게 멀지 않고, 비용도 그리 많이 들지 않으며, 무엇보다도 나의 두 아들인 태호와 태성이에게 자연의 힘 혹은 자연의 아름다움을 맛보게 할 수 있는 좋은 기회가 될 것이라 믿었기 때문이다.

패키지로 갔는데 아름다운 바다를 보고 감탄했다. 물론 이 지구상에는 더 좋은 곳도 많겠지만 산호초가 섬을 에워싸 파도를 막아서 바닷물이 잔잔하였고 온천의 물처럼 따뜻해서 해수욕하기에 좋았다. 조용히 며칠 휴양하기에는 좋은 곳이라 생각되었다. 이처럼 좋은 곳은 사람이면 누구나 가지고 싶어하고 먼저 차지하려고 하기에 결국 이 곳은 일본· 미국 등 여러 나라의 점령을 받았다. 이 아름다운 자연을 보니 오히려 이것이 인간을 나약하게 만들 수도 있다는 생각도 들었다. 풍요로운 것이 좋지만 어느 정도의 자극과 견제도 있어야 발전할 수가 있다. 이곳에서 본 형형색색의 바닷물고기들은 정말 아름답고 좋았다. 직접 바다 속에 들어가 소시지로 물고기들을 유인하여 바로 눈앞에서 가까이 보았기 때문이다. 풍부한 해양자원 때문에 이곳에 있는 해양대학(연구소) 유명하다는 이야기를 가이드가 해 주었다.

엷은 푸른 바다
에머랄드 빛 바다
산호초처럼 산호 벽 때문에
낮은 깊이의 조용한 물결의 바다

따뜻한 물에서 수영도 했다.
결혼 10주년 기념
집사람이 더 좋아했다.
조용한 바다를 보며 명상에 잠기기도 했다.

육체는 영원하지 않다. 그러나 건강해야 한다.
신체의 어느 한 부분이라도 고장이 나면 삶이 더 힘들어진다.
순응하며 목표를 향해 가자. 이 물처럼 부드럽고 따뜻한 사람이 되자.

역사는 순환할까? 내가 설령 옳은 것을 추구하더라도 계속할 수 없고
또한 다른 사람들이 살아가기에 문화와 사회 역시 영원하지가 않다.
따라서 너무 옳은 것만을 추구하는 것도 때로는 바람직하지가 않다.
자신의 생각과 뜻이 아무리 옳아도 100년 후나 영원히 옳기는 어렵다.
그래서 목표를 향해 한 걸음씩 나아가되 너무 어느 하나에 집착하지 말고 타인과 잘 지내자.

 꿈

꿈은 무엇인가? 꿈은 마음으로 바라는 그 무엇으로 아직 현실화되지 않은 것이라 할 수도 있고, 어떤 처지에 있든지 무슨 일을 하든지 누구나 가슴에 품을 수 있는 개인적 바람이라고도 할 수 있다. 분명한 것은 꿈은 사람을 설레게 하는 기능도 있다는 점이다. 금강경에서는 일체의 행위가 모두 거품이며 꿈임을 알아야 된다고 했는데 이것은 너무 현실에 집착하지 말 것을 주문한 것으로 이해하고 싶다. 아무튼 우리는 살면서 적든 크든 나름의 꿈을 꾸며 살고 있다. 꿈은 보다 더 나은 자신과 상황을 만들기 위해서 필요하다. 따라서 자신이 인생을 보다 더 잘 살았다고 훗날 말하기 위해서도 지금 당장 좋은 꿈들을 가져야 한다. 만약 지금 꿈이 없다면 더 나은 자신을 바라지 않는 것이 된다. 따라서 꿈을 갖기 위해 많이 생각하고 많은 경험을 하자.

꿈을 보면 그 사람이 지금 어떤 생각을 하고 있고 앞으로 무엇을 위해 시간과 열정을 투자할 예정인지를 잘 알 수가 있기에 꿈은 그 사람이 어떤 사람인가를 알게 하는 좋은 지표이다. 그래서 나는 수업시간에 한 번씩 학생들에게 꿈을 갖도록 하기 위해, 삶에 희망을 갖도록 하기 위해, 보다 구체적인 목표를 한 번 더 인식하도록 하기 위해 자신이 바라는 작은 것들을 적게 한다. 그 후 다음에 노년이 되어서 어떤 것들이 이루어졌는지 체크해 보면 좋을 것이다. 나는 누구나 자유롭게 바라는 꿈들을 세울 수 있지만 그 꿈들 중에는 가급적이면 위인들처럼 큰 원을 세우는 것이 포함되는 것이 바람직하다고 생각하고 있다. 나의 꿈들 중의 하나는 우리 전통문화 속의 우수한 정신문화들과 한국의 아름다움들을 발굴 및 정리하여 세계에 알리는 것이다. 이것이 앞으로 동양(우리나라)이 세계에 이바지하는 하나의 방법이 될 것이라 생각한다.

 **우울증에 대한 물질적 접근을 넘어**

TV에서 생로병사를 우연히 보게 되었는데 우울증에 대한 내용이었다. 의학계에서는 특히 미국을 비롯한 서구에서는 생물학적 접근을 주로 행하고 있었다. 세포 특히 뇌신경계로 압축하여 조명하였다. 물론 인간이란 존재는 유기체이고 한 생물체로 여러 세포들로 구성되어 있는 물질적 존재이지만 이것만으로는 충분하지 않다. 다른 의학적 실험들과 마찬가지로 쥐를 대상으로 나온 결과이기에 그 결과에 대해 선뜻 100% 믿음이 가지 않는 것이 솔직한 나의 심정이다. 물론 인간을 실험 대상으로 하는 것이 불가능하기 때문이지만 근본적으로 인간은 쥐와는 많이 다르다고 본다. 따라서 인간의 특수성을 감안하여 물질적인 접근보다는 보다 심도 깊은 종합적인 접근이 있어야 한다고 생각한다. 여기에는 그 인간에 대한 심리적·사회적인 환경조사가 포함된다.

한편 얼마 전 TV에서 방영된 혈압과 우울증에 대한 연구결과도 마찬가지라 생각한다. 그 결과는 혈압이 높을수록 우울증이 되기 쉽고 행복하기가 어렵다는 것이며, 그 처방이 약물치료에 집중되어 있는 것을 보고, 앞으로는 보다 체계적인 종합적인 연구를 통해 눈에 보이지 않는 정신적인 측면 등에 대해서도 더 관심을 기울여 심리적이고 정신적 면에서까지 진단 및 치료를 하여 더 이상 약물에 의존하는 비율을 줄이도록 해야 한다고 생각한다.

따라서 사회 전체적인 협조와 함께 개인적 노력이 이루어져 환경에 대한 적극적인 개선과 더불어 생활습관의 변화 및 마음 수련 등과 같은 다양한 방법이 필요하다고 본다. 그리고 앞으로는 학교교육이나 TV 등을 이용한 건강교육을 통해 문제의 치료보다는 예방차원에서의 예방교육이 더 있어야 한다고 생각한다. 앞으로는 눈에 보이지 않는 부분에 대한 철학적 사고 및 종합적인 접근이 원인 규명 및 치료에 더 적용되었으면 하는 바람도 가져 본다.

교육학자 김성봉 교수의 삶, 자연, 행복

 **희방폭포를 보고서**

　우리나라의 태백산맥과 소백산맥을 모르는 사람은 없을 것이다. 그런데 이 소백산은 이런 우리의 대표적인 산맥에 위치해 있는 산으로 둘러볼 데가 많은데 마침 좋은 기회가 와서 오늘 그중의 한 곳인 희방사 길을 올라가게 되었다. 3월 달인데도 산이 나를 반겨서 그런지 하늘에서는 눈이 많이 내리고 있었고 참새도 예쁘게 짖고 있어서 기분이 더 좋았다. 나는 연구와 강의에 있어 큰 진보가 있기를 바라며 이것이 또한 사회와 국가에도 좋은 도움이 되었으면 하는 생각을 가끔 한다. 물론 나의 희망사항이다. 등산코스도 괜찮았다. 땀을 흘리니 기분이 좋고 몸도 한결 가벼워졌다. 따라서 역시 자신의 기분을 높이려면 등산을 하든지 운동을 통해 땀을 흘리는 것이 제일 좋은 방법이란 생각이 들었다. 30분 정도 올라가다 보니 희방사 바로 밑에 희방폭포가 있었다. 처음 보는 순간 우리나라의 어느 폭포에도 뒤지지 않는 폭포라 생각되어 다음에 시간을 내어 한 번 정도는 가 보면 좋을 곳이라 생각하였다. 폭포 근처는

의에서 내리 꽂는 시원한 물줄기로 인해 한기마저 느껴졌다.

　물론 가정이지만 올라가면서 문득 만약 내가 다음에 죽어 화장을 하게 되다면 어디에 뿌려졌으면 좋을 것인가라는 생각을 해 보았다. 다음과 같은 곳들이 떠올랐다. 물론 그 첫 번째는 나의 고향인 경주로 구체적으로 말하자면 토함산의 불국사에서 석굴암 쪽으로 올라가는 약수탕 길과 경주 남산의 통일전 근처(옥룡암쪽)길이다. 두 번째는 서울의 북한산의 도선사 근처나 대동문으로 올라가는 길, 세 번째는 통도사의 석가모니 사리탑 근처나 극락암 근처이며 네 번째는 이곳 소백산 기슭으로 아마 비로사 근처가 제일 좋을 듯싶다. 그 다음 다섯 번째는 백두산 근처나 설악산의 봉정암으로 가는 길이며 여섯 번째는 할머니 묘나 부모님 근처이다. 이 모두 현실적으로는 불가능한 일인데 굳이 말한 것은 이곳들이 바로 내가 제일 좋아하는 곳임을 말하고 싶었기 때문이다. 이곳들은 나와는 매우 인연이 많은 곳으로 나와는 떼려야 뗄 수가 없다.

탐·진·치

　인간 세상에서 인간이 욕심이 없이 살 수가 있겠나! 결론적으로 말하자면 욕심 없이 살기는 매우 어렵다. 왜냐하면 인간 그 자체가 욕심 덩어리이기도 하며 이 사바세계가 이런 인간들로 이루어졌기 때문이다. 하지만 욕심 없이 사는 것이 참길임을 잊지 말자. 특히 편하게 살기를 바라고 보다 인생을 즐기면서 살아가고자 한다면 과감히 그렇게 해야 할 것이다.

　그 방법은 먼저 바라지 말자는 것이다. 이것은 일을 하지 않고 놀기만 하거나 공부도 하지 말라는 이야기는 결코 아니다. 자신의 위치에서 그냥 자신이 해야 할 일만을 하자는 것으로 쓸데없는 데 신경을 쓰지 말자는 의미도 된다. 좁은 마음을 가진 소인이나 위급한 처지에 있는 절박한 사람처럼 살지 말자는 것이다. 이들은 살기 위해 아등바등하거나, 다른 사람은 잘 생각하지 않고 자신의 주장과 입장만을 고집한다든지, 윗사람에게 더 인정받기 위해서 몸부림친다든지, 가진 것을 손해보지 않아야 한다는 생각이 많아서 매정하며, 무슨 일을 할 때마다 자신에게 이익이 되는가라는 잣대를 쓴다든지 하기에 행복과는 거리가 멀다. 자신의 성숙보다는 남에 대한 신경씀으로 쓸데없이 머리를 복잡하게 만든다. 왜 쓸데없는 것으로 자신을 피곤하게 만들며 괴로워하는가?

　탐·진·치에서 벗어나자. 부와 권력 그리고 명예를 놓아 버리고 그냥 자신의 일을 묵묵히 하며 오히려 베풀려는 마음을 가지자. 그러기 위해서는 먼저 위에서 말했듯이 걱정과 불안 및 경쟁이 생기지 않도록 구하는 것들에 집착하지 말아야 하며 그 다음은 우리 모두가 천국(극락)에 있다고 생각하는 것이다. 사실 대자연은 우리가 생명을 유지할 수 있도록 가진 모든 것들을 다 주고 있다. 그리고 각기 모양은 다르지만 아름다운 볼거리들을 많이 제공하고도 있다. 이를 느끼자. 천국에 있음을, 그리고 자신과 타인 그리고 이 인간세상이 보다 천국이 되도록 하기 위해 조금이나마 도움이 되는 일을 하자. 따라서 자신의 생각(아집)을 버리고 타인에게 좋은 일을 하자. 타인을 기쁘게 하자. 이것이 천국의 완성이다. 아는 만큼 보인다는 말이 있다. 이 세계가 천국임을 인간들이 부처임을 깨닫자. 아는 만큼 깨닫는 만큼 그는 천국에 가깝게 살고, 모르고 덜 깨달은 만큼 천국(극락)과 멀다. 그 길(방법)은 물질이나 자신의 이익에 얽매이지 말고 초월하고 즐기는 것이다. 그는 대자연이 주는 아름다움을 느낄 수 있으며 선행을 하고 참된 이치를 꿰뚫어 잘 알고 있다. 마치 천국에 있는 것처럼 그는 지낸다.

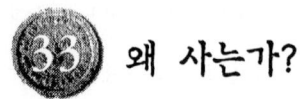 **왜 사는가?**

태어났다. 그러니 살아야 하며 잘 살아야 한다. 이것은 산이 내 앞에 있어서 등산을 한다와 같다. 최종적인 결정은 하늘이 하는 것. 자신이 원했는지 혹은 얼마나 좋은 업을 지어서 그런지 아니면 우리가 알지 못하는 또 다른 무슨 이유 때문인지는 잘 모르지만 아무튼 우리는 태어나 살고 있기에 잘 살아야 한다.

자기중심에서 생각하고 행하며 자기 자신의 안전과 잘됨을 무엇보다도 우선시하는 것이 모든 인간들이 공통적으로 가지는 마음상태이다. 그래서 우리는 편안하고 행복하게 살기 위해서라도 선현들이 제시한 진리를 명심해야 할 것이다. 흔히 우리는 빈손으로 와서 빈손으로 간다는 말을 하는데 이것은 우리가 태어나거나 죽을 때 손에 아무것도 가지고 있지 않기 때문에 그리 말한 것이다. 따라서 이 말은 주로 물질적인 면에서 눈에 보이는 것을 두고 말할 때 맞다. 그러나 눈에 보이지 않는 면도 있기에 이런 부분을 말할 때는 부적절하다고 생각한다. 예를 들면 어떤 사람은 부잣집에 태어나거나 좋은 환경에서 자라는 데 비해 어떤 자는 매우 가난한 집에서 태어나 공부도 제대로 못하거나 어렵게 살아가는 경우가 많다. 이를 어떻게 설명할 수 있나? 불교에서 말하는 업에 따라 왔고 업에 따라 간다는 말이 더 적합하다고 본다. 이처럼 손에는 아무것도 가지고 태어나지도 죽지도 않지만 그 사람이 얼마나 착하고 성실했는가에 따라 매우 가는 곳이 다를 것이라 생각한다. 그래서 우리가 죽은 후에 보다 좋은 곳에 가거나 좋은 환경에서 살기를 진정 원한다면 현재와 현생을 더 잘 보내야 한다. 우리가 이 지구상에 머무는 시간은 잠깐이다. 부귀영화는 더 잠깐이고 일시적인 것. 따라서 아옹다옹할 필요가 없고 고민과 걱정을 그렇게 할 아무런 이유도 없다. 남과의 비교도 부질없고 생각했던 목표를 덜 이루었다고 낙담할 필요는 더욱더 없다. 보다 즐겁게 살아야 하기에 최고의 즐거움을 찾고 누리는 것이 현명하다.

최고의 즐거움은 무엇인가? 나는 훌훌 털고 등산이나 여행을 할 때, 가족끼리 오순도순 지낼 때, 봉사활동을 할 때, 좋은 책을 보고 깨달음을 얻을 때가 무엇보다 좋다. 각자 살면서 자기 나름의 즐거움을 찾고 될 수 있는 대로 積善(적선)을 많이 하며 참 기쁨을 느끼자. 우리는 어디에서 왔는지를 모를 뿐 아니라 죽은 후 어디로 갈지도 잘 모른다. 물론 알 수도 없을 뿐 아니라 굳이 알 필요도 없다. 하지만 분명한 것은 본인이 보다 즐겁고 행복하게 살며 다음에 타인에게도 즐거움과 행복을 줄 때 다음에 그는 자기도 모르게 좋은 곳에 가게 될 것이다.

 **소백산 비로사를 올라가며 2**

오늘 아침 학교에 가기 전 비로사에 잠깐 들러 절을 하고 가기로 했다. 그런데 차를 몰고 올라가는데 간밤에 눈이 와서 그런지 그 경치가 너무 아름다웠다. 그래서 아! 이 세상에는 아름다운 것이 이렇게 많이 있구나. 그리고 이렇게 아름다운 것을 보고 느낄 수 있는 기회를 가진 것에 대해 매우 기쁘고 감사한 마음이 들었다. 우리 모두 살면서 바쁘지만 좀 여유를 가지거나 좋은 마음을 가지고 아름다운 것들을 많이 접하며 사는 것이 좋다고 생각한다. 따라서 보다 더 아름다운 것을 많이 보고, 아름다운 소리(말)를 많이 듣고, 보다 아름다운 글을 많이 읽고, 좋은 느낌들을 갖는 것이 인생을 아름답게 사는 길일 것이다. 나는 학생들에게도 한 번 가서 아름다움을 만끽하라고 말했다. 학생들은 거의 대부분 차가 없기에 시간을 내어서 걸어갈 만큼 그 아름다움을 보고자 하는 마음을 가지고 있는 자가 몇 명이나 되는지는 알 수가 없다. 어떤 때는 살면서 자신이 본 것 중에서 제일 아름다운 것을 제출하라는 과제를

내준 적도 있다.

절을 하면서 자신이 가지고 있는 귀한 지식과 기술뿐 아니라 마음을 편안하게 하고 보다 즐겁게 사는 방법도 알고 있다면 이것을 타인에게 가르쳐 주는 것 또한 아름다운 일이라 생각한다. 앞으로 나는 힘닿는 대로 내 능력범위 안에서 남에게 물질적으로든 심적으로든 도움도 주어야겠다고 다짐했다. 실천이 중요한데.

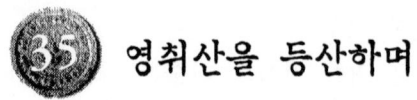 영취산을 등산하며

　오늘은 수능 점수 발표일이자 쉬는 날이기도 하여 큰 마음먹고 통도사 뒤 영취산에 올라가기로 했다. 과거로 거슬러 올라가 내가 처음으로 이곳에 온 것은 1990년으로 기억된다. 그 당시 나는 경주에서 군 생활을 할 때로 시간이 날 때 여러 번 와서 안양암에서 도시락을 먹기도 하였고 영취산 꼭대기까지 올라가기도 하였고 극락암에서 절을 했던 기억도 난다. 따라서 그때로부터 20년 정도 지난 시점이라 감회가 새로웠다. 특히 극락암에서 절을 하며 앞에 걸려 있는 탱화를 보면 옛날 그 시절이 생각나고 그동안 무척이나 많은 일들을 겪은 터라 결코 짧은 시간만은 아닌 세월이었음을 느꼈다. 그사이 부모님도 돌아가시고 나도 석사졸업하고 직장생활을 울산에서 시작하였고 집사람을 만나 결혼도 하였고 두 아들도 얻었고 직장을 그만두고 백수생활도 해 보았고 강사생활도 해 보았으며 그 후 박사학위도 받고 운 좋게 대학에서 다시 직장생활을 한 것 등 결코 내 인생에서 빼놓을 수 없는 중요한 많은 일들이

있었다. 시간은 멈추지 않고 어김없이 유수와 같이 흘러간다고 생각하니 한편으로는 세월의 무상함도 느꼈다. 정상으로 올라가다가 보면 있는 산중턱의 검은 돌바위 조각들을 보니 더 옛날 생각이 났다. 극락암에 차를 세워 두고 걸어갔기에 대략 1시간 30분 정도 걸렸다. 산 정상에서 심호흡을 하고 넓게 펼쳐진 산 정상의 고지들을 보며 천수경도 읽었다.

인생 잠깐이다. 항상 살아 있음에 감사하며 이제까지 알게 모르게 지은 죄도 참회하고 싶었다. 건강하고 보다 진리와 지혜의 길로 가서 좋은 일을 많이 해 달라고 기원도 했다. 백운암에도 들렀다. 앞으로 14-15년이 지나면 내 나이 환갑이 되는데 금방 올 것만 같은 생각이 든다. 탐·진·치를 버리고 편안하고 행복하게 지내야 하는 것. 세상일은 자기 마음대로 되지 않는 것이기에 타인과의 관계에서 보다 지혜로워야 하며, 소나무나 계곡에 흐르는 물소리와 아름다운 새소리를 자주 듣고 봄에 피는 아름다운 꽃들도 자주 보며 살고 싶다. 아무런 근심·걱정 없이 아름다운 자연과 함께하는 것도 천국을 맛보는 것이라 생각한다. 높은 산일수록 정상에 올라가기 위해서는 당연히 힘이 더 많이 든다. 따라서 성급하게 생각하지 말고 쉬기도 하면서 꾸준히 가면 된다. 자신이 세운 인생의 목표에 도달하는 것도 마찬가지여서 목표(정상)에 도달하기 위해 조급히 생각하지 말고 꾸준히 가자.

누가 정상에 가나? 누가 정상에 사나? 분명한 점은 정상에 가는 것은 매우 힘들다는 것과 함께 정상에서는 오래 있지를 못한다는 점이다. 외롭기도 하다. 각기 자기 능력껏 목표를 세워 살면 된다. 물론 정상에 가는 사람은 더 참고 노력한 사람이기도 하고, 더 지

혜가 있는 사람이기도 하며, 더 강인한 육체와 건강한 몸을 소유
한 사람일 수도 있고, 더 마음을 비운 사람일 수도 있을 것이다.
그리고 이 모든 것을 갖춘 사람일지도 모르지만 특히 많이 베푸는
사람일 것이란 생각도 들었다. 인생을 살면서 지은 죄가 있다면 풀
기도 하고, 될 수 있으면 죄를 짓지 않고 좋은 일을 많이 해야 하
는 것이 바람직하기에 나는 이를 위해서는 正思와 正行이 반드시
필요하다고 생각한다. 나도 지금보다도 더 내 중심적으로 덜 생각
하고, 내 이익과 내 주장을 앞세우지 않고, 타인을 배려하고 공경
해야 한다. 인생이란 주어진 제한된 시간에 아름다운 것을 많이 보
고 들으며, 아름다운 사람을 더 만나고 사는 것이 인생을 보다 행
복하게 사는 방법이라 본다.

 **힘들 때 불국사에 가서**

　사람이 살면서 힘든 경우가 매우 많다. 어찌 보면 이것이 인생이자 인생의 묘미인 것 같다. 하지만 힘들 때는 누구나 하루라도 빨리 그곳에서 벗어나기를 바란다. 그 방법들 중의 하나가 첫째, 과욕을 내지 않는 것이다. 왜냐하면 힘들어 하는 것, 걱정을 많이 하는 것, 화를 내는 것, 불만을 갖거나 괴로워하는 것 모두는 자기가 기대한 바나 뜻한 것이 높아서 제대로 되지 않은 경우이기 때문이다. 따라서 무엇보다도 먼저 자신의 몸에 맞는 적절한 기대와 목표를 세우는 것이 보다 바람직하다. 물론 살면서 자신도 모르게 과욕을 부릴 수가 있기에 항상 자제하도록 하며 또한 인생에서 더 큰 기쁨과 성취를 얻기 위해서는 필히 더 큰 고통을 이겨내야 하기에 힘들더라도 힘들다는 생각을 덜 하는 것이 좋다. 힘들다고 생각하면 끝이 없기에 여유를 가지고 다른 좋은 생각을 더 한다. 둘째는 남과 비교를 하지 않는 것이다. 각기 다른데 남과 비교하면 자신이 가지지 못한 것이 눈에 더 들어오기에 불만을 가지기가

쉽고 힘이 빠진다. 셋째는 잘못된 판단이나 행동으로 어려운 상황을 맞지 않는 것이다. 이때는 앞으로는 더 이상 자신의 이익이나 눈앞의 이익에 빠지지 않아야 한다고 다짐해야 할 뿐만 아니라 잘못된 판단을 하지 않도록 한다. 이를 위해서는 평소에 의를 더 생각하며 일을 공정하게 처리해야한다는 마음가짐과 함께 지혜를 가지도록 한다. 넷째, 인생 자체가 힘든 산을 넘는 것이라고 보는 것이다. 그래서 올라갈 때 준비가 덜 되었거나 가진 것이 없어도 힘들지만 200m를 오르는 경우보다 2000m를 오르는 경우가 힘이 더 드는 것은 당연하다. 그래서 200m를 오를지 2000m를 오를 지를 선택하는 것은 본인의 선택이지만, 어떤 연유에서든 결정되었다면 참고 올라가야 한다. 만약 자신이 올라갈 신아 5000m라 하더라도 그것을 하늘의 뜻이라 생각하며 즐긴다. 그리고 오르막도 있고 내리막도 있는 것이 인생이기에 지금 자신이 오르막을 가고 있든지 내리막길을 가고 있든지 간에 즐길 줄 알아야 한다. 이것이 참 지혜인만이 가질 수 있는 삶의 자세이다.

태백산 정암사에 가서

강원도의 정선을 거쳐 사북과 고한 쪽으로 가다 보면 태백산 정암사가 나온다. 우리나라의 석가모니의 불뇌사리가 모셔져 있는 전국의 다섯 곳 중의 한 곳이다. 가을이라 그런지 울긋불긋 접어드는 길이 좋다. 문득 나무들은 왜 있나라는 의문이 튀어나왔다. 난들 알 수가 있나? 나도 내 자신이 여기에 왜 여기 있는지도 잘 모르기 때문이다. 저 앞에 서 있는 나무들을 포함한 뭇 존재들의 존재이유와 그 가치는 하늘만이 정확히 안다. 왜냐하면 각자는 자신의 제한된 눈으로만(자신의 잣대로만) 사물과 타인을 재단할 따름이기 때문이다. 다만 우리 각자는 자신의 가치와 존재이유에 대해 하늘만큼 잘 알 필요가 있다.

아무튼 각 존재들은 각기 자기 나름의 색깔을 피우고 있다. 따라서 교육에서는 학생 각 개인들이 자신의 소질을 더 키울 수 있도록 되어야 하며, 사회는 다양한 인간들이 지닌 나름의 가치가 인정하고 존중되도록 되어야 한다. 단지 물질(권력)이라는 잣대로 폄하하지도 말고 외면하지도 말며, 업신여기지도 무시하지도 말아야 보다 인간적인 세상이 될 것이다. 사회에는 돈을 많이 가진 사람도 있고, 적게 가진 사람도 있으며, 높은 지위에 있는 사람도 있고, 낮은 지위에 있는 사람도 있다. 다 돈이 많거나 다 높은 지위에 있을 수는 없다. 지금의 시스템으로는 어렵다. 이를 두고 노력을 적게 했다고 몰아붙이거나 비난만을 하는 것은 옳지 않다. 왜냐하면 각자가 지닌 능력도 다르고 그 추구하는 목표도 각기 다르기 때문이다. 그리고 우리가 노력하는 그 대가가 반드시 돈과 지위의 소유정도와 비례한다고 단정하기도 어렵기 때문이다. 물론 복이 있는 사람은 더 가지게 될 것이다. 그럼 복(행운)은 어떤 경우에 오는가? 그것은 평상시에 사심이 없이 좋은 일을 한 사람이나 착한 마음을 가지고 생활한 사람이나 자신이 하는 일이 어떤 것이든지 간에 봉사정신과 사명감을 가지고 사는 경우이다.

이를 위해 무엇보다도 선행되어야 할 것은 타인에 대한 올바른 인식이다. 그것은 다름 아닌 모든 인간들에 대한 존중이다. 이것은 남녀노소·빈부귀천을 떠나 인간이면 그 자체로 존중해야 한다는 마음을 가지는 것이다. 그 다음은 상대는 나와 다른 존재이기에 당연히 생각이 다르다는 것에 대한 인정을 하는 것이다. 결국 이것은 타인에 대한 존중과 봉사와 연결된다. 소인배처럼 자기 자신의 눈(잣대)으로 재어서 남을 이러쿵저러쿵 평가하여 못하면 무시하거나 업신여기거나 깔보고, 잘 하면 경계하고 질투하고 모함하려고 해서는 안 될 것이다. 있으면 있는 대로 인정하고 없으면 없는 대로 도와주고자 하는 마음이 있어야 한다. 따라서 지금부터라도 자신의 잣대를 점검해야 할 뿐만 아니라 될 수 있으면 자신의 잣대로 남을 재려고 하지 말아야 할 것이다.

오늘이 인생의 마지막 날이라 생각하고 열심히 살자. 혹은, 누구나 주말을 생각하면 기쁘기에 오늘이 실제로는 월화수목요일 중의 하루일지 모르지만 항상 금요일이라 생각하고 매일 내일은 주말이라고 생각하며 즐겁게 살자.

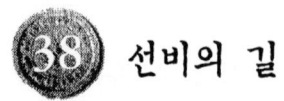 **선비의 길**

이곳 영주는 선비의 고장이라 불리는 곳이다. 선비는 우리가 추구해야 할 이상적 인간상으로 교육학자들이 자주 언급한다. 그래서 내가 생각하는 선비에 대해 한번 적어 보았다. 선비에 해당되는 분들은 이루 헤아릴 수 없을 정도로 많다. 대표적인 분으로는 퇴계, 율곡, 조식, 조광조, 조헌 등이 있다. 이 외에도 유명한 분들이 많으며, 선비에 대해 폭넓게 말하면 안중근, 이순신, 사명대사나 서산대사, 독립투사들처럼 나라를 지극히 사랑하고 몸을 바친 많은 애국자들도 여기에 속한다고 생각한다. 여기서 선비에 대해 말하는 것은 우리 후세사람들도 훌륭했던 선조들의 선비정신을 좀 본받았으면 하는 마음이 있기 때문이다. 선비정신을 가지는 사람이 한 명이라도 더 많으면 세상은 보다 더 깨끗하고 좋아질 것이라 나는 확신한다. 특히 교육에서 매우 중요한 것이 바로 지향하는 이상적 인간상이나 바람직한 인간상이 어떤 것이냐이다. 목표를 올바로 세우는 것이 그 어떤 것보다도 우선되어야 하고 매우 중요한 일이다.

흔히 지향하는 인간상으로 서양에서는 신사를, 일본에서는 무사를, 중국에서는 군자를 들고 우리나라의 경우에는 선비를 꼽는다. 보는 사람에 따라 좀 다르게 정의할 수 있지만 아무튼 선비란 도대체 어떤 존재인가에 대해 잘 알아야 할 것이다.

선비이냐 아니냐의 대표적인 기준으로 나는 의(義)를 꼽고 싶다. 선비들은 인간이라면 어떻게 행동하고 어떤 길을 가야 하는지에 대해 명확한 입장을 취했다. 첫째도 의요 둘째도 의였다. 의는 깨끗함, 공평함, 합리적임과 관련이 있다. 의가 아니면 가지도 않았고 가까이 하려고도 하지 않았고 그 누구라도 의롭지 못하면 싫어했다. 왕이라도 그랬다. 그래서 좀처럼 왕이 불러도 가지 않은 이유도 여기에 었었다고 짐작한다. 왕과 그 주위에 의롭지 못한 사람들이 많은 것 등 국가가 맑지 못하다고 판단되면 절대 나아가지 않았다는 것이 이를 잘 말해주고 있다. 그래서 왕에게 국가를 다스림에 있어 제일 필요한 것으로 올바른 눈을 가지고 올바른 판단을 하는 것이라 간언하기도 하였다. 무엇보다 좋아하고 추구한 것이 의였기에 그는 마음 편히 다른 것들은 다 잊고 의의 길로 갔다.

의의 길로 가는 데는 돈과 권력이 필요 없다. 오직 학문을 통한 진리탐구와 마음 비움만이 있으면 된다. 그래서 돈과 권력에 매달리지 않았기에 국가와도 거리를 둘 수 있었다. 왜냐하면 국가와 가까울수록 돈과 권력과도 가까워지며 멀어질수록 돈과 권력과도 멀어지기 때문이다. 돈과 권력을 원하지도 않았고 필요하지 않았기에 국가권력에 눈을 돌리지 않은 것이다. 국가권력에는 누가 눈을 돌리고 관심을 가지고 그 주변을 어슬렁거리는 자는 주로 권력을 좋아하고 조금이나마 그것을 얻고자 하는 사람들이다. 그래서 권력 주위에는 출세에 목 맨 사람들이나 아첨꾼과 같은 불나방들이 많다. 이는 만고의 진리이다.

두 번째로 선비는 국가를 너무 사랑하는 사람이라고 말하고 싶다. 의만큼이나 사랑했다고 볼 수 있다. 물론 넘버원은 의였다. 어떤 일을 하거나 판단을 할 때 첫째가 의에 부합하느냐였고 그 다음이 국가였다. 자기 자신이나 자기 집과 가문을 생각하지 않고 국가의 이익을 더 우선시하였다. 국가를 위해서는 자기의 이익을 과감히 버렸다. 아니 삶 그 자체에서 국가만 생각하고 개인은 전혀 생각하지 않았을 것이다. 이처럼 큰 사람일수록 자기보다는 자기와 거리가 먼 것을 더 챙기는 사람이다. 자기만을 사랑하는 사람이 더 가족과 주위의 사람들까지 사랑하는 사람이 큰 사람이고, 자기 가족이나 단체보다는 더 큰 지역사회와 전체를 우선하는 사람이 더 큰 사람이다. 이 사람보다 더 큰 사람은 국가를 그 어떤 것보다 우선하고 사랑하는 사람이다. 물론 제일 큰 사람은 자기 국가까지 뛰어넘어 인류 전체를 생각하고 전 인류를 위해 헌신하는 사람이다. 따라서 살면서 어떤 사람이 어떤 판단과 행동을 했을 때 그것이 자기 자신만을 생각하고 한 것인지 아니면 다른 사람이나 국가까지 넓은 영역까지 생각하고 한 것인지를 보면 그 사람이 어떤 사람인지를 알 수 있다.

나는 의가 자기와 관련된 사람들이나 주위의 집단과 연관되어 그들의 이익을 추구하면 의리(義理)가 된다고 보며, 의가 국가나 하늘과 같이 큰 것과 관련되면 정의(正義)가 된다고 본다. 의리가 있는 사람도 당연히 필요한데 가급적 크고 올바른 것이 좋다고 생각하여 굳이 말하면 의리가 있는 사람보다는 정의의 길로 가는 사람이 더 훌륭하며 선비적 기질을 가졌다고 할 수 있다.

　마지막으로 선비들도 멋을 알았고 문무를 겸비할 정도로 건강을 소중히 여겼고 자연에 머물기를 바랐다는 점이다. 또한 약하고 힘이 없는 사람들도 생각하며 위하는 마음을 가졌고, 특히 안빈낙도가 인생을 보다 편하고 행복하게 사는 현명한 길임을 잘 알고 있었다고 생각한다. 분명히 그들은 올바른 길로 가고자 했고, 그래서 살아가는 진정한 맛을 권력과 돈에서 찾으려고 한 소인배가 아니었다는 점이다. 우리 모두는 이와 같은 선비의 정신을 본받아 너무 돈과 권력을 쫓지 말며 만약에 권력과 부가 자기에게 주어져 있으면 자기 손에서 떠나기 전에 좋은 일을 하는 데에 쓰자. 우리들이 이렇게 살면 귀중한 정신문화를 남기신 선비들이 하늘에서 기뻐할 것이다.

 **집사람 국가시험에 떨어지고 나서**

인간은 육체를 가지고 있기에 이 육체를 유지하고 생명을 지속시키기 위해 먹어야 한다. 그리고 인간이 누릴 수 있는 기쁨 중에는 먹는 것이 있기에 달콤한 입맛으로 그 기쁨을 가지려고도 한다. 물론 너무 지나치면 좋지가 않는다는 것은 말할 필요도 없다. 그래서 돈이 필요하다. 그럼 얼마나 돈이 필요한가? 그것은 먹는 것의 양과 질에 따라 다르다. 많이 먹으려면 많이 필요하지만 적게 먹어도 괜찮으면 덜 가져도 된다. 인간은 살면서 이처럼 돈이 필요하니 돈을 추구해야 하지만 이것이 전부는 아니다. 자동차가 굴러가려면 기름이 필요하지만 기름이 전부가 될 수 없는 것처럼 인간이 살려면 돈이 필요하지만 결코 돈이 인생의 전부는 아니다. 단지 수단일 뿐이다.

사회에는 매우 다양한 사람들이 많다. 이것이 사회의 본 모습이기에 우리는 그대로 받아들여야 한다. 예를 들면 돈을 많이 가진 사람도 있고 적게 가진 사람도 있고 한 조직에서도 힘이 있는 사람이 있는 반면에 힘이 없는 사람도 있다. 누구나 똑같이 가지고 똑같은 지위와 능력을 가지는 것은 어렵다. 사회 자체가 그렇고 지금까지 그렇게 되게 굴러왔기 때문이다. 물론 생각하기 나름이지만 어떤 경우에는 백지 한 장의 차이로 갈라진다. 그래서 더 많이 가진 경우나 더 높은 자리에 있다고 그렇지 못한 자들을 무시해서는 안 될 것이다. 물론 여러 가지 이유들이 있지만 다 그들이 있기 때문에 가능한 것이다. 20등과 꼴찌가 있기에 일등과 이등도 존재한다. 함께 더불어 살자. 잘 났든지 못났든지 간에 이 세상에 살고 있는 것이 매우 행복하다고 생각하고 이 사회에 살고 있는 것을 매우 자랑스럽다고 생각하여 다시 태어나도 이곳에 오고 싶다고 할 정도까지 되자. 이것이 우리를 포함한 전 인류가 계속 해야 하는 일이자 가야 할 길이다.

무엇보다도 이렇게 되기 위해서는 더 가진 자나 높은 자리에 있는 사람이 잘해야 한다. 이것은 먼저 무거운 책무를 가져야 한다는 말이다. 그가 그 자리에 간 것은 물론 여러 이유 때문이다. 물론 자신이 그만큼 많이 땀을 흘리고 노력했겠지만 무엇보다도 더 좋은 일을 많이 하도록 하기 위해서 하늘이 준 것이기에 보다 겸손한 마음으로 약하거나 어려움에 처한 사람들을 도와주어야 한다. 힘이 있는 자는 좋은 일을 할 수 있는 기회가 많지만 다른 한편으로는 그 반대의 경우가 될 수도 있다. 모든 사람들이 다 권력을 가질 수가 없는 현실에서 만약 누군가가 높은 위치에 있다면 하늘을 두려워하고 봉사하는 마음을 가질 필요가 있고 만약 그렇지가 못하고 덜 가진 사람이라면 될 수 있는 한 남과 비교하지 말고 현실을 수용하고 주어진 일에 성실한 태도를 가지는 것이 보다 올바른 길이라 생각한다. 양자 모두 노력해야 한다. 내가 보기에는 사회가 보다 좋아지려면 윗사람뿐만 아니라 아랫사람도 다 잘해야 한다고 생각한다.

그리고 어느 쪽에 있든지 간에 될 수 있는 대로 자족하는 것이 좋다. 그리고 그냥 인생의 길을 계속 가는 것이다. 실패를 했거나 자기 뜻대로 되지 않았을 때에도 말이다. 원망하면 무엇하랴! 주어진 현실을 받아들이고 몸을 추스르고 뚜벅뚜벅 계속 가는 것이 옳다. 욕심을 부려서 무리수를 두는 것도, 남이 잘 될 때 시기하는 것도, 더 가지기 위해 혹은 가진 것을 잃지 않기 위해 이리 붙었다가 저리 붙었다가 하는 것도, 권력이 있다고 자기 마음대로 임의로 행사하는 것도, 그것이 잘못되었다고 아우성하는 것도 바람직하지 못하다는 생각이 든다.

 # 운문사에 갔다 와서

누구나 편하기를 바라고 행복한 생활을 꿈꾸며 또한 천국에 가기를 원한다. 따라서 천국이란 어떤 곳인가? 혹은 불국토가 어떤 곳인가에 대해 이곳에 오면서 한 번 생각하게 되었다. 물론 여러 가지로 말할 수 있지만 느낀 것을 다 이야기할 수는 없고 대략 말하면 천국이란 먼저 아름다운 곳이라 생각한다. 그럼 아름답다는 것은 무엇인가? 사실 이 세상에도 아름다운 것들이 매우 많다. 그래서 눈을 뜨고 잘 보면 이 세계가 천국에 가까운 곳이거나 우리가 원하는 바로 그 천국이라고 생각할 수도 있다. 천국을 알기 위해 반대인 지옥이 어떤 곳인가를 보자. 지옥은 괴로움의 현장이다. 혀가 잘리거나 없는 경우, 바늘방석에 있는 것, 뜨거운 물속에 있는 것, 등 여러 가지를 생각해 볼 수 있다. 모두 고통이 극심한 상태를 말한다. 그리고 빛이 없는 어둠의 세계라 할 수도 있겠다. 그곳에 있는 존재들 간의 관계를 말하자면 서로 시기하고 질투하고 싸우고 헐뜯는 경우가 만연한 곳이라 할 수도 있다.

이에 비해 천국은 빛이 있는 곳이고 다툼과 싸움이 없으며 고통과 걱정이 없고 편안하며 풍족한 곳이다. 이는 육체적인 면뿐만 아니라 정신적인 부분까지 그리고 자기 자신뿐만 아니라 그 주위 환경 모두가 천국에 걸맞게 갖추어져야 함을 의미한다. 존재들 간의 관계에서도 자신의 이익보다는 남을 더 생각하고 위해주는 마음이 강하여 갈등과 반목보다는 좋은 마음을 가지고 따뜻하고 밝은 웃음을 많이 하며 타자와 조화나 합일의 상태를 가진다. 따라서 우리 모두는 천국에 적합한 사람이 먼저 되고자 노력해야 한다. 준비를 갖추고 있으면 갈 확률도 더 높고 언제 가더라도 그 곳에서 보다 더 잘 지낼 수가 있을 것이다.

 # 태백산 정암사에 갔다 와서 2

108배 하며 천수경을 읽었다. 내 몸과 마음이 여유도 찾고 절하며 낮은 마음을 더 자아내고 부처님도 더 생각하기 위해 왔다. 우리는 하루하루나 인생을 살면서 부처님이 원하는 것이나 절대 진리로 가도록 노력할 필요가 있다. 물론 이것은 눈에 안 보일 뿐만 아니라 찾기가 어렵다. 따라서 맑은 정신과 바른 마음은 부처님의 뜻과 진리를 알기 위한 필수 요건이다.

나는 세심(洗心)하여 더 만족할 수 있어야 한다. 가진 것이 많은데 순간순간 잊거나 보지 못하고 눈앞의 작은 것들로 인해 걱정하거나 마음을 상하지 말자. 위인들이 말씀하신 좋은 글들도 읽고 산책하고 글도 쓰고 내가 아는 것을 강의할 수 있으니 얼마나 좋은 일인가! 과유불급이다. 지나치지 않고 올바른 길로 가고 해야 할 일을 하면 된다. 더 이상 생각하지 말자. 正道로 가고 正思하고 正行하면 괴로움에서 멀어진다. 과거에 내가 알게 모르게 지은 잘못과 부모님한테 제대로 하지 못한 것 다 용서하소서. 촛불처럼 환히 비추기도 하고 종처럼 영혼을 울리고 바른 깨우침을 주는 사람이 되도록 해 주소서. 하지만 어려운 일이다. 따라서 과연 내가 얼마나 할 수 있을지는 알 수가 없다. 다만 노력할 뿐이다.

높이 솟은 탑을 보니 오늘따라 대단하다고 생각이 든다. 위대한 작품일수록 더 많은 시간과 노력과 정성이 있어야 함을 다시 느끼며 나도 앞으로 큰 작품을 남기고자 하면 필히 더 많은 노력을 해야 할 것이다. 세상은 현실이다. 그러나 물질과 함께 혼(정신)도 있기에 세상을 사는 데 당장 필요한 물질만 너무 생각하지 말고 높은 가치도 함께 생각하자. 낮은 수준의 인간이나 작은 인간일수록 눈앞의 이익과 물질에 집착한다. 이것들은 필요한 것일뿐 결코 충분조건이 될 수는 없다. 돈과 권력 그리고 명예에 집착하지 말고 자기 몸에 맞게 일하며 만족하며 베풀며 사는 것이 올바른 길이라 본다.

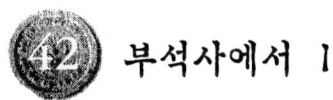

42 부석사에서 1

이 세상에 왜 왔는가? 지난 과거에 자신이 지은 업을 풀기 위해, 못했던 사람들에게 좋은 일하고 빚진 사람들에게 빚 갚기 위해, 또는 부처님(하느님)께 받은 은혜에 조금이나마 보답하기 위해서 등 여러 이유가 있다. 그런데 살면서 원하는 것을 얻지 못하고 좋지 못한 상황에 처하게 될 때는 자신이 과거 지은 업을 받은 것일 수도 있어 먼저 이것을 받아들이고 수용하는 것이 업을 푸는 일차적인 일이라 생각한다. 그 다음은 노력을 많이 해야 한다. 자신의 노력 여하에 따라 앞으로 더 좋은 환경에 처할 수도 있고, 그렇지 못할 수도 있고, 자신이 원하는 것들을 더 가질 수도 있고 그렇지 않을 수도 있다. 인간은 자유로운 존재이고 선택의 기회는 누구에게나 공평히 주어졌기에 본인이 어떤 마음을 가지고 어떻게 행동하느냐가 관건이다.

한편 자신이 가지고 있는 돈이나 권력이 사적 자유의 세상에서 자신의 것이라고 해서 혹은 자기 마음대로 할 수 있는 부분이 크다고 해서 결코 함부로 행사하지 말아야 한다. 오히려 자기 자신만을 위해 쓰지 않고 보다 많은 사람들을 위하고 도와주는 일에 그 힘을 쓴다면 그는 더 많은 복을 받을 것이다. 어렵게 얻은 것이라 아까워서 남을 도와주는 데 쓰지 않거나 좋지 않은 방향에 쓰게 되면 그는 업을 받을 것이다. 따라서 부와 권력을 지닌 자들이 진정 그것을 누릴 자격이 있다면 함부로 쓰지 않고 분명히 남을 위해 쓸 것이다.

욕심이란 그릇은 밑 빠진 그릇이기에 끝이 없다. 남과 비교하지도 말고 너무 큰 욕심도 갖지 말고 현 위치에서 그냥 물 흘러가듯 살면 된다. 부처님이 강조하는 아뇩다라삼먁삼보리는 최고의 진리로서 자기 자신을 잊고 모든 이가 똑같다는 마음이다. 이것은 자신과 타인을 일체로 보는 것이나 극기의 상태에서 더 잘 발현된다고 본다.

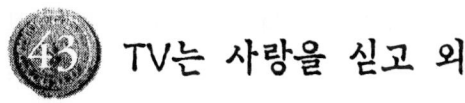

TV는 사랑을 싣고 외

내가 텔레비전을 처음 본 때는 초등학교 저학년 때였던 것으로 기억된다. 그 당시에는 한 동네에 텔레비전을 가지고 있는 집이 별로 없었다. 그래서 아이들은 주로 땅 따먹기, 구슬치기, 딱지치기, 술래잡기, 기와 넘어뜨리기 등을 하였고, 여자들은 줄넘기 등을 하였다. 그 후 집집마다 가지게 되면서 사람들은 텔리비전을 많이 보기 시작하였는데 내 눈이 나빠진 것은 공부를 열심히 했기 때문이기도 하겠지만 아마 그 당시부터 텔레비전을 많이 봐서 그런 것같다는 생각도 든다.

이처럼 새롭게 등장한 텔레비전은 사람들에게 매우 매력적으로 다가왔다. 경제적으로 어렵고 힘든 시기에 많은 위안도 주었고 재미도 제공했다고 생각한다. 한편 사람을 멍하게 만들기도 하는 바보상자라고 말하기도 한다. 하지만 장점도 많고 좋은 프로도 많기에 유익한 정보나 재미를 위해 선별적으로 시청하는 것이 옳다고 생각한다.

지금 TV를 볼 시간이 별로 없지만, 시간이 되면 가급적 보려고 하는 프로그램은 있다. 사람들마다 조금씩 취향이 다른데 나는 주로 자연과 등산 그리고 여행에 대한 것들을 본다. 왜냐하면 취미가 여행이나 등산으로 매우 좋아하기 때문이다. 따라서 대표적인 프로로는 KBS의 걸어서 세계 속으로, 山이나, EBS의 세계 테마기행과 다큐멘터리 등이다. 물론 내가 직접 여행하고 경험하지는 않더라도 색다르게 잘 편집해서 보여 주어서 간접적이나마 많은 것을 느낄 수 있었어 매우 만족하고 있다. 그리고 일요일마다 하는 전국노래자랑도 자주 본다. 왜냐하면 여기에는 주로 서민들이 그들의 삶의 애환을 표현하는 노래를 많이 부르고 있기 때문이다. 물론 클래식도 좋아하지만 다양한 서민들이 부르는 정겨운 그런 노래가 내 마음에 든다. 물론 가요무대도 추억의 명곡들을 많이 들려주어서 좋다.

한편 'TV는 사랑을 싣고'란 프로도 있다. 가끔씩 보는데 어느 날에는 어릴 때 장애인이 되어 힘들게 인생을 보낸 사람에 대한 방송을 방영하였다. 그는 학창시절에 우여곡절 끝에 결국 실명이 되었는데 그 후 그 절망을 스스로 이겨 내고는 유명한 국악인이 되었다. 정말 감동적이었다. 당신이 만약 이 사람처럼 눈이 안 보인다고 생각해 보라! 분명히 절망할 것이다. 앞으로 살아갈 날이 많은데 그렇게 되면 누구나 큰 좌절을 느끼고 괴로워할 것이다. 그도 마찬가지로 그랬지만 본인의 의지와 노력으로(물론 좋은 인연도 있었지만) 그 어려움을 이겨 냈기에 나는 그가 바로 위인이라 생각하였다. 특히 최근에는 연예인들이 옛날의 친구를 찾는 것뿐 아니라 용서의 시간이란 코너를 마련하여 과거의 잘못에 대해 용서를 비는 코너가 있는데 주로 피치 못할 사정으로 어머니가 자녀들을 버린 경우가 많았다. 너무 가슴이 아프고 볼 때마다 내 눈에는 눈물이 줄줄 흐른다. 물론 굉장히 힘들어서 그렇겠지만 지역 사회와 국가에서 이렇게 자식과 부모가 떨어져 수십 년을 사는 일이 없도록 헤어지기 전에 이런 경우가 있으면 상담도 해 주고 애로 사항을 좀 해결해주는 복지시스템이 더 갖추어지기를 바란다. 오랜 기간 떨어져 있다가 어머니를 만난 그 자식의 눈에는 눈물이 나오지 않았다. 이는 그동안 너무 그리워서 이미 많은 눈물을 흘렸기 때문이기도 할 것이지만, 따뜻하고 포근한 엄마의 사랑을 못 받아서 차갑게 되어서 그런 것 같기도 하였다. 너무 따뜻해도 안 좋지만 최소한 마음이 차가운 사람들이 적은 사회가 되었으면 한다.

살면서 우리는 우울할 때도 있고 힘들어 허덕일 때도 있다. 용기를 잃지 말자는 말을 하고 싶다. 긴 어둠의 터널을 기약 없이 가야 하더라도 희망의 끈을 놓지 말자. 정녕 살아서 더 이상 빛을 볼 수 없을 것 같은 생각이 지배하더라도 이 생각들을 떨쳐 버리자. 기회가 올 것이라 믿자. 그리고 주위에 그런 사람이 있으면 조금이나마 도와주도록 하자. 지금 이 순간에 죽음을 맞이해야만 하는 사람들도 있을 것이다. 그들을 생각하며 살아 있음에 무한히 감사하자. 그리고 지금 이 순간에 몸이 불편한 장애인들 중에는 건강한 사람들보다 더 밝은 마음을 가지고 살아가고 있는 사람도 있다. 그래서 사지가 멀쩡하여 어떤 일을 하고 있다면 수입과 그 일의 종류를 불문하고 일단은 그 일을 하고 있음에 감사하자. 더 나아가 지금 힘들더라도 자신이 꿈꾸는 일(자신에게 맞는 일)을 할 시간(기회)이 아직 남아 있다고 생각하며 살자.

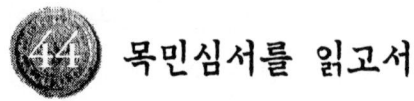 **목민심서를 읽고서**

 정약용이 쓴 목민심서를 읽고서 기억에 남는 몇 가지만을 간추려 여기에 적어보았다. 나도 선비 같은 사람이 되고 싶다. 정약용도 선비들 중의 한 사람이었다고 생각한다. 선비는 권력과 돈에 초연한 사람으로 그것은 그만큼 자신이 체질적으로 돈과 권력에 적합하지 않든지, 아니면 초월할 만큼 수양을 많이 했든지, 아니면 앞의 두 가지를 종합한 것으로 어느 정도 맛본 후 더 이상 그 맛을 갈구하지 않도록 스스로를 자제시켰든지, 옳은 길로 가는 것이 진정 자신이 가야 할 길이라 생각하는 義人이라서 그런지 아무튼 권력과 돈만을 좇지는 않았다.

 첫째, 관리에게 있어 제일 중요한 것은 애민사상이다. 자기보다 못한 사람을 진심으로 위하는 마음이 있어야 한다. 이처럼 목민심서에는 視民如傷(백성을 보살피기를 다친 사람 보살피듯 함.)란 말이 있다. 따라서 관리자에게 제일 요구되는 것은 애민(愛民)사상으로 밑에 있는 사람의 마음을 헤아려 정치하는 것이라 생각한다.

그래서 나는 개인적으로 이런 생각도 해 보았다. 어떤 조직이든지 관리자가 있다. 중간단계의 관리자도 있을 수 있고 보다 높은 단계의 관리자도 있는데 일반적으로 사회에서 지도자(관리자)급에 있는 사람들은 자신의 위치와 능력의 범위 안에서 필히 아래 사람들을 위하는, 예를 들면 복지계획안 같은 것을 쓰도록 의무화하는 것이 좋다고 본다. 교육자는 학생들을 위해, 교장은 학생을 포함한 교사들을 위해 어떤 좋은 일을 할 것인가를 미리 계획하도록 하는 것이다. 회사의 회장이나 사장은 회사 전체의 구성원들과 그 제품을 사는 국민들을 위해서, 부장은 그 밑에 있는 부서의 많은 직원들을 위해 좋은 일들을 할 계획을 짜는 것이다.

둘째, 목민심서에도 있듯이 관리는 지위고하를 막론하고 위하는 마음을 가져야 한다. 따라서 모름지기 義(의)를 두려워하고, 法(법)을 두려워하고, 上官(상관)을 두려워하고, 小民(소민)을 두려워해야 한다고 적혀 있다. 의를 제일 우선으로 두려워해야 하고, 상관뿐 아니라 가난하고 힘이 없는 사람들까지 두려워하는 마음을 가지는 것이 하늘의 뜻인 것이다.

셋째, 목민심서에는 다음과 같은 글이 있다.

"정선이 말하기를, 하늘이 한 사람을 부자로 만드는 것은 많은 가난뱅이를 그에게 의탁시키려 함이요, 하늘이 한 사람을 귀히 만드는 것은 많은 천민들을 그에게 의탁하려 함이다. 부유하고 귀한 사람은 벼슬을 띠고 녹을 먹되 만민의 피땀을 한 사람이 받아 없애는 것이니, 하늘이 감독하심이 더욱 엄중할 것이다." 따라서 부와 권력을 준 하늘의 의도를 분명히 알고 몸소 실천하여 하늘의 뜻에 부합되게 행해야 한다. 그래서 자신의 지위를 자신의 노력만으로 얻었다고 생각하면 할수록 그는 하늘과 멀어진다. 자신의 노력이 당연히 있었지만 자신이 획득한 부와 권력이나 지위는 다 하늘이 더 좋은 일을 하도록 자신에게 준 것이나 빌려 준 것으로 생각하는 것이 맞다.

넷째, 목민심서에는 글만 읽고 정사를 제대로 돌보지 못하는 자는 그 벼슬을 낮추어야 하거니와, 때때로 성현들의 책을 한두 장씩 읽고 그것이 가슴에 젖어 들게 함으로써 착한 마음이 스스로 일어나게 해야 한다고 적혀 있다. 따라서 항상 올바른 판단을 하도록 하고 보다 더 좋은 심성을 유지하기 위해 좋은 글을 많이 읽어야 할 것이다. 이는 이이도 강조한 바이다. 누구나 알고는 있지만 살면서 순간순간 잊어버리기도 하기에 꾸준히 성현의 글을 가까이하여 습관화해야 할 것이다.

다섯째, 관리는 무엇보다 깨끗하고 검소해야 한다. 목민심서에는 청렴이 천하의 제일 큰 장사라는 말이 있다. 크게 탐하면 반드시 청렴하게 되고 사람이 청렴하지 못한 것은 그 지혜가 짧기 때문이라 보고 있다. 말하자면 보다 큰 장사를 하는 사람은 눈앞의 작은 이익에 현혹되지 않는다는 것이다. 공자 왈, 仁(인)한 사람은 인으로써 편안하다. 지혜가 크고 사려 깊은 사람은 그 욕심이 크므로 염리가 된다. 지혜가 짧고 생각이 얕은 사람은 그 욕심이 적으므로 탐리가 되는 법이다. 큰 사람은 큰 진리를 찾고자 하기에 눈앞의 먹고사는 것에 집착하지 않고, 물질을 탐하는 만큼 더 흐려져 진리를 찾기도, 진리 속에 머물기도 힘들다고 판단하였기 때문이다.

여섯째, 권력에 집착하지 않아야 한다는 점이다. 목민심서에는 사대부가 벼슬살이하는 법도는, 기(棄)라는 글자 한 자를 벽에 써

붙이고 아침저녁으로 늘 보아, 행동에 어긋남이 있으면 벼슬을 버리며, 마음에 거리낌이 있으면 벼슬을 버리며, 상사가 무례하면 벼슬을 버리며, 나의 뜻이 행해지지 않으면 벼슬을 버릴 수 있는 사람이어야 한다고 했다. 이처럼 그는 벼슬을 대수롭지 않게 생각하였다. 권력이 오히려 자신에게 부담을 주는 것으로, 혹은 자신을 사치하고 타락하게 만들 수 있는 칼끝에 묻은 꿀이라 생각했음이 분명하다.

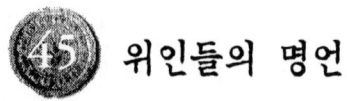 위인들의 명언

아래에 소개한 글들은 교육출판공사에서 1982년에 펴낸 현대인 생활지혜 6을 읽고 선별하여 적은 내용이며 위인들의 이름 뒤에는 그 내용에 대한 나의 견해를 조금씩 곁들였다.

부자가 자기의 부에 대해 아무리 자랑할지라도, 자기의 돈을 어떻게 사용하는지를 알 때까지는 칭찬해서는 안 된다.　　　　소크라테스

부를 이루기 위해 많은 노력을 했겠지만 그것보다는 어떻게 사용하느냐가 더 중요하다는 말이다. 이와 마찬가지로 높은 지위에 오르고 관리자가 되는 것도 중요하지만 진정 그 자리에서 자신이 가진 권한을 어떻게 사용하느냐 즉, 얼마나 좋은 일에 쓰느냐가 더 중요하기에 그때까지 칭찬해서는 안 된다는 의미이다.

타인의 저서를 읽는 데에 시간을 보내라. 저서는 타인이 신고(辛苦)

한 것이기에 자기 개선을 이루는 데 있어 쉬운 방법이다.   소크라테스

타산지석이라 할 수 있다. 물질적 발달은 끝없이 계속되지만 인간의 삶은 과학의 발달에도 불구하고 옛날과 그다지 다르지 않기에 좋은 책을 통해 먼저 산 사람들의 고견에 귀를 기울일 필요가 있다. 그래서 먼저 살아 본 사람들이 살면서 얻은 귀중한 지혜를 가슴에 새기고 살면 분명 더 나은 자신이 되고 보다 좋은 삶을 살 수가 있다.

우리들은, 굴 조개가 그 껍질에 갇혀 있듯 우리들의 육체에 갇혀 있다.
플라톤

우리의 생각과 삶은 자신의 육체와 현실(물질)을 떠나 존재할 수가 없다. 따라서 물질은 중요하다. 그러나 우리 인간에게 있어서 육체가 전부는 아니기에 육체에 갇히거나 종속되거나 노예가 되어서는 결코 안 될 것이다.

은혜를 받은 사람은 그것을 마음속에 간직해야 하지만 은혜를 베푼 사람은 그것을 기억해 두어서는 안 된다.   키케로

준 만큼 받으려고 하는 것이 사람들의 일반적인 마음이다. 심한 경우에는 이해타산을 따져 다음에 되돌려 받을 수 없다고 판단되면 주지도 않는다. 그래서 힘없고 약한 사람들이 제대로 도움을 못 받고 있는지도 모른다. 높은 경지의 인간은 은혜를 베푸는 것으로 족하다고 생각하고 다시 되돌려 받으려고 하지 않는다. 사회

가 보다 좋은 사회가 되기 위해서는 이해 타산적으로 생각하여 행동하는 사람들보다는 이런 사람들이 더 많아져야 한다. 예를 들면 우리의 몸과 생명이 유지되도록 많은 것들들 아낌없이 주고 있는 대자연은 아무런 말이 없다. 그리고 우리에게서 되돌려 받으려고도 하지 않는다. 이 얼마나 위대한 일인가! 따라서 우리는 은혜를 받은 것에 대해 감사히 생각할 줄 알고 살아가면서 좋은 일을 한 것에 대해서는 되돌려 받을 생각을 하지 않는다.

> 만약 누군가를 행복하게 해 주려고 생각하면 그 사람의 재산을 늘려 주기보다는 욕망의 양을 줄여 주는 것이 좋다.　　　　세네카

행복하기 위해서는 무엇보다도 먼저 만족하도록 해야 한다. 따라서 더 만족하도록 하기 위해서 우리 모두 노력하여 만족할 수 있도록 최대한 작은 욕심의 그릇을 갖는 것이다. 그래야 조금만 채워져도 금방 차서 쉬 만족할 것이다. 욕망(만족)의 그릇이 크거나 밑 빠진 그릇이면 채우기가 어렵거나 불가능하여 늘 우울해하고 불평불만을 한다.

> 빈곤은 부정(不正)을 가르친다.　　　　세네카

이는 너무 가난한 것은 결코 좋지 않음을 말해주고 있다. 물론 부자가 천국 가는 것은 낙타가 바늘구멍 들어가는 것만큼 힘들다든지, 부정한 방법으로 부자가 된 경우에는 도리어 마음이 편하지 않기에 지나치지 말아야 한다는 말도 있듯이 아무튼 부자로 사는 것에 대해 경계해야 한다. 이는 너무 많은 것을 가지는 것은 바람

직하지 않음을 의미이다. 따라서 가진 것을 어려운 사람들에게도 베풀며 분수에 맞게 적절한 균형을 유지하고자 하는 것이 좋다고 본다. 분명한 점은 빈곤은 부정을 부추길 확률이 매우 크기에 빈곤에서 탈피하기 위해서 본인도 부단한 노력을 경주해야 할 뿐 아니라, 국가적으로도 그들이 탈출을 보다 더 용이하게 하도록 지원해 주어야 한다.

인간의 참다운 대적(大敵)은 가슴속에 있는 적이다.　　세네카

인간이 넘어야 할 최고의 산은 진정 자기 자신인가? 그렇다. 석가모니도 6년간의 수행을 통해 결국 자기 자신과의 싸움에서 이겼다. 불교에서 말하는 색즉시공, 극기, 무아를 말하는 것일 수도 있다. 금강경이 이를 강조한다. 만약 나의 혼이 신의 모습을 본떠 창조된 것이 아니라면 육안을 기쁘게 하는 외면적(물질적)인 아름다움에 만족할 것이다. 그러나 우리는 모두 숭고한 영혼을 가진 존재로서 진정한 혼은 보편적인 미(美)에 보다 기뻐할 것이라 생각한다.

생명이 있는 한 희망은 있는 것이다. 오늘은 오늘 일만 생각하는 데 그치고, 한꺼번에 만사를 하려고 하지 마라. 이것이 현인(賢人)이 취하는 방법이다.　　세르반테스

세상이 무너져도 솟아날 구멍은 있다고 했다. 우리 모두 희망을 가지고 살자. 가다 보면 어두운 터널을 지날 때도 있다. 못된 사람들을 만날 때도 있다. 일이 잘 안 될 때도 있다. 따라서 살면서 이것저것에 마음이 빼앗겨 마음을 심란하게 할 필요가 없다. 걱정을

많이 한다고 해결되는 것도 아니기에 과거를 잊고 미래에 대해서도 성급히 근심하지 않는다. 단지 주어진 오늘에 충실히 사는 것이 최고의 방법이다.

아름다운 여자는 이윽고 싫증이 난다. 선량한 여자에겐 절대로 싫증이 나지 않는다.
　　　　　　　　　　　　　　　　　　　　　　　　　몽테뉴

여러분들은 편안한 상대를 원하는가 아니면 하루를 즐겁게 보낼 수 있는 상대를 원하는가? 특히 부부는 오랜 시간 동안 함께해야 하기에 보다 자기 마음이 편안한 사람과 결혼을 하는 것이 맞다. 물론 외적으로나 내적으로 아름다운 여자면 금상첨화이다. 여자·남자를 떠나서 자신이 남에게 싫증나는 존재가 되기보다는 싫증이 나지 않는 사람이 되도록 한다.

우리들은 죽음에 대한 근심 때문에 생을 교란시키고, 생에 대한 근심 때문에 죽음을 교란시킨다.
　　　　　　　　　　　　　　　　　　　　　　　　　몽테뉴

가진 것이 많은 사람일수록 더 놓으려고 하지 않기에 죽음(생명의 잃어버림)에 대해 더 두려워할 수도 있다. 평소에 버리는 것에 익숙한 사람이거나 평소에 매순간 열심히 사는 사람은 죽은 후에 더 좋은 곳으로 갈 것이라 확신하며 사람들이라 초연할 것이다. 따라서 죽음과 생에 대한 근심을 없애는 길은 하루하루 주어진 일을 열심히 하며 사는 것이다. 열심히 살면 지금 생에 대한 걱정도 죽은 후에 대한 걱정도 할 필요가 없다.

감사는 당연히 지불하지 않으면 안 될 의무다. 그러나 누구나 그것을 기대할 권리는 갖고 있지 않는 의무이다.　　　　　　　　　루소

우리가 살아가면서 지켜야 할 법적인 의무에는 몇 가지 있다. 국방의 의무, 납세의 의무, 교육의 의무 등이 그것이다. 그런데 감사해야 할 의무나 타인에게 잘해 주어야 할 의무도 있다고 생각하며 살았으면 한다. 그런 면에서 루소가 참 좋은 적절한 말을 했다고 생각한다. 나는 우리가 진정으로 자신의 삶을 귀하게 그리고 즐겁게 살기를 원한다면 무엇보다도 선행되어야 할 것이 바로 감사하는 의무를 가지는 것이라 생각하고 있다. 감사해야 할 일들은 찾아보면 매우 많다. 그러나 우리는 이를 잘 잊어버려 불평하기 일쑤이다. 따라서 어린 시절부터 감사하는 마음이 몸에 배이도록 해야 할 것이다. 특히 부모와 자연 나아가 타인에 대한 감사가 꼭 필요하다고 생각한다. 그런데 누구에게 감사받으려고 하지는 말자. 내가 남에게 얼마만큼 해 주었으니 당연히 받아야 한다는 생각은 버리자.

용기는 역경에 있어서 빛이다.　　　　　　　　　보브나르그

힘든 시기는 누구에게나 있다. 힘든 그 시점에 좌절하거나 포기하지 않고 계속 도전하거나 극복하고자 하는 활동을 하기 위해서는 힘찬 패기가 필요하다. 결국 어둠을 헤쳐 나가고 역경을 극복해야 하는 것은 본인 자신이기에 자신의 내면 깊숙이 내재되어 있는 용기를 용솟음치게 하자.

당신이 가난하다면 덕(德)으로써 이름을 내는 것이 좋으리라. 만약 당

신이 부자라면 자선(慈善)으로써 이름을 내는 것이 좋으리라.

쥬베르

이름을 내는 것이 인생의 목표일 수만은 없다. 따라서 명예에 얽매이지 말자. 덕보다 실이 많을 수 있다. 하나를 얻으려고 하다가 둘을 잃을 수도 있다. 자신의 노력과 운으로 부자가 되었다면 물질적으로 여유가 있기에 물질로 좋은 일을 하는 것이 쉽다. 돈은 벌기도 어렵지만 쓰는 것도 어렵다. 따라서 잘 벌어야 할 뿐만 아니라 잘 써야 한다. 돈을 잘 쓰는 사람은 남을 위해 요긴하게 쓸 줄 안다. 만약 금전적으로 풍요롭지 못하면 인품으로 좋은 일을 하는 것이 좋은 방법이라는 말이다.

행복이란 그 인간의 희망과 재능에 알맞은 일이 있는 상태를 말한다. 불행이란 일할 에너지 가졌으면서도 무위(無爲)한 상태에 있는 것을 말한다.

나폴레옹

인간이면 누구나 일을 해야 한다. 그리고 인간이면 누구나 행복하기를 원한다. 그러니 이 둘을 결합시켜 말해보면 인간이 행복하게 잘 살기 위해서는 보다 자기에게 맞는 일을 하며 일에서 보람과 즐거움을 찾으면 된다. 따라서 일과 사회 속에서 살아갈 수밖에 없는 우리는 보다 행복하기 위해서는 자신에게 맞는 일을 찾도록 노력해야 한다. 정부에서도 많은 지원이 있어야 하며 자신에게 가장 알맞은 일을 구하지 못했다면 차선책으로 가장 근접한 일을 해야 하며 만약 그렇지가 못하면 계속 노력해야 할 뿐 아니라 가급적이면 자기 스스로가 지금 하고 있는 일에 재미를 갖도록 하는 것이다. 힘든 일이나 어려운 일 혹은 원하지 않는 일이나 자기에게 맞지 않는 일을 하게 되더라도 긍정적으로 생각하거나 사명감을 갖는 것도 그 한 방법이 될 것이다. 그런데 아무것도 하지 않는 것은 생계 때문만이 아니라 일을 통해 맛 볼 행복을 잃어버리는 것이기에 인간에게 있어서는 매우 큰 불행이다.

인간이 이 세상에 존재하는 것은 부자가 되기 위해서가 아니라 행복해지기 위해서다.   스땅달

사람마다 추구하는 가치에 조금씩 차이가 있다. 부자가 되기를 바라지 않는 사람이 없겠지만 진정한 부자는 마음이 부자인 사람이다. 따라서 학교에서는 참된 성공을 하는 법, 보다 원만한 인간관계 유지하는 방법, 남을 아끼고 사랑하는 방법, 행복하고 편안하게 삶을 사는 법, 마음의 부자가 되게 하는 방법 등에 대한 교육이 강화되어야 한다.

남을 감동시키려면 우선 자기가 감동하지 않으면 안 된다. 그렇지 않으면 아무리 훌륭한 작품이라도 절대로 생명은 없다.   밀레

이 시대에 요구되는 것은 어떤 부분에서든 간에 심금을 울리는 행위이다. 서비스 직종은 더욱더 고객으로부터 진한 감동을 주어야 한다. 이성적인 계몽도 물론 중요하지만 특히 이 시대는 뜨거워야 할 심장이 죽어 메마른 가슴을 가진 사람들이 많은 시기라 감성적인 훈련이 필요하다. 감동받기 위해서는 당사자가 먼저 마음의 문을 열고 있어야 하지만 감동을 주기 위해서는 먼저 주는 사람이

그의 행위에 각고의 노력이 담겨 있어야 하며, 신이 만든 것처럼 보다 조화를 이루거나 혹은 신이 말하고자 하는 바를 잘 전달해 줄 수 있어야 보다 진한 감동을 자아낼 수 있다. 이는 피부에 와 닿는 참된 것을 전파할 때와 같다.

성공은 결과이지 목적은 아니다.　　　　　　　　　플로베르

시작이 있으면 끝이 있는데 인생이란 이런 시작과 끝의 연속이 모인 것이다. 만나면 헤어지고, 시작종이 있으면 끝나는 종이 울리고, 입학이 있으면 졸업이 있고 또 다른 시작을 해야 한다. 나무는 자라면서 가지를 만들고 더 굵고 큰 나무가 되어 때가 되면 꽃을 피우고 열매를 맺는다. 그리고 이런 행위를 계속 한다. 이처럼 인생도 한 번의 성공으로 끝이 아니다. 또 다른 꽃(성공)을 피워야 한다. 나무가 한 번 꽃을 피웠다고 끝이 아니듯이 말이다.

이 세상의 참다운 행복은 물건을 받는 데 있는 것이 아니라 물건을 주는 데 있다.　　　　　　　　　아니롤 프랑스

행복은 무엇인가를 성취하고 바라는 것을 얻게 되었을 때도 생겨나지만 오랜 시간 지속될 수 있는 참된 행복은 주는 데에 있다. 받는 사람도 기쁘지만 주는 사람은 더 큰 기쁨을 누린다고 보기에 나를 포함한 우리 모두는 노력해야 할 것이다. 하루에 한 가지씩 착한 일을 하겠다는 마음가짐에서부터 출발하여 하루에 두 번 아니 세 번 혹은 그 이상 착한 일을 하면 그는 참다운 행복을 만끽할 것이다.

초조해서는 안 된다. 행복이나 명성이라는 것은 일순간에 생겨나고 일순간에 멸한다. 정신이란 때때로 깨끗이 세척할 필요가 있다. 망각 없이 행복은 있을 수가 없다.   앙드레 모로아

좋은 목표를 가지는 것도 좋지만 그 목표를 성급하게 달성하려고 하거나 너무 욕심을 갖거나 지나친 집착을 하면 오히려 역효과가 발생한다. 그리고 살다 보면 이런 일 저런 일 그리고 자기 뜻대로 되지 않는 일도 많기에 수시로 비우고 잊고 하여 쓸데없는 일들을 머릿속에서 지우고 순간순간 좋은 생각을 하고 좋은 일을 하며 사는 것이 보다 행복하게 사는 방법이다.

이기심은 모든 과실과 불행의 원천이다.   칼라일

우리 인간들은 정도의 차이는 있지만 모두 경쟁적 사회 속에서 살기에 이기심을 자연히 가지게 되기 때문에 이기심을 버린다는 것은 지극히 어려운 일이다. 하지만 지나친 이기심은 오히려 자신에게 손해가 되니 극기를 통해 적절히 이타심으로 바꿀 필요가 있다.

아름다운 육체를 위해서는 쾌락이 있지만 아름다운 혼을 위해서는 고통이 있다.   오스카 와일드

아름다움은 우리가 추구하는 것들 중의 하나이다. 육체를 가지고 땅에 발을 디디고 물질들 속에서 사는 우리 인간들로서 눈에 보이는 아름다움뿐 아니라 눈에 보이지 않는 아름다움도 있음을 알고 더 맛볼 수 있도록 한다. 객관적으로 보더라도 아름다운 자연과

좋은 사람들도 있지만 보다 바람직한 것은 아름다운 마음을 가지면 모든 대상들을 아름답게 보기에 아름다운 마음을 가지도록 한다.

행복한 생활은 대체적으로 조용한 생활에서 비롯된다. 왜냐하면 조용한 분위기 속에서만 참다운 환희가 생겨날 수 있기 때문이다.　　러셀

동양뿐 아니라 일찍이 서양에서도 아리스토텔레스 등이 행복하기 위한 비법으로 명상을 통한 평안을 강조하였다. 따라서 조용한 삶을 생활화해야 할 것이다. 말로만 듣고는 잘 이해가 되지 않을 수도 있으니 실제로 몸소 실천해 본다.

우리들은 행복해지기 위해서가 아니라 의무를 다하기 위해서 이 세상에 존재한다.　　칸트

행복은 누구나 바라는 것으로 소중하다. 그러나 누구나 사회 속에서 어떤 위치에 있으며 주어진 역할(일)이 있기에 그 맡은 일과 의무를 통해 행복해지는 것이 더 바람직하다. 칸트는 우리가 생각하는 것보다 매우 높은 차원의 인간이라 할 수 있다. 그러니 차원 높은 인간이 되기 위해서는 칸트의 말을 잊지 말아야 한다.

서로 자유를 방해하지 않는 범위에서 자기의 자유를 확장하는 것이 자유의 법칙이다.　　칸트

인간은 누구나 자유롭기를 바라고 있지만 어떤 경우에는 자신의 자유가 자기를 해롭게 하거나 타인의 신체 및 의사의 자유 등을

침범하거나 피해를 줄 수가 있기에 피해를 주지 않는 범위 내에서 최대한의 자유를 누리고자 하는 것이 진정한 자유이다. 그럼 진정한 자유인은 구름처럼 바람처럼 사는 존재일까. 아니면 투명인간과 같은 존재인가.

무한한 영을 가진 우리 유한한 인간들은 오로지 번뇌하거나 기뻐하기 위하여 태어났지만, 다음과 같이 말해도 잘못은 아닐 것이다. "가장 뛰어난 사람들은 고뇌를 꿰뚫고 환희를 획득한다고……" 베토벤

베토벤의 말에 의하면 삶은 고통과 기쁨의 뒤엉킴이다. 그런데 그는 고뇌를 통해 기쁨을 느낄 수 있다고 했다. 여기서 고통에 대해 한 번 생각해 본다. 당신은 무엇 때문에 고통과 함께 하고 있나? 나는 고통의 종류에는 크게 두 가지가 있다고 보고 있다. 그하나는 자신의 잘못된 행위나 쓸데없는 행위로 인해 오는 고통이 있다. 이런 고통은 가급적 없는 것이 좋은데 이를 위해서는 될 수 있는 한 그런 고통을 초래할 잘못된 행위를 하지 않도록 조심하는 것이다. 아무튼 이미 주어진 고통은 잘 극복해야 한다. 그러면 더 성장하고 발전할 수가 있다. 다른 하나는 더 큰 기쁨을 맛보기 위해 스스로 고통을 겪는 것이다. 이때 고통은 더 높은 것을 창조하기 위해 당연히 치르는 댓가가 된다. 따라서 그는 기꺼이 큰 고통을 감내한다. 예를 들면 1,900m 정도의 높은 산의 정상에 올라서 얻는 기쁨은 300m 정도의 낮은 산을 올라갈 때 느끼는 기쁨과는 비교할 수가 없다. 그래서 어려운 여건에 있는 사람과 보다 좋은 환경에 있는 사람이 만약 똑같은 것을 성취했더라도 나는 그들이

얻는 기쁨에는 분명히 차이가 있다고 본다. 왜냐하면 열악한 환경에서 이를 극복하고 목표를 달성한 사람은 더 큰 노력과 땀을 흘렸기 때문에 더 큰 기쁨을 느꼈을 것이라 보기 때문이다.

한 번도 모진 고뇌를 경험하지 않았고 자아의 커다란 열패(劣敗)를 경험하지 않은 인간은 아무 짝에도 쓸데없다. 그들은 자기의 본성 속에 왜소한 것을, 거만하고 자기가 바르다고 하는 것을, 그리고 무자비함을 갖는 것이 예사여서, 그들 자신이 평소에 자기의 정직을 몹시 자만함에도 불구하고 신이나 사람들로부터 혐오를 당하는 것이다.　힐티

한 번도 모진 고뇌를 경험하지 않은 사람은 거의 없을 것이다. 문제는 화장실 갈 때와 갔다 온 후가 다른 경우이다. 물론 된 사람은 그렇지 않을 것이다. 사회에서의 쓰라린 패배와 좌절 그리고 무시와 열등감을 경험하지 않고 승승장구하여 높은 지위에 오른 사람들이나 실패를 거의 하지 않은 사람들이나 자만심으로 가득 찬 엘리트들은 겸손하는 법을 익혀야 한다. 실제로 실패의 경험을 해 보면 좋지만 그렇지가 않은 경우에는 간접적으로나마 경험을 한번 해보게 하거나 훈련을 통해 평소에 역지사지를 생각하며 사는 것이 좋다고 생각한다. 타인에 대한 이해와 양보는 모든 갈등 해소의 첩경이다.

인간이 불행한 것은 자기가 행복하다는 것을 모르기 때문이다. 단지 이유란 그뿐이다.　도스토예프스키

교육행정에 허즈버그의 동기 – 위생이론이 있듯이 내가 보기에도

사람들에게는 저마다 행복(만족) 요인과 불행(불만족) 요인을 가지고 있다고 생각한다. 따라서 각자 어떤 것이 나를 행복하게 만들며 어떤 요인이 나를 우울하게 하고 괴롭게 하는지를 파악할 필요가 있다. 그리고 우리는 어떤 처지에 있든지 인간으로 태어났기에 인간으로 누려야 할 행복 요인들이 많다고 생각하자. 그렇기 때문에 1시간이라도 더 자신이 행복하다고 느끼도록 본인이 적극적으로 노력한다. 행복하다고 생각하지 않으면 그 순간 여지없이 불행이라는 요소가 당신을 괴롭히기 위해 쳐들어 올 가능성이 많음을 인식하자.

후배가 돌아가는 길에 문지방에 머리를 부딪쳤다. 그것을 보고 프랭클린은 다음과 같이 말했다. "지금 자네가 머리를 부딪친 것은 그 작은 문이 젊은 자네에게 보낸 최상의 교훈일세. 세상을 살아가려면 고개를 숙이게 그러면 머리를 부딪칠 리도 없다는 셈일세." 프랭클린

이 세상에는 어린아이와 10대부터 다양한 연령대의 사람들이 살고 있으며 한 조직에서도 그 연령과 직급이 각기 다르다. 따라서 자신의 주장을 너무 내세우는 것은 바람직하지 못하다. 따라서 처신을 잘해야 한다. 세상은 힘에 의해 좌우되는 부분이 많기에 아무리 자신이 옳더라도 큰 힘과 대결하면 힘에 따라 승패가 갈리며 마찰과 갈등이 있으면 본인 역시 괴롭다.

세상에 비천한 직업은 없다. 단지 비천한 사람만이 있을 뿐이다.   링컨

천 원짜리 지폐를 구긴다고 그 가치가 천 원에서 팔백 원, 칠백

원이 되지 않는다. 따라서 그 사람이 어떤 직업을 가지고 있든지 어떤 일을 하든지 간에 단순히 직업(일)만으로 그를 평가해서는 안 된다. 그가 어떻게 행동하며 살고 있는 지를 보고 평가하는 것이 맞다. 우리 사회가 더 이상 직업에 귀천이 없기를 바라는 마음이 간절하다. 이것은 우리사회가 반드시 해결해야 할 사회의 근본적 문제들 중의 하나이다.

나는 노예가 되고 싶지 않다. 또한 나는 주인이 되고 싶지도 않다. 이것이 나의 데모크라시 이론이다.
링컨

링컨이 말하고자 한 그 의미를 정확히는 잘 모르지만 나는 성숙한 민주사회가 이루어지기 위해서는 그 지역이나 그 국가의 구성원 모두가 주체적이고 능동적으로 삶을 살아가야 한다고 믿고 있다. 그리고 보다 건실한 민주사회가 되기 위해서는 대다수 사람들의 경제적인 수준이 비슷해야 된다고 생각한다. 따라서 민주주의를 더 바람직하게 정착시키기 위해서는 중산층의 증대가 있어야 한다.

분노가 분출될 때에는 넷까지 헤아려라. 그래도 가라앉지 않으면 바보라고 불러라.
마크 트웨인

자신에게든 타인에게든 화를 내는 것은 물론 여러 이유가 있다. 예를 들면 자기중심적일 때, 자신과 타인에 대한 기대와 욕구가 큰데 그것이 충족되지 않아서 혹은 생각의 차이나 무지한 사람 때문에 아니면 불합리한 경우 때문이다. 그래서 욕심을 줄이거나 기대를 덜하거나 다름을 인정하든지, 자기중심적으로 급하게 판단하지 않든지, 세상일이란 원래 불합리한 것도 많다고 생각하든지, 아니면 지는 것이 이기는 것이라 생각하는 것이 화를 줄이는 방법들이라 본다. 아무튼 참을 忍 세 번 하면 살인도 면한다는 말이 있듯이 참자. 이것이 문제를 더 어렵게 만들지 않고 죄를 덜 짓는 방법이다.

모진 풀이나 둥근 돌이나 다 쓰이는 장처가 있는 법이니 다른 사람의 성격이 나와 같지 않다 하여 나무랄 것은 아니다.   안창호

나무의 재목에 따라 그 쓰임이 다른데 우리나라는 누구나 똑같이 쓰이기를 바란다. 옛말에 뱁새가 황새 따라 가려고 하다가 가랑이가 찢어진다는 표현도 있지 않은가. 그런데 왜 이렇게 다 똑같이 되기를 바라는가? 평등의식이 강할까? 물론 그 이유에는 여러 가지가 있을 수 있다고 본다. 지도자 혹은 가진 자들이 자신과 그렇게 달라 보이지 않는데 떵떵거리며 살아서, 아니면 과거 불합리한 제도 혹은 권력에 의한 차별 때문에 한이 많아서, 아니면 우리 국민의 의식 속에 내재된 평등적 사고 등 때문일 것이다. 아무튼 모든 존재는 그 나름의 귀한 가치가 있다는 생각을 하고 나름의 소질과 개성을 발휘시켜주는 개성 존중의 사회가 되어야 할 것이다.

내게 한 옳음이 있으면 남에게도 한 옳음이 있는 것을 인정하여 남의 의견이 나와 다르다고 해서 그를 미워하지는 마라. 우리나라에서는 예로부터 나와 다른 의견을 용납하는 아량이 없고 저만 옳다 하므로 그 혹독한 당쟁이 생긴 것이다.   안창호

우리나라의 속담에 사공이 많으면 배가 산으로 간다는 말이 있

다. 똑똑한 사람들이 한 명이라도 더 많으면 올바른 판단을 할 가능성이 높지만 자칫하면 분열되며 오히려 역효과가 발생한다. 따라서 우리 사회가 넘어야 할 산은 더 이상 각자가 자신의 판단이 옳다고 맹신하지 않는 것이다. 이것이 우리 모두가 사는 길이다. 우리 더 이상 서로 자신이 잘났다고 싸우지 말자. 양보하자.

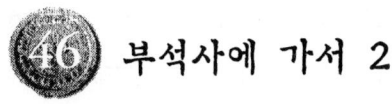

46 부석사에 가서 2

며칠 전 4학년 수업시간에 모 과 학생 한 명이 휴대폰을 만지더니 느닷없이 가계를 운영하는 자기 집에 일이 생겨서 집에 가야 한다고 했다. 물론 이 학생은 예능 쪽 학생으로 부모님이 가계를 운영하여 도와주고 있는 것으로 알고 있다. 그런데 잠깐 쉬는 시간에 갑자기 가야 한다고 하여 다소 황당했다. 물론 개인적으로 불가피한 사정이 있어서 그런 것이란 생각은 하지만 나의 속마음은 그렇게 편하지만은 않았다. 지방의 작은 학교라 학생 모집을 하는 데 1년 중 많은 시간을 보내는 등 서울의 우수한 여러 대학교와는 여러 면에서 분명 많이 다른 것이 사실이다. 이런저런 학생들이 있어 가끔 답답하기도 하다. 기분 전환도 할 겸 해서 가까운 부석사를 찾았다.

드디어 부석사에 도착했다. 물론 오고 싶어 왔다. 내가 이 세상에 태어난 것도 어찌 보면 이와 마찬가지라 생각된다. 저녁 6시 30분에 스님이 큰 북을 치는데 마치 나를 두들기는 것 같았다. 다시 말하면 내가 나 자신을 속이 풀리도록 두들기는 것처럼 느껴졌다. 크게 울렸다. 아무튼 내가 세게 치든 내가 세게 맞든지 간에 속이 시원했다. 얼마 안 되는 시간일지라도 아니 잠깐만이라도 절을 하고 천수경을 읽는 것이 좋다는 생각도 들었다. 공자는 朝間道矣 夕死可矣라 하지 않았던가! 내 나이 40대 중반이 되어서야 이제 이 말의 의미가 피부에 와 닿는다. 맑은 곳에서 조용히 마음을 가라앉히고 세상일을 잊고 있으니 기분이 좋다. 내뿐만 아니라 우리 모두가 이 세상에 온 이유나 살아가는 이유가 단지 한풀이를 하기 위해, 남과 경쟁하여 이기기 위해, 물질을 더 가지기 위해, 남을 더 지배하기 위함이 아니지 않는가! 물론 우리 대부분은 욕심이나 업 때문에 왔을 수도 있다.

내 마음도 시시각각으로 바뀌어 나도 정확히 내 마음이 어떤 모양인지 몰라 가끔 상대로 인해 기분이 상할 때도 있지만 나도 때때로 욕심을 부려서 남에게 피해를 준 적이 있다. 이처럼 나 자신도 부족하고 단점이 많은 사람이며, 세상 또한 이런저런 사람들이 함께 있는 곳이기에 이런저런 일이 생긴다고 여기자. 보다 넓은 아량을 가지고 이해하며 살자.

살고 있음에 감사하자는 말이 부석사를 걸어 내려오면서 다시금 생각났다. 무엇을 더 얻기를 바라는가! 첫째, 佛法을 들어서 좋고, 둘째, 아름다운 自然을 맛볼 수 있어서 좋고, 셋째, 좋은 일을 많이 할 수 있어서 좋다. 그것으로 滿足해야 하지 않겠는가 말이다. 서로 상대방에게 맞추도록 힘써야 할 것이다. 분명 쉽지는 않지만 노력해야 한다. 우리 인간살이가 대부분 다른 사람과의 만남으로 이루어지기에 이것은 단지 우리나라만의 문제만은 아니라고 생각한다. 그래서 무제를 해결하는 차원에서 몇 가지 소망을 가져 본다. 첫째, 남을 칭찬하자. 어떻게 해서든지 남의 단점이나 못하는 것을 찾으려고 하지 않고 남이 잘하는 것을 주로 보려고 하고 남이 잘할 때 아낌없이 박수를 보낸다. 둘째, 남을 도와주자. 자기 형편에 맞게 도와줄 수 있는 데까지 돕는다. 셋째, 베풀자. 돈으로 어려운 사람에게 베풀 수도 있고 돈이 들지 않는 미소를 베풀 수도 있다. 베풀면서 사는 문화가 하루빨리 정착된 사회가 되었으면 한다.

교육학자 김성봉 교수의 삶, 자연, 행복

 **극락암에서 사경을 하며**

양산의 통도사에는 매우 많은 암자들이 있다. 나도 여러 군데를 가 보았지만 물론 아직도 가보지 않은 곳이 많다. 그래서 다음에 가보지 못한 암자들을 천천히 한 군데씩 둘러 볼 작정이다. 내가 가본 암자들 중에서 암자 뒤편으로 큰 병풍처럼 펼쳐진 멋진 영축산의 전경을 제일 잘 볼 수 있는 곳은 극락암과 반야암이라 생각한다. 정말 멋있다. 다음에 시간이 있으면 이곳 정도는 한 번쯤 가보기를 권한다. 극락암에는 1982년까지 경봉큰스님이 거처하였다고 한다.

오늘은 극락암에서 사경지 마하반야바라밀다심경을 앞에 두고 일 배(拜)하고 한 자 적고 또 일 배하고 또 한 자 적고 하여 끝까지 다 적어보았다. 절하며 적는 동안에 금강경에 나오는 我相 등을 버려야 한다는 말이 조금은 이해될 것 같았다. 물론 우리의 일상생활은 거의 대부분 각자 자신의 주관에 따른 것이다. 이 반야심경이 우리에게 던져주는 메시지는 각자의 생각들은 분별심에서 나오는 것으로 완전하지 않은 것이다. 또한 모든 苦를 멸하는 방편으로 말한 색즉시공이란 표현은 우리에게 더 이상 눈에 보이는 물질을 그 판단의 기준으로 삼지 말아야 함을 말하고 있다. 색 즉, 모든 눈에 보이는 물질들은 결국 空 없어진다는 것이기에 매달리지 말아야 한다.

따라서 일상생활 속에서 가급적 자신의 고집이나 자기주장을 너무 내세우지도 말고 또한 눈에 보이는 물질과 이 인간사들은 결국 모두 사라지는 것임을 더 인식하고 연연해 하지 않는다. 물질을 절대시하는 마음보다는 타인의 마음을 헤아려 주고 조건 없이 타인을 도와주고자 하는 마음을 더 갖는 것이 혜안을 가진 부처가 되는 길일 것이다.

# 카네기 인생론을 읽고서

　나의 첫 번째 꿈은 의사였던 것으로 기억된다. 그것은 아마 초등학교 저학년 때 잔병이 많아 병원에 자주 갔기 때문이라 생각된다. 그런데 그 후 나는 고등학교 때 인문계로 방향을 정하고 공부하여 지금은 교육자의 길을 가고 있다. 몇 년 전까지만 해도 가끔씩 만약 그때 의사의 길로 갔었더라면 하는 생각도 들었지만 다 지난 이야기로 이제는 현실을 인정하고 그냥 현재의 삶에 충실하고 싶다. 하지만 이런 개인적인 사연 때문에 지금 비록 의사는 아니지만 심리적 정신적으로 많은 어려움을 가지고 있는 사람들에게 교육학적 측면으로나마 희망적인 삶, 건강한 삶, 행복한 삶을 살 수 있도록 도와야 한다는 생각을 가지고 있다.

　위인은 역시 다르다는 것을 이 책을 읽으면서 새삼 느꼈다. 보다 큰일을 하고 보다 좋은 일을 한 다른 위인들처럼 역시 카네기도 깊고 넓게 생각한 인물이었다. 여기에서는 카네기가 말한 행복해지는 방법들(카네기 인생론전집, 카네기/최광열 역, 일조각) 중의 일부를 정리하여 소개하고자 한다.

첫째, 자기 행복을 찾아내기 위한 가장 확실한 방법은 다른 누구인가를 행복하게 해 주기 위해 에너지를 소비하는 것이다.

오클라호마시티 대학의 부부 교수는 크리스마스 며칠 전 문득 이웃의 늙은 부부에게도 크리스마스트리를 장식해 드리자는 생각을 한 후 조그마한 트리를 따로 사 가지고 고추 전구 등과 함께 늙은 부부에게 보냈다. 그 후 그 부인은 반짝반짝 빛나는 고추 전구를 잘 보이지 않는 눈으로 빤히 바라보면서 울었고, 그 남편은 크리스마스트리 장식을 이렇게 가까이 본 것이 몇 해 만인지도 모른다고 했다. 그 후 새해에 만났을 때도 그 트리이야기를 했다는 것이다. 이처럼 조그마한 친절로 인해 돌아온 결과가 추억에 남을 만큼 깊고 행복한 감정이었다. 이것은 친절한 일을 하는 사람들에게는 당연히 찾아오는 매우 평범한 행복이었다.

둘째, 사람마다 처지와 조건이 다르다. 좋은 조건에 있는 사람이 있는 반면에 매우 열악하고 어려운 조건에 있는 사람들도 있다. 따라서 특히 어려운 처지에 있는 사람들이 보다 행복할 수 있어야 한다고 본다. 카네기는 어려운 처지에 있었던 헬렌 켈러와 찰스 스타인메츠의 예를 들어가며 보다 행복해지는 법을 알려 주었다.

만약 태어났을 때부터 불행을 한탄하게 될 것이라 볼 수 있는 사람을 꼽으라면 그는 바로 헬렌 켈러일 것이다. 그녀는 태어날 때부터 벙어리였고 귀머거리였고 소경이었기 때문에 보통사람처럼 의사소통을 통해 지식을 얻을 수도 없었고 오직 촉각 하나만이 가능하였다. 그런 그가 자기보다 나은 보통사람들에게 행복을 퍼뜨리는 사람이 되었다는 것은 매우 놀랄만한 일이다. 헬렌 켈러는 행복하기 위해 안달인 사람들이게 잠깐 동안이라도 발을 멈추고 서서 과거 경험했던 기쁨들이 발밑의 풀이나 아침의 꽃에 맺힌 반짝 반짝 빛나는 이슬과 같이 수없이 많았다는 것을 발견하라고 말했다. 그녀는 주어진 것에 대한 신의 은혜에 마음으로부터 감사를 했고 신의 은혜의 기적을 남에게 나누어 주어 기쁨을 맛보았던 것이다. 이처럼 그녀는 좋은 것, 바람직한 것을 나누어 주기 때문에 보다 많은 좋은 것과 바람직한 것이 그녀 자신에게로 끌어당겨져 왔다. 이는 낮은 마음으로 많이 감사하고 남에게 좋은 깨달음이나 타인이 원하는 것을 전해 주면 자신이 더 행복하게 된다는 것을 말해 주고 있다. 따라서 우리 모두 타인에게 행복을 주어 자신 내부에 있는 행복이란 나무도 무럭무럭 자라나게 하자.

다음 이야기는 대단히 고독하고 불행한 한 소년에 관한 이야기이다. 그는 태어날 때부터 등이 보기 흉하게 구부러지고 왼쪽 다리가 활 모양으로 휘어 있었고, 그의 집은 매우 가난하였고 또한 그의 어머니는 그가 한 살도 채 되기 전에 죽었다. 또한 그는 다른 아이들이 그의 몸이 흉하다는 이유로 그를 외면하는 고통까지도 겪었다. 그의 이름은 찰스 스타인메츠였다. 그러나 자세히 보면 신은 이 소년을 버리지 않았던 것이다.

불우한 환경의 그에게는 흉한 신체를 보충하기 위해서인지 뛰어난 기억력이 갖추어져 있었다. 이는 누구나 자신의 처지에서 자신의 능력을 최대한 살릴 수 있어야 함을 말해주고 있는 이야기이다. 그는 5세에 라틴어의 동사의 변화를 기억했고 7세 때에는 그리스어를 배웠고 8세 때에는 이미 대수와 기하를 충분히 이해할 수 있게 되었다. 그래서 대학에 들어가서는 모든 학과에서 최고의 성적을 받았으며, 그 후 미국에서 직장을 찾을 때 그의 모습이 흉하다는 이유로 몇 번인가 거절당하여, 결국 주급 12달러인 제너럴 엘렉트릭 회사의 도안공으로 취직할 수 있었다.

그는 이때 자기 스스로 맡은 일 이외에 많은 시간을 쪼개어 전기 공부에 노력하였고 자기가 가지고 있는 좋은 것이나 바람직한 것을 동료에게 나누어 주며 동료의 우정을 얻으려고도 하였는데 특히 회사의 사장이 그의 보기 드문 재능을 알아보고 회사의 시설과 장비를 마음껏 활용해도 좋고 연구를 하고 싶으면 하루 종일 연구를 해도된다고 했다. 그래서 그는 더 열심히 일하여 그 후 전기 관계의 발명으로 200가지 이상의 특허를 받았고 논문도 많이 발표하였다. 그는 일이 잘되었을 때의 기쁨을 알고 있었으며, 이 세상을 좀 더 살기 좋은 곳으로 만드는 데 공헌하는 것에서 맛볼 수 있는 기쁨도 가졌다. 그러므로 그의 생애는 행복했으며 그의 삶은 남을 위한 생애였다고 말할 수 있다. 이처럼 우리는 자신이 가진 것 중에서 자신이 잘할 수 있는 장점을 살려 보다 사회와 국가에 보탬이 됨으로써 참기쁨을 얻자.

셋째, 행복해지려면 남을 이해하는 것이다. 남이 가지고 있는 에너지의 양이나 능력뿐만 아니라 생각도 자신의 그것과 똑같지 않다는 것을 먼저 알아야 한다. 그러면 남이 좋아하는 것과 자신이 좋아하는 것은 다르다는 것을 이해한다. 부모도 어린자식을 이해해야 할 뿐만 아니라 자식도 부모에 대해 고맙게 여기도록 가르칠 필요가 있다. 그런데 내가 보기에 우리 사회는 아직도 감사하는 마음을 잘 가르치고 있지 못하다.

교육학자 김성봉 교수의 삶, 자연, 행복

다음은 카네기가 어떻게 하여 고민을 극복하였는가에 대한 장에서 여러 사람들의 경험을 예로 들며 언급한 소중한 말씀들을 간략히 적고 그 뒷부분마다 나의 의견도 첨부하였다.

첫째, 사람들은 쓸데없는 걱정을 많이 한다. 나에게 생기지도 않을 일, 일어나지 않을지도 모르는 일이고 자신의 힘으로는 어떻게 할 수도 없는 일에 대해 걱정을 한다는 것은 매우 어리석은 일이다(C. I. 블랙우드). 사람은 바빠야 하는데 그렇지가 못하면 쓸데없이 이 생각 저 생각으로 머리가 복잡해질 수 있다. 큰 나무는 주위의 작은 비바람에 흔들리지 않는다. 생각은 주로 자신이 만든 것이다. 따라서 먼저 자신이 고민과 걱정을 만들지 말아야 할 것이다. 되돌릴 수 없는 과거 일을 덜 생각하고 확정적이지 않은 미래의 일로 마음을 빼앗기지 말고 살면서 다른 사람은 어떻게 되었고 하는 이야기를 듣지 않을 수는 없겠지만 가급적 깊게 생각하지 말고 다만 남이 잘되면 기뻐하되 나는 왜 그렇게 되지 못하였나 라고는 생각하지 말자. 즉, 자신과 비교하지는 말자. 그렇게 되면 자신을 미워하는 마음이 더 생긴다.

둘째, 한 시간 이내에 고민을 쫓아 버리고 훌륭한 낙천주의자로 변화시키기 위해 나는 주로 역사책을 읽는다. 역사를 읽어라. 일만 년 전의 관점에 서서 사물을 판단하라. 이처럼 그대의 번민을 영원한 곳에서 보면 전부 이루어질 수 있다는 것을 알게 된다(로저. W. 바브슨). 물론 한 번 더 고민하거나 걱정한다고 안 될 일이 되는 경우는 극히 적으니 될 수 있는 대로 잊는 것이 좋다. 하지만 여기서 강조하는 것은 누구나 생각을 하는데 그것은 그 사람의 처지와 그 당시의 생각에 의한 것으로 결코 전체가 아니라 부분적이고 제한적이기에 역사책을 통해 보다 넓고 큰 시야 그리고 자신이 지금 가지거나 느끼지 못한 관점도 얻었다는 것이다.

셋째, 아라비아인들은 번민을 극복하는 방법을 나에게 가르쳐 주었다. 그들은 마호멧의 코란에 기록된 말씀을 알라신의 신성한 계시라고 믿고 있었다. 코란에는 신은 그대와 그대의 행동의 모든 것을 창조하였다고 되어 있다.

우리가 자동차로 사하라 사막을 횡단하던 중, 타이어 하나가 고장이 났다. 운전사는 타이어를 수리하는 것을 잊고 있었다. 그러므로 자동차는 세 개의 타이어만이 사용되었다. 그래서 나는 짜증이 나서 아라비아인에게 이걸 어떻게 하면 되느냐고 물었다. 그랬더니 그들은 흥분하는 기색도 없이, 흥분할수록 더욱 뜨거워질 뿐이니 고장 난 타이어는 알라신의 은총이 있을 뿐, 별도리가 없다고 했다. 그래서 우리는 타이어를 겨우 때워 가지고 앞으로 나가기 시작했다. 그러나 얼마 가지 않아서 차가 움직이지 않게 되었다. 이제는 휘발유가 떨어진 것이다. 그때에도 모두들 충분한 휘발유를 넣고 오지 않은 것을 비난하지 않고 조용히 있었다. 그리고 우리는 즐겁게 노래를 부르면서 목적지까지 걸어서 갔다. 이처럼 아라비아인과 함께 7년간 살아보니 유럽과 미국의 신경증 환자·광인·주정꾼들이 주로 성급하고 긴박한 생활을 하고 있다는 것을 알았다. 사하라 사막에 살고 있는 동안, 나에게는 어떤 번민도 없었다. 그들로부터 배운 것은 행복한 인내와 복종이었다(알 V. C 보드레이).

넷째, 번민을 극복하기 위해서는 정신적인 태도가 무엇보다 중요하다. 오늘이 인생의 첫날이며, 최후의 날인 것같이 열심히 생활해야 한다. 그리고 인생의 나날의 사건에 흥미를 가지고 있는 사람은 분별없는 번민으로 고생하지 않는다. 또한 나는 흥미 있는 책을 읽음으로써 마음의 번민을 쫓아낼 수 있었다. 그리고 땀을 많이 흘려라. 많은 땀을 흘리는 것은 번민이나 근심이 사라지게 하는 좋은 방법이다(윌리엄 라이언 휄프스). 번민에 가장 좋은 해독제는 운동이다. 왜냐하면 운동은 두뇌를 쉬게 하고 고민거리를 잊게 하고 또한 저항력도 키워 주기 때문이다. 다른 한 가지는 번민이 있을 때는 당신을 번민케 하는 것을 머리에서 아예 지워 버리고 보다 자신을 기쁘게 할 수 있는 일들로 머리를 채우는 것이다. 그러면 지금 이 순간을 보다 즐겁게 보낼 수 있을 것이다.

다섯째, 다음과 같은 신약 성서의 한 줄로 나는 산다. "나를 보내신 자 나와 함께 계시고, 나를 혼자 버려두지 않으시리라."(조셉·R·사이즈) 이런 신념은 사람들에게 용기와 희망을 불어넣어 준다.

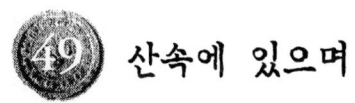 **산속에 있으며**

　이곳은 경상북도 북부지방으로 충청도와 강원도와도 매우 가깝다. 위로 단양과 제천이 있는데 고개 하나 넘으면 단양이고, 제천까지도 불과 30여 분밖에 걸리지 않는다. 좌로는 예천과 문경으로 가는 길로서 예천까지는 30분 정도면 되고 문경까지도 1시간 정도면 된다. 그리고 울진이나 영덕과 같은 동해안 쪽으로 가는 길에는 봉화가 있는데 여기도 30여 분만 가면 된다. 그리고 부석사 쪽의 산 하나를 넘으면 김삿갓 선생의 묘가 있는 강원도로서 두세 번 가 본 적이 있다. 이처럼 이곳이 지리적 요새라 할 수 있는 정도로 좋은 곳이지만 서울에서 올 때도 남쪽의 부산 쪽에서 오더라도 여러 산과 물을 건너야 올 수 있는 좁은 바닥의 산골 지역이다.

　생각하기 나름이지만 지금 나의 화두는 외로움이다. 지금은 좀 덜하지만 어떤 때는 이곳에서 지내는 밤이 매우 쓸쓸할 때가 있었다. 어떤 때는 고통스럽기까지 하였다. 물론 내 운명이거니라고 생각은 하지만 울고 싶은 마음이 들 때도 있었다. 특히 귀엽고 예쁜 처자식과 헤어져 이곳에서 지내면서 특히 몸이 안 좋다든지 기분이 울적할 때는 더욱더 그런 생각이 났다. 앞으로 언제까지가 될지도 모르기에 외로움을 극복하는 법을 터득해야 한다고도 생각하였다. 외로움을 극복하기 위해서는 물론 외롭다는 생각이 나지 않도록 사는 것이 맞다. 그래서 사람들과 자주 어울려 소주 한잔도 하면서 지내는 방법도 있을 것이고, 일에 파묻혀 매우 바쁘게 보내는 방법도 있을 것이다. 물론 매일 어울릴 수도 매일 바쁠 수도 없기에 다른 무엇인가를 찾아야 한다. 먼저 힘들고 어려울 때는 자기보다 못한 사람을 먼저 생각해 본다. 물론 알지만 막상 그런 상황에 처하게 되면 잘하지 못하는 경우가 많다. 그 다음은 내가 아직 수양이 덜 되었거나 덜 적응이 되어서 그렇다고 생각하는 것이다. 스님들은 매일 혼자 지내지 않는가! 그들은 그 나름의 비법을 가지고 있거나 익숙하여 당연하게 생각한다고 본다.

한편 외로움을 느낄 때 외롭다는 생각을 떨쳐버리고 나 자신의 기분을 업그레이드시키고 즐겁게 만들도록 하기 위해 나는 가끔 기분전환 겸 드라이브도 하고 요가도 하며 등산을 하기도 한다. 때로는 과일가계에 들러 먹고 싶은 것을 사 먹기도 한다. 천상에서는 편하여 발심이 오히려 잘 안 되고 지옥에서는 발심할 여유와 여지가 없기에 인간세상에서 하는 것이 가장 낫다는 어느 스님의 말도 생각난다. 이 세상에 살면서도 마찬가지라 본다. 부자이고 편하면 딴 생각하게 되고 게을러지기가 싫고, 가난하고 힘들면 여유가 없어 오히려 못 하니 중간 정도의 중산층으로 살면서 적당히 사람들과 어울리며 좀 바쁜 생활을 하는 것이 좋다고 생각된다. 실제로 나에게 월급이 오른 만큼 더 행복해졌냐고 물으면 선뜻 그만큼 비례하여 더 행복해졌다고 단정하지 못한다. 때로는 꼭 필요하지 않은 곳에 돈을 쓰기도 하고, 어떤 때는 편하여 오히려 쓸데 없는 걱정을 하기도 하고, 심지어는 나태해지는 경우도 있는 것 같아 마음이 좋지 않을 때도 있다. 아무튼 이곳에서의 삶이 나를 더 성장시키고 더 풍요로운 미래를 보장해주기 위함이라 생각하고 최선을 다하고 싶다. 영원한 것은 없다.

부자유하면 자유를 갈구하게 되고, 불합리를 보면 합리를 추구하게 되고, 추우면 따뜻함을 원하고, 자연적 삶은 문화적 삶을 때로는 찾게 만들고, 독재는 민주를 생각하게 하고, 혼란은 질서를 요구하며, 부덕하거나 작은 사람을 보면 덕이 있고 큰사람이 되고자 하는 마음이 저절로 우러나며, 악은 선을 더 돋보이게 한다.

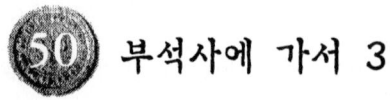 **부석사에 가서 3**

　며칠 동안 나에게 걱정, 두려움, 불안이 엄습하여 왔다. 그래서 조금이나마 안정된 마음을 가지고 싶어서 부석사에 가서 108배를 하였다. 절을 하면서 내가 느낀 것은 지금 내가 가지고 있는 것이나 누리고 있는 것에 집착하지 말아야 한다는 것이었다. 모든 것은 다 욕심에서 비롯된다는 생각이 들었다(물론 욕심이 좋은 것을 만들어 내기도 하지만 말이다).

　누구나 자신의 몸, 직장, 배우자와 가족, 그리고 가지고 있는 집과 돈과 같이 소중하게 생각하는 것을 잃는다고 생각하거나 잃으 불안해하고 절망할 것이다. 설령 잃어버려도 별 대수롭지 않게 여기고 새 마음으로 다시 시작하면 된다. 그러나 이게 쉽지 않은 것이 문제다. 그래서 어떤 때는 사는 것이 별것 아니라 생각하자. 어떤 개그맨의 말처럼 '그까이 것 뭐'라 생각하며 자신감이 있는 자세로 살자. 인간이 참 어리석기도 하다. 없을 때는 가지기 위해 발버둥치고 그 다음에 뭔가를 가지게 되면 이제는 그것을 잃지 않기 위해 또 걱정하고 스트레스를 만든다.

절을 하면서 나에게는 문득 죽음이라는 단어가 떠올랐다. 죽음은 당연히 잃는 것과 많은 관련이 된다. 왜냐하면 죽음은 이 세상과 헤어지는 것이고 가지고 있던 모든 것을 놓아야 하기 때문이다. 모든 것을 버려야만 하는 죽음의 두려움에서 벗어날 수만 있다면 현재의 불안함은 쉽게 해결될 것이라 생각했다. 그 방법으로 생각난 것은 지금 내가(자신이) 가지고 있는 것들은 우연으로 혹은 빌린 것이나 은혜 때문이라 생각하는 것이다. 그러면 자신이 가진 것에 대해 헤어지거나 잃는 것에 덜 슬퍼하고 걱정할 것이라 본다. 알다시피 우리는 언제 죽을지 모른다. 단지 지금은 아니겠지, 자신은 아직 멀었다라고만 생각하며 그냥 산다. 물론 그렇다고 죽음에 대해 미리 두려움을 가지고 걱정하거나 죽은 후에는 또 어떻게 되는지에 대해 미리 걱정하라는 것은 결코 아니다. 단지 내가 바라는 점은 죽음에 대한 생각을 통해 자신의 미래의 삶을 한층 업그레이드시킬 수 있다는 점이다. 그 이상도 그 이하도 아니다.

현재를 잘 사는 방법은 자신이 태어나 살고 있는 자체에 먼저 무한히 감사를 하는 것이다. 우리는 자의든 타의든 살면서 당연히 돌부리와 같은 장애물들을 많이 만난다는 것을 잘 알고 있다. 어쩔 수가 없이 본인이 넘어야 할 산이라면 긍정적으로 생각하고 받아들이고 잘 넘어가도록 하자. 살다 보면 이런 길 저런 길로 갈 때도 있고, 이런 사람 저런 사람들을 만나기도 한다. 덕이 부족한 사람은 살면서 부딪치는 돌부리에 신경을 더 쓰고 남의 탓으로 돌리는데 그렇게 하지 말고 태풍이 때가 되면 자연적으로 오는 것처럼 생각하자. 왜 왔는가라고 한탄하지 않듯이 말이다. 장애물이 있으면 때로는 피해 넘어서 가면 되고 그럴 수도 있다고 너그럽게 생각하자. 이처럼 쓸데없는 것을 두고 스스로 고민하며 괴로워하는 어리석은 자가 되지 않는다. 탐·진·치에서 벗어나자. 마음을 단단히 먹자.

 **위대한 사상가들의 교육적 명언**

　교육은 매우 중요하고 어려운 일이다. 왜냐하면 보통 사람을 보다 나은 인간, 보다 건강한 인간, 보다 행복한 인간이 되게 하는 작업이기 때문이다. 그럼 어떻게 하면 보다 건강하고 행복하고 나은 인간이 되게 할 수 있을까를 생각해 보니 그 무엇보다도 중요한 일은 삶과 교육의 방향(목표)을 바로잡는 것이었다. 그 외 다른 것들은 다 부수적이고 2차적인 것이 된다. 따라서 우리는 교육이 나아가야 할 본질에 충실해야 한다.

　교육의 대상은 각 개인이다. 형편에 따라 여럿이 함께 배우기도 하지만 결국 성장하고 발전되어야 하는 것은 각 개인들이어야 하기 때문이다. 교육을 통해 옆 친구가 아무리 발전해도 진작 자기 자신에 있어 발전이 없으면 그에게는 교육이 별로 의미가 없다. 그래서 나는 우리 사회가 하루 빨리 한 사람 한 사람에까지 돌봐주는 사회가 되었으면 한다. 교육에 오랫동안 종사하고 있는 나로서 이 기회에 역사상 여러 사상가들이 말한 말씀 중에서 평소에 교육적으로 매우 의미가 있다고 생각한 것을 말하고자 한다.

나는 개인적으로 소크라테스의 "너 자신을 알라."라는 말을 수많은 교육적인 명언들 중에서 단연 최고라 생각하고 있다. 그래서 나는 강의 중에 이것과 관련되는 부분을 말할 기회가 있으면 꼭 강조를 한다. 아무리 그가 오랫동안 살았든지, 아무리 많은 돈을 벌었든지 간에 자기 자신을 자신이 제대로 모르고 살았다면 그에게 진정 참된 삶을 살았다고 말하기가 어렵다. 왜냐하면 자신을 모르면 타인과의 불화를 더 초래하기도 하며, 잘못된 방향으로 가는 경우도 많을 수 있으며, 더 행복한 삶이나 주체적인 삶을 살지 못할 가능성이 크기 때문이다. 교육은 인간의 성장과 발전을 도와주는 것이기에 더욱더 자신을 잘 알아야 무엇을 고치고 보완하며 어떤 부분은 더 살리고 키울 것인지를 알 수가 있다. 그래서 자기 자신을 아는 것은 교육적으로 무엇보다도 중요하다. 그 다음부터는 순위를 매기기가 곤란할 정도로 엇비슷하여 나름대로 중요하다고 생각한 것부터 일단 적었다.

둘째, 실존적 교육학자들은 '인간은 창조적 피조물'이라 보았다. 다른 어떤 사물들이나 동물들은 그냥 만들어진 대로 사는 피조물이지만 인간은 이들과는 달리 만들어진 피조물임에도 불구하고 무한히 자기 스스로 자신의 생각과 행동을 할 뿐 아니라 자기 마음과 자기의 인생까지도 만들 수 있으며 뭔가 어떤 물건들도 만들 수 있는 능력을 지닌 창조적 존재라는 말이 되어 교육적 역할이 매우 큼을 담은 의미심장한 말이라 본다.

셋째, 듀이는 "모든 것은 변화한다."는 사상을 바탕으로 "좋은 경험을 많이 하라."고 말했다. 세상은 끝없이 변화한다는 사실은 우리의 삶과 세상의 현재 모습이다. 그래서 자기 자신도 좋은 방향으로 바뀔 수 있게 끊임없이 노력해야 한다. 듀이는 한 인간의 성장에 있어 경험이 매우 중요하다고 말했다. 이처럼 행하면서 배울 수 있도록 할 것을 강조한 것은 우리 교육에 시사하는 바가 크다고 생각한다.

넷째, 톨스토이나 페스탈로치 등과 같은 분들은 사랑을 매우 강조하였다. 그들은 사회문제나 개인적 문제의 해결방법으로 사랑을 지목하였다. 페스탈로치는 범죄자가 범죄를 짓는 가장 큰 이유는 그가 사랑을 못 받았기 때문이라고 했다. 그래서 그가 말한 "사랑으로 범죄를 줄이자."라는 뜻을 많은 교육자들이 가슴에 새겼으면 한다. 톨스토이는 "사람이 살아가고 있는 것은 바로 사랑이 있기 때문이다."라고 말하였다. 그래서 교육을 통해 인생에서 매우 중요한 사랑을 많이 배우고 체험할 수 있도록 해야 한다.

다섯째, 플라톤은 국가발전을 우선으로 삼았지만 국가가 보다 강하고 정의롭게 되기 위해서는 먼저 각자가 가진 소질과 능력에 맞는 일을 하게 하는 데에 있다고 말한 점에 주목하자. 평등을 강조하는 현대 사회와는 맞지가 않아서 물론 그의 국가 지향적인 사고에 다소 문제가 있지만 내가 굳이 말하는 이유는 그의 사상에서 우리가 교육적 측면에서 배울 점이 있다고 보았기 때문이다. 그것은 자기 자신이나 자식들의 능력에 대한 충분한 파악과 자신(자식)이 어떤 길로 가야 보다 행복할 것인지에 대한 객관적인 분석과 함께 적절한 진로 지도를 해 주어야 한다는 것이다.

여섯째, 아리스토텔레스가 말한 "습관은 제2의 천성"이라든가, "교사는 영혼을 키우는 사람"이라는 말도 중요하다고 본다. 물론 선천적인 부분이나 운명도 있지만 태어난 이후가 더 중요하여 어릴 때의 습관이 천성이 되기도 한다는 말이다. 따라서 부모(선생님)들은 자식(학생)들이 보다 좋은 생활습관을 가지도록 할 필요가 있다. 그리고 비록 부모가 몸을 낳아주었지만 교사는 자신의 정신적 성장을 하게 한 중요한 창조자라는 것이다.

일곱째, 환경의 중요성에 대해서는 동양의 맹자를 들고 싶다. 그는 무엇보다 환경의 중요성을 강조하였다. 그도 지적하였듯이 인간은 주위 환경의 영향을 굉장히 많이 받기에 주위의 부모나 선생님들이 보다 좋은 환경을 조성하고 만들어 주는 것이 무엇보다 필요하다. '맹모삼천지교'가 이를 잘 말해 주고 있다고 본다.

여덟째, 마르크스는 인간은 특히 물질적 환경의 영향을 많이 받는 존재라고 말했지만, 다른 한편으로는 '인간을 이런 환경을 개혁할(바꿀) 수 있는 능력을 가진 주체적인 존재'라 본 것이다. "신은 죽었다."라는 말을 한 니체를 비롯하여 많은 실존주의자도 인간의 주체를 강조했다. 나는 우리 각자가 주체 아니 주인공임을 깨닫는 것이 매우 중요하다고 보고있다. 물론 자기의 능력범위 내에서이지 자연의 순리나 하늘의 뜻을 무시하자는 말은 결코 아니다.

아홉째, 몬테소리나 많은 사상가들이 말한 "이 세상의 모든 것에는 神聖(신성)이 있다.", 혹은 "이 세상의 모든 것이 다 나의 스승이다."라고 한 말씀도 교육적으로 매우 큰 의미가 있다고 생각한다. 그러면 모든 사물을 소중히 생각하며 낮은 마음을 더 가지게 된다.

열 번째, 만남을 강조한 부버를 들고 싶다. 그 외에도 많은 훌륭한 교육학자들이 있지만 내가 굳이 그를 꼽은 것은 그의 사상을 통해 현대 사회의 문제를 해결할 실마리를 찾을 수 있다고 보았기 때문이다. 나는 사회가 너무 개인의 권리를 주장하는 개인주의적 사회(이기주의적)가 되는 것도 너무 집단이라는 미명하에 전체만을 강조하는 독재적 사회가 되는 것도 원치 않는다. 그리고 구성원 서로가 서로를 존중하는 공동체 사회가 되기를 바란다. 이를 위해서는 각자가 타인을 만날 때 진실한 만남을 행하도록 하는 교육이 필요하다고 보았던 것이다. 학교에서부터 부버가 강조한 나-너의 만남을 몸에 익히도록 준비시키는 것이 좋다.

나는 교육자이자 사상가로서 全人을 지향하고 있다. 전인이란 머리에는 지혜가 있으며 가슴은 따뜻하고 신체는 건강하고 강한 의지를 가진 사람을 말한다. 따라서 모든 교육적 활동은 이것들에 초점을 맞추어 진행되어야 한다고 보고 있다. 나의 바람이다. 그리고 누가 나에게 교육에 있어 제일 중요한 것을 말하라고 한다면 나는 서슴없이 '正(정)'과 '愛(애)'를 든다. 왜냐하면 교육이 나아갈 방향 혹은 꼭 해야 할 제일 중요한 일이 바로 인간을 바른 길과 사랑의 길로 가도록 하는 것이라 보고 있기 때문이다. 불교에서는 바른 길로 가기 위해 팔정도를 매우 강조하고 있다. 따라서 바른 생각과 바른 길로 계속 갈 수 있도록 교육이 이루어져야 할 것이다. 그리고 기독교에서는 사랑이고 불교에서는 자비를 강조한다는 것을 다 알지 않은가. 사랑(자비)은 우리를 있게 한 것이고 지금도 생명을 유지시키고 있는 윤활유이기에 결코 잊지 말고 행하자! 우리는 과거에도 그랬고 지금도 그렇고 앞으로도 사랑의 힘으로 살아가는 존재이다.

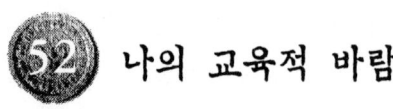 **나의 교육적 바람**

나는 어릴 때 첫 꿈은 의사였다. 특별한 계기가 있었던 것은 아니고 평상시 살면서 몸이 허약하여 병원에 자주 갔기 때문에 그렇게 생각했던 것 같다. 그러나 그 후 무슨 일이든지 남이 잘 가지 않는 분야에서 훌륭한 업적을 남기자라는 생각이 들어 농대 쪽으로도 생각하였는데 결국은 사범대에 입학하여 교육 전반에 대해 연구하고 참된 것을 가르치는 교육자의 길로 가게 되었다. 의사가 되면 아픈 사람을 당장 낫게 하여 그 아픔을 덜어 줄 수 있기에 힘든 사람들에게 직접적으로 실질적인 도움을 줄 수도 있는데라는 생각을 하기도 하지만 이미 다 지나간 일이다. 만약 혹 내세가 있고 다시 인간으로 환생한다면 한번쯤은 의사의 길로 가고 싶지만 가능하면 다시 태어나지 않고 극락정토에 가서 그냥 있고 싶다. 물론 이것은 나의 개인적 희망사항이다. 그리고 농대 쪽으로 갔다면 더욱더 흙과 함께했을 것이고 자연과 식물 등에 대해 더 많이 공부했을 것이다. 하지만 앞으로도 얼마든지 개인적으로 공부할 수

있다. 그래서 후회는 하지 않으며 지금 내가 가고 있는 길이 최고 잘 선택한 길이자 하늘이 부여한 길이라 믿고 있다. 얼마든지 나의 가치관과 뜻을 살릴 수도 있다고 본다. 예를 들면 이 세상에서 제일 중요한 뭇 생명에 대한 사랑의 씨앗을 살리고 북돋울 수가 있기 때문이다. 그리고 자연의 위대한 힘을 내 나름대로 밝혀 교육을 통해 많은 사람들에게 전할 수도 있다. 그래서 교육과 관련된 몇 가지 나의 바람을 말하고자 한다. 첫째는 교육은 타인에게 바른길로 갈 수 있도록 인도하는 것이기에 먼저 바른길이 무엇인가에 대해 잘 아는 사람이 되고 싶다. 둘째는 교육이란 창조적인 하나의 작업이기에 한 인간을 보다 새롭게 형성하도록 할 뿐 아니라 새로운 문화를 창조하는 데도 기여하는 사람이 되고 싶다. 셋째, 어떤 곳에서 어떤 일을 하는 사람이든지 간에 그에게 조금이나마 희망과 기쁨을 줄 수 있는 사람이 되고 싶다. 나는 교육은 한편으로 희망을 품게 하는 활동이라 본다. 넷째는 누구나 행복하기를 원하기에 인간이 보다 행복할 수 있도록 하는 데 기여하고 싶다. 교육은 이처럼 무궁무진한 일을 하는 위대한 활동이다.

 **북한산의 도선사에 가서**

　오늘 이곳 도선사에 온 가장 큰 이유는 집사람 시험 때문이지만 과거 나는 이곳(북한산)에 자주 왔었다. 서울에서 생활할 때 나는 특히 이곳을 좋아하여 일주일이 멀다 하고 갔기에 한 달에 4번 정도 갔다고 해도 과언이 아니다. 이처럼 20대 젊은 시기에 많이 갔기에 나에게는 정말로 잊을 수가 없는 곳이다. 그 옛날에는 음식을 해 먹을 수도 있었을 뿐만 아니라, 대동문과 같은 능선에서 라면을 사 먹을 수도 있었고, 우람한 백운대 밑이나 인수봉 근처에서 막걸리를 사 먹기도 했는데, 지금은 그렇게 하지 못하는 먼 옛날이야기가 되었다.

　지금은 첩첩산중의 산골에 살고 있어 주중에는 이곳에서 일하고 주말이면 떨어져 있던 가족을 보기 위해 남쪽지방으로 다시 내려가야 하기에 서울에 잘 올라오지 못한다. 거의 못 오고 기껏해야 친한 친구와 소주 한잔을 하기 위해 1학기에 한 번 정도만 올라온다. 이곳 북한산 자락은 나의 고향인 경주와 함께 나에게는 매우 소중한 곳이다. 마음의 고향 같다. 그것은 혈기왕성하고 배움에 대한 열의가 가득한 젊은 시기를 그들과 함께했기 때문이다. 나는 등산을 특히 좋아하여 공부하면서 시간이 날 때마다 심신을 단련하기 위해 산을 찾았다. 나는 집사람을 위해 대웅전 앞에 쌀을 올려놓고 108배 하였고 삼성각에서도 108배 하였으며 지장전에 꽃을 바쳤으며 참회도량에서도 절을 했다. 그리고 이곳에 있는 윤장대를 정말 실컷 돌렸다. 예천의 용문사에도 윤장대가 있는데 이곳은 딱 정해진 날만 돌릴 수가 있는데 어찌된 일인지 오래 돌린다고 누가 제지하는 사람도 없어서 마침 잘 되었다 싶어 거의 1시간 정도를 돌렸다. 돌리면서 참회하고 과거 지은 죄를 다 없애기를 바랐으며, 지혜를 얻고 자비를 베풀어 부처님을 기쁘게 하기도 하고 또한 성불하자는 결심도 했다. 돌리면서 몇 가지 깨달음도 있었다. 타인에게서 고통을 받지 않고 원만하게 잘 지내기 위해서는 먼저 타인을 인정하고 이해하고 주는 것(돕는 것)이 필요하다. 자기 자신에게 실망하지 않으며 타인에게도 실망하지 않기 위해 자신의 욕심을 줄이고 타인에 대한 기대를 버리는 것이 또한 스트레스를 만들지 않는 길이라 보며 또한 세상사 모든 일이 자기 마음대로 되지 않는다는 사실과 타인으로부터의 인정보다는 부처님께 인정받는 것이 옳기에 타인의 눈치를 보거나 의식하지 않는 것이 바람직하다고 생각하였다. 그리고 타인이 필요로 하는 것을 내가 가지지 않고 줘버리는 것이 좋다는 생각도 하였다.

내가 풀어야 할 문제는 두려움에서 벗어나는 것인데 어떻게 하면 가능할까라는 생각도 하면서 윤장대를 돌렸다. 죽음도 초월할 정도로 집착하지 않고 버릴 때 두려움의 극복도 가능하다는 점을 느꼈다. 순간순간 걱정·두려움을 느낄 때 그 생각마저 버리는 것이 두려움에서 벗어나는 좋은 방법이다. 소심하게 자신이 가진 것을 잃을까 두려워하거나, 죽음에 두려워하거나, 자신에 대한 타인의 말에 두려워하거나, 자신이 한 행위의 결과가 어떻게 될까 두려워하지 말자. 이처럼 쓸데없는 생각을 하지 말고 오로지 진리와 정의의 길로 가고자 하는 마음을 가지고 묵묵히 자기가 할 일을 하면 된다고 본다. 우리는 살면서 사소한 것들에 지나치게 목숨거는 경우가 많다. 미리 염려하지도 말자.

지금 살아 있고 움직일 수 있고 생각할 수 있음에 감사하자. 물론 어려운 일이지만 그렇게 하는 것이 올바르기에 꾸준히 감사하는 연습을 한다. 그리고 지금 자신이 가진 것이나 처해 있는 처지에 감사한다. 이렇게 하기 위해서는 자신이 받아야 하는 것보다 지금 더 많이 받고 있다고 생각해야 한다. 그래야 주어진 조건(상황)에 불평하지 않고 감사하게 된다. 이 세상에 태어나지 못할 수도 있었는데 태어났음을, 지금의 부모보다 더 못한 부모를 만날 수 있었는데 그렇지 않은 점 등에 감사하자. 그리고 살아 있고 움직일 수 있음에 감사하고 여기다 조용히 명상할 수 있고 맑은 공기를 마실 수 있으며 푸른 숲 속을 거닐고 있다면 더없이 감사해야 할 것이다. 그리고 우리는 남에게 베풀 수 있는 그 자체에 감사할 줄 알아야 할 것이다. 그리고 빼놓을 수 없는 것은 자기 자신의 몸과 정신에 감사하고 자신을 즐겁게 하자. 정신적 즐거움을 위해 책을 가까이 하고, 음악을 가까이 하고 노력하고 봉사하며 육체적 즐거움을 얻기 위해 눈을 즐겁게 하고, 입을 즐겁게 하고, 귀를 즐겁게 하도록 한다. 그 한 예로 아름답고 푸른 잎을 보며 눈을 즐겁게 하고 아름다운 새소리를 들으며 귀를 즐겁게 하고 맛있는 음식을 먹으며 입을 즐겁게 한다.

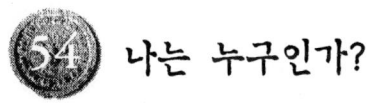 **나는 누구인가?**

자기 자신에 대해 잘 아는 것은 삶의 기본이자 핵심이다. 왜냐하면 이 세상에 실제 사는 것도 본인이고, 세상을 잘 알기 위해서는 이것저것들을 알아야 하는데 이에 제일 필요한 것이 바로 자기 자신에 대해 객관적 이해이기 때문이다. 자기 자신에 대한 앎은 매우 중요한 일이다.

따라서 나는 아래의 물음들을 내가 직접 만들어 강의를 할 때 학생들에게 가끔씩 묻는다. 각자가 조용히 시간을 내어 진정으로 자기 자신이 어떤 존재인지를 냉철히 파악하는 계기가 되어야 한다. 각자 잘 생각해서 적어보면 조금이라도 더 자기 자신에 대해 잘 알 수 있을 것이다.

첫 번째, 나는 앞으로 어떤 인간이 되기를 바라나?
(닮고 싶은 인간이나 존경하는 사람)
두 번째, 하늘이 나에게 준 사명은 무엇이라 보는가?(내가 해야

할 일)

세 번째, 나의 꿈 혹은 희망사항은?(30가지)

네 번째, 나의 장점 및 단점은?

다섯 번째, 내가 지금 행복한 이유를 30가지 이상 적기

여섯 번째, 이제까지 살면서 나에게 많은 영향을 준 사람이나 사건은?

일곱 번째, 착한 일을 한 것들 중 몇 가지만을 든다면?

여덟 번째, 앞으로 어떤 좋은 일을 할 생각인가?

아홉 번째, 내가 제일 관심 있어 하는 일이나 분야는?

열 번째, 10년이나 20년 후 나는 어디에서 무엇을 하고 있을 것인가?

열한 번째, 나는 무엇을 할 때(어떤 경우에) 좋고 즐겁나?

열두 번째, 나는 어떤 경우에 주로 화를 내며 무엇 때문에 주로 걱정을 하는가?

열세 번째, 나의 생활신조는?(혹은 내가 지향하는 가치는 무엇인가?)

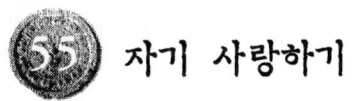# 자기 사랑하기

일찍이 톨스토이는 세상을 아름답게 하고자 하는 자는 먼저 자기 자신부터 아름다워야 한다고 말했다. 이 말은 세상을 탓하거나 남이 먼저 변화되기를 바라지 말고 자기 자신이 먼저 아름다워야 함을 의미한다. 목욕을 하고 나면 매우 깨끗해져 기분이 상쾌해진다. 하지만 또 지내다 보면 자기도 모르게 먼지나 때가 생긴다. 그러면 또 씻으면 된다. 삶 속에는 먼지가 많다는 것을 당연하다고 생각하고 자주 씻자. 자신을 보다 아름답고 깨끗하게 가꾸도록 힘쓰자.

자기 자신이 먼저 맑고 아름다우면 세상을 더 맑고 아름답게 볼 수 있다는 것을 교육에서 강조하자. 만약이지만 하나님이 세상을 고치게 하는 한 가지의 능력(처방)을 당신에게 준다면 당신은 무엇을 말할 것인가? 먹지 않고 살 수 있게 하는 것, 정의와 사랑으로만 움직이게 하는 것, 불평을 전혀 하지 않도록 하는 것, 모두가 부자가 되도록 하는 것 등 여러 가지가 있을 수 있다. 나는 누구나 무엇을 보고 겪든지 간에 긍정적으로 보는 마음 즉, 아름다운 마음을 가지게 하는 안경(눈)을 달라고 말할 것이다. 그러면 무엇을 보고 어떤 일과 상황을 겪더라도 그는 아름다움에 머물게 될 것이다. 무리한 생각일지 몰라도 나는 교육이 이런 일을 꼭 담당해야 한다고 생각하고 있다. 그러면 교육은 매우 중요한 일이 되며 교육의 최고목표는 모두를 아름다운 인간이 되게 하는 것이다.

나는 행복하고 아름다운 세상을 원한다. 이런 세상을 만들기 위해서는 모두가 자신부터 깨끗하며 아름다운 사람이 되어야 한다. 앞으로도 그 해결점을 찾기 위해 노력해야 하지만 나는 무엇보다 우선적으로 자기 자신에 대한 사랑이 있어야 한다고 생각한다. 그래야 타인에 대한 사랑을 더 할 수 있기 때문이다. 그래서 여기에서는 어떻게 하면 모두가 보다 더 자기 자신(인생)을 사랑할 수 있을 것인가에 대해 생각해 보았다.

첫째, 인생은 나에게 주어진 가장 값진 선물이라고 생각한다. 인생은 덤 인생이다. 설령 어렵고 힘든 상황이나 일이 주어지면 그것을 자신의 잘못을 뉘우치는 기회나 앞으로 보다 나은 삶과 보다 성숙한 자신이 되도록 하게 하는 좋은 기회라고 생각한다.

둘째, 자신만이 가지고 있는 가치가 있다고 생각한다. 모든 것은 나름의 존재가치가 있다. 그래서 나만의 존재 이유 혹은 사명이 있다고 생각하며 끊임없이 찾고 자신이 가야 할 길(일)을 발견한다.

셋째, 남과 비교하지 않는다. 사람들마다 다양하다. 그래서 하나의 잣대로 재지도 말고 남보다 더 나아야 된다는 욕심도 갖지 않는다. 욕심은 끝이 없다. 비교하여 불만과 미움이 커지도록 하지 않는다. 자신의 처지에서 지금 하고 있는 일을 열심히 하면 된다.

넷째, 자신이 멋있다고 생각한다. 인간은 완벽할 수 없고 누구나 단점이 있음을 잘 안다. 그래서 자신의 장점을 계속 발견하여 키워 나간다. 자신이 잘하는 것을 찾자.

다섯째, 자신의 가치는 외모나 재산 그리고 직업에 있지 않다고 생각한다. 이런 것들로 인간을 평가할 수 없다. 특히 물질의 소유 정도는 평가의 일부일 따름이다. 자신의 가치는 하나님만이 잘 알고 있고 어떤 경우에도 기본적인 가치는 줄어들지 않는다. 자부심을 가지자.

여섯째, 하는 일의 성과가 미미하거나 실패했더라도 자신의 가치는 줄지 않는다고 생각한다. 실패가 없는 삶은 거의 없다. 오히려 실패를 통해 더 많은 것을 배운다. 따라서 실패를 겸허히 받아들인다. 실패는 자신을 더 겸손하게 만든다. 진정한 실패자는 다시 도전하지 않거나 패배나 절망감에 젖어 아무 것도 하지 않는 자이다.

일곱째, 참된 가치는 좋은 생각과 행동에서 생긴다. 선행에 있다. 따라서 가치를 증가시키기 위해서는 자신과 타인 그리고 세상 및 자연에 대해 사랑하는 마음을 갖추고 있어야 한다. 그 다음은 실제로 사랑하는 것이다. 이때 좋은 생각은 필수 요소이다.

여덟째, 인생이란 순간에서 순간으로 이어지는 여행과 같은 것으로 하루하루를 즐겁게 보내고자 한다. 우리의 행복을 방해하는 걸림돌에는 두 가지가 있다. 하나는 과거라는 도둑이고 또 하나는 미래라는 도둑이다. 과거의 좋은 추억의 향수에 묻혀 있거나 과거의 안 좋은 일에 매여 순간순간의 행복을 놓치기에 잊어버릴수록 좋다. 또 다른 하나인 미래는 약속어음과 같다. 하루하루가 모여 미래가 되기에 미리 걱정하지도 말며 상황에 따라 얼마든지 달라질 수가 있다. 이처럼 과거·미래에 마음을 빼앗기지 않으면 바로 지금 이 순간을 놓치지 않고 충실하게 살 수 있다. 하루하루를 열심히 살고 감사한 마음으로 즐겁게 사는 것이 보다 성숙한 삶의 태도이다.

아홉째, 자기 자신과 타자(다른 사람이나 세상)에게 지나친 기대나 요구를 하지 말고 특히 될 수 있는 대로 단점을 보지 않도록 한다. 부정적인 사고방식을 갖지도 않는다. 될 수 있는 대로 자신의 장점을 더 생각하면 좋듯이 타인의 장점만을 보도록 한다(후진사회일수록 남을 이기기 위해 남의 잘못이나 단점을 주로 찾는다). 타인으로 인해 자신의 마음이 상처를 받지 않도록 한다.

열 번째, 남에게 대접받으려고 하기보다는 먼저 상대방에게 맞추고 존경하려고 하는 낮은 마음을 가진다. 유명한 말이 있지 않은가. '대접받으려면 먼저 대접하라!'. 자기중심적인 사고와 행동은 타인과의 마찰을 불러오기 쉽다. 그래서 타인의 입장에 대한 이해가 더 요구된다. 특히 부부관계에서 상대방에게 받으려고 하기보다는 먼저 주려고 하는 마음을 기지면 갈등이 없어질 것이다.

열한 번째, 규칙적인 운동을 한다. 진정으로 자기 몸을 사랑한다면 규칙적으로 운동을 하여 자기 몸을 가볍게 한다. 자기를 위해 일을 하고 있는 몸의 여러 기관들에도 감사의 마음도 표한다.

열두 번째, 자기 자신의 기준과 생각을 다른 사람에게 적용시켜 강요하거나 화를 내지 않는다. 화를 가슴에 담아 자신의 마음을 태우거나 자신의 마음을 무겁게 하는 어리석은 짓을 하지 말자.

한편 자신의 몸과 마음을 실질적으로 사랑하기 위해서는 구체적으로 어떤 것들이 필요한지에 대해 적어 보았다. 1) 몸을 혹사시키지 않는다(자신을 지치게 방치하지도 말고 특히 밤에 많이 먹어 위에 부담을 주지 않는다). 2) 영양분을 잘 보충하고 힘이 나게 한다(위나 각 기관들에 도움이 되거나 좋아하는 것을 먹는다). 3) 몸을 편안하게 한다(걱정을 하지 않아서 뇌를 쉬게 하고 편안하게 하여 잠을 잘 잔다. 그리고 생각도 단순화한다). 4) 몸의 장기를 사랑하는 마음으로 자주 어루만져 준다(자주 자신을 위해 고생하고 있는 자신의 발, 다리, 장기들을 고루 만져서 풀어준다). 5)몸을 깨끗이 한다(목욕이나 샤워를 통해 먼지나 노폐물을 제거하여 몸을 가볍게 한다). 6) 규칙적인 운동을 한다(땀을 흘려 쌓여 있는 노폐물도 내보내고 몸을 잘 돌아가게 한다). 7) 아프지 않게 한다(매사 조심하여 다치지 않도록 한다). 8) 규칙적인 생활을 한다(생활의 리듬을 깨트리지 않는다). 등이 있다.

그 다음은 자신의 정신(마음)을 사랑하기 위해 필요한 것들도 적어 보았다. 1) 나쁜 생각을 의도적으로라도 하지 않는다(부정적이나 비관적인 생각을 버리고 긍정적 사고를 하도록 한다). 2) 어떤 고민이나 일에 너무 신경 쓰지 않는다(자신이 일정 시간을 정해서 그 문제에 대해 더 이상 생각하지 않도록 한다). 3) 편안한 마음을 가진다(편안한 마음을 가지기 위해 산책이나 차를 마시며 차나 숲과 물아일체가 되게 한다). 4) 욕심을 줄인다(자기 자신이나 타인에 대한 많은 기대를 하지 않는다). 5) 좋은 일을 꿈꾸고 실천한다(선행을 하여 기쁨을 맛보고 미래의 좋아할 때도 미리 상상해 본다). 6) 항상 감사하는 마음을 갖는다(주위로부터 많은 도움과 사랑을 받고 있음을 생각한다). 7) 좋은 책을 본다. 8) 아침에 명상을 한다.(좋은 아이디어와 지혜를 얻는다). 등이 있다.

 **강한 인간이 되는 것**

우리가 강함을 원하는 것은 자신이 꺾이고 파괴되거나 죽지 않으려고 하는 마음이 있기 때문이다. 그럼 강하기 위해서는 어떻게 해야 하는가? 혹은 무엇이 필요한가라는 물음이 나온다.

첫째, 비바람이나 태풍(장애물이나 훼방꾼)에도 끄덕하지 않고 버틸 수 있기 위해서는 마음의 중심을 단전에 잡고 흔들리지 않아야 한다. 즉, 나무의 밑둥지로 가는 것이다. 왜냐하면 위에 있는 가지나 잎들은 매우 큰 영향을 받아 흔들리며 쉽게 부러지기 쉽고 나무의 밑둥지에 가면 영향을 덜 받고 흔들리지 않기 때문이다. 이는 우리가 살면서 당연히 겪는 주위의 비바람에 신경을 쓰지 말라는 말이다. 그냥 지나가도록 기다리는 것도 스트레스를 이기는 현명한 방법이다. 더욱이 인생을 살면서 큰일을 하거나 시간이 오래 걸리는 먼 항해를 하는 경우에는 당연히 많은 힘든 고비를 겪는다.

둘째, 인간은 정신과 육체 두 가지 면에서 모두 건강하고 강해야 한다. 서로 긴밀히 연결되어 있다. 강한 정신력에서 강한 육체가 생겨나고 또한 튼튼한 육체에서 강한 정신력이 솟아난다. 몸(육체)이 아프거나 병이 생기면 강하지 못하기 때문이다. 그리고 작은 일에도 쉽게 피로감을 느끼고 짜증을 잘 낸다. 몸이 딱딱하고 굳어지는 것은 운동부족으로 원활한 흐름이 되지 않을 때 생기며, 정신(마음)의 딱딱함은 융통성 부족이나 사랑의 결핍으로 따뜻함이 없을 때 일어난다. 따라서 몸과 마음이 건강하도록 부단히 운동을 하여 자기의 신체를 튼튼하게 하도록 노력하기도 하고, 또 다른 한편으로는 딱딱한 것이 더 부러지기 쉽고 부드러운 것은 오히려 잘 부러지지가 않기에 유연성을 기른다. 특히 마음의 유연함을 가진다. 따라서 자기 자신의 고집이나 융통성이 없는 생각과 행동을 적절히 버릴 줄 안다.

둥글둥글 원과 같이 모가 나지 않는 것이 좋다. 달리 표현하자면 물처럼 네모그릇에 담기면 네모가 되고 둥근 그릇에 담기면 둥글게 되는 것도 필요하다. 따라서 각자가 먼저 상대방(환경)에게 맞추려는 생각과 태도를 취하는 것이 바람직하다.

셋째, 어려운 시련이나 아픈 경험을 통해 면역을 기른다. 교육적으로 보면 다양한 어려운 경험을 해 보도록 도전을 주거나 기회를 주는 것이 바람직하다. 온실의 화초는 나약하고 어떤 상황에서는 제대로 살지 못한다. 젊어서 고생은 사서도 한다는 말이 있듯이 시련은 오히려 약이 될 수 있다. 비참한 생활이나 밑바닥 생활을 겪어 본 사람은 그렇지 않은 사람보다도 이해심이 넓으며, 더 이상 실패를 두려워하지도 않는 마음과 긍정적인 생각을 더 하게 된다.

넷째, 정신력은 체력을 그 바탕으로 한 굳건한 의지이다. 의지가 강하기 위해서는 목표에 대한 집념이 강해야 한다. 그래서 꼭 달성할 수 있고 달성해야 한다는 목표에 대한 확고한 마음가짐이 필요하다. 흔히 바람이 부는 대로 줏대 없이 이리 저리 갔다가 하는 것은 자신을 잃어버린 상태의 행위로 좋은 작품을 만들기 어렵다. 자신의 혼과 자신의 열정을 투여할 만한 목표를 갖는 것은 그를 살리는 길이다. 따라서 잘 살려면 이런 목표를 모두가 가져야 한다. 꼭 달성하기를 원하는 목표나 희망을 갖는 것은 그 자신에게 자율적인 동기를 부여하기도 하며, 인내심(克己)도 생기게 하며, 어떤 어려움이 있더라도 견디게 하는 힘을 제공해 줄 것이다.

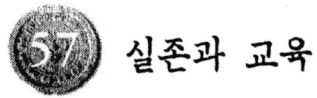 **실존과 교육**

인생을 살다보면 기쁠 때도 있고 슬플 때도 있다. 그런데 언제부터인가 나는 아침에 일어나면 다음과 같은 생각들을 하며 하루를 시작하곤 한다. 오늘 하루에는 또 어떤 새로운 것을 내가 경험하게 될까, 오늘은 또 어떤 재미있는 일을 내가 경험하게 될까, 오늘은 또 어떤 좋은 일이 있을것인가, 어떤 좋은 일을 내가 할 것인가라는 것이다. 이렇게 하는 이유는 오늘 하루를 보다 더 즐겁게 잘 보내기 위함인데 실제로 해 보니 가벼운 마음으로 시작할수도 있고, 한편으로는 기대되기도 하고 또 다른 한편으로는 오늘 하루가 재미있을 것 같아 여러 면에서 좋았다.

일상생활을 하다보면 예상하지 못한 일들이 많이 생긴다. 어떤경우에는 한 치 앞도 내다볼 수 없이 산다. 실존주의자들은 20세기 초에 인간의 삶에 있어서의 이와 같은 불확실성을 강조하며 인간들이 보다 더 주체적이고 능동적이 되기를 요구했다. 될 수 있으면 주체적으로 삶을 살아가는 것이 인간의 진정한 삶의 모습으로 본 것이다. 그래서 그들은 본질이나 눈에 보이지 않는 것보다는 현재의 자기 존재를 매우 강조한다. 또한 그들은 이 세상의 모든 것들이 다 변화하고 있다는 것을 잘 알고 있다. 그래서 우리는 보다 좋은 방향으로 발전되도록 노력해야 한다. 나는 두 아들에게 이 세상에는 우리보다 못한 사람들도 많고 매우 어렵게 살아가고 있는 사람들도 많이 있기 때문에 더 감사하며 살고 불쌍한 사람들을 도와주어야 한다고 주문한다. 이 차원에서 한 번씩 가족 전체가 봉사활동을 가기도 한다. 그곳에서 본 것을 바탕으로 가끔 실존적 교육에 대한 강의시간에 아래와 같은 물음을 던지기도 한다.

여러분 각자가 앞으로 1주일만 살 수 있다면 무엇을 할 것인가? 한 번 적어 보자.

월요일:

화요일:

수요일:

목요일:

금요일:

토요일:

일요일:

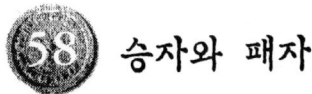 **승자와 패자**

　이 세상을 사는 동안에 경쟁으로부터 완전히 벗어날 수는 없다는 것을 우리는 잘 알고 있다. 하지만 경쟁을 너무 미화한다든지 왜곡하는 경우는 바람직하지 않다는 것이 나의 생각이다. 꼭 경쟁을 시켜야만 더 잘 할 것이라는 생각이 바뀌기를 바라고 있다. 물론 나 혼자서는 불가능하다. 시간도 요하고 전반적인 분위기가 바뀌어야 가능하다. 경쟁이 없으면 잘 안되고 경쟁이 과열되어야 보다 성과가 있다고 생각하여 학교에서나 직장에서나 경쟁을 부추기는 후진 사회에서 벗어나자. 스스로 알아서 잘 하는 사회와 개인이 되었으면 한다. 꼭 경쟁을 하지 않더라도 스스로 잘 하면 될 것이다. 이것이 바로 수동적 인간이 사는 지시적 사회에서 자율적인 사람들이 사는 자율적 사회로 가는 길이라 본다. 굳이 경쟁하지 않더라도 구성원들 스스로가 알아서 잘 하도록 되는 것은 요원한 일이지만 나는 그 책무가 지도자뿐만 아니라 교육자들에게도 있다고 생각하고 있다.

한편 살다가 보면 불가피하게 경쟁을 하지 않을 수가 없는 경우도 있다. 이럴 경우에도 참된 경쟁과 진정한 승자가 어떠한 것인지를 먼저 알고 있어야 할 것이다. 한 순간에 모든 것들이 결정되는 사회는 투기와 도박을 부추기며 사람들을 피폐하게 만든다. 도박과 같은 사회는 지양되어야 한다. 우리 모두 노력하자. 경쟁에서 이기면 전부를 얻고 지면 전부를 잃는다고 생각하지 않도록 하자. 나는 참된 사회란 진정한 승자가 많이 있는 곳이라 생각한다. 이때의 진정한 승자란 진 자를 죽이거나 그가 가진 것을 다 빼앗는 것이 아니라 오히려 그 패자를 아끼고 위하며 함께하고자 하는 아름다운 마음을 가진 사람이다. 하루 빨리 이런 사회가 되기를 염원한다. 물론 가장 위대한 승자는 자기 자신을 이기는 사람이며, 그 다음은 타인과 경쟁을 하지 않고도 알아서 잘하는 사람이고 피치 못해 하게 된 경쟁에서 진 자를 위로하는 자이다.

세상이 잘못되어 이 세상은 인간들로 하여금 끊임없이 수준이 낮은 경쟁을 서로가 하도록 조장하고 있고 또한 방치하고도 있다. 우리가 합심하여 이를 단호히 끊어야 한다. 우리의 능력에 달려 있다. 진정한 승자와 승리에 대한 부처님의 뜻을 아는 것도 좋다고 생각하고 있던 차에 마침 도선사에 갔다가 혜성스님이 법구경에 대한 법문의 내용을 들어 말씀한 귀한 구절이 있어 여기에 소개한다.

> 승리가 좋다지만 원한을 가져오고
> 패한 자 괴로워서 오늘도 누워 있네.
> 이기고 지는 마음 영원히 녹아지면
> 다툼은 없어지고 저절로 편해지리.

따라서 내가 보기에 최고의 승리자는 쓸데없이 남과 경쟁을 하지 않고 조용히 스스로 자기 자신을 갈고 닦는 자 즉, 자기 자신을 이기는 극기의 인물이라 생각한다. 이는 부처님이 지향하는 지혜로운 인간과 비슷하다. 지혜로운 자는 경쟁을 하려고 하지 않는다. 왜냐하면 설령 이기더라도 잃는 것이 더 많음을 잘 알고 있기 때문이다. 그러니 굳이 경쟁하고자 하지 않는다. 사실 나도 될 수 있으면 경쟁하려고 하지 않는다. 다음은 어느 곳에서 본 승자와 패자에 대한 좋은 글이 있어서 몇 글자를 바꾸어 여기에 같이 실었다.

첫 번째, 승자는 남의 실수나 자신의 실수나 잘못에 넓은 아량을 가지고
　　　　패자는 실패했을 때 남의 탓을 하는 좁은 마음을 가진다.

두 번째, 승자의 얼굴에는 웃음과 여유가 묻어 있고
　　　　패자의 얼굴에는 불만과 핑계가 보인다.

세 번째, 승자는 멀리 보고 일에 자기 몸을 바치지만
　　　　패자는 단기간의 이익을 좇고 자신의 몸보신에 열중한다.

네 번째, 승자는 어린이나 약자에게도 겸손하고 배움의 자세를 가지나
　　　　패자는 노인뿐만 아니라 자신보다 못한 사람에게도 고개를 못 숙인다.

다섯 번째, 승자는 능동적이고 적극적으로 계획을 세워 자신의
　　　　삶을 자신이 이끌어 가고
　　　　패자는 수동적이기 쉽고 계획적이지 못하고 바쁘다.

여섯 번째, 승자는 지는 것에 두려워하지 않고 오히려 즐기나
　　　　패자는 이기는 게임에 치중하기에 좁은 삶을 산다.

일곱 번째, 승자는 지금 하고 있는 일 혹은 현재를 즐거운 마음
　　　　으로 사나
　　　　패자는 미래나 그 일의 결과를 위해 현재를 죽이며
　　　　산다.

여덟 번째, 승자는 순간마다 성취의 만족을 경험하고
　　　　패자는 성취의 만족을 경험하기 어렵다.

아홉 번째, 승자는 구름 위의 태양을 보고
　　　　패자는 구름 속의 비를 본다.

열 번째, 승자는 넘어지면 자신의 몸과 마음을 추스르고 다시
　　　　일어나지만
　　　　패자는 넘어지면 환경 탓을 하거나 재수를 한탄하며
　　　　포기한다.

열한 번째, 승자는 늘 우리 모두의 승리를 생각하고 그 기쁨을

모두에게 나눈다.

패자는 항상 자신만의 승리를 생각한다.

열두 번째, 승자는 가정을 소중히 여기고 또한 가정이 화목하지만
패자는 가정의 기쁨을 제일의 행복으로 느끼지 못한다.

 ## 우리는 어디로 가고 있나?

우리는 이 세상에 태어났기에 살 수밖에 없는 존재.

이왕 사는 삶.

그것은 우리가 진정으로 원했던 바로 그 삶.

나는 무엇을 하는 것이 좋은가?

어떻게 살까?

곰곰이 생각해 본다.

어둠을 밝히는 촛불이 될까?

아니면 장난삼아 당겨진 성냥불이 될까?

시·공간의 제약 속에서 우리는 한순간 한순간 살고 있다.

현세에 영원히 살 수는 없다.

그러나 순간순간은 우리에게 무한히 주어져 있다.

원하든 원하지 않든지 간에 시간은 계속 흘러간다.

흘러가는 강물처럼.

인생은 타고 있는 초와 같은 것.

촛불이 밝은 대낮에 탈 수도 있지만

꼭 필요한 곳에서 어둠을 밝혀 줄 때 그 값어치가 더 있다.

우리는 먹지 않고는 살 수가 없다.

생명체는 항상 움직여야 하고 계속 영양분을 흡수해야 한다.

그런데 닭이 먹고 낳는 것은 계란.

새가 먹고 낳는 것은 새알.

똑같은 먹이를 먹고도 나오는 것은 다르다.

사람들은 모두 먹는다. 먹을 만한 것을 먹고 비슷한 것들을 먹는다.

밥, 채소, 물, 고기, 등 ……

같은 것을 먹고도 A라는 사람이 만드는(낳는) 행동과

B라는 사람이 생산하는 것이 다르다.

우리는 무엇을 창조해야 하는가!

그것은 각자의 몫이다. 자유.

각자 자신이 이 세상에 온 진정한 사명을 아는가!

각기 다를 수 있다.

끊임없이 노력하고 구하라.

그런데 무슨 일을 하든지 가장 기본이 되는 것은

첫째, 항상 감사하는 마음을 가지고 지금 자기가 하고 있는 일을

열심히 하는 것이다.

둘째는, 살아 있는 모든 것을 사랑하는 것이다.

먼저 자기 자신부터 시작하여 점점 사랑의 범위를 넓힌다.

사랑하는 대상에 온 정성과 정열을 바치는 삶, 이것이 참된 인생
이다.

사랑하는 삶에는 분명 밝은 얼굴과 따뜻한 말이 들어가 있다.

이것은 맑은 마음과 올바른 생각(正思)에서 비롯된다.

마음이란 무엇인가?

그것은 생각이 만든 것.

누가? 바로 자기 자신이다.

따라서 올바르고 좋은 생각을 많이 하도록 한다.

부처를 닮자.

 # 자연에서 얻는 참된 삶의 길

첫째, 자연처럼 주는 인간이 되자.

이 세상에 우리가 살고 있는 것은 수많은 존재들의 도움을 받고 있기 때문이다. 그들은 우리에게 생명을 유지시킬 수 있는 많은 것을 주고 있다. 빛, 공기, 물, 흙, 식물, 채소, 숲, 지하자원등과 같은 대자연 그리고 우리의 조상들, 문화와 역사, 부모와 뭇사람들의 사랑 등 ……. 이루 헤아릴 수가 없다. 그래서 우리도 주위의 존재들에게 도움을 주는 사람이 되는 것은 당연하다. 교육 방향도 이런 목표로 나아가야 할 것이다. 많은 풀과 물 그리고 공기와 햇빛에 감사하고, 우리가 잘 알지 못하는 존재들이나 우리 눈에 잘 보이지 않는 곳에서 묵묵히 살아가고 있는 존재들에 대해 동지의식을 갖자.

부모나 국가가 자신에게 베푸는 사랑뿐만 아니라 영역을 넓혀 우리가 알지 못하는 미물들에게까지도 그 고마움을 생각한다. 그들이 우리 인간들에게 온몸을 바치고 있다고 해도 지나치지가 않기에 우리도 그들을 어루만져 주고 소중히 여기고 함께 공생할 수 있도록 해야 한다. 그들이 죽어 가면 우리의 삶도 황폐해질 것이며 그들이 없으면 우리의 행복은 보장되지 않는다. 환경은 우리를 보호하고 있는 보호막이다.

우리를 살게 해 주고 생활에 도움을 주는 이들의 은혜에 보답하도록 한다. 자연뿐만 아니라 하나님(부처님)께 받은 것 중에 눈에 보이지 않는 것이 너무 많다. 사랑하자. 우리도 좋은 것을 아낌없이 주자.

둘째, 자연처럼 줄 대상을 가리지 않는다.

우리가 무엇인가 좋은 것을 타인에게 줄 경우를 한번 생각해 보자. 당신은 어떤 경우에 다른 사람에게 주는가? 당신의 마음에 든 사람에게, 혹은 잘생긴 사람에게, 혹은 힘이 있는 상사에게, 당신이 아는 사람에게, 당신이 잘 보이도록 하기 위해, 아니면 모든 사람들에게 그런가? 물론 각자의 대답은 다를 수 있는데 보통은 자신에게 도움이 될 때 주로 그렇게 한다. 나는 우리가 자연을 닮아서 그가 어떤 위치에 있든지, 어떤 사람이든지를 가리지 말고 주어야 한다고 본다. 물론 합리적으로 생각한다면 받을 자격이 있는 이에게 주는 것이 맞다. 하지만 자연은 차별하고자 하는 생각을 아예 하지 않는다는 점이다. 과수원의 사과나무는 자신이 가을에 만들어 낸 사과가 누구에게 가든지 생각하지 않고 그냥 생산한다는 점이다. 그냥 타인을 위해 생산할 뿐이다. 자신이 생산한 과일이 어디로 가는지에 대해서는 개의치 않는다. 즉, 받을 자격이 있는 자에게만 주어야지라고 생각하며 열매(과실)을 생산하지 않는다는 것이다. 우리의 먹이가 되는 저 들판의 소들은 줄 사람을 고르지 않고 그냥 자기 몸을 내어 준다. 움켜쥐고 있는 것은 바람직하지 못하다. 짐승과 과일 그리고 채소들은 자기 전체를 준다. 물론 줄 수밖에 없지만 말이다. 그럼 인간은?

이 세상에 있는 많은 것들은 모두 우리의 친구이자 우리 생명의 끈이다. 우리는 여기에 잠깐 머물다가 간다. 가급적이면 많이 주어야 하지 더 가지려고 하거나 내 것으로 붙잡아 두면 행복을 덜 느끼게 된다. 여기서 생각해 볼 문제는 베풀 대상을 자신의 잣대로 저울질하지 않는 것이다. 자연은 우리에게 이와 같은 큰 교훈을 주고 있다. 그들은 대상을 고르지 않고 그냥 베푼다.

셋째, 자연처럼 서로 공존하자.

자연에는 이루 셀 수 없을 정도의 많은 생명체들이 살고 있다. 장미, 호박꽃, 민들레, 사과나무, 수박, 상추, 벼, 콩, 옥수수, 등과 이름 없는 것뿐 아니라 많은 동물들도 함께 있다. 그들은 서로가 서로에게 먹이가 되고 의지하며 더불어 살고 있다. 우리 인간들도 그들처럼 서로에게 도움이 되는 혹은 먹이를 주는 존재가 되어야 한다. 큰 나무의 잎은 작은 벌레의 먹이가 됨으로써 벌레가 살고 그 나무는 먹이가 된 잎의 없어짐에 아랑곳하지 않고 봄에 새로운 잎을 만든다. 큰 나무가 자기 잎을 작은 벌레의 먹이가 되게 하는 것이 함께 사는 모습이다. 우리도 자기 자신의 몸을 추스르고 사

교육학자 김성봉 교수의 삶, 자연, 행복

는 데 지장이 없는 한에서 넓은 마음을 가지고 관용하자. 자신의 일부를 타인의 생존을 위해 주자.

넷째, 자연처럼 순리에 맞게 살자.

물 흘러가는 것처럼 말이다. 봄이 지나면 여름이 오고 여름이 지나면 가을이 오고 가을이 또 가면 겨울이 오듯이 말이다. 따라서 될 수 있는 한 자신의 몸에 맞는 곳에 가서 몸에 맞는 일을 하는 것이 올바르다. 자신이 할 수 있는 쉬운 것부터 하고 그 다음에 점차 어려운 일을 하는 것이 순리이다. 또한 산을 오를 때도 고개를 넘어야 되는 힘들 때도 있지만 힘들지 않을 때도 있는 것처럼 느긋한 마음을 가지고 오르고 내림의 순리를 당연하게 생각한다. 늙고 힘이 점점 없어져 결국 죽음을 맞이해야 하는 것도 마찬가지이다. 가장 가까운 가족부터 잘해 주고 사랑을 해야 하는 것도 자연의 순리이다.

 # 행복한 가정과 자녀들을 위한 부모의 자세

첫째, 가정의 실패는 사업의 실패보다 크다. 따라서 남편은 먼저 아내에게 잘 해야 한다.

삶의 보금자리이자 생명의 원천인 가정이 먼저 바로 서야 하기 위해서는 1) 서로 연애 때처럼 항상 부인(남편)에게 잘 보이려고 하고 상대가 원하는 것을 해 주고자 하는 열정으로 살아야 한다. 2) 수신제가치국평천하라는 말이 있지 않은가! 남자나 여자나 가정이라는 작은 집단부터 잘 운영을 할 수 있어야 사회의 다른 큰 조직도 잘 관리할 수 있고 원만한 사회생활을 할 수가 있다. 3) 한 남자가 자기 부인과 가족의 구성원들을 잘 사랑하지 못하는데 어찌 사회에서 다른 사람들을 진정으로 사랑할 수가 있겠는가? 혹 그런 사람이 있다고 하더라도 우리는 그에게 진정 멋있고 행복한 삶을 살고 있다고 말할 수가 없다.

둘째, 부모가 자녀에게 몸소 즐겁고 열심히 사는 모습을 보여준다. 자녀는 부모의 거울이다.

좋은 모범이 되어야 한다. 아이들은 끊임없이 자기 부모들을 모델링한다. 즐겁고 열심히 사는 것은 자기 자신과 주위사람을 즐겁게 하는 것이자 자신의 인생을 보다 행복하게 하는 것이다. 이를 위해서는 1) 부모는 몸과 마음을 가볍게 한다. 규칙적인 식생활과 운동을 하며 마음에 좋지 않은 일들에 대한 생각을 담아두지 않아서 집에서 걱정·근심하는 모습을 보이지 않는다. 2) 부모는 욕심이라는 그릇의 크기를 계속 줄여서 짜증내거나 화를 내지 않고 보다 많이 웃는 모습을 보여준다. 욕심의 크기는 행복의 크기와 반비례한다. 욕심이 크면 클수록 행복을 덜 느끼고 불만족과 불평을 더 하게 된다. 오히려 자기 일에 긍지와 만족을 하고 매사에 즐거워한다. 3) 부모가 삶 속에서 세상과 세상에서 빚어지는 여러 일들에 대해 항상 긍정적으로 보고 좋은 생각과 행동하는 모습을 보여준다. 이처럼 여러 가지가 있을 수 있다. 나는 이들 중에서 특히 부모가 어떤 일을 하든지 간에 자부심을 갖고 성실하는 것과 긍정적 사고를 갖는 것이 제일 중요하다고 생각한다.

셋째, 아이들을 힘들게 하지 않는다. 자기 아이의 능력에 대한 객관적인 눈을 가진다.

학생들에게 직접 물어보니 부모가 자녀에게 너무 큰 기대나 욕심을 가지면 자녀들이 스트레스를 많이 받아 결국 탈선까지 갈 수가 있다. 따라서 가정이 그야말로 삶의 보금자리가 되고 따뜻한 안식처가 되기 위해서는 부부가 서로 사랑하고 자식을 지나친 기대로 인해 심적인 부담감을 가지지 않도록 한다. 부모가 만약 진정으로 자녀를 사랑하고 있다면 한창 자라고 있는 성장기의 아이의 어깨에 무거운 짐을 올려서 성장을 멈추게 하는 누를 범하지 않을 것이다. 아이는 부모의 소유물이 아니며 부모는 단지 아이들의 좋은 안내자이자 후원자이다. 사람마다 그 능력이나 성향이 각기 다르기에 그래서 다른 학생과 똑같아지기를 바라지 말자. 잘하면 좋지만 그렇지가 못하더라도 나름대로 열심히 하도록 도와주고, 가급적이면 보다 즐겁게 생활할 수 있는 기회나 환경을 오히려 더 제공해 주는데 힘을 쏟는다. 아무튼 부모라면 자기 자녀의 능력, 성격, 기질과 관심분야에 대해 잘 알아야 한다.

넷째, 아이는 심리적 안정을 원하는 또 다른 인격체임을 안다.

어른과 마찬가지로 아이도 감정을 가진 존재이기에 존중하고 위해준다. 따라서 아이가 무엇을 하기를 바라거나 무엇을 하기를 강요하기 전에 먼저 지금 아이가 무엇을 필요로 하며 어떤 상태이고 무엇을 할 수 있는지에 대해 알아야 한다. 특히 물질적인 충족뿐 아니라 정신적인 안정감을 가질 수 있도록 해야 할 것이다. 미숙한 아이에게 제일 필요한 것은 심리적 안정을 위한 가까운 가족들의 많은 보살핌과 도움이다. 사랑을 받은 사람이 사랑을 더 할 수가 있다. 그래서 가급적 많은 사랑을 주되 무엇이든지 과유불급이니 적당히 해주며 다음에 그 아이도 남에게 사랑을 베풀 수 있는 사람 즉, 행복을 스스로 만들 수 있는 성숙한 사람이 되게 한다.

다섯째, 자녀의 IQ뿐만 아니라 EQ, MQ 등도 함께 발달시키도록 한다.

우리의 삶은 경쟁에서 이기기 위해 주어진 것도 아니고 1등하기 위한 과정은 더욱 아니다.

물론 잘하면 좋고 일등 하면 좋지만 진정으로 가야 할 목표는 보다 행복하고 즐겁게 살며 자신의 능력을 키우면서 다른 사람들에게도 도움을 주는 삶을 사는 것이다. 이렇게 하기 위해서는 많이 아는 것, 똑똑한 것만으로는 어렵다. 지혜가 있고 슬기로워야 될 뿐만 아니라 감정을 잘 다스리고 다른 사람들과도 잘 지낼 수 있는 능력과 도덕성이 발달되어야 한다. 한마디로 말하면 지·덕·체가 고루 발달되어야 한다는 것이다. 여러분은 당신의 자녀들이 어떤 인간이 되기를 바라는가? 공부만 잘 하는 공부벌레만을 원하지는 않을 것이다. 예를 들면 성격이 좋은 아이, 강한 아이, 성공하는 아이, 행복한 아이, 건강한 아이, 사회에 잘 적응하는 아이 등을 말할 것이다. 아무튼 머리와 가슴 그리고 몸이 고루 발달하도록 하기 위해서는 몇 가지가 필요하다. 물론 이것이 전부는 아니다. 1) 신체적으로 건강해야 한다. 자녀가 보다 더 육체적으로 튼튼하고 건강하기 위해서는 필요한 영양분을 충분히 섭취하도록 한다. 2) 원만한 사회생활을 하도록 해야 한다. 이를 위해서는 다양한 경험을 많이 할 필요가 있다. 좋은 책을 많이 읽어 간접경험을 풍부하게 하는 방법도 있다. 물론 여행을 많이 하거나 친구들을 폭넓게 사귀도록 하는 방법도 있다. 3) 자기 뜻을 잘 전달할 수 있는 표현력뿐 아니라 어떤 어려움이 있더라도 거뜬히 이겨낼 수 있는 용기, 호연지기 등을 가지게 한다. 이를 위해서는 공부만 강요해서는 안 된다. 4) 결핍체험도 해 보게 한다. 부족한 것이 있을 때 자기가 오기를 가지고 더 분발하며 노력하고자 하는 마음이 생기며, 인생에 있어서 도전의식과 꿈을 더 굳건히 할 수도 있으며, 또한 다른 사람에 대한 더 많은 이해와 배려심도 더 생긴다.

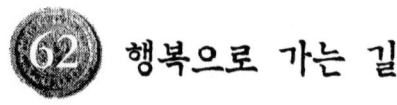# 행복으로 가는 길

하나님(조물주)은 우리 인간들 모두를 자식으로 여기기 때문에 그의 인간관은 그가 자식을 어떻게 보고 있느냐에 있다고 생각한다. 우리들은 여러 명의 자식들이 있을 때 어떻게 보고 있고대하는가? 나는 불경에 나오는 아뇩다라삼막삼보리란 바로 자비심으로 여기에도 평등심이 들어가 있다고 생각하고 있다. 그 어떤 처지에 있는 사람들에게나 보리(선행)를 행하도록 하기 위해서는 반드시 평등심이 있어야만 한다. 왜냐하면 이런 평등심(하나님이 자식을 대하는 마음)을 갖고 있지 않으면 선별해서 하거나 자기보다 못한 사람에게는 따뜻한 마음을 주지 않기 때문이다. 누구나 귀하고 존중받아야 하는 존재이다.

누구나 행복한 삶을 꿈꾼다. 그런데 이 행복이 누구에게나 공평하게 열려져 있다는 것을 느꼈을 때 나는 경이를 느꼈다. 다시 말하면 그 사람이 부자든 그렇지 않든, 많이 배웠든 그렇지 않든 하늘이 누구에게나 준 것이 바로 이 행복할 수 있는 기회라는 것이다. 누구에게나 행복으로 가는 문은 열려져 있기에 마음만 먹으면 누구나 행복할 수 있다는 것을 깨닫게 되니 참 좋다. 다만 문제는 누가 더 그 행복의 문을 자주 여느냐이다.

따라서 우리 모두 이제부터라도 행복으로 가는 문을 자주 열어야겠다는 마음을 먹자. 그 방법에는 선행을 하는 것과 노력하여 원하는 목표를 이루는 것이 있다. 선행은 누구나 할 수 있다. 어떤 경우에는 어려운 처지나 힘든 상황에 있는 사람이 더 행복하고 참된 기쁨을 느낄 수 있는 기회가 더 있다고도 생각된다. 왜냐하면 내 생각에 비행기를 타고 높은 산의 정상에 오르는 사람(부모 등 타인의 도움으로 혹은 경제력이 있어 목표를 쉽게 이루는 경우)이 느끼는 기쁨보다 어렵게 고생하며 땀을 흘려가며 올라가거나, 포기하고 싶은 마음을 몇 번이나 이겨 내고 정상에 오르는 사람이 느끼는 기쁨은 질적으로 다르기 때문이다. 이렇게 생각하면 낮은 곳에 있는 사람이 더 큰 기쁨을 느낄 기회는 많다. 선행은 가까운 곳에서 작은 것을 통해서도 얼마든지 가능하다. 다음은 행복의 문을 여는 몇 가지의 방법들이다.

첫째, 범사에 감사하는 일이다. 먼저 살아 있음에 감사하고 어떤 일을 하든지, 어떤 때이든지 감사한다.

불행하게도 스케일이 작은 사람은 자신에게 돌아올 이익을 먼저 따진다. 그래서 손해 보는 것을 가슴아파한다. 우리는 보다 크게 생각하는 큰 사람이 되자. 세상의 모든 일들은 어떻게 생각하느냐에 따라 달라진다. 마음먹기에 달렸다. 똑같은 세계와 상황을 보더라도 어둡게 생각할 수도 있지만 약간 생각을 바꾸면 밝은 빛으로 여길 수도 있다. 자기 마음을 컨트롤하여 긍정적인 생각을 하자. 새옹지마. 지금 누가 생각해도 슬프고 힘든 일을 겪더라도 일단 수용하고 이 어려움이 전화위복의 좋은 기회라고 긍정적 생각을 한다.

물컵의 물이 반밖에 남지 않았구나 하는 생각보다 아직 반이나 남아 있구나 하는 생각. 자기보다 못한 사람과 어려운 처지의 사람도 많이 있고 지금 이 순간 생명의 불꽃이 꺼져 가는 사람도 있다. 똑같은 일이라도 어떤 사람은 감사하는 마음으로 하고 어떤 사람은 불평을 하며 마지못해 한다. 그 결과는 엄청나다.

둘째, 자신의 몸을 즐겁게 한다.

아침에 일어나면 먼저 몸이 원하는 것이나 몸에 유익한 것을 주도록 한다. 물을 마시고, 사과와 같은 과일을 먹어서 몸을 깨우고, 아침밥을 통해 영양분을 기다리고 있는 몸의 세포들에게 활력을 준다. 그리고 마음과 정신에 좋은 음악과 좋은 생각을 주어서 보다 편안한 마음을 가지게 한다. 때로는 목욕을 하여 기분을 전환하거나, 상쾌한 기분을 갖게 하는 방법도 있고, 조용한 숲을 걸으면서 자연을 느낄 수도 있다. 또한 취미활동을 자주 하여 자신의 몸과 마음을 즐겁게 할 필요가 있다.

셋째, 어려울수록 여유를 가지고 포기, 낙담, 절망을 하지 말고 계속해 나가고 좋은 일을 많이 한다.

불행한 사람은 남에게 베푸는 데 인색하고 받는 것을 주로 원한다. 그렇게 되지 말고 주고 또 주어라. 베풀고 또 베풀어라. 아낌없이 베풀어라. 우리는 여러 은혜로 이 세상에 와서 살고 있다. 그리고 갈 때도 분명히 물질을 가지고 가지 않는다. 자연, 하나님, 부모, 사회 등으로부터 우리는 많은 혜택을 받고 살아가고 있다. 이 세상에 살면서 필요한 것은 물질이고 돈이지만 이것들은 충분조건을 채울 수가 없고 단지 필요조건들일 따름이다. 자동차에 기름이 있어야 운전할 수 있듯이 살아가면서 돈은 분명 필요하다. 기름은 쓰기 나름이고 자동차의 종류에 따라서도 그 필요량이 다르다. 기름이 많은 것이 끝(종착점)이 결코 아니듯이 돈을 많이 가지는 것이 우리 인생의 종착점이 아니다. 돈은 단지 좋은 목표를 달성하기 위한 도구이다. 자신이 하고 있는 일을 통해 다른 사람이나 사회에 기여하는 것이 충분조건으로 가는 한 방편이다. 인생을 물질, 지위, 권력 등을 더 가지기 위해서 그리고 그렇게 얻은 것들을 이용하여 소비하는 것으로 보는 것은 바람직하지 못하다. 우리는 언제 죽을지도 모르기에 시간 되는 대로 적선하자.

넷째, 다른 사람들을 이해하고 존중하는 일이다. 따라서 겸손해 한다.

자기만큼 다른 사람의 소중함을 모르는 덜된 사람은 대접받기를 원한다. 물론 덜 성숙한 사람도 어린아이처럼 자꾸 받으려고만 한다. 그러니 자신이 성숙하다면, 혹은 된 사람이라면 아니 성숙하기를 바라고 된 사람이 되려면 낮은 마음을 가져야 한다. 그 상대가 누구든지 간에 한없이 낮추어라. 자신을 낮추어 종처럼 생각하고 타인을 받들고 모셔라. 사람마다 각기 자라 오면서 경험한 것이 달라 생각과 행동이 같지 않다. 그래서 각자가 완고하면 타인과의 마찰은 불가피하다. 그리고 타인에게 일방적으로 강요하는 것은 바람직하지 않다. 그 이유는 우리 모두 결코 신이 아니고 불완전한 존재이기에 단점도 있으며, 잘못을 하기도 하며, 자신의 생각이나 판단이 절대적이지도 않고 옳지 않을 때도 있기 때문이다. 어리석은 자일수록 자신의 고집을 부려 자신과 남을 힘들게 만든다.

다섯째, 과거의 좋지 못한 기억이나 미래의 걱정으로 자신의 현재를 괴롭히지 않는다. 그냥 만족한다.

불행한 사람은 욕심이 많다. 쓸데없는 것까지 가지고 있는다. 그러니 무겁다. 먼저 많은 욕심을 버려서 마음을 가볍게 하라. 더 많은 부와 권력 그리고 명예가 자신을 꼭 행복하게 하는 것은 아니다. 먼저 건강하기 위해서는 규칙적인 운동과 식습관으로 몸을 가볍게 하듯이 마음도 가볍게 해야 더 웃을 수 있다. 좋지 않은 것(마음의 분노 등)이나 지나간 과거는 사막의 모래에 쓴 글씨처럼 마음에서 지워 버린다. 그리고 미래에 대한 그 어떤 것도 오래 머물지 않게 한다. 무소의 뿔처럼 가라!

# 즐거운 마음을 가지는 길

자기 자신이 보다 즐거워야 하루하루를 보다 즐겁게 살아갈 수 있으며 주위의 다른 사람들에게도 즐거움을 줄 수가 있다. 그래서 각자가 보다 자신이 즐거우면 자연히 우리 모두는 즐거움 속에 들어가 있게 된다. 그런데 이것은 자기도 모르게 자라는 고민과 같은 잡초들 때문에 여간 힘든 것이 아니다. 그리고 즐거운 마음은 이내 사라지기도 하기에 잘 잡아 두어 계속 즐거운 마음을 가질 수 있도록 되기 위해서 많은 훈련이 필요하다. 그럼 어떻게 하는 것이 좋을까?

인간도 하루하루를 살면서 다른 동물들과 마찬가지로 주위 환경의 영향을 많이 받고 있다. 어쩌면 더 많은 영향을 받는다고도 할 수 있다. 예를 들면 어떤 때는 날씨로 인해, 또 어떤 경우에는 생각하지도 않은 좋지 않은 일로 인해, 또 어떤 경우에는 힘이 들어서 등 많은 외부의 조건들이 우리를 가만히 두지 않는다. 그래서 우리는 수양을 많이 하여 외부의 조건에 흔들리지 않고 오히려 이를 초월하는 사람이 되어야 한다. 따라서 어떤 상황(환경)에서도 평정심과 즐거운 마음을 유지할 수 있는 지혜로운 자가 되어야 한다. 그는 자신의 생각으로 이를 극복한다.

一切唯心造

결국 이것은 마음의 문제이다. 세상과 자연 즉, 객체는 사실 다 똑같다. 그런데 똑같은 곳에서 사는데 어떤 때는 무척이나 괴롭고 또 어떤 때는 기분이 좋다. 자신이 즐거운 마음을 만들어 내면 즐겁기에 보다 즐거운 마음을 가지도록 힘써야 한다. 그 방법들에는 어떤 것들이 있는지 보자.

첫째, 기분을 전환하거나 즐거운 마음을 가지는 간단한 방법들에는 여러 가지가 있을 수 있다. 이 중에서 자신이 할 수 있는 방법을 골라 실행하면 된다. 예를 들면 목욕하는 방법도 있으며, 친한 친구와 이야기를 할 수도 있고, 조용히 자연을 거닐며 명상을 하는 방법도 있고, 시끄럽고 바쁜 시장을 둘러보며 활력을 얻을 수도 있고, 쇼핑을 해 보는 것, 운동을 하거나 자기가 좋아하는 영화를 보거나 음악을 듣는 등 취미활동을 하는 것들이 있다.

둘째, 지금 기분이 좋지 않다면 잊어버리고 아름다운 것들만 생각하거나 보고 특히 좋아하는 사람이나 사랑하는 사람과 많은 시간을 가지고 대화를 하며 위해 주는 마음을 가지도록 한다.

셋째, 자기보다 못한 사람을 생각하고 미래(일정 시점)에 자신이 바라던 일을 달성했을 때의 성공된 자신을 그려 본다. 이 세상에는 지금 이 순간에도 죽어 가는 사람이 있을 수 있으며 신체가 불편한 장애인들도 많다. 따라서 자신이 누리고 있는 혜택들과 자신의 장점을 더 생각하며 어려움을 이기고 앞으로 자신이 꿈꾸던 것을 이루었을 때 기뻐할 자신의 모습을 그린다.

넷째, 힘들다는 생각을 하지 않는다. 힘이 든다고 생각하면 끝이 없다. 힘이 더 빠지고 하고 싶은 마음이 더 안 생기고 포기하고자 한다. 그런데 살면서 힘이 들 때가 있고, 어떤 일을 하든지 힘이 들기에 힘이 든다는 생각 자체를 하지 말고 지금 하고 있는 일을 꾸준히 그냥 한다. 그리고 힘든 사람이나 힘든 상황은 자신이 원하던 원하지 않았던 간에 일단 받아들이는 것이 도리이다. 그 다음에는 긍정적으로 생각하여 이렇게 힘든 것은 다 자신을 더 키우기 위해 혹은 자신을 더 깨닫도록 하기 위한 것이라 생각한다.

다섯째, 좋은 일을 한다. 여기에는 밝은 미소와 인사 그리고 좋은 말이나 행동 등이 있다. 이것은 진리로 가는 길이기에 자기 독려를 통한 꾸준한 자기 수행이 요구된다. 이 세상에 있는 그 누구도 다 할 수가 있고, 돈이 꼭 들지 않는 것들도 많다. 좋은 일을 하면 예를 들어 남에게 베풀면 한없는 즐거움을 얻는다. 더 가지게 되었을 때나 원하는 것을 얻었을 때도 기쁘지만 남에게 자기 것을 주었을 때도 기쁘다.

여섯째, 자신이 하는 일에 대한 자부심과 사명감을 갖는다. 아무튼 그 일이 힘든 일이든지 아니면 원하지 않았던 것이라도 하고 있는 일이 다른 사람에게 많은 도움이 된다고 생각한다. 똑같은 일을 하더라도 어떤 사람은 즐겁고 기쁜 마음으로 하고 그렇지 못한 사람은 힘들게 한다. 그 결과의 차이는 크다. 그래서 이렇게 즐겁고 기쁜 마음으로 일을 하기 위해서는 무엇보다도 그 일이 어떠한 일이든지 간에 자기 일에 대해 긍지를 가지는 것이다. 일에서 보람을 찾자.

교육학자 김성봉 교수의 삶, 자연, 행복

일곱째, 자신이 가지고 있는 것이나 자신의 처지와 상황에 만족한다. 우리는 많은 혜택을 받고 살고 있다. 하나님과 자연 그리고 수많은 사람들의 노력과 부모님의 은혜로 살고 있지만 각자는 처지가 다르고 가진 것이 다르다. 다른 것이 세상의 이치이기도 하고 모두를 똑같이 할 수가 없다. 그러니 나름의 조건에서 최대한 행복해질 수 있는 방법을 찾는 것이 현명하다.

여덟째, 욕심을 많이 가지지 않도록 한다. 욕심은 자신을 힘들게 한다. 누구나 더 많은 돈과 권력과 지위와 명예를 추구하고 바란다. 하지만 현실적으로 불가능하기에 지혜로운 사람은 적절히 원한다. 즉, 그는 어느 선에서 자제를 한다. 자신이 할 수 있는 일부터 하나하나씩 한다.

아홉째, 운동을 한다. 땀을 흘림으로써 몸의 노폐물을 없앨 수 있고, 스트레스를 날려 버릴 수도 있고, 보다 긍정적인(희망적인) 생각을 가질 수도 있기에 규칙적으로 운동을 하는 것이 좋다. 살기 위해서는 밥을 꼭 먹어야 하고 꼭 잠을 자야 하듯이 꼭 운동을 해야 한다는 것이 나의 생각이다.

열 번째, 하고 있는 일을 즐긴다. 꼭 일등을 하고자 하거나, 남보다 더 잘하기를 바라거나, 완벽하기를 추구하면 일을 재미있게 할 수가 없다. 몸이 무거워진다. 힘이 든다.

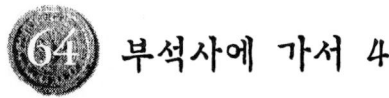

64 부석사에 가서 4

수업을 마치고 이곳 부석사에 잠시 들렀다. 하늘에서는 비가 내리고 있어 만물에 영양분을 주는 감로수를 하늘에서 뿌리는 것 같았다. 법당에 들어가니 마침 저녁예불이 진행 중이었다. 아침에는 오늘 하루를 또 저에게 주심에 감사하고 오늘 하루도 즐겁게 보내고 좋은 일을 했으면 하는 기원을 하는 것이 좋고, 점심때에는 계획대로 오늘 하루생활을 보내고 있는지에 대해 중간 점검을 해 보는 것이 필요하고, 저녁에는 오늘 하루도 무사히 잘 지냈음에 감사하고 부족했던 점은 무엇이며 잘한 일은 어떤 것인지에 대하 반성해 보면 좋을 것이라는 생각이 들었다.

이제 어두워지고 있다. 지금 이 순간 이 몸 살아서 숨을 쉬고 있는 것마저 부처님(하늘)의 은혜와 자연의 도움으로 살고 있다고 생각하자. 자기와 타인은 따로 없는 것, 無我이다. 나도 없고 너도 없는 상태이기에 이것은 자신에 대한 생각이 없으면 가능하다. 즉, 고집을 부리지 말고 모두가 자기중심에서 벗어나 진리의 길로 가면 된다는 의미이다. 그리고 자신이 만나는 사람의 절반은 자신이 원하고 선택한 삶일지 몰라도 또 다른 절반은 상대가 원하거나 선택한 경우이다. 따라서 모두가 성심성의껏 진실하게 대하는 것이 옳다고 본다. 이처럼 자신이 지금 가지고 있거나 처한 상황은 자신과 타인과의 관계에서 빚어진 것이기에 결국 자신이 지은 것이라고 말할 수 있다. 그리고 모두가 남에게 도움을 주고 잘하자. 항상 웃는 얼굴을 보이며 입으로는 좋은 말을 한다.

  사람은 하나를 얻으면 또 다른 하나를 원한다는 말이 나에게도 결코 예외는 아닌 것 같다. 나도 모르게 욕심을 가지니 말이다. 그래서 감사하는 마음을 항상 유지하는 것이 맞다. 자신에게 없는 것을 자꾸 구하고 자신이 보다 완벽해지기를 바라면 불평과 불만이 계속된다. 살아 있음에 감사하고 자신과 타인에 대한 높은 기대나 욕심을 갖지 않고 매사 남·자신·세상을 탁하지도 않고 하늘에 원망하는 불평을 하지 않고 좋은 경치를 보며 좋은 사람과 만나며 자기 일을 즐기고 타인에게 해코지를 하지 않고 도와주면 그곳이 바로 천국이다.

  모두가 밝은 빛을 내기 위해서는 무엇보다도 넓은 아량과 지혜가 요구된다. 지혜가 없으면 잘못된 행동을 하게 되고 웅덩이에 빠지기도 되는 등 더 힘들고 괴롭기에 우리 모두 먼저 지혜로운 인간이 되도록 힘써야 할 것이다.

 # 공자의 논어를 읽고서

공자는 모르는 사람이 없을 정도로 유명한 성인이다. 공자의 사상에서 제일 강조된 것이 바로 인(仁)이다. 인이란 한마디로 말하면 어질고 너그러움이다. 따라서 자비나 사랑과 비슷하다고 볼 수 있다. 다음은 논어(논어강독, 김기평 역주, 아세아문화사)의 내용 중 학이(學而)편의 일부를 읽고서 기억에 나는 몇 가지만을 적었다. 이 기회에 한 번 더 생각해 보면 좋을 것이다.

學之爲言은 效也라. 習은 鳥數飛也니 學之不已를 如鳥數飛也 라고 되어 있다. 여기서 많이 쓰이는 학(學)에 대한 거의 뜻풀이에 주목할 필요가 있다. 그에게 학이란 본받는 것이고, 습이란 배우기를 새가 나는 것을 계속하듯이 멈추지 않아야 한다는 것이다. 이 때 학습(學習)이란 본받는 것을 게을리하지 않고 계속하는 것을 말한다. 따라서 학생은 본받으려고 해야 하며 가르치는 사람은 배우는 사람이 보다 좋은 것을 본받을 수 있도록 해야 한다. 그래서 우리는 꼭 필요하고 중요한 것을 선정해야 하며, 모범이 되어 학생들이 보다 올바른 생활 태도를 배울 수 있게 해야 한다.

人性이 皆善이로되 而覺有先後하니 後覺者는 必效先覺之所爲라야로 되어 있다. 이것은 사람의 성품은 모두 착한데 누구는 살면서 많이 깨닫고 어떤 사람은 깨닫지 못하여 착한 행동을 잘 하지 않는다는 것이다. 그래서 아직 깨닫지 못한 사람은 먼저 깨달은 사람이 하는 바를 잘 본받아야 한다. 따라서 교육자는 반드시 먼저 알고 먼저 깨달은 사람이 되어야 하고, 이에 부응할 수 있도록 학생은 귀를 크게 열고 많이 받아들일 수 있게 마음의 문을 활짝 열어야 한다. 이것이 바로 배우고자 하는 사람이면 갖추어야 할 자세이다.

인불지이불온이면 불역군자호인가라는 말이 있다. 학문이나 일은 자신에게 달려 있기에 자신과 하늘이 알면 되었지 남에 매달려 누가 더 알아주기를 바라는 것은 군자(君子)의 자세가 아니라는 것이다. 그래서 모름지기 군자란 소인처럼 남의 말에 흔들리거나 근심하거나 화를 내지 않는다. 오늘날의 세상은 어찌되어서 그런지 더욱더 경쟁적이이 되고 있고 가시적인 성과물에 집착하는 분위기라 이를 완전히 무시할 수는 없지만, 자기가 열심히 했다면 그것으로 족하다. 떳떳하라. 물론 이런 마음을 먹기가 매우 어려운데 흔히 이런 사람들을 군자다.

子曰 不患人之不己知요 患不知人也니라라고도 되어 있다. 이는 군자는 남이 자신을 알아주지 못함을 근심하지 말고, 자신이 남을 알지 못함을 오히려 근심하는 말이다. 자기가 하는 일은 자신과 하늘이 알면 된다. 그리고 모두가 상대를 존중하여 상대를 제대로 평가하고 좋게 생각하면 세상은 좋아질 것이다. 우리는 더

이상 사실(진실)을 잘 알지 못하면서 함부로 남을 이야기 하는 누(죄)를 범하지 말자. 혹 남이 자신에 대해 제대로 몰라주더라도 실망하지 말고 넓은 아량으로 그것을 녹여버린다.

66 오늘

인간은 하루만을 사는 하루살이는 아니지만 하루하루가 모여 인생이 되기에 하루하루가 매우 중요하다. 그리고 언제 죽을지도 모르기에 현재(하루하루)에 충실한 것이 맞다. 영어의 present란 말은 현재(의), 오늘날(의), 있는, 지금 등을 의미하지만 선물을 뜻하기도 한다. 따라서 현재 살아 있는, 지금 이 순간을 선물로 생각하는 것이 좋다. 이처럼 큰 의미가 있음을 잊지 말자. 여러분들이 지금 이 글을 읽고 있는 지금 이 순간을 축복하자. 매 순간 축복받았다고 생각하면 보다 열심히 보다 기쁘게 일을 할 수 있다.

우리는 아침마다 선물을 받고 있기에 행복해야 한다. 아침에 일어나 오늘 하루가 또 나에게 주어졌음에 감사하고 보다 값있게 오늘이란 시간을 보내고자 한다. 따라서 아침에 보다 좋은 일을 꿈꾸고 계획을 세우는 것이 필요하다. 즉, 아침에 오늘은 어떻게 일을 할 것이며 어떤 좋은 일을 할까라는 생각을 하는 것이 바람직하다. 이것과 관련하여 오늘에 대해 더 감사해야만 하는 이유에 대해 적어보았다.

첫째, 오늘이란 선물을 받았기에 자신이 하고 싶은 것을 한 가지라도 더 할 수 있는 시간이 주어졌다고 생각한다. 그리고 주어진 24시간에 최대한 자신이 원하는 것이나 좋아하는 것을 하도록 한다.

둘째, 내가 나를 즐겁게 할 수 있는 시간이 또한 더 주어졌다고 생각한다. 나의 몸과 마음을 더 즐겁게 하는 계기를 만든다.

셋째, 타인이나 사회에 기여할 수 있는 시간이라 생각한다. 주위의 사람들이나 가족 이외에 다른 사람들에게 자신의 일을 통해 얼마든지 도움을 줄 수가 있다.

넷째, 진리나 불법을 생각하며 배울 수 있는 시간이 더 생겼다고 본다. 육체적인 욕구충족과 유지뿐 아니라 오늘이란 시간을 통해 보다 더 정신적인 면에서의 성장이 있도록 한다. 육체의 성장은 곡선을 그리며 어느 시점에 더 이상 성장하지 않고 멈추지만 정신적인 성장은 나이에 관계없이 계속될 수 있다.

 # 침체되어 있는 학생들을 보며

사람은 누구나 자신이 원하는 것을 이루어지기를 바라며 어떤 일을 하든지 간에 그 일을 잘하기를 원하지만 때때로 원하는 것을 얻지 못할 때도 있고 생각하지 못했던 일들이 발생하기도 한다. 맑게 갠 날도 있지만 흐린 날도 있듯이 말이다.

이 글은 시골의 작은 대학에서 학생들을 가르치면서 생각했던 글이다. 학생들 중에는 공부에 관심이 없는 학생, 배우고자 하는 열의가 부족한 학생, 꿈이나 목표가 없거나 아직 구체화하지 않은 학생, 게으른 학생들이 제법 있다. 이것은 어느 학교에나 있는 문제이다. 물론 학교에 따라 그 정도의 차이는 있을 것이다. 따라서 인문계학교보다는 전문계 쪽 학교가 서울의 명문대보다는 이름이 잘 알려지지 않은 작은 대학에 그런 학생들이 더 많을 것이다. 평준화정책과 인문계 고등학교에 들어갈 문이 넓어져서 옛날 같으면 입학하지 못할 학생들도 많이 인문계 학교에 입학하여 한 반의 학생들의 편차가 심하다고 교편을 잡고 있는 나의 친구가 말한 적이 있다. 교사로서 어쩔 도리가 없다. 그에 맞게 가르치는 수밖에 없다. 인생도 마찬가지이다. 살다 보면 우울할 때도 있고 무기력할 때도 있고 이런 사람 만날 때도 있고, 저란 사람 만날 때도 있다. 따라서 그런 경우에는 어떤 마음을 가지는 것이 필요한지에 대해 말해 보고자 한다.

첫째, 지금 당장 할 수 있는 일부터 하며 **목표**를 갖는다.

학생들 중에는 지금 하고 있는 일에 노력과 관심이 보이지 않으며 심지어는 목표가 없는 경우가 비일비재하다. 물론 이렇게 된 데는 다 이유가 있을 것이지만 먼저 할 수 있는 일을 찾아 목표를 세우는 것이 필요하다. 마냥 놀 수도 마냥 시간을 낭비할 수도 없다. 실제로 내가 과거 전문계에 있어보니 거의 대다수학생들이 목표가 없었다. 정말 안타까운 일이다. 그리고 그들은 주로 나는 안된다거나 나는 할 수 없다와 같은 패배의식을 많이 가지고 있기에 이런 생각들을 과감히 떨쳐버리도록 하는 것이 전문계(실업계)의 최대 과제다. 지금 당장 할 수 있는 일부터 하게 지도한다. 차츰차츰 하다보면 배우고 자신감도 생기며 뜻하지 않게 일이 잘 진행되기도 한다. 여기서 내가 강조하는 것은 성취감을 많이 가지도록 교육시켜야 한다는 것이다. 따라서 부모나 선생님들은 그 학생의 수준에 맞게 시키는 것이 좋다.

둘째, 열심히 할 수 있는 일을 찾고 **계획**을 세운다.

누적된 패배감이나 방치상태에 있거나 욕구불만의 상태에 있는 경우가 많기에 당연히 자아존중감은 거의 바닥에 가깝고 생활은 무질서하다. 이처럼 혼돈상태이고 무엇을 해야 하는지를 모를 뿐만 아니라 아예 하고자 하는 마음도 거의 생기지 않는 열악한 환경에 있다. 그래서 새 마음으로 주위 환경을 깨끗이 정돈해야 할 뿐 아니라 생활을 단순화 할 것이 요구된다. 즉, 생활계획표를 짜는 것이다. 딱 정해서 언제 무엇을 할 것인가를 정하는 것이다. 그러면 하루하루가 분명해진다. 한편 특히 자신이 좋아하고 잘 할 수 있는 일(분야)을 찾아서 하도록 한다. 좋아하는 일은 자신을 성실하게 만든다. 좋아하는 일을 하게 되면 스스로가 그곳에 몰입하여 시간과 땀을 자연히 쏟는다. 그 다음은 반드시 구체적으로 실천할 사항에 대한 계획을 세워야 한다. 이때 일주일 혹은 한 달 단위로 짜라.

셋째, 꾸준히 참고 노력한다.

어떤 일이든지 쉽게 얻어지지 않는 경우가 많기에 인내심을 가진다. 일이 따분하고 어렵게 느껴지기도 하고 진척이 잘되지 않는다고 생각되더라도 자기보다 못한 사람을 생각하고 차츰차츰 나아진다고 생각하고 공부 잘하는 학생(성공하는 사람)의 특징 중 하나가 인내를 더 하는 것이다. 자신이 원하는 것을 가지기를 바라거나 더 성공하고 싶다면 더 많이 인내해야 한다. 힘을 내는 것이다.

넷째, 주위의 도움을 받을 수 있으면 받는다.

자신이 마음을 먹고 새롭게 변신하기 위해 노력하고 있다는 것을 선생님이나 부모님 혹은 주위에 알리고 필요한 것에 대해 말하여 도움을 받는 것이 필요하다. 특히 주위에 좋은 사람들이 많을 수록 더 좋은 도움을 받을 수가 있다.

다섯째, 성급하게 하려고 하지 말고 자신의 몸에 맞게 차근차근 한다.

부정적 사고를 많이 하고 자존감도 없는데다 불규칙적인 생활을 하고 사랑받지 못하고 방치되어 있는 사람이 하루아침에 자신감을 가지고 규칙적인 생활을 하고 긍정적으로 생각하지는 못한다. 시간이 걸린다. 처음에는 낯설어서 잘 되지 않지만 하다 보면 익숙해진다. 성급하면 오히려 일이 제대로 되지 않는다. 금방 100m를 달려 온 사람처럼 숨이 차면 일을 제대로 처리하기 어렵다. 욕심을 부리지 말고 여유를 가지고 조금씩 나아가도록 한다. 분명 우울하고 학습에 열의가 없고 열심히 하지 못하는 학생은 누적된 실패를 맛보았거나 자신감이 낮은 경우가 많기에 자신의 존재가치가 거의 없는 것이 일반적이다. 따라서 주위에서 잘 위해주고 자기 스스로도 하려고 하는 마음을 가져야 한다. 실제로 주위에서 그를 가치 있게 보지도 않고 자기 자신도 스스로 패배감에 빠져있는 경우가 많아 곧잘 자기 멋대로 행동한다. 한 예로 자기 멋대로 하다가 한순간 잘못하여 오토바이 사고를 내는 경우도 있고 술을 과하게 먹는 등으로 더 좋지 못한 상황을 초래하여 더 자기를 힘든 구렁텅이로 빠지게도 한다. 따라서 주위에서 따뜻한 관심과 지원을 해주는 것이 맞다. 그러나 그렇게 잘 못해주고 있다. 국가가 적극 도와주어야 하는데 아직 부족하다. 물론 이는 어려운 문제임에 틀림없다.

어떤 어려움이 있거나 힘든 상황에 있든지 간에 헤쳐 나와야 하는 사람은 결국 본인이다. 따라서 자기 스스로 발로 걸어서 그곳을 탈출할 수 있어야 한다.

68 通度寺에 가서

대웅전에서 진신사리를 보며
어찌하면 석가모니불처럼 될 수 있나?
그냥 사리탑을 향하여 닮고자 하는 마음을 가진다.
닮는다는 것이 얼마나 힘이 드는지 아는가?
그 고행, 과거 업 소멸
가진 것 다 버림
진리전파.
단지 부처님이 깨우친 법과 진리를 읽고
한 번 더 생각하며 하는 체 시늉을 한다.
법을 지킴이 어떤 것인 줄 아는가?
매우 힘들다.
극한 인내, 노력과 눈물이 요구된다.
그러나 힘쓰자.
조금 더 나아질 것이다.

이 세상에 살고 있는 우리들의 모습은 천차만별이다.
과거에 자신이 한 행동도, 지금 처한 상황도,

자신의 성격과 생각도 다르며,

달성하고자 하는 목표도 저마다 조금씩 다르다.

더 가진다고 더 높이 올라간다고 해서

더 행복하지만은 않다. 성취감으로 잠깐 동안 행복해한다.

결국에는 비워야 하고 내려와야만 하기에

잘 비우고 잘 내려올 수 있도록 미리 연습을 해야만 한다.

그렇지가 못하면 높은 곳에서 가진 것 때문에 더 큰 고통을 겪을 수도
있다.

자신에게 맞는 일 하고 능력만큼 하는 것이 첫째요,

그 다음은 자신의 처지와 주어진 것에 만족하며 감사하는 일이다.

행복!

누구나 행복하기를 바라고 있다.

자신이 지금 가지고 있거나 누리고 있는 것이 매우 많다는 사실을 깨닫자.

자신이 받아야 하는 것보다 더 많은 것들을 받고 있다고 생각한다.

자신과 타자가 다르기에 남과 비교하여 자신이 가지지 못한 것에 애태우
지 않는다.

지혜가 있는 자는 마음이 고요하다.

이때 그의 마음은 물이 꽉 찬 항아리와 같다. 그래서 잘 흔들리지 않는다.

반면에 지혜가 없는 자의 마음은 물이 조금밖에 없는 항아리와 같다.

그래서 주위에 따라 항라기라 흔들려 마음이 심하게 요동친다.

걱정이 생겼다면 그것을 머리 속에서 지워 버리고 생각하지 않는다.

설령 피할 수 없는 큰 걱정이라도 하루 이상 넘기지 않도록 한다.

그 대신 좋은 생각을 한다. 일부러 그렇게 하도록 노력한다.

미래에 대해서는 미리 걱정하지 말며,

지나간 일은 되돌릴 수도 없기에 잊어버린다.

과거와 미래로 인해 소중한 현재의 즐거움을 빼앗기는

어리석은 사람이 되지 말자.

 # 생명의 전화에서 상담하면서

실제 상담을 해 보고 다른 사람들의 기록을 보니 성문제에 대한 것이 예상외로 매우 많다는 점에 놀랐다. 그리고 상담을 몇 년에 걸쳐 계속해 오면서 내 나름대로 상담을 의뢰하는 사람들의 공통점을 하나 말한다면 그것은 자신이 풀어야 할 심각한 문제를 터놓고 이야기할 친한 친구가 거의 없다는 점이었다. 어떤 경우에는 전혀 없는 경우도 있었다. 따라서 제일 시급한 것은 자신의 문제에 대해 언제든지 마음을 터놓고 이야기할 수 있는 친구를 만들어 두는 것이다. 자신에게 도움이 되고 힘이 되는 친구는 자신이 가지고 있는 그 어떤 귀한 물건보다 더 귀한 보배가 될 수 있다. 실제로 학교에서 학생들이 좋은 친구를 사귀도록 얼마나 지도하고 점검할까? 이런 것부터 잘할 수 있도록 교육이 달라져야 한다. 고민과 걱정 속에 휩쓸려 있는 사람들의 대부분은 사태에 대해 객관적으로 보지 못하고 왜곡되거나 과장된 생각을 가지고 있는 경향이 많으며, 무엇보다도 자신에 대한 신뢰나 자심감이 많이 부족하

여 그것에 대한 문제해결력이 부족하다고 보는 것이 맞다.

이 세상을 살아가기 위해서는 무엇보다도 먼저 자기 자신을 사랑해야 한다. 물론 자기애에 멈춰서는 안 되지만 일차적으로는 각자 사랑을 받아야 한다. 자신을 사랑하지 않은 채 남을 사랑하기는 매우 불가능하고 어렵다. 자신에 대한 사랑도 사랑하는 타인에게 하는 것과 비슷하다. 따라서 자신을 사랑하는 사람은 먼저 자기 자신에게 잘해야 한다. 그럼 잘한다는 것은 무엇인가 하는 물음이 제기될 수 있다. 그것은 첫째, 자신을 즐겁게 하는 것, 둘째, 자신이 보다 더 감사하고, 이해하고, 용서하는 태도를 가지는 것이다. 셋째는 자신이 원하는 것, 필요한 것을 하는 것이다. 종합하여 말하면 자신을 돌보고 감싸 주고 잘 보이게 하는 것 혹은 잘하는 것이다. 이렇게 하기 위해서는 자신이 어떤 존재인지를 먼저 알아야 하며 사랑의 기술도 익혀야 하며 장애물이 있거나 하기 힘든 경우에도 변함없이 사랑할 수 있는 지혜와 용기도 가져야 할 것이다. 그러면 부정적인 생각을 덜 할 것이며, 어떤 어려움이 오더라도 가볍게 물리칠 수 있다는 자신감도 더 가지게 되며 또한 보다 나은 자신의 미래를 그릴 줄 아는 건강한 사람이 될 것이다.

⑦⓪ 새마음 운동

나의 주 관심사는 사회와 국가의 발전과 번영이다. 더 나아가면 인류 전체의 평화와 행복이다. 사회와 국가도 생물체처럼 성장과 쇠퇴의 과정을 밟는다. 그래서 나는 우리 사회가 보다 나은 사회가 되었으면 하는 마음을 한시도 잊은 적이 없다. 하루빨리 잘못된 부분이나 나쁜 것들은 버리고 보다 좋고 새로운 것을 더 많이 가지기를 바라고 있다. 그 기준은 분명 인간 삶의 안락함, 풍요가 될 것이라 생각하고 있다. 왜냐하면 그 어떤 제도나 법 그리고 관습이나 규칙과 문화도 다 인간 각자가 보다 행복하고 웃으며 잘 살게 하는 것이 될 때 진정으로 가치가 있는 것이라 할 수 있기 때문이다. 따라서 인간애를 무시한 물질이나 권력 그리고 규칙이나 제도의 운영과 특히 잘못된 관습과 관례로 인해 빚어지는 차별이나 불평등 그리고 자유롭지 못한 억압은 과감히 줄이고 없애도록 해야 한다. 국민들이 보다 건강하면 각 가정과 회사는 자연히 건강하고 즐겁고 밝은 곳이 된다. 이것이 진정 우리 사회와 국가가 나아갈 길이라 믿는다. 그럼 이렇게 하기 위해서는 무엇이 가장 필요한지(어떤 가치와 삶의 자세가 특히 필요한지)에 대해 알아보아야 한다. 내가 보기에 가장 중요한 것은 국민이 잘 사는 것을 최우선 목표로 잡고 이를 위해 현명한 방법을 선택하는 국가지도자의 강력한 리더십이라 생각한다. 따라서 먼저 필요한 것은 올바르게 방향을 잘 잡는 것과 강력한 지도력을 발휘할 깨끗하고 용기있는 의로운 인물이다.

60 - 70년대 우리나라가 어려웠던 시절에 국가경제발전을 위해 통치자께서 주도적으로 새마을 운동을 펼친 바 있다. 그 핵심사상은 근면, 자주, 협동이었다. 그 결과 다른 나라에서도 부러워할 정도의 경제성장을 이룩하여 먹고사는 문제를 거의 다 해결했다. 이제는 더욱더 나은 사회가 되어야 하는 또 다른 숙제를 안고 있다. 세계에 내놓아도 손색이 없을 정도의 아름다운 강산을 가지고 있을 뿐 아니라 수많은 외침 속에서도 굳건히 유구한 역사를 이어 온 우리나라는 경제발전뿐 아니라 사회의 민주화로 인해 하나님이 보아도 기뻐할 정도로 상당히 좋아졌다. 이에 나는 우리나라가 보다 더 좋아져 다른 나라가 부러워할 만한 새로운 사회를 창조해 내야 하는 중차대한 책무 앞에 서 있다고 생각한다. 통일된 후의 우리사회가 어떤 사회가 될 것인가도 이것과 맞물리는 문제라 생각한다. 여기서 통일의 문제를 접어 두더라도 우리는 이제부터 우리의 소중한 가치와 문화를 형성하여 우리 사회의 발전뿐만 아니라 이것을 통해 인류 전체가 보다 업그레이드되는 계기를 만들어 내는 국가가 되어야 한다. 나는 이런 소임이 우리나라에게 주어졌다고 생각하고 있다. 한마디로 말하면 드높은 문화의 창조가 21세기에 대한민국이 세계에 기여할 책무인데 이를 위해서는 먼저 마음(의식)

의 변화를 통해 우리 모두가 보다 좋은 생각을 하는 한 차원 높은 시민이 되어야 한다. 제2의 새마을 운동이 필요한다. 그것은 새마음 운동이다. 그 방법으로 나는 다음의 세 가지를 제안한다.

감사하자. 칭찬하자. 베풀자.

첫째가 감사하는 마음을 갖는 것, 둘째는 많이 웃고 상대의 장점을 보고 칭찬을 하는 마음을 갖는 것, 셋째는 베푸는 마음을 가지는 것이다. 이런 사회는 사랑이 충만한 사회이며 남을 자신처럼 생각하고 도와주는 따뜻한 사회이다. 어렵고 힘들지만 우리가 해야 할 일이다. 나는 소인들이 사는 곳을 소인국이라 부르고 대인들이 사는 곳을 대인국이라 부르고 싶다. 도와주는 마음이 없이 남의 일에 쓸데없이 신경을 쓰고 남이 잘되면 못마땅해하고 남이 못하면 무시하거나 짓밟는 소인국을 싫어한다. 남이 잘되면 잘했다고 기뻐하고 남이 잘못하면 격려하고 위로하고 도와주는 마음을 가진 사람들이 있는 대인국을 원한다. 따라서 우리나라와 우리 지역 사회나 직장뿐 아니라 세계가 모두 대인국이 되기를 간절히 바란다. 이렇게 되기 위해서는 큰마음이 필요하다. 이를 위해서는 지도자가 먼저 큰마음을 가져야 할 뿐 아니라 매사 감사하고 서로를 위해 주고 아끼며 잘하는 사람이 있을 때는 시기하지 말고 축하하고 존경해 줄 수 있으며, 어렵고 힘든 사람에게는 더 용기를 주고 아낌없이 도와줄 수 있는 큰사람이 많이 생길 수 있도록 교육에서뿐만 아니라 사회 전반적인 면에서의 혁신이 반드시 있어야 한다고 생각한다. 문화개혁이다.

 # 매사에 감사하는 마음을 갖자

우리는 무엇에 감사하며 사나? 더 중요한 것은 하루에 몇 번이나 감사하며 사는가이다. 자신이 가지고 있는 것이나 누리고 있는 것에 감사하는 것은 당연하다. 그래서 당연히 감사하며 살아야 하는데 여기서 내가 강조하고자 하는 것은 많이 감사하며 사는 것이 보다 즐겁게 사는 비결이라는 것이다. 그래서 하루하루와 순간순간을 보다 즐겁고 행복하게 보내기 위해서는 감사를 많이 해야 한다. 그런데 일상생활에서 그렇게 못 하고 있는 것은 너무 바빠서 깜빡 깜빡할 수도 있지만 감사를 자주 하는 것이 매우 좋은 것임을 잘 몰라서 그렇기도 할 것이다.

만약 당신의 인생이 힘들고 덜 즐겁다고 생각된다면 당신은 그 순간에 자기도 모르게 감사 밖에 있음을 깨달아야 한다. 그래서 빨리 감사 속으로 들어가야 한다. 감사해야 한다는 말이다. 감사하는 마음을 가지면 힘들다는 생각을 지울 수도 있고 보다 기분이 좋아진다. 흔히 감사를 잘하지 않는 것은 그만큼 낮은 마음(겸손한 마음)을 가지지 않아서이다. 한없이 낮은 마음을 가질수록 한없이 기쁠 수 있음이 이치이다. 낮은 마음을 가지면 가질수록 혹은 자신을 낮은 곳에 임하면 임할수록 더 감사하고자 하는 마음이 생기지만 우리는 감사하는 마음을 더 갖기 위해 노력할 필요가 있다. 무엇이든지 좋다. 먼저 많이 감사하는 습관을 가진다. 그래서 다음과 같은 것을 제안해 본다.

우리는 이루 헤아릴 수 없을 정도로 많은 것 때문에 감사할 수 있고 행복할 수 있다. 그중의 하나로 예를 들면 나는 "(눈으로 사물을 볼 수) 있어 감사(행복)합니다."라고 말할 수 있다. 이제 자주 이렇게 해 보자. 그래서 점차로 증가시켜 50가지로 100개로 아니 그 이상으로 넓혀 가자.

나는 ( ) 가지고 있어서 감사(행복)합니다.
나는 ( ) 할 수 있어서 감사(행복)합니다.
나는 ( ) 하여 감사(행복)합니다.
나는 ( ) 때문에 행복(감사)합니다.

자신이 무엇에 감사할 수 있는지 그리고 무엇 때문에 행복할 수 있는지에 대해 낮은 마음을 가지고 한번 써 보라. 관심을 가지면 감사하고 행복해야 할 것들이 많이 눈에 들어올 것이다. 그러면 한층 더 기쁠 것이다.

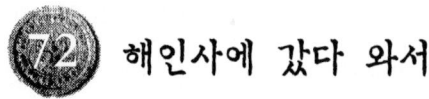
72 해인사에 갔다 와서

인간이란 존재는 아무것도 안 하고 가만히 있을 수는 없다. 움직여야 하고 생각해야만 하는 존재이다. 그럼 어떻게 움직이고 무엇을 생각해야 할까? 그것은 살면서 나이에 따라 그리고 주어진 환경에서 주위의 사람들이 요구하는 것이다. 그런데 꼭 명심할 것은 본인의 뜻이 어떤 식으로든지 담겨 있어야 한다. 마냥 시키는 대로 할 수 없고 인간이란 능동적인 주체적 존재이기도 하기에 본인이 목표와 계획을 세워 생각하고 행해야 한다는 것이다. 이처럼 우리는 생각해야 하고 움직여야 한다. 그런데 살다 보면 자신이 선택한 길이 선택당한 것이라 느낄 때도 있지만 운명으로 받아들이며 그냥 가야 한다. 길을 가는 도중에 만나는 많은 일들이나 사람들도 자신이 선택했을 수도 있지만 그렇지가 않은 경우가 많다.

따라서 나는 이 세상에 살면서 우리가 만나는 모든 일들이나 사건 그리고 사람들의 거의 반은 자신이 또 다른 반 정도는 자신의 뜻을 벗어나 결정된다고 보고 있다. 물론 자신의 뜻을 벗어난 부분을 하늘이 결정했다고 말하기가 어려울지 모르지만 나는 이를 하늘이 결정한다고 생각한다. 그러기에 우리는 긍정적인 사고를 할 수 밖에 없고 자기 생각을 너무 고집할 필요도 없다.

한편 길을 걸어가면서 그 길의 끝이 없다고 생각하면 어떻게 될까? 더 힘들어 진다. 그래서 될 수 있으면 끝이 있다고 긍정적으로 생각하며 가야 한다. 나는 공부하는 학자이자, 가르치기도 하는 교육자이기 전에 한 인간이기에 나도 덕과 복을 원하기도 하고, 내가 하고 싶은 여행을 자주 하기를 바라고 있다. 그렇지만 너무 지나치게 무리해서는 안 될 것이다. 이미 교육학자로서 잘 알고 있는데 학문에는 특히 끝이 없다. 잘 가르치는 일도 마찬가지이다. 복을 원하는 마음도 제지하지 않으면 끝이 없을 것이다. 적당히 추구하자.

한편 자신이 천당(천국)으로 가는 길에서 목표지점까지는 아직 더 가야하는지를 한번 생각해 보았다. 솔직히 나는 그 길이 매우 멀다고 생각한다. 하지만 빨리 도착하기 위해 너무 서두르지도 말고 그렇다고 포기하지도 말고 계속 가다보면 언젠가는 도착할 것이라 생각한다. 물론 우리는 자유로운 존재이기에 다시 돌아간다든지 그만 간다고 결정할 수도 있지만 언제이더라도 결국은 가야 하기에 참고 그냥 가는 것이 좋다. 좋은 일을 많이 하여 지름길로 갈 수는 있다. 저 천국(천당)이라는 정상(목표)에 오르자. 그곳에서 만나자.

 **행복은 쟁취하는 것**

　행복하다는 것은 자신의 생각이 최종적으로 빚어낸 것이다. 따라서 결국 자신이 행복하다고 생각하면 행복한 사람이 되는 것이고 덜 행복하다고 생각하게 되면 그만큼 덜 행복한 사람이 된다. 결국 마음먹기에 달려 있는 것이기에 어떤 여건 속이든지간에 최대한 행복한 마음을 갖기 위해서 본인 스스로 노력해야 한다. 가만히 앉아 있다고 누가 떡을 입에 넣어 주지 않듯이 가만히 있는 자신에게 누가 행복의 떡을 입에 넣어 주겠는가! 자신이 발로 뛰며 찾고 구해야 행복을 더 맛볼 수가 있다. 그래서 행복할 수 있는 조건을 갖추고 있거나 행복한 마음을 갖는 습관을 가지면 더 행복할 수가 있다. 이렇게 하기 위해서는 행복해지는 방법들에 대해 미리 잘 알고 있어야 한다.

　물론 살면서 이런 일 저런 일들이 흔히 자기 생각과는 다르게 발생하기에 행복하기 위해서는 어떤 상황에서도 행복할 수 있도록 정신적인 무장을 하고 있어야 한다. 예를 들면 자신이 하고 싶지

않은 일을 해야 할 때나 자신의 뜻과는 상관없이 주위의 환경이
좋지 못하여 자신에게 피해를 주거나 자기 뜻대로 되지 않아서 실
패했을 때도 결코 평정심(행복)을 잃지 않는 것이다. 이 경지에 이
르면 그는 극락에 있는 것이고 항상 행복할 것이다.

 네 잎 클로버를 따는 재미

백두대간의 소백산과 태백산 쪽에 있으면서 적적할 때가 많아 하루하루를 무료하고 힘들게 보내지 않기 위해 몇 가지의 내 나름의 즐거움을 찾았다. 그 첫째가 맑은 공기를 마시며 죽령 옛길을 등산하는 것이다. 왕복으로 1시간 40분 정도 밖에 안 걸리고 길도 좋아 가족끼리 걸으면 좋다. 땀을 흘리면 몸도 가벼워져 좋다. 등산을 하고 나서 바로 근처에 있는 온천에서 목욕을 할 수 있어서 더욱 좋다. 참고로 이 죽령 옛길은 옛날 선비들이 과거시험을 보기 위해 재를 넘던 곳으로 우리 가족도 몇 번 올라갔다. 둘째는 5 -6월 달쯤 죽령 옛길에서 산딸기를 따 먹는 것이다. 오르다보면 주위에 산딸기들이 많이 보인다. 그래서 나는 이 시기에 일부러 산딸기를 따 먹는 즐거움을 맛보기 위해 간다. 산딸기는 신장에 좋다고 많이 말한다. 셋째는 부석사에서 네 잎 클로버를 따는 일이다. 어느 날 한 번 가니 대웅전의 보살께서 네 잎 클로버를 땄다며 나에게 몇 개를 주었는데 물어보니 이 근처에서 땄다고 하여

나도 그곳에 가서 눈을 부릅뜨고 한참을 살펴보니 여러 개가 눈에 들어왔다. 태어나서 생전 처음으로 내 손으로 직접 찾아서 따니 너무 기분이 좋았다. 보통 네 잎 클로버를 행운의 상징물로 여긴다. 정말 행운이 있었으면 좋겠다. 그리고 내년에도 벌써 딸 생각을 하니 가슴이 설렌다. 제일 먼저 착한 나의 아내에게 줄 것이며, 그 다음은 태호와 태성이에게 줄 예정이며 남는 것이 있으면 모아 두었다가 가까운 사람들에게 하나씩 선물을 할 예정이다.

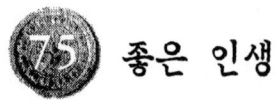 **좋은 인생**

　좋은 인생이란 무엇일까? 우리는 흔히 좋은 생각, 좋은 부모, 좋은 선생님이란 표현을 많이 쓴다. 나는 좋은 인생이란 하나님이나 부처님이 좋아하는 일을 하면 사는 삶, 다른 사람들에게 도움을 주며 사는 삶, 훌륭히 맡은 일을 잘하며 자신이 스스로 만족하고 잘 살았다고 느끼는 삶, 인품이나 덕이 있는 삶을 산 경우로 보고 있다. 따라서 좋은 인생이란 한 마디로 말하면 자신도 행복하고 즐겁게 인생을 보냈고 타인에게도 도움주고 좋은 일을 하며 보낸 인생일 것이다.

　항상 변하고 있는 물질의 세상에 살고 있는 것이 우리의 삶이다. 우리의 행동은 하고 나면 그만이다. 이내 사라진다. 눈에 보이지 않게 된다. 하지만 불후의 명작을 만들어 잘 보존하면 오래가듯이 훌륭하고 좋은 일을 한 행위는 금방 사라지지 않는다고 본다. 왜냐하면 자신과 남을 위해 좋은 일을 하면 비바람이 불더라도 없어지거나 훼손되지 않는 인간의 가슴에 그것이 담겨지기 때문이다.

그래서 그 사람이 다음에 비록 죽더라도 살아 있는 사람은 그의 좋은 행위를 기억할 것이고 굉장히 위대한 좋은 일을 한 경우에는 회자되며 글을 통해 후세 사람들에게 당연히 이어진다.

우리 모두는 저마다의 타고난 소질과 사명이 분명 있으며 각자의 처지에서 좋은 업적을 남기려고 노력해야 할 책무가 있다. 하지만 모든 사람들이 다 그렇게 할 수는 없을 것이다. 그러나 위대한 문화유산을 남기지는 못할지라도 가까운 주위 사람들에게라도 좋은 일을 하고 후회가 없는 삶을 살았다면 그것은 행운이고 일단 그의 삶은 좋았다고 평가할 수 있다.

살아보면 알겠지만 위대한 큰 일을 이룬 사람들 대부분은 이미 오래 전부터 위대한 목표, 훌륭한 행동과 높은 가치를 가지고 있었다는 점이다. 결국 이 말은 목표나 확고한 정신이 그것을 이룰 만한 노력을 만들어낸다는 것이다. 이 경우처럼 정신(마음)이 매우 중요하다. 결국 물질과 환경을 변화시킨다고 볼 수 있다. 따라서 꿈을 크게 가지자. 최소한 좋은 목표와 좋은 생각을 많이 하자. 인생을 무의미하게 보내기를 원하는 사람은 그 어디에도 없다. 그럼 한번 생각해 보라. 바닷가의 모래에 성을 쌓으면 어떻게 되나? 견고하지 못하고 불안정하기도 하고 바닷물에 의해 금방 없어진다. 우리 인생에서 자신이 하고 있는 일이 시간이 지나서 혹은 죽은 후에 금방 없어져 흔적도 없이 사라진다고 생각하면 그 일에 계속 매달리는 바보는 없을 것이다. 그런데 이상하게도 이런 바보들이 많다. 물론 그 나름의 이유는 있겠지만 법이나 제도는 차차하고 여러 정책이나 계획들은 영원하지 않다(이것들이 올바르다 그렇지 않다는 것은 논외로 하고). 세월에 따라 달라지고 사라지기도 하는 것임을 잘 알아야 한다. 그래서 너무 고집할 필요가 없다. 할 수밖에 없었다고 하더라도 넓게 보면 인생 자체가 꿈인지도 모르고 아니면 바닷가에 쌓는 모래성(城)인지도 모른다. 그래서 가급적이면 오래남거나 영원히 갈 수 있는 그 무엇인가를 갈구하는 마음을 가진다.

 **극락왕생**

　불교에서는 몸이 젊고 건강할 때에 힘을 다하여 선을 닦아야 하며, 더욱 정진하여 영원한 생명을 얻을 수 있어야 한다고 말한다. 그럼 그 방법은 무엇일까? 이렇게 되기 위해서는 선을 행하면 안락을 얻고, 진리를 닦으면 흔들리지 않으며, 은혜를 베풀면 반드시 복을 받는다는 선악의 인과를 먼저 알아야 한다. 그래야 이쪽 방향으로 마음이 움직인다.

　한편 아미타경에는 누구든지 간에 무량수불(아미타불)의 이름을 듣고 죽을 때만이라도 신심을 내어부르면 부처님의 원력으로 왕생하며, 마음이 다시는 물러나지 않는 불퇴전의 자리에 머문다고 되어 있다. 이 말이 사실이라 믿고 우리도 이렇게 하도록 하자. 이 얼마나 쉬운 일인가! 그렇게만 한다면 극락에 갈 수 있다고 하니 말이다. 그러니 최소한 죽을 때만이라도 염원하자. 그리고 이 세상에서 아미타불을 뵈옵고자 하는 사람은 마땅히 위없는 보리심을 발하여 많은 공덕을 쌓아야 할 것이다.

 **강원도에 출장 가 있으면서**

아침에 서늘한 공기를 피부로 느끼며 새소리를 들으며 눈을 떴다.

찬 공기는 가슴의 세포들을 씻어 주는 것 같고, 찍찍하며 울리는 창밖의 새소리는 내 정신을 깨우치고 있다.

푸른 나무를 보니 눈이 시원하고 푸른 하늘과 흰 구름을 보니 더할 나위 없이 좋다.

대자연은 우리들에게 다 주고 있다. 따라서 우리의 존재 근거는 바로 자연이다. 감사하자.

아는 만큼 보인다는 말이 있듯이 깨닫는 만큼 감사하게 된다. 먼저 깨닫자.

자연의 일부이자 자연의 도움으로 사는 우리는 반드시 자연을 내몸처럼 아껴야 한다.

자연은 언제나 우리들에게 즐거움과 기쁨을 주고 있는데 우리가 이를 잘 모르고 있거나 잊고 산다.

세상살이에 바빠서 보지 못하고 있다. 누가 우리를 인도하고 기쁘게 하나?

우리는 하루를 천 년처럼, 천 년을 하루처럼 보낼 수도 있다.

결론은 즐거운 생활을 하자는 것이다.

가야 할 길로 가고 해야 할 일을 하되 부딪힌 일은 그냥 즐겁게 받아들인다.

주어진 상황 속에서 나름의 재량을 발휘하는 것이 현명한 방법이다.

그리고 가급적 자신이 좋아하는 일이나 꿈꾸는 일 혹은 자신이 잘하는 일을 하도록 한다.

우리 모두 오늘을 맞이하였다. 어떻게 보내느냐는 자신이 결정한다.

다만 가끔은 맑고 푸른 하늘을 보기로 하자.

제한된 시·공간 속에서 살고 있는 우리
자의 반 혹은 타의 반으로 많은 사람들을 만나고 많은 일들을 겪고 있다.
아침에 눈을 떠 오늘 하루가 주어진 것에 감사한다. 남은 인생도 마찬가지이다.
문제는 살아가는 시간 동안에 평안한 마음을 가지고 보다 좋은 일을 하는 것이다.
과거의 결과가 현재. 만족하는 부분도 있고 불만족을 느끼는 부분도 있을 것이다.
먼저 과거의 죄를 참회하자. 잊자. 그 다음 무엇이 자신을 걱정하게 만드는지 생각하고 그 원인을 제거하자. 탐·진·치에서 벗어나자. 법을 지키고 나쁜 마음을 먹지 않으면 된다. 이제까지 높은 목표를 세워 나 자신을 많이 힘들게 하기도 하였다. 나를 버리자.
즉, 돈에 대한 욕심, 권력에 대한 욕심, 명예에 대한 욕심 그리고 내 중심적 생각을 버린다.
밖에는 비가 내리고 있다.
맑고 상쾌한 아침공기를 마시며 명상을 해 보았다.

즐겁게 살자.

아침 햇살, 맑은 공기, 푸른 나무들, 청정한 새소리
돌고 도는 세상, 해가 지고 해가 뜬다.
24시간 아니 해가 뜨고 해가 지면 하루.
따스한 햇살, 뜨거운 햇살, 시원한 햇살, 차가운 햇살이 반복된다.
한 번 돌면 하루이고 일 년이다.
누가 정한 것인가? 선조가 혹은 하늘이.
생로병사, 태어나 어린 시기, 청소년기, 장년기, 노년기를 거친다.
한 번 돌면 一生이다.
생명체는 움직인다. 주어진 길을 따라, 관성에 따라 반복한다.
이 태양계, 이 은하계, 이 지구, 이 사계절, 이 세상, 이 인생.
오늘은 무엇을 하는 날이 될지는 개인의 몫이다.
성장, 깨달음, 선행, 책무, 기쁨, 행복들로 보내는 시간이 많아지는 것이
좋을 것이다.
이 세상에서 짧은 시간 속에 살고 있기에 대자연의 법칙을 다는 알지 못
할지라도 지금까지 밝혀진 법칙은 알고 우리가 살고 있는 이 사회의 법
칙도 알자.
긴 시간의 역사 속에서 물론 이 법칙들도 또한 변할 것이다. 영원한 것은 없다.
긍정적 사고를 하고 좋은 일을 하자.
여행이 끝나 가고 있다.
내가 한 번은 가고자 하였던 여행.
정해진 코스는 대충 알지만 앞으로 어떤 일들을 겪고 누구를 만날지 또
어떤 새로운 일들을 만날지는 정확히 모른다.
이 세상에 태어나서 사는 것도 마찬가지일 것이다.
대충 어떤 일들이 있을 것이고 끝이 있는 것 정도만 안다.
다양한 사람들을 만나고 생각하지 못한 일과 상황을 접한다.
희로애락이 있다. 그러나 특별하게 선택받은 여행이라 생각하면 좋다.
먹을 것이 있고 잘 곳이 있으니 큰 어려움은 없다.
모든 것들이 생각하기 나름이다. 이런 날 저런 날도 있다. 긍정적으로 생
각하자.
모든 것들은 여럿이 함께 만드는 것.
나와 타자 간의 공동합작품.
내 뜻대로 되지 않을 때도 있고 될 때도 있다. 그러나 가급적 능동적·적극
적으로 하는 것이 좋다.
다만 주어진 환경(만나는 일·사람·상황)을 인정하고 감사하고 타인에

게 맞추어 주면서도 자기나름의 계획(꿈)을 세워 재미있게 한다.
즐기자. 웃자. 창조적인 일을 하자. 베푸는 삶을 살자.

아침에 눈을 뜨니 6시쯤 되었다. 나는 아침형 인간인 모양이다. 어제 밤에 늦게 잤음에도 불구하고 일찍 일어났다.

오늘 지나면 내일은 집에 간다. 그동안 국가를 위해 제한된 공간 속에서 지냈다.

두고 온 보고 싶은 가족을 만날 시간이 다 되어 가고 있다고 생각하니 기분이 좋다.

시간은 유수와 같이 지금 이 순간에도 흘러가기에 가급적 누구나 다가오는 미래에 있을 좋은 일들을 많이 생각하고 어떤 조건이 있던지 간에 부처님을 생각하거나 긍정적인 생각으로 수용하고 즐겁게 살고 타인에게 보탬이 되는 삶을 살자.

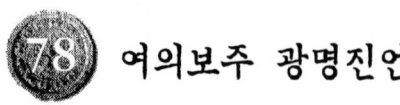 **여의보주 광명진언**

"옴 아모가 바이로차나 마하무드라 마니파드마 즈바라 프라바를타야 훔"

광명진언은 천지의 영기이시고 우주의 수명이시며 진리의 대광
명이신 비로자나여래불의 진언으로 모든 진언 중에 가장 묘하고
보배로운 진언이다. 광명진언은 여의주인지라 일체 지혜와 행복과
유형무형의 모든 광명을 불러오지 아니함이 없음으로 송나라 일원
대사는 나에게 오직 여의보주가 있으니 가로되 광명진언이라 하셨
고 양나라 해운대사는 가로되 천지우주에 둘도 없는 큰 보물을 가
지고 있으니 광명진언이라 하셨으며 수나라 대명대사는 나에게 복
과 지혜를 불러들이는 미묘한 큰 보배가 광명진언이라 하셨고 진
나라 도광대사는 나에게 만사를 성취케 하는 조화로운 방망이를
광명진언이라 하셨으며 당나라 언공대사는 나에게 천통보인이 있
으니 가로되 광명진언이라 하셨고 명나라 천현대사는 나에게 복과
운을 마음대로 지어내는 기묘한 것을 광명진언이라 하셨으며 당나

라에 들어가 진언밀교를 연구하던 대화국 공해대사는 임종 시 다른 신묘한 모든 비밀주는 다 전하였으나 이 여의주인 광명진언만큼은 너무나 아까워 전하여 주지를 아니하였다고 하였다. 그러면 이 광명진언이 어찌하여 여의보주며 이 진언을 외우면 우리 인생에서 어떠한 유익이 있는지 대략 말하면 '불공견색비로자나불대관정광명진언경'에 따르면 광명진언을 외우면 첫째, 일체 악귀와 악령이 소멸하여 맹수와 독사가 범치 못하고, 둘째, 벼락불이 달아나고 살괴가 침노치 못하며 삼세업장이 소멸되고 칠대선망과 누대족친이 이고득락하고, 셋째, 악마가 해를 끼치지 못하고 백천재앙이 이르지 못하며, 넷째, 일만원한이 다 풀리고 천만소원이 다 이루어 여의광명의 본색을 낱낱이 나타내게 되는 것이라고 하셨다. 다섯째, 생사에 중한 죄를 모두 멸하고 숙업의 고난과 작란을 소멸하며 지혜, 변재, 복락, 장수를 얻는다 하였고 망인이 악업을 많이 지어 삼악도에 떨어지게 되었을지라도 망인의 이름을 부르고 광명진언을 일심으로 외우면 삼악도를 벗어나 천상에 난다하였으며 장례 시에 사토나 연화를 망인의 시체 위나 분묘 위에 뿌리며 광명진언을 108편 연달아 외우면 그 묘력으로 모든 죄장을 제하고 극락정토에 왕생한다 하였다. 신라의 고승 원효대사는 그의 저서 『유심안락도』에서 "만일 중생이 이 진언을 두 번이나 세 번, 또는 일곱 번을 귀로 듣기만 하여도 모든 죄업이 없어지게 된다. 또 중생이 십악과 사역죄와 사중죄를 지어 죽은 다음 악도에 떨어질지라도 이 진언을 외우면 능히 해탈을 얻을 수 있다. 금강정경 광명진언품과 그 외의 다른 경에는 광명진언의 송주공덕을 찬하여 가로되 이 진언을 외우는 자는 천신지괴령귀 등이 다 기뻐하고 큰 복과 큰 지혜를 성위한다 하였으며 만약 지혜를 얻고자 할진대 동방을 향하여 비로 광명을 관하며 100만 편이나 500만 편을 전력을 다하여 정성스레 외우면 반드시 대지혜를 얻는다 하였으며 만일 오래 살기를 원하고자 할진대 동방을 향하여 비로여래옥호광을 관하며 50만 편이나 100만 편을 지성으로 외우면 반드시 오래 삶을 얻을 것이며 만일 복락을 구하고자 하면 동방을 향하여 비로여래를 생각하며 또한 50만 편이나 100만 편을 외우면 대복락을 얻을 것이며 만일 망령을 위해서는 금색비로자나여래를 관하여 1만 편을 외우면 친히 극락정토로 인도한다고 하였다. 남녀가 서로 혼인을 하게 될 시 결혼장소에서 서로 심중으로 108편을 외우면 크게 길하고 임신한 부인이 임신 시 일념으로 1,800편을 외우면 광명진언의 신묘력으로 지혜복덕이 구비한 아이를 순산하게 된다. 원행 시에도 광명진언을 집안에서 108편을 외우고 나가면 몸이 건강할 것이며 장사하는 사람이 광명진언을 성심으로 항상 일심껏 외우면 상업이 잘 번창하며 박복하여 수심걱정이 많은 사람이 광명진언을 늘 외우면 모든 고난을 다 해탈한다고 하였다. 만일 부모의 깊은 은혜를 갚고자 하는 자는 이 광명진언을 날마다 조석으로 비로자나여래불을 지극히 생각하며 이 광명진언을 108편씩을 외우면 지옥 가운데에 떨어지지 아니하며 임종 시에도 마음이 산란치 아니하고 그 광명진언의 위신력으로 시방의 제불보살이 그 영혼을 영접하여 천상에 왕생케 하고 재난으로 재산이 다 없어지거나 공연히 시비가 분분하거나 집안이 편치 못하거나 구설이 다투어 일어나거나 괴악한 꿈이 많거나 모든 운수가 비색하거나 식구가 모든 병에 걸리어 견딜 수가 없을 때에는 조석으로 이 광명진언을 지성으로 1,800편을 외우면 모든 고액이 다 소멸되며 또한 간질병이나 미친병이나 어떠한 중한 병일지라도 고요한 처소에서 자나 깨나 일념을 쉬지 않고 50만 편 이상이나 100만 편을 연달아 외우면 낫지 아니함이 없고 20만 편 이상이나 100만 편을 연달아 외우면 낫지 아니함이 없고 또한 이 광명진언을 항상 외우는 자는 삼천대천 세계를 통솔하는데 복락을 받을 것이며 세상에 제일가는 덕을 성취한다고 하였다. 이와 같이 광명진언은 인간출세의 일체 희망을 만족할 수 있는 여의주 그대로의 보배진언이라 또한 이 광명진언 100편을 외움이 8만4,000법장을 전부 외우는 것보다 더하고 광명진언 100편을 외움이 일체 진언신주를 100만 편 외움보다 낫다고 하였다.

 **상대를 인정하고 감싸자**

　땅이 있어야 하늘이 있나? 물질이 있어야 정신이 있나? 땅이 있어야 하늘도 있고, 물질이 있어야 빈 허공도 생긴다. 이것은 담을 그릇이나 존재할 수 있는 바탕이 있어야 함을 말한다. 빈 곳이란 우리가 생각하는 물질이 없는 경우로 앞으로 채워질 수도 있다. 결론은 하나이고 분리하기가 매우 어렵다고 볼 수 있겠다. 사실 엄연히 형태나 여러 면에서 다르기에, 둘이라 생각할 수도 있지만, 하나만 생각하고 하나(물질)만 중요하다고 말하기는 어렵다. 물질을 담은 그릇인 허공이 있어야 하기 때문이다.

　학교에서의 성적도 마찬가지이다. 사회에서의 빈부차도 마찬가지가 아닐까? 꼴찌가 있기에 일등이 있다. 가지지 못한 자가 있는 곳에는 많이 가진 자가 있기에 더 가지고 있고 더 높은 곳에 있는 존재일수록 아래에 있는 존재도 생각하고 그들 때문에 자신이 돋보이고 좋은 일을 할 수 있는 기회도 가질 수 있다고 생각하는 것이 옳다고 본다. 따라서 그 원인의 대부분을 어디에 돌리든지 간에 힘이 있고 많이 가진 사람들은 그렇지 못한 사람들을 보살펴야 할 것이다.

지혜가 있고 심성이 착한 자는 맑고 가벼워 누구보다도 더 즐겁게 천국이나 천당에 먼저 갈 것이다. 천국이나 천당에 가는 사람들은 주로 어떤 행동을 했겠는가? 한마디로 말하면 남에게 보다 즐거움을 주고 희망을 주고 힘이 되어 준 사람들이다. 그래서 이들은 먼저 깨닫고 실천한 사람으로 아래에 있는 사람들 즉, 못 배우고 가난하고 아프고 힘이 없는 자들의 편에 선 사람들이다. 물론 욕심을 내지 말고 자기가 처한 위치에서 할 수 있는 만큼 하는 것이 가장 좋다. 자기 능력껏 하면 된다. 왜냐하면 혹 너무 봉사(남)를 생각하다가 자칫 자신(가족)에게 피해를 줄 수도 있기 때문이다. 과유불급으로 무엇이든지 지나치면 다른 부분에서 좋지 않을 수도 있기에 적당히 조화를 취한다. 각자 자신의 위치에서 할 수 있는 방법들을 모색해 본다. 통도사에 가면 극락전이 절의 입구에 있고 제일 낮은 곳에 위치해 있는 것이 이를 잘 말해 주고 있다고 생각한다. 용화선을 타고 천국에 가는 것, 지극한 즐거움은 뭇 중생들이 다 필요로 하는 것이다. 우리 모두 노력하고 자신이 더 가지고 더 깨달았다면 이에 맞게 더 남에게 즐거움을 주도록 하자. 남을 올바른 길로 인도하자. 그는 분명히 남들에게 용화선을 타도록 권할 것이다.

 # 하늘은 우리를 버리지 않았다

　우리는 높은 사고력을 지닌 인간으로 태어나 살기에 새나 다른 동물들에 비해 더 많이 더 깊게 생각할 수 있다. 따라서 흔히 이 지적 능력(이성)을 두고 인간과 다른 여타의 동물들과 구분짓는다. 그래서 한 차원 높은 지적 능력으로 더 진리에 가깝게 갈 수도 있고 더 많은 기쁨을 누릴 수도 있지만 이것으로 오히려 이런저런 일들로 인해 더 괴로울 수도 있고 더 슬플 수도 있다. 사람마다 각기 달라서 어떤 사람은 좋은 환경에 있으며 어떤 사람의 경우에는 그렇지 못한 경우가 있다. 이처럼 많이 배운 사람도 있고 적게 배운 사람도 있고 계속 공부하고 있는 사람도 있고 그렇지가 못한 사람들도 있다. 아무튼 살면서 우리는 행복해야 하고 행복하도록 노력도 해야 하는 과업을 가지고 있다. 어떤 경우에는 낮은 마음으로 매 순간 즐겁게 살고자 하여도 자기도 모르게 살면서 이런 일 저런 일들이 생겨서 안타까워하기도 하고 괴로워하기도 한다.

　우리가 보다 행복하기 위해서는 여러 가지의 방법들이 있는데 여기서는 그중에서 하나를 말하려고 한다. 그것은 바로 어떤 경우를 당하더라도 하늘이나 부처에 대해 사랑과 자비를 지금도 베풀고 있다는 믿음과 기대를 버리지 않는 것이다. 우리가 어찌하여 태어났는가? 그리고 어찌하여 살아가고 있는가? 이것은 다 하늘(부처님)의 은혜이다. 우리는 살면서 끊임없이 자신의 주관적인 판단으로 남과 비교를 하여 자신에게 없는 것에 쓸데없이 목말라 하고, 자신이 노력한 만큼 얻지 못했다고 하여 실망하기도 하는데 그렇게 생각하는 것보다 낮은 마음으로 먼저 우리가 가지고 있거나 누리고 있는 것에 감사한다. 그리고 자신이 생각한 것보다 항상 더 잘되고 있다고 생각하라. 살다 보면 운이 있을 때도 없을 때도 있지만 전체적으로 보면 좋은 때가 더 많다고 생각한다. 자신이 바라고 노력한 것보다 더 많이 받고 있다고 항상 긍정적 사고를 한다. 이렇게 생각하는 것이 마음이 편하고 보다 즐거운 생활을 하는 지름길이다. 그러면 사랑과 자비를 강조한 하나님과 부처님이 그렇게 야박하지 않을 것이다. 어떤 때는 우리가 원하는 것을 천천히 주기도 하고 혹은 잘못된 판단을 하였다고 보아 안 주기도 하며, 때로는 원하는 것을 모르게 주기도 하고, 보다 쉽게 주기도 하기에 무한의 인자한 마음으로 알아서 은혜를 베풀고 계신다고 나는 믿는다.

나름의 이유가 있어서 각기 그 사는 모습이 다르지만, 우리는 분명히 각자가 받아야 할 몫보다 더 많이 받고 있기에 항상 감사하며 무한히 베풀고 계시는 하나님과 부처님을 본받도록 노력하되, 욕심이라는 풍선이 계속 부풀어 오르게 내버려 두지는 말자. 어떤 경우에도 하늘은 결코 우리를 저버리지 않음을 깨닫자.

교육학자 김성봉 교수의 삶, 자연, 행복

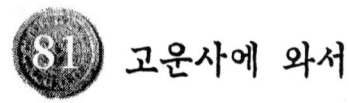 고운사에 와서

　이곳은 중앙고속도로를 타고 안동 쪽으로 가다가 보면 푯말이 보인다. 정확히는 의성군 단촌면 구계리 116번지이다. 이 절은 신라 문무왕 원년(661년)에 의상대사가 지었는데 처음에는 高雲寺라 하다가 후에 최치원(신라 6두품의 대표주자로 후에는 자기의 개혁에 대한 뜻을 펴지 못하자 유랑하였고 해인사에서 생을 마쳤다고 함.)이 우화루 등을 건립하고부터는 그의 자(그의 자는 이 고운뿐 아니라 해운도 있었는데 이 해운을 따서 부산의 해운대라는 말이 생겼다는 이야기도 있다.)를 따서 孤雲寺라 전해 내려오고 있다고 한다. 내가 이 절을 소개하는 특별한 이유는 죽은 후에 우리를 심판하는 염라대왕이 살아생전에 이 고운사에 가 본 적이 있느냐고 묻는다는 데에 있다. 이 말이 사실이라면 그만큼 영험이 많은 절이라 여겨진다. 나는 돌아가신 우리 할머니와 부모님이 모두 극락에 가기를 빌어야 하고, 또 극락에 가도록 해야 하기에 잘 왔다는 생각이 들었다. 이 글을 읽는 분들도 다음에 시간이 나면 한번 가

보았으면 한다. 물론 그렇게 큰 절은 아니다. 나한전에서 금강경을 읽고 절을 하였다. 절을 하면서 이렇게 살아 있으면서 자연과 더불어 조용히 명상을 하기도 하고, 새소리·물소리를 듣기도 하며, 가끔 부처님을 생각하니 참 복이 많다는 생각이 든다. 왜냐하면 인간으로 태어나기가 힘들다고 생각할 수도 있고, 예측하지 못한 사건과 사고들로 지금 살아 있지 않을 수도 있고, 삭막한 도시에서 물질에 휘둘려 정신없이 무엇이 중요한지를 잊어버렸을 수도 있었기 때문이다. 무엇을 바라리오. 돈이 많으면 오히려 그것이 짐이 되어 자신을 힘들게 하기도 하며, 편하면 더 게을러지고 타락할 수 있고, 권력은 틈만 나면 자기를 안하무인하게 만들려고 호시탐탐 기회를 엿보고 있고, 잘못된 판단을 하게 하여 죄를 짓게 하기도 한다. 따라서 그렇게 되지 않을 만한 역량이 먼저 있어야 하고, 능력이 있으면 욕심을 부리지 말고 순리에 따르려는 마음을 가져야 할 것이다. 물론 영원한 것은 없다는 것을 명심하자. 영원히 물질 속에서 지낼 수도 없고 영원히 권력을 누릴 수도 없다.

나에게는 두 아들 태호와 태성와 예쁜 아내가 있고, 직장도 있으니 얼마나 복받았는가? 남이 나에게 싫은 소리, 못된 소리 할 때 그냥 흘려서 듣고 집착하거나 고민하지 말자. 나에게 고칠 기회를 준 것이라 좋게 생각하고 오히려 감사하게 생각하자. 웃자. 극락전에서 본 웃는 상. 너무나 좋았다. 웃는 것은 지나친 욕심, 아집을 버릴 때 가능하다. 나도 고민, 걱정, 욕심을 떨쳐버리고 마냥 웃고싶다. 쓸데없는 찌꺼기들을 모두 버려야 할 것이다. 타인이 나에게 잘못된 행동을 하면 그가 잘못된 판단과 행동을 한 것이 되어 오히려 그가 죄를 짓는 행위를 한 것이라 생각하고 신경 쓰지 말자. 큰 산은 비바람이 불거나 눈보라가 쳐도 주위에 어떤 일이 있어도 그냥 그 자리에 존재한다. 흔들리지 않는다. 그래서 우리는 어려운 상황이나 여건이 주어지면 일단 받아들이고 자신을 잃지 말자. 살다 보면 이런 경우도 있고 저런 경우도 있다고 생각하고 즐겁게 살자. 그리고 긍정적으로 생각하여 이러면 이런 상태라 좋고, 저러면 저런 상태라 좋다고 생각한다. 그리고 어떤 상황이든지 간에 그 상황 역시 영원하지 않다는 것을 알자. 따라서 좋은 것이나 좋지 않은 것이나 다 흘러가는 물과 같다. 그래서 좋지 않은 것은 분명히 때가 되면 가만히 있어도 자연히 사라진다는 것을 알자. 평정심을 갖자.

참진리.

부처, 소크라테스, 공자 등의 위인들과 같은 경지만큼 되기는 매우 어렵다. 그러나 노력은 하자. 나는 앞으로 40대까지만이 아니라 계속 진리를 찾고자 하며 그와 동시에 가급적 그 깨달은 진리를 몸소 실천하고자 한다.

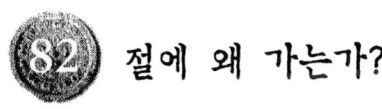 **절에 왜 가는가?**

무엇을 그리 원하는가?

무엇 때문에 절에 와서 절을 하느냐?

한마디로 말하면 잘되기 위함이다.

불교에 가까운 사람은 절에 한 번이라도 더 올 것이고

교회에 더 맞는 분들은 그곳으로 갈 것이다.

바람직한 결론은 나도 잘되고 주위사람을 포함한 상대도 잘되는 것이다.

내가 잘된다는 것은 먼저 사고 없이 몸과 마음이 편안하며 하고자 하는 일들이 잘되는 것이다. 내가 건강하고 활기차고 기쁘면 이것이 자연히 주위사람에게 좋은 영향을 준다. 그런데 자신이 좋지 않으면 그것이 오히려 타인에게 피해를 주기도 한다. 따라서 절에 가는 첫 번째 목적은 자신부터 편안해지는 것에 있다. 그러니 부지런히 자신을 먼저 갈고 닦기 위해 힘쓰자.

끝이 없는 길.

운 좋게 부처님 은혜로 태어나 지금까지 살고 있고 직장과 집 그리고 처자식이 있고 건강하니 좋은 일을 많이 해야 하는 것은 당연한 일이다.

시간 날 때마다 마음을 닦고 공부하여 내 몸을 가다듬어 진리와 지혜의 등불을 밝히려고 해야 하며 더 큰 사람이 되어 보시(자비)를 베풀고자 하고 있다.

어찌 끝이 있겠는가!

지금 살아 있음에 먼저 감사하고 싶고, 지난날 내가 알게 모르게 지은 죄업을 다 소멸하고 앞으로 자비의 삶을 살게 해 달라고 기원할 수 있어서 또한 다행이다. 존엄한 인간으로 태어났기에 비록 사는 데 바쁘지만 시간을 내어 부단히 더 나은 인간이 되도록 노력한다. 다만 여유를 가지고 돈벌이뿐 아니라 학문하고 수행하고 보시하는 것조차 욕심내지 않고 자신의 몸(형편)에 맞게 한다.

 **빌린 인생**

끝없는 우주 속에서 어렵게 태어난 생명, 인생.

전생이 있었다고 믿는 사람도 있고 믿지 않는 사람도 있다. 그런데 과거 전생에서 우리가 언제 살았으며 어떤 삶을 살았는지는 아무도 모른다. 그래서 당연히 자신이 인간으로 태어나 살고 있는 것이라 생각할 수도 있고, 그렇지 않고 빌려서 온 경우라 볼 수도 있다. 즉, 태어나지 말아야 하는데 다음에 갚을 것을 조건으로 했다든지, 아니면 더 좋은 삶을 살겠다는 조건으로 겨우 태어난 경우도 있을 수 있을 것이다. 부처님(하느님)은 너무 마음이 좋다.

물론 어떤 사람은 과거에 자신이 그만큼 노력하고 뿌린 결과로 태어났을 것이라 생각한다. 물론 이 말은 틀리지는 않다. 그런데 어떤 사람은 빈손으로 왔다가 빈손으로 간다고 하는데 나는 이 말에 동의를 하지 않는다. 왜냐하면 분명 자신이 지은 업대로 왔고 현생에서 지은 업을 가지고 간다고 생각하기 때문이다. 지금보다 좋은 부모와 환경이나 몸을 가지고 있는 것은 그렇지가 않는 사람보다 전생(과거)에 더 많이 좋은 일을 한 결과이다. 이처럼 나는 업을 믿기에 우리 모두 좋은 업을 짓도록 하자.

업대로 왔기에 그만큼 자신이 노력한 대가를 받는다고 생각하지만 나는 한 걸음 더 나아가 우리 모두는 자신이 노력한 것 이상으로 사랑을 받았고 앞으로도 그럴 것이라 생각하자. 자로 재서 정확히 노력한 만큼만 받는 것은 아니다. 우리가 지금 누리는 것이나 가지고 있는 것은 부처님이나 하나님이 과거에 우리가 노력보다 더 많은 사랑과 자비를 주었기 때문이라 생각한다. 그렇게 되면 태어나지 않을 수도 있었는데 태어났을 수도 있고, 지금 가지고 있는 것이 자신이 노력한 것에 비해 과분하게 주어졌을 수도 있다. 이렇게 생각하면 고맙다는 생각이 절로 난다. 그러니 항상 고마운 마음(감사하는 마음)을 가지고 살아야 한다. 낮은 마음으로 인생을 잠시 빌린 것이라 생각하는 것이 더 좋은 삶을 살게 하는 밑거름이 된다고 본다.

> 눈 깜짝할 만큼 금방인 시간과 인생.
> 잠깐 빌려서 인간으로 태어나 사는 것.
> 대자연뿐 아니라 여러 사물들, 지위, 재산, 돈 등 모두 나에게 잠깐 맡겨진 것.
> 빌린 인생이라 값지게 살아야 하며
> 짧은 인생이기에 하루하루가 더욱더 소중하다.
> 죽어서 어디 가는지를 잘 모르지만 열심히 살자.
> 이것이 빚을 갚는 행위이며 더 좋은 곳으로 가는 길이다.
> 먼저 내 자신부터 노력한다.
> 중요한 것은 인생에서 무엇을 하느냐?
> 혹은 어떻게 행동하며 사느냐이다.

# 84 우란분절 회향에 와서

평상시와 마찬가지로 통도사의 극락전과 약사전 그리고 관음전을 들렀다. 극락전, 최고의 기쁨, 해탈, 평안. 살면서 많이 도와주는 자, 이끌어 주는 자, 깨닫게 하는 자는 존경받아야 한다. 이것은 매우 어려운 일이기 때문이다. 지장보살처럼 몸소 지옥으로 가는 문 앞에서 끝까지 하시겠다는 것은 인간으로서는 거의 불가능한 일이다. 아무튼 좋은 곳으로 가게끔 도와주는 자는 위대한 존재이다. 직접 극락에 가는 것도 말할 수 없이 힘든 일이자 복이 있는 것인데 하물며 타인이 그렇게 하도록 힘쓴다는 인간으로서 할 수 있는 최고 경지의 일이기에 다음에 그는 분명 큰 복을 받을 것이라 믿는다.

세상이 완전하지 않아 불의가 있고 혼탁도 하지만 그래도 정의는 살아 있다는 생각이 드는 것은 역사를 통해 잘한 사람이나 위인들을 우리들이 어느 정도는 알고 있고 자라나는 세대들에게 교육도 시키기 때문이다. 간혹 왜곡되거나 잘못 전해진 경우가 있어서 아니면 아직 세상에 드러나지 않아 지금도 이름이 알려지지 않았지만 역사적으로 보면 훌륭한 사람들이 많았다. 물론 그들이 노력한 만큼 세상에 알려지면 좋은데 그렇지가 못하여 마쉽지만 내가 생각하기에 그들은 꼭 세상이 몰라주더라도 원망하지도 dskg고 오히려 만족했을 것이라 본다. 따라서 우리가 앞으로 해야 할 일은 더 올바른 판단을 하여 훌륭한 사람들 중의 단 한 명이라도 그냥 역사에 묻혀 사라지지 않게 하여 후세사람들의 표본이 될 수 있게 하는 것이다.

위인은 자기 자신과 가족을 희생해서라도 국가와 민족 그리고 진리와 정의를 위해 자기 몸을 바친 사람들이기에 반드시 존경을 표해야 한다. 큰 인물이거나 위인일수록 더 어렵고 힘든 일을 많이 겪고 이를 이겨 내었다. 그는 항상 옳은 길로 가고자 하였고 실제로 또 그렇게 실천한 사람이다. 그런데 보통사람들은 옳은 길이 어떤 것인지 잘 모른다. 그냥 대세에 따라 힘에 따라 옆의 사람의 말에 따라 혹은 자신의 좁은 생각대로 행동하며 그것이 옳은 것이라 착각하며 산다.

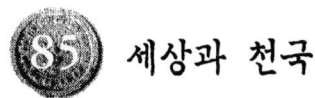 **세상과 천국**

　세상이란 지구에서 사람이 중심이 되어 여러 제도와 문화를 만들어 수많은 생물체들과 함께 오랜기간에 걸쳐 살아가고 있는 지구라는 공간을 말한다. 자신이 태어나지 않았다면 아마 지구와 세상을 몰랐을 것이다. 천국이란 진정 있는 것인가에 대해 나도 확신을 할 수는 없지만 만약에 천국(천당) 같은 곳이 있다면 대략 어떠할 것인가에 대해 추측을 해 보았다. 우리는 흔히 천국(천당)을 우리가 살고 있는 이 세계와는 다른 세계라 보고 있다. 그러나 이 세상에 살면서도 매우 편안하고 행복하고 즐거우면 그곳이 바로 천국이라 생각하기에 지옥이나 천국이 우리가 사는 세상과 전적으로 다른 것이라 말하기 어렵다. 이처럼 우리는 이 세상에 살면서도 천국을 맛볼 수가 있다.

　미루어 짐작하건대 천국은 아마 사랑이 충만하여 서로를 위하고 아껴 주는 행동만이 있는 곳이라 생각된다. 그리고 그곳은 돈과 권력에 대한 욕심이 거의 없는 사람들이 있기에 남에 대한 착취도 없

교육학자 김성봉 교수의 삶, 자연, 행복

고 억압과 명령보다는 스스로 자율적으로 움직여지는 환경이 조성되어 있을 것이다. 말하자면 획일성을 강요하지도 않고 그 어떤 한 가지 기준(잣대)으로 모든 것을 재단하지도 않을 것이라 생각한다. 그런데 이 세상은 그렇지가 못하다. 그래서 천국이 되려면 아직 멀다. 어떤 하나의 잣대나 기준이나 가치로 평가하여 서열화하고 있으며 무한 경쟁으로 치닫게 하여 모두가 물질을 좇는 기계로 만들기도 하고 눈치를 보는 분위기를 만드는 등 많은 갈등과 혼란을 만들고 있다. 이 세상에는 큰 산도 있고 작은 산도 있고 큰 나무도 있고 작은 나무도 있고 아름다운 꽃을 피우는 나무도 있고 좋은 열매를 생산하는 나무도 있고 깊은 강도 있고 얕은 강도 있고 잘생긴 사람도 있고 못생긴 사람도 있다. 그런데 다 귀하다고 생각하고 존중하자. 이것이 하늘이 우리에게 준 사명이라 생각한다. 다양함 속에서 함께 행복하게 잘 사는 것을 하늘이 원한다고 본다.

특히 내가 생각하기에는 천국(천당)에 사는 사람들은 물욕이 없을 뿐 아니라 자유자재하여 공자가 말한 종소심욕불유구(從所心欲不踰矩)처럼 원하는 것을 하면서도 걸림이 없는 삶을 사는 이들이라 판단된다. 그는 자연과 더불어 신선처럼 즐기는 삶을 살며, 절제하며 자족할 줄도 알며 소유욕보다는 정신적인 기쁨을 추구한다. 또 한 가지는 물론 천국은 보다 완벽에 가까운 환경을 갖추고 있겠고 그곳에서 사는 존재들은 부족하고 불완전한 것뿐만 아니라 불합리한 것까지 다 끌어안을 정도로 포용력이 있는 이들이라 본다. 따라서 우리 인간 세상은 매우 다양한 사람들이 살고 있으며 신이 아닌 인간으로서 미숙하고 때로는 이기적이기에 세상에서 빚어지는 여러 불합리하기도 하고 불공평하기도 하고 모순적인 일들에 일차적으로 너그러운 마음을 가지는 것이 이 세상을 천국(천당)으로 만드는 좋은 방법이 될 것이다. 물론 합리적이기도 하고 또한 인정이 있는 많은 사회가 되도록 해야 한다는 것을 잊지는 말자. 함께 더불어 살고자 하는 마음을 갖고 상대를 더 사랑하고 더 자비로운 모습을 보이자.

여기에 붓다가 천상에 간 이야기를 하나 소개하고자 한다(텐진 빠모의 마음공부, 열림원).

붓다는 이미 보살임에도 불구하고 어떤 이유 때문인지 다시 지옥계에 태어나게 되었다는 것으로 이야기는 시작된다. 아무튼 그곳에서 그는 아주 무거운 수레를 앞뒤로 끄는 벌을 받고 있었다. 그리고 그 옆에는 다른 한 사람도 있었고, 이 둘은 함께 멍에를 지고 뜨겁게 달구어진 바닥 위에서 무거운 수레를 끌어야 했다. 조금이라도 쉬려고 들면 양쪽에 서 있던 감시병들이 채찍을 내리쳤다. 그런데 어느 날 함께 수레를 끌던 사람이 쓰러졌다. 그것은 영원토록 계속되어야 하는 이 일에 두 사람이 모두 지치고 기력이 다했기 때문이다. 이때 동료가 너무 안쓰러웠던 그(보리사트바)는 그에게 "잠시 쉬도록 하시오. 그동안 나 혼자 수레를 끌 테니."라고 말했고, 감시병에게도 "내가 혼자 수레를 끌 테니 이 사람은 잠시 쉬게 해 주시오."라고 말했다. 하지만 감시병들은 "그럴 수는 없다. 너희 둘 모두 자신의 업을 받고 있는 것이다."라고 말하며 뾰족한 침이 박힌 커다란 쇠공을 보디사트바에게 던졌다는 것이다. 그런데 이 공에 맞은 그는 죽은 후에 천상에 다시 태어났다는 것이다.

교육학자 김성봉 교수의 삶, 자연, 행복

 **부부**

　여자가 짓는 가장 큰 죄는 자식을 버리는 것이고 살면서 가장 안타까운 일은 가정의 불화로 가정이 해체되는 것이라 생각하고 있다. 왜냐하면 가정은 모든 인간이 태어나 자란 곳이자 하루하루 사랑을 맛보며 행복하게 지내야 할 삶의 보금자리인데 그렇지가 못하면 사회 문제를 야기할 가능성이 매우 높기 때문이다. 학교 교사를 해본 사람들이라면 가정의 소중함과 가정이 그 학생의 학교교육에 매우 큰 영향을 준다는 것을 익히 잘 알 것이다. 문제의 부모 밑에서 문제의 학생이 나오며, 문제의 학생은 학교에서 문제를 일으킬 뿐 아니라 사회문제도 야기하는 학생 청소년이 된다. 따라서 이고리를 끊기 위해서라도 가정은 이 세상에서 가장 행복하고 아름다운 곳이 되어야 한다.

　특히 수십 년이 지난 후 헤어진 자식을 만나는 용서라는 내용의 TV 프로그램을 보면 더욱더 이런 간절하다. 내가 생각한 것보다 그 경우가 많다는 것에도 내심 놀라지만 어머니의 사랑을 제대로 받지 못하고 성장한 그 자식을 보니 이것은 부모가 할 짓이 아니라는 생각이 들었다. 누구나 어린 이 시절을 거치는데 어릴 때는 특히 자기 스스로 자립할 수도 없고 약하고 미숙하며 주위 환경의 영향을 매우 많이 받기에 부모의 관심과 사랑이 꼭 필요하다. 내가 보기에 다시 만나기 위해 나온 다 큰 자식을 보니 감정이 무더 잘 웃지를 못하였다. 이는 분명 그동안 갈구하였던 어머니의 따뜻한 사랑을 받지 못한 결과라 여겨진다. 좋은 환경에서 자란 사람일은 나쁜 짓을 하거나 못된 행동을 할 확률은 적다. 따라서 여자들이 올바른 생각을 가져야 하고 정말 힘들더라도 가급적이면 자식을 방치하거나 버려서 자식들에게 상처를 주지는 말아야 할 것이다.

물론 보다 행복한 가정이 되기 위해서는 먼저 남편이 바로 서야 한다고 말하고 싶다. 이렇게 생각하는 이유는 아내가 그런 극단적인 선택을 할 수밖에 없도록 내모는 일차적 책임은 바로 남편에게 (주로 경제적 문제)있다고 보기 때문이다. 그러니 모든 남자들이여 먼저 아내를 힘들게 하지 말자. 이 세상에서 제일 우선 되어야 할 것은 남편과 아내 두 사람간의 사랑이다. 부부간의 사랑과 가족에 대한 사랑은 건강하고 행복한 사회의 초석이다. 그래서 아내를 유리잔처럼 생각하여 깨지지 않도록 잘 다루고 사랑을 해야만 한다. 따라서 내가 생각하는 바는 이 세상의 모든 부모들이 남편 혹은 아내의 입장에 있고 각기 그 형편과 생각이 조금씩 다르지만 가정을 이 세상에서 가장 중요한 보배로 생각하고 꼭 지켜야 할 최고의 것으로 여기는 마음을 가지며 살아야 한다고 본다. 따라서 누가 먼저 할 것 없이 상대를 존중하고 기쁘게 해 주고자 하는 마음을 행하며 살자. 내가 보기에는 요즘은 맞벌이를 많이 하며 여자들이 거의 남자와 동등해졌다. 따라서 각자 상대를 있는 그대로 인정하고 서로가 품은 목표나 꿈을 이루도록 도와주어야 할 것이다. 예를 들면 남편은 아내가 이루고자 하는 바가 잘되게 도와주고 아내도 남편이 목표로 한 것을 잘 이루도록 도와주는 것을 말한다. 늙은 부부를 대상으로 한 어떤 조사가 흥미로웠다. 어떻게 하여 이렇게 늙은 나이까지 사이좋게 잘 사느냐는 물음에 대부분의 사람들이 "우리 서로 노력을 했을 뿐입니다."라는 간단한 답을 했다는 것이다. 매우 인상적이다. 그래서 가정의 행복을 위해서는 연애할 때나 신혼 초의 마음을 그대로 쭉 유지하는 것이다.

한편 부부간에 행복과 사랑을 꽃피우고 더 유지시킬 수 있는 방법에 대해 알아볼 필요가 있다. 여기에서는 불교경전 중 몇 부분을 소개하고자 한다.

먼저 옥야경에는 아내가 해서는 안 되는 세 가지 악한 일이란 조항이 있다.

1. 남편을 가볍게 여기고, 어른을 공경하게 대하지 못하며, 맛있는 음식을 자신이 먼저 먹으며, 어둡지도 않은데 일찍 눕고 해가 떠도 일어나지 않고, 남편이 가르치고 나무라면 눈을 부릅뜨고 성내어 대답하지 않는 것.
2. 남편을 보고 기뻐하지 않고 마음이 항상 그릇되어 다른 남자의 좋은 것을 생각하는 것.
3. 남편이 일찍 죽어서 다시 시집가기를 원하는 것.

다음으로 선생경에는 부부간에 관한 이야기가 있다. 먼저 남편이 아내를 사랑하는 5가지 방법을 들고 있다.

1. 아내를 존경한다.
2. 예의를 다한다.
3. 솔직하게 대한다.
4. 아내의 권위를 인정한다.
5. 보석 등의 장신구를 선물한다.

그 다음 아내가 남편을 사랑하는 방법 5가지에는

1. 의무를 잘 수행한다.
2. 친절하게 시중을 든다.
3. 성실해야 한다.
4. 남편의 소득을 잘 관리한다.
5. 모든 일에 정성을 다하고 익숙하게 한다는 것이다.

기독교에서도 부부간의 사랑을 강조한다. 에베소서 5장과 6장에 걸쳐 다음과 같은 표현들이 있다. "아내 된 사람들은 주님께 순종 하듯 자기 남편에게 순종하십시오. 교회가 그리스도께 순종하는 것처럼 아내도 모든 일에 자기 남편에게 순종해야 합니다. 그리고 남편된 사람들은 그리스도께서 교회를 사랑하셔서 당신의 몸을 바치신 것처럼 자기 아내를 사랑하십시오." 사람이 부모를 떠나 자기 아내와 결합하여 둘이 한 몸을 이룬다는 말씀도 있어서 보다 아내를 자신의 몸처럼 생각하고 헤아려 주고 아껴주어야 마땅할 것이다. 물론 위에 소개한 내용들이 현 시대에 맞지 않는다고 생각하는 사람들도 있겠지만 그 뜻과 의미를 충분히 알아야 할 것이다.

마지막으로 경주고등학교를 다녔다는 말이 있는 법륜스님의 주례사 중에서 부부간의 화합과 사랑을 위한 좋은 글이 있어 몇 마디 소개하고자 한다.

1. 서로 서로가 덕을 보고자 하는 마음을 내지 말아야 한다. 아내는 남편에게 덕 보자고 남편은 아내에게 덕 보겠다는 마음이 다툼의 원인이 되고 있기 때문이다. 그래서 덕을 보고자 하는 마음 대신 저분 건강이 안 좋으니까 내가 평생 보살펴 줘야지, 저분 경제가 어려우니 내가 뒷바라지해 줘야겠다, 아이고 저분 성격이 저렇게 팔팔하니까 내가 껴안아서 편안하게 해 줘야겠다는 식으로 베푸는 마음을 가지면 자연히 가정이 편안해진다는 것이다.

2. 부부가 서로 사랑하기 위해서는 남편은 아내를, 아내는 남편을 최우선시해야 한다는 것이다. 첫째가 남편이나 아내, 둘째가 부모, 그 다음이 자식을 우선시하는 것이다. 따라서 애 때문에 부부가 떨어져 사는 경우도 피해야 하며, 부모에게 불효하고 자식에게 정성을 쏟으면 반드시 자식이 어긋나고 불효하니 늘 자식보다는 부모를 먼저 생각하고 부모에게 잘하면 자식이 저절로 그렇게 하기에 굳이 매를 들고 가르칠 필요가 없다는 것이다.

 **설악산 봉정암으로의 가족여행**

가족끼리 큰 마음먹고 봉정암에 가기로 날짜를 잡고 가는데 비가 오고 여름휴가기간 중인데다가 주말이라 길이 매우 막혔다. 앞으로는 이런 날에는 가지 않기로 다짐도 하면서 이번에는 어쩔 수없이 가게 되었으니 계속 가는 것이 좋겠다고 생각하여 강행을 하였다. 3시간 거리가 무려 10시간 정도나 걸렸다. 좋은 곳은 다들잘 아는지 인산인해를 이루었다. 천국(천당) 가는 길도 그럴까 하는 생각도 해 보면서 살면서 더 행복해지기 위해, 1등 하기 위해, 더 가지기 위해 사람들이 애를 쓰니 살면서 경쟁하는 것도 당연한 일인 것 같다는 생각이 들었다.

내가 생각하건데 보통 사람들은 무엇이 좋은 것인지와 어떤 길이 옳은 길인지는 어느 정도는 알고 있을 것이다. 다만 문제는 실천을 그렇게 잘 하지 못하고 있다는 데에 있다. 그 이유에는 유혹, 순간적 판단미숙, 나약한 의지, 이기심, 그 과정에서 겪는 어려움 등이 있을 것이다. 그래서 우리는 욕심 부리지 말고 먼저 올바른 목표를 잘 정하고 그 다음은 조급한 마음을 갖지 말고 그냥 가는 것이다. 힘들 때는 그냥 묻혀 가기도 하고, 좋은 것을 생각하며 처음 생각한 대로 강행하는 것이다. 우리는 차가 밀려서 많이 지쳤지만 계속해서 그냥 갔다. 비까지 와서 올라갈 수 있을까 하는 우려도 해 보면서 문득 나는 왜 이렇게 힘들게 가는가 하는 물음이 떠올랐다. 왜 사는가라는 물음을 가지는 것과 비슷하다는 생각도 들었다. 답은 무엇일까? 마음먹었으니까 혹은 가야만 하니까 아니면 목표가 그것이었기 때문에 등이라고 생각한다.

통도사의 주지 스님이 바뀌고 나서 우리나라 불지종찰 통도사의 석가모니 정골사리를 모신 곳이 일반인들에게 매일 개방되었다. 예전에는 사월초파일과 같은 특별한 날에만 개방을 하였는데 이제는 항시 개방하여 누구나 가까이서 언제든지 친견할 수 있게 하여 매우 기쁘고 감사할 따름이다. 따라서 오늘 이곳을 둘러보러 왔는데 보다 더 가까이 가고 싶어서 사리탑 안으로 들어가는 작은 문이 마침 활짝 열려 있어 그 안쪽에 가서 절을 하였다. 보다 더 안쪽이라 그런지 묘한 기분이 들었다. 마치 석가모니 부처님을 직접 만난 것 같은 착각이 들었다. 아니면 부처님의 몸 안 혹은 그 영역 안에 들어간 것이라 느껴졌다. 순간 무한한 기쁨이 용솟음쳤다. 이것은 하나님을 믿고 교회를 다니는 사람이 하나님과의 교감을 통해 느끼는 그런 감정과 같지 않을까라고 조심스럽게 유추해 본다.

나는 감사해야 한다. 건강하고 직장도 있고 처자식도 있기 때문이다. 그리고 맑고 깨끗한 이곳에 자주 올 수도 있기 때문이다. 무엇보다 사리로나마 석가모니를 직접 만나니 더없는 영광이다. 이 사리탑 뒤와 그 주위를 빼곡히 둘러싸고 있는 소나무가 순간 나의 눈에 들어온다. 보기가 좋다. 물론 그저 그렇다고 느끼는 사람도 있을 것이고 와서도 사리탑에만 관심이 있어 뒤의 소나무가 눈에 들어지 않는 사람도 있을 것이다. 그 때 나의 뇌리를 스친 것은 '당신은 어떤 소나무를 원하나?'이다. 달리 말하면 완벽한 소나무가 어떤 것인지 한번 그려 보라 하고 싶다. 한 마디로 말하는 것은 불가능하다. 이런 소나무도 있고 저런 소나무도 있다. 보는 사람의 마음에서 나오는 그 기준에 따라 당연히 다르고 결점도 사람마다 다르게 보일 것이다. 완벽한 소나무는 그릴 수 없다. 굳이 말하면 완벽한 소나무는 내가 보는 다양한 소나무들 모두라는 생각이 불현듯 떠올랐다. 딱 잘라 이것이 완벽한 소나무라고 한 그루만을 정할 수는 없다. '아! 이것이다.'라는 생각이 들었다.

세상에는 이런 인간 저런 인간 다 있다. 그러나 한 가지 잣대로 재지도 말고 모두 완벽하다고 생각하자. 물론 보는 관점과 기준을 어떻게 정하고 평가하느냐에 따라 달라지지만 말이다. 모두를 인정하고 일단 고귀하게 받아들여야 함을 느꼈다. 인간은 다른 동·식물에 비해 고차원적 존재이기에 차원높은 일을 많이 할 수가 있다. 예를 들면 위대한 예술적 창작물(문화)을 만들 수 있을 뿐 아니라 하나님(부처님)도 생각할 수 있다. 그리고 그 반대의 경우처럼 더 큰 죄를 지을 수도 있기에 항상 조심해야 한다. 교육이 필요하다.

석가모니 사리탑 주위에 있으니 부처님 영향하에 있는 것 같았으며 보다 더 그 고귀한 뜻을 이어받아 부처님이 원하는 길로 가야 한다고 생각했다. 진리와 자비의 길로 가자.

교육학자 김성봉 교수의 삶, 자연, 행복

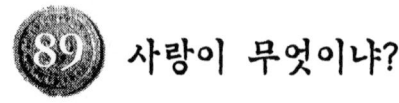 **사랑이 무엇이냐?**

사랑은 눈물의 씨앗이라고 누가 말했지.

자신이 좋아하는, 같이하고 싶은, 원하는 사람과 함께 하면 좋지.

하지만 이 청춘 남녀 간의 사랑은 두 인격체 간의 문제로 상대가 싫어하면 눈물의 씨앗이 될 수도 있지.

그래서 사랑이 지속되기 위해서는 상대방이 원하는 인간이 되기 위해 부단히 노력해야 한다.

한편 진정 당신은 누구(무엇을)를 사랑하는가?

이 세상에서 자신의 모든 것을 다 바칠 수 있을 만한 대상이 있느냐는 것이다. 자신의 시간, 몸, 에너지, 돈, 지혜, 생명 등을 다 투자할 만한 대상이 있느냐는 것이다. 어찌 보면 이렇게 할 만한 사랑의 대상을 가지며 사는 것이 행복하게 사는 하나의 방법이다.

한편 사랑은 상대를 인정하는 것, 상대를 존중하는 것. 그래서 참고 포용하는 것이다. 필히 사랑하고 있다면 상대가 자기보다 못났든지 자기와 다르든지 하더라도 그대로 인정하고 이해하고 존중하며 많이 참아야 한다. 물론 실생활에서 하려면 매우 어렵더라도 해야 한다.

또한 나는 사랑은 계산하지 않고 주는 것, 주고 또 주는 것(give and give)이라고 생각하고 있다. 따라서 진정한 사랑은 무조건적이어야 한다. 내가 보기에는 특히 부모와 자식 간에, 스승과 제자 간에, 임금과 백성 간에는 이 무조건적인 사랑이 있어야 한다고 생각한다. 이것은 에로스적인 남과 여간의 사랑과는 다른 아가페적 사랑이다. 뭔가 주고받는 거래가 아니다. 윗사람이, 상사가, 힘 있는 자가 먼저 베풀고 또 베풀어야 한다. 다시 말하면 자식이 못나면 못해 주고 잘하면 잘해 준다든지, 부하가 잘 모셔야 상사가 잘해 주고 그렇지가 않으면 힘들게 한다든지, 제자가 스승에게 무엇인가를 해줄 것 같으면 좋아하고 그렇지 않으면 외면하는 관계가 되어서는 안 된다. 그렇게 되면 가식적 · 형식적인 관계에서 우리가 하루빨리 벗어나야 진정한 삶을 살 수 있다. 위에서 말한 관계들은 특히 특수한 것이지만 보다 좋은 사회가 되기 위해서는 모든 인간관계가 실리적이기보다는 진정한 사랑이 있는 믿음의 관계여야 한다. 그래서 상대가 어떤 생각을 하든지, 기대에 못 미치더라도 주고 또 주어야 하며, 베풀고 또 베풀어야 하고 챙기고 또 챙겨주는 것이 맞다. 많은 사람들이 이렇게 할 때 우리의 가정과 학교 그리고 사회는 보다 더 좋아질 것이라 확신한다. 특히 사제간에는 이것이 필수이다.

그럼 무엇을 주어야 하나?

상대가 좋아하는 것, 원하는 것을 주는 것이 맞다. 물론 이것들
은 당연히 법을 위반하지 않는 범위 내의 것들이다.

올바른 목표와 방향제시도 될 수 있고 보다 즐겁고 기쁘게 하는
그 어떤 것도 될 수 있을 것이다. 그런데 주어야 할 것들 중에서
가장 좋은 것은 무엇보다도 진리·선행·아름다움과 같은 것들이
며, 주지 말아야 할 것은 상대의 마음을 아프게 하고 다치게 하는
것들이다.

 **삶의 지혜**

첫 번째, 인생에서 힘들 때도 있고 좋을 때도 있음을 알고,

두 번째, 바람에 누울 줄 아는 갈대처럼 살기도 하고,

세 번째, 아침에 일어나 오늘은 좋은 날이라 생각하고 조금 부족해도 매사 감사하는 마음을 갖고,

네 번째, 하루에 한 가지씩 남편(아내)과 자식이 좋아하는 것 하고,

다섯 번째, 마음에 사랑의 씨앗을 심고 자기 자신과 가정을 아름답게 꾸밀 줄 아는 재치도 갖고,

여섯 번째, 사촌이 논을 사면 기뻐하고 남의 잘못을 너그럽게 포용할 줄 알고,

일곱 번째, 자식과 남편에게 가끔 편지를 쓰고 칭찬을 아끼지 말고,

여덟 번째, 안 돼. 하지 말란 말보다 이렇게 하는 것이 어떻겠니? 이렇게 하자라는 말을 더 쓰고,

아홉 번째, 안 좋은 일이 있더라도 빨리 잊고 고난 속에서도 희

망을 가지며,

열 번째, 운동이나 명상을 하고 책을 읽는 좋은 모습을 가지며,

열한 번째, 느긋한 마음을 가지고 좋은 꿈을 꾸며 미래에 대해서는 염려하거나 두려워하지 않는다.

 하루에

첫 번째, 하루에 항시 감사하는 마음을 갖는다.

두 번째, 하루에 한 번 이상 착한 일을 한다.

세 번째, 하루에 한 번만이라도 자식과 남편(아내)이 잘되기를 바란다.

네 번째, 하루에 한 번 상대 입장에서 생각해 본다.

다섯 번째, 하루에 한 번이라도 더 남이 싫어하는 말과 행동을 하지 않는다.

여섯 번째, 하루에 한 번은 자신이 좋아하는 일을 한다.

일곱 번째, 하루에 한 번은 자신이 하기 싫은 일을 한다.

여덟 번째, 하루에 한 번 이상 웃는다.

아홉 번째, 하루에 한 번은 참는다.

열 번째, 하루에 한 번은 오늘 성실히 살았는지 생각해 본다.

열한 번째, 하루에 한 번은 인생은 짧은 것이라 생각한다.

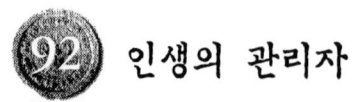

인생의 관리자

　인생이 무엇인가에 대한 답은 어떻게 생각하느냐에 따라 달라진다. 50년 전 나는 이 세상에 없었다. 그런데 지금은 태어나 살고 있다. 무엇이 나를 태어나게 한 것인가? 하나님(부처님), 조상과 부모님 때문이기도 하고 내 스스로가 어느 정도 원했던 요인도 있었을 것이라 여겨진다. 과거에는 이런 생각을 더 적게 하였고 지금처럼 이렇게 글로 표현하지도 못했는데 이렇게 하고 있는 나 자신을 보니 이것 자체만으로도 그동안 있었던 노력의 결실이라 생각하니 기쁘다.

　현재 우리 자신들의 모습은 과거의 산물이기도 하고 미래의 그 무엇을 이루기 위한 여정(과정)이기도 하다. 하지만 미래에 너무 얽매이거나 집착해서도 안 되지만 미래에 바라는 좋은 목표를 가지는 것은 바람직하다. 특히 미래에 대한 목표가 현재를 이끄는 동력이 되기 때문이다. 그런데 살다 보면 한 치 앞을 내다볼 수 없기도 하고 현재 사는 데 급급하기도 하여 시야를 멀리 보지 못하고 근시안적이 되기도 일쑤이다. 대인은 멀리 보며 소인은 멀리 보지 못한다. 얼마 전 TV에 지난번 정부의 실세이자 여권의 핵심 인물이었던 사람이 나와 정권이 끝나는 5년 후를 생각하지 못한 점이 아쉽다고 말하는 것을 보았다. 그 말을 들으니 나라를 운영하는 책임이 있는 자리에 있는 사람들은 저러면 안 되는데 하는 생각과 함께 권력이 눈을 멀게 하였거나 그 사람이 큰 인물이 아니었구나 하는 생각이 들었다. 지금도 사정은 별반 차이가 없을 것이라 판단된다. 보다 멀리 보고 보다 백성을 더 생각하는 큰 인물이 중요한 일을 하는 것이 옳다. 어찌 그것이 쉬운 일인가! 하지만 내가 보기에 우리 사회가 꼭 이렇게 되었으면 한다. 이것이 우리 사회가 넘어야 할 산이라 생각하고 있다.

당신은 인생의 최종 목표가 무엇인가? 물론 다 이루지 못하면 유언으로 남길 수도 있다. 관리자는 흔히 다른 사람들보다 높은 위치에 있는 사람이나 책임이 큰 자리에 있는 사람을 말한다. 그런데 누구나 자기 자신의 몸과 에너지 그리고 시간(인생)의 관리자가 되어야 한다. 이것은 그가 어떤 직업을 가지고 어떤 곳에서 살든지 해야 하는 일이다. 따라서 우리는 먼저 자기 자신을 잘 관리할 수 있는 사람이 되도록 힘써야 한다. 자신을 잘 관리하고 자신의 가정을 잘 운영하는 사람이 더 큰 일을 할 수 있다. 한마디로 이야기할 수는 없지만 인류의 역사는 자유나 평등 신장의 역사라고 할 수 있다. 그래서 모든 것들이 인간의 자유 확대나 정의, 인류애 쪽으로 가야 마땅하다. 그런데 현실적으로 힘을 가진 자나 자신의 이익만을 생각하는 자들은 힘이 없는 타인들의 자유를 훼손하는 경우가 많다. 이는 주로 인간(타인)에 대한 사랑이 부족하기 때문이거나 덜 된 사람 혹은 권력을 갖지 말아야 할 사람이 가지고 있기 때문이라 생각한다.

　지나친 소유욕, 더 가지려고 하는 마음과 자신이 가지고 있는 것은 자기 마음대로 해도 된다는 생각은 버려야 한다. 따라서 의식의 전환이 요구된다. 인생은 더 많이 가지고 더 높은 곳에 올라가는 것만이 아니고 자신이 노력해서 얻은 것이라 하더라도 그것을 자신의 것이 아니라 생각하고 그저 잘 관리하는 입장에 있을 따름이라고 생각하는 겸손한 사람이 되어야 한다. 당연히 죽을 때 다 놓고 가며, 죽기 전에도 오랜 시간을 자기 손에 쥐고 있지도 못하다. 손에 쥐가 난다. 백 년도 못 사는 인생이라는 말과 권불십년이란 말도 있지 않는가! 따라서 자신이 관리하고 있는 몸과 시간뿐 아니라 돈과 권력을 보다 좋은 일을 하는 쪽으로 사용하는 것이 하늘이 원하는 것이다. 하늘이 원하는 쪽으로 사용하지 않거나 잘 관리하지 않으면 하늘은 언제든지 회수해 갈 준비를 하고 있다는 것을 명심하고 진정 하늘이 원하는 것을 더 하며 살자.

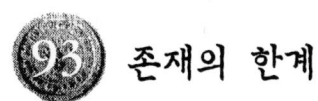# 존재의 한계

어항 속의 저 물고기
무슨 재미로 사나?
자신이 물고기란 것을 알까?
자신이 할 수 있는 일을 할 따름이지.
제한된 범위에서 움직이며
나름대로 즐겁게 혹은 힘들게 살겠지.

나는 물고기를 보니 좋다.
좋으니 그 물고기는 나에게 즐거움을 주는 존재이다.
물고기는 물고기의 몸을 가지고 있기에 물고기의 한계를 지니며 살고 있
지만
그 자신은 잘 모를 것이다. 자신이 얼마나 제한된 생활을 하고 있는지를.
다음에 죽어서 무엇이 될까? 아마 이것도 그 자신은 생각 못 할 것이다.

지구세상 속의 우리 인간
만물의 영장으로 신을 생각할 수 있으며
다양한 사람들과 비교를 하기도 하고 죽음을 생각하기도 한다.
하지만 인간의 몸을 가지고 태어났기에 인간이라는 존재의 한계를 잘 모
르며 살아가고 있다.
물고기가 자신의 한계를 잘 모르듯이 우리 인간도 인간으로서의 한계를
다 알 수는 없다.

인간들은 다른 생명체와는 달리 굉장히 많은 능력을 가지고 있음은 분명하다.

그럼 앞으로 어떻게 살아야 하나?

그것은 할 수 있는 범위 내에서 최대한 잘 사는 것이다.

이것을 할 수도 저것을 할 수도 있는 열린 자유를 가진 주체적인 인간이다.

자신 스스로 보다 만족하고 즐겁게 보낼 수도 있다.

그리고 하늘을 기쁘게 하기 위해 어떻게 하는 것이 좋은지도 생각할 수 있다.

참 오묘한 존재이다.

 # 상대는 어떤 사람인가?

우리는 살면서 많은 사람을 만난다. 직장과 관계되는 일로 만날수도 있고 친구를 통해 만나기도 하는 등 다양한 방법으로 사람들을 만난다. 조직(집단) 혹은 직장에서 특히 중요한 것은 우두머리나 長(상사)가 어떤 사람인가이다. 우리나라는 아직 오너(長) 중심이기에 그 오너가 가진 가치관과 행동이 전체 분위기를 좌지우지하기 때문이다. 따라서 단체에서는 오너가 능력도 있어야 할 뿐만 아니라 올바른 사고를 하는 사람이어야 한다.

본론으로 돌아가서 우리는 살면서 타인과의 인간관계에서 의사소통의 문제때문에 여러 가지의 오해가 있는 것을 잘 알고 있을 것이다. 그래서 상대에 대해 잘 아는 것이 매우 중요하다고 생각한다. 그런데 상대방을 잘 아는 것은 쉽지가 않다. 특히 가볍게 만나는 사람인 경우는 더욱더 그렇다. 그럼 어떻게 하면 보다 쉽게 정확히 상대를 알 수 있느냐이다. 물론 그 사람의 인상이나 하는 말이나 행위를 보고 미루어 짐작할 수도 있고 그 사람의 직업이나 지위를 통해서도 추측해 볼 수 있다. 무엇보다 더 중요한 점은 그 사람이 과거 어떤 길을 걸었고 과거에 일을 어떻게 처리하고 사람들을 대했는지를 파악하는 것이다. 그러나 이것저것을 다 알 수 없는 경우가 많다.

사람을 정확히 파악하기가 매우 어렵고 또한 사람들마다 자기 나름의 잣대로 보거나 제한된 일부만 보기도 하고 또한 여러 기준들이 있기 때문에 정확하지가 않다. 내 나름대로 이 부분에 대해 생각한 것을 몇 가지 말하고자 한다.

흔히 그 사람을 볼 때 내향적이냐 아니면 외향적이냐라는 분류를 한다. 그러나 이것은 어느 한쪽이 절대적으로 옳다거나 틀렸다고 말할 수가 없기에 그리 중요하지 않다. 오히려 나는 사람을 아는 데 있어 제일 중요하게 보아야 할 것으로 그 사람이 지금 어떤 생각을 하고 있으며 어떻게 행동하는지를 보아야 한다고 생각한다. 이를 알기 위해서는

첫째, 그 사람이 걸어온 길인 개인의 이력과 어떤 가정에서 이제까지 어떻게 생활해 왔는가를 살펴보는 것이다. 그것은 내일(미래)에 할 그 사람의 생각과 행동은 당연히 과거와 현재의 산물이기 때문이다. 연장선상에 있다. 그런데 이렇게 하기 위해서는 여건이 되어야 한다. 그 사람과 매우 친한 사람을 통해 알아보거나 그 사람과 함께 지낸 사람에게 물어볼 수도 있다. 물론 제일 좋은 것은 직접 상대와의 대화를 통해 아는 것이다. 둘째, 그 사람이 제일 관심 있어 하는 것에 대한 파악이다. 이것이 사람의 목표이자 바람이 되기 때문이다. 생각(정신)이 자신의 몸을 이끌기에 그는 대부분의 에너지와 시간을 자신이 바라는 데에 쓴다. 물론 큰사람(육체)은 큰

것에 관심을 가지고 생각하고 행동할 것이며 작은 사람은 범위가 좁아 자신의 안위와 영달에 더 신경을 쓴다. 따라서 큰사람은 국가, 인류, 평화, 정의, 진리, 사랑에 더 관심을 가지고 평소에 생활하는 것에 비해 작은 사람은 낮은 단계인 자신의 생존에 집착하고 목을 매며 산다. 자기 것은 절대 양보하지도 않으려한다. 강한 집착을 나타낸다. 생존과 제일 가깝고 관련되는 것이 바로 돈과 권력이기에 이것을 어떤 다른 것보다 중히 여겨 이것을 더 가지기 위한 쪽으로 주로 생각하고 결정하고 행동한다. 물론 여기에 여자도 들어갈 수도 있다. 이런 사람들은 자신의 목적을 이루기 위해 어떤 수단과 방법도 동원하려고 하고 무엇보다도 살기 위해서(혹은 출세하기 위해) 정의나 진리는 아랑곳하지 않고 힘이 있는 쪽에 붙기 위해 아부하고 아양 떨고 과잉충성하고 힘이 다른 곳으로 이동하면 변절하여 힘이 바뀐 쪽으로 이내 눈과 귀를 돌린다.

나는 사람을 파악하는 데 있어 여러 기준들이 있지만 특히 그 사람이 좋은 사람인지 그렇지 않은 사람인지를 아는 것이 필요하다고 보며 이것을 알기 위해서도 그 사람이 과거 어떤 행동을 하였는가와 지금 무엇에 더 관심이 있는지를 알아야 앞으로 얼마나 좋은 일을 할 것인지를 미리 잘 알 수 있다. 물론 제일 쉬운 것은 그 사람의 인상을 통해 아는 방법이다. 얼굴에 나타나 있다. 짐작할 수 있을 것이다.

매슬로우는 일찍이 인간의 행동을 유발하게끔 하는 동기들을 인간이 지니는 욕구들과 관련하여 연구하였다. 인간이 바라는 욕구들 중에서 가장 낮은 단계이자 가장 필요한 욕구로 그는 생존과 안전에 대한 욕구를 들었다. 그래서 이에 따르면 누구나 이 욕구를 채

우려고 한다. 따라서 사회가 보다 더 나은 방향으로 달라져서 한 사람이라도 자신의 생존과 안전에 대한 욕구를 덜 생각하게끔 되어야 보다 좋은 선진국이 되었다고 볼 수 있다. 구성원들이 생존에 매달려 경쟁을 하는 곳은 인간관계가 험하다. 서로가 상대를 끌어내리려고 하고 상대의 약점(잘못)에 몰두하는 병든 곳이 된다. 따라서 이런 낮은 욕구단계에 머무는 사람들이 적은 사회가 보다 나은 사회라 할 수 있다. 이런 단계에 속하는 사람들이 많을수록 후진적인 사회이다. 이를 위해서는 사회 전 분야에서의 개선이 필요하고 당연히 시간과 노력이 많이 들더라도 우리가 해야 할 사업이다. 그 해결방향으로는 사회가 지금보다 더 복지제도가 잘되게 함과 동시에 사람들이 출세에 대한 욕심을 덜 가지게 하거나 부와 권력에 혈안이 되지 않도록 하기 위해 사회의 곳곳이 평등하고 자유로운 사회 쪽으로 변화되는 것이다. 이를 위해 먼저 국가 지도자들이 지혜를 발휘하여 많은 사람들이 가장 기본적인 문제에 너무 연연해하고 집착하지 않도록 해야 한다. 일찍이 정약용 선생님이 모든 사람들이 양반이 되는 세상이 되기를 바랐다는데 말 그대로는 불가능하다. 나는 이것을 모두가 존중받는 세상이자 모든 사람들이 먹는 문제에 매달리지 않는 세상이 되는 것을 의미한다고 본다. 따라서 이를 위해 우리는 무엇인가를 해야 한다. 나는 이를 위해 필요한 것이 현명한 국가지도자에 의한 정치뿐 아니라 특히 교육이 가장 중요하다고 생각하고 있다. 왜냐하면 교육은 인간의 마음과 정신을 다루기 때문이다.

95 결혼

이 세상에서 제일 중요한 것이 무엇이냐고 하면 흔히들 사랑이라 답할 것이다. 이처럼 우리가 살고 있고 또한 앞으로 사는 이유이자 살아가는 힘은 바로 사랑이다. 눈에 보이든 보이지 않든지 간에 이루 헤아릴 수 없이 많은 존재들의 사랑의 힘으로 우리는 살고 있다. 제일 넓은 범위에서는 하늘과 대자연 그리고 부처님의 자비로 살고 있다. 가깝게는 제일 거리상 가까운 거리에 있는 사람들 간의 사랑으로 하루하루를 살고 있다.

이 세상에서 일어나고 있는 여러 문제들은 왜 일어나고 있고 그 근본 원인이 무엇인가에 대한 답은 주로 인간관계 때문이다. 서로에 대한 이해나 관심의 부족이 많은 비중을 차지한다. 어쩌면 이 생 그 자체가 다른 사람들과의 부단한 만남의 연속이기에 당연히 갈등이나 오해가 발생할 수밖에 없다고 여겨 그러려니 하며 사는 것도 한 방법이다. 그래도 문제를 확대 심화하지 않거나 줄이기 위해서 노력을 해야 한다. 이를 위해서는 각자가 자신의 욕심을 줄이는 것이 우선이 되어야 할 것이고 그 다음은 사회에 훌륭한 지도자나 교육자가 많아야 한다. 왜냐하면 현명한 지도자나 교육자가 사회에 기여하고 영향을 주는 경우가 많기 때문이다.

나는 행복한 삶을 위해 개인적으로 빼놓을 수 없는 것이 바로 결혼이라 생각하고 있다. 누구나 사랑을 갈구한다. 특히 남녀 간의 사랑은 피치 못하는 일이다. 사랑하는 사람과 더 가깝게 살고 싶은 마음은 누구나 가진다. 또 그렇게 사는 것이 사회 전반적으로 좋은 일이다. 누구나 가정에서 자라고 가정에서 출발하며 직장이나 학교를 거쳐 결국 다시 돌아가는 곳도 가정이기에 가정의 중요함은 아무리 강조해도 지나치지가 않다. 나는 평소에 행복한 사회가 되도록 하기 위해서는 각자 가지고 있는 가정이 보다 행복해져야 한다고 생각하고 있었다. 특히 교육자로서 학교현장에서 직접적으로 매우 다양한 학생들을 만나 보니 더욱더 가정이 중요함을 깨닫게 된다. 가정이 화목하지 못한 학생들이 의외로 매우 많다. 그래서 이들은 학교에서 제대로 적응하지 못하고 방황하거나 탈선하여 사회문제를 일으킨다.

옛날처럼 부모님이 정해 주는 것도 아니고 서로가 좋아서 결혼을 하는데 왜 가정이 화목하지 못한가? 따라서 보다 화목한 가정이 되기 위해서는 어떻게 하는 것이 좋은지에 대해 생각해 보았다. 나는 남녀 두 사람이 결혼을 한다면 그것이 우연이든 필연이든 만나 서로 사랑을 하고 의지하며 인생을 살기로 마음을 먹었다고 본다. 그런데 결혼 후에 가정에 문제가 있거나 가정이 깨어지는 것은 결혼 전에 있어서 다음과 같은 몇 가지를 소홀히했거나 나름의 이유가 있다고 본다. 예를 들면 연애하는 동안 그 두 사람이 서로 진실한 마음으로 진실한 사랑을 하지 않았을 수 있고, 어려서 판단을 제대로 못 한 경우였을 수도 있고, 서로가 성숙되지 않아 결혼생활에서 제기되는 여러 문제들에 대한 전체적인 생각이나 책임의식이 없었기 때문이기도, 혹은 이기적인 생각으로 멀리 보지 못하고 눈앞만 생각한 경우였을 수도, 상대에 대해 충분히 제대로 알지 못한 경우 등 때문이라 생각한다. 따라서 결혼을 하기 전에 이런 것들에 대해 잘 알고 준비를 하여 원만한 가정을 이루어 보다 자식들도 행복하게 지낼 수 있게 해야 한다. 위에서 말한 내용을 바탕으로 배우자를 고를 때 생각해야 할 점에 대해 몇 가지를 말하고자 한다.

첫째, 자신과 맞는 사람과 하는 것이 좋다. 맞는 사람이란 자신과 비슷하거나 공통점이 많은 경우라 할 수 있다. 그래야 갈등과 마찰이 덜 생기기 때문이다. 비슷한 직업일 수도 있고, 비슷한 종교일 수도 있고, 비슷한 목표일 수도 있다. 가급적 공통점이 많을수록 좋다.

둘째, 연애기간 동안에 등산도 하고 여러 활동을 같이해 보거나 대화를 많이 하여 상대의 성격, 목표 및 관심사, 자란 환경 등에 대해 충분히 잘 알아야 하며 그 사람의 단점이나 부족한 면을 자신이 감싸 안을 수 있어야 한다. 그러면 결혼 후에 겪을 일들에 대해 더 잘 받아들일 수 있기에 스트레스를 덜 받으며 그것에 맞게 노력하는 삶을 살기도 할 것이다. 부부는 직장이든지, 관심사든지 간에 가급적이면 비슷하거나 공유할 수 있는 공통분모가 많아야 자연히 대화가 끊이지 않는다. 그래야 이 공통점을 통해 한번이라도 더 많은 대화를 하며 더 피부를 맞닿을 수 있는 기회가 많아진다.

셋째, 어떤 다른 사람보다도 편안한 감정을 느끼는 사람과 결혼할 것을 권한다. 하루 이틀 살 것도 아니기 때문이다. 하루의 대부분을 가정에서 생활하고 자식을 낳고 죽을 때까지 수십 년을 함께 살아야 하기에 그 사람이 어떤 다른 사람보다도 자신을 더 편안하게 해 줄 수 있을 것 같은 사람을 고르는 것이 좋다.

넷째, 자신도 부족한 점이 있는 존재이기에 욕심을 부려 완벽한 사람만을 찾지 말고 눈을 조금 낮추어 80점 정도만 되어도 된다고 마음을 가지는 것이다. 물론 자신이 제일 원하는 것(기준)을 한두 가지 혹은 두세 가지 정도 정해 그것을 충족하면 어느 정도 족하다는 마음을 갖는 것도 필요하다. 자신도 다 갖추지 않았으면서 상대를 고를 때 10이면 10가지를 다 구비한 사람을 구한다는 것은 현실적으로 어렵기 때문이다.

다섯째, 인생이란 예측하지 못한 일들도 발생하고 살다가 보면 힘들고 괴로운 때도 있음을 충분히 알고, 자신(상대)이 어떤 어려움에 처하더라도 상대(자신)를 위하고 도와서 같이 어려움을 헤쳐 나갈 사람인가를 판단하여 그렇게 함께할 수 있는 사람을 배우자로 정하는 것이 현명하다.

마지막으로는 결혼 전에는 매우 심사숙고하되 결혼 후에는 하늘의 뜻이라 생각하고 모든 것을 수용하고 사랑을 키우기 위해 부단히 노력해야 한다. 사랑은 서로가 노력할 때 더 주어지는 것이기에 결혼 생활 3년차이든 13년차이든 23년차이든 항상 상대에게 도움(힘)을 주는 사람이 되어야겠다는 마음가짐을 가지고 사는 것이 행복한 가정과 삶을 사는 비결이라 여겨진다.

96 조화로운 삶

내가 제일 좋아하는 용어이자 강조하는 말들은 바로 조화이다. 세상을 살 때 매 순간 조화를 이뤄야한다는 마음을 가지고 사는 것이 현명한 방법이다. 우리의 세상을 보면 세상에는 많은 다양한 사람들이 함께 살고 있는데 문제는 서로 이기적이고 자기 뜻대로 하고자 하는 측면이 강하다는 점이다. 우애가 있게 살아야 하는데 그렇지 못한 경우가 많아 안타깝게 생각하고 있다. 물론 그 이유에는 여러 가지가 있을 것이다. 거시적으로 볼 때는 자본주의 체제나 지나친 경쟁적인 사회분위기도 한몫하지만 여기에서는 체제나 제도의 차원에서 논하는 것을 접어 두고 미시적인 차원에서 살면서 서로 우애가 있지 못하는 가장 큰 이유는 일차적으로 사람들이 저마다 자신의 입장에서 생각하고 행동하기 때문이라 생각한다. 즉 달리 말하면 자신의 생각대로 타인이 움직여 주기를 바라기 때문에 충동과 갈등이 자주 발생한다는 것이다. 따라서 그 해결방안은 서로가 상대에게 자기 뜻대로 하기를 요구하지 말고 타인의 생

교육학자 김성봉 교수의 삶, 자연, 행복

각과 입장을 보다 더 헤아려서 적절히 요구하고 양보하면서 살아가는 것이다. 이렇게 하기 위해서는 매우 어렵다. 왜냐하면 개인마다 정도의 차이는 있지만 어릴 때부터 몸에 밴 습관이 있기 때문이다. 이 습관이라는 때를 없애는 것도 바로 교육이다.

각자가 자신이 어느 정도 권위를 부리고 있는지, 고집은 어느 정도 가지고 있는지, 그리고 자기중심적이 어느 정도인지에 대한 항목들에 자문자답해 보고 스스로 고치려고 하는 마음을 가지는 것이 필요하다. 권위는 스스로 세우고자 할 때 더 생기는 것도 아니고 힘을 통해 내세울 때 더 빛을 발하는 것이 아니다. 원만한 일처리를 위해 필요한 소모품이라 생각하고 상대방을 위하고 도와주기 위해 혹은 일을 보다 더 잘되게 하기 위해 자신에게 일시적으로 빌려 준 권력이라는 낮은 마음을 가지고 살면 그 권위가 더 빛날 것이다. 여기서 나는 상대방에게 강요를 하거나 자신의 뜻대로 모든 일을 처리하기를 바라는 데서 빚어지는 갈등을 줄이기 위해 필요한 몇 가지를 말하고자 한다.

첫째, 각자 자신이 처한 여건과 위치가 달라서 상대방에 대해 조금만 더 생각을 하고 진정으로 위하는 마음을 가져야 한다. 우리 모두가 타인에게 그렇게 행동할 때 갈등은 줄어들 것이다. 아무리 성과가 높다고 하더라도 다른 사람과의 관계를 해치거나 다른 사람을 힘들게 하는 것은 바람직하지 않다.

둘째, 자신이 아무리 지혜롭고 아는 것이 많다고 하더라도 전지전능한 신이 아니기에 잘못된 판단을 하거나 지나친 행동을 할 수가 있다는 점을 깨닫는 일이다. 진리를 알더라도 혹 진리에 근거하여 결정을 했다고 하더라도 매 순간 그리고 항상 진리를 따르지 못한다는 점 또한 알아야 한다. 모든 인간들은 저마다의 처지와 입장 속에 있기 때문에 결국 그의 생각과 행동은 자신의 처지와 입장을 조금이나마 반영하기에 완벽하기가 어렵다고 할 수 있다. 그래서 자신이 깊이 생각했더라도 자신이 미처 깨닫지 못한 부분이 있을 수 있기에 절대적이라 생각하지 않아 고집피우지 않는 겸손한 태도를 항상 가져야 한다.

셋째, 세상일은 자기 마음대로 다 되지 않음을 또한 생각할 줄 안다. 위의 두 번째에서 언급했듯이 항상 올바른 판단을 하기 어려워 많은 권력을 가진 사람일수록 자의적으로 하는 부분이 크기에 죄를 지을 확률도 높아지기에 우리는 무한의 권력을 지양해야 한다. 세상일은 자기와 타자 간의 관계 속에서 나오는 것이기에 순리에 맞게 풀어 가는 것이 좋다. 그렇지 않으면 당장은 나타나지 않아도 결국에는 나타난다.

넷째, 세상은 진리와 정의대로만 움직이지 않는다는 점을 일단은 인정한다. 역사적으로 그리고 지금도 부조리하고 불합리한 일들이 많이 일어나고 있음을 알고 있지 않는가. 없앨 수는 없다. 이는 마치 365일 비가 오지 않는 날을 바라는 것과 똑같다. 물론 종국에는 진리와 정의가 승리할 것이지만 세상의 일들을 보면 주로 불의와 의가 왔다 갔다 한다. 살다 보면 자신도 모르게 잘못된 행동을 할 수도 있기에 항상 그렇게 하지 말아야지라는 마음을 가지며, 동시에 타인이 저지른 불의에 너무 화를 내거나 지나친 저항을 하지 말고 받아들이기 힘들겠지만 인내하고 초연해한다.

 **인생**

인생은 바람처럼 스쳐 가는 것.
구름처럼 잠시 머물다 가는 것.
바람이 있어도 없어도
구름이 있어도 없어도
우주 삼라만상은 똑같다.
인생은 봄처럼 따스하고 만물이 소생할 때도 있고
인생은 여름처럼 무더위를 참듯이 견뎌야 할 때도 있고
인생은 가을처럼 풍성하고 마냥 좋을 때고 있고
인생은 겨울처럼 냉혹하여 견디기 힘들 때도 있다.
이처럼 바뀌는 것이 자연의 순리.

세상에는 나도 있고 남도 있고
밝은 대낮도 있고 어두운 밤도 있고
힘든 날도 있고 즐겁고 기쁜 날도 있고
돈이 들어올 때도 있고 나갈 때도 있고
좋은 사람들도 있고 나쁜 사람들도 있고
태풍이 불고 파도가 높게 요동치는 날도 있고
잠잠하고 고요한 날도 있다.

으레 그러려니 생각하고 즐기자.

98 대인과 소인

소인은 인생에 대해 잘 생각하지 않는다.
소인은 큰 줄기를 생각하지 않고 작은 일에 연연한다.
소인은 물질을 좋아한다. 자기에게 이익이 되는지를 잘 따진다.
소인은 남위에 군림하기를 원하고 대접받으려고 한다.
소인은 멀리 보지 못하고 눈앞의 것을 전부인 양 여긴다.
소인은 하나님이 자신을 어떻게 보는지 잘 생각하지 않는다.
소인은 남이 자신을 어떻게 생각하는지에 관심이 많다.
소인은 눈에 보이지 않는 가치 있는 일을 염두에 두지 않는다.
소인은 죽음을 두려워하고 죽은 뒤의 일을 생각하지 못한다.
소인은 욕심을 많이 부리고 잘 만족하지 못한다.
소인은 인재를 몰라보며 적재적소에 사람을 배치할 능력이 없다.
소인은 권력(힘)을 좋아한다. 그래서 힘을 찾아다닌다.
소인은 패거리를 주로 하고 권력을 좋은 일에 잘 쓰지 못한다.

대인은 인생에 대해 많이 생각한다.
대인은 큰 줄기를 생각하고 작은 일에 연연하지 않는다.
대인은 의를 추구한다. 자신의 이익을 잘 따지지 않는다.
대인은 남에게 군림하려고 하지 않고 남을 돕고자 한다.
대인은 크게 보고 멀리 보고 큰일을 마음에 두고 있다.
대인은 자신이 가야 할 길과 해야 할 일을 잘 안다.
대인은 하늘이 자신을 어떻게 생각하는지에 관심이 많다.

교육학자 김성봉 교수의 삶, 자연, 행복

대인은 쓸데없는 것(껍데기)이 무엇인지를 안다.
대인은 죽음을 초월하고 죽은 뒤의 일까지 생각한다.
대인은 욕심을 부리지 않고 만족한다.
대인은 인재를 알아보며 적재적소에 사람을 배치한다.
대인은 돈과 높은 지위를 쫓지 않는다.
대인은 소신껏 행동하며 권력을 옳은 일에 쓴다.

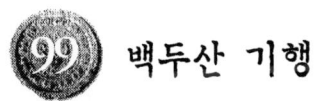

백두산 기행

　직장을 다시 잡고부터는 특별한 사정이 없는 한 일 년에 한 번 씩은 우리가족전체가 해외여행을 하기로 했다. 올해 여름방학에는 가족 전체가 백두산에 가기로 하였다. 그 이유는 첫째인 태호와 내가 둘이서 몇 년 전에 중국의 북경을 거쳐 백두산(북파)에 갔을 때 둘째인 자기와도 다음에 간다고 말했고, 최근에 TV에서 연개소 문이란 프로그램이 방영되어 고구려에 대한 관심이 높았고, 더 큰 이유는 무엇보다도 그 때 갔을 때는 날씨가 좋지 않아서 백두산의 천지를 보지 못했기 때문이다. 우리가 선택한 코스는 백두산뿐만 아니라 옛 고구려의 유적지까지 다 둘러보는 상품이었다.

　인천국제공항에 늦어도 11시까지는 도착하여야 하기에 우리는 울산에서 직접 차를 몰고 갈까 비행기를 타고 갈까 하다가 최종적 으로는 울산에서 인천국제공항으로 가는 공항버스를 탈 수밖에 없 어서 시간에 도착하기 위해서는 새벽 4시에 출발하는 버스를 타기 로 하여서 새벽 3시 30분에 애들을 깨우고 택시를 타고 터미널에 가서 공항버스를 탔다. 이번 여행에는 32명이나 참가를 하여 인원이 다소 많았는데 주로 교사들이 많았다.

버스를 타고 하루에 10시간씩 달리기도 하였는데 주위에 펼쳐진 넓은 평원과 땅을 보면서 이곳이 우리의 옛 선조들이 살았던 곳이란 이야기를 들으니 감회가 남달랐다. 우리가 다시 도약하여 이 지역에 살고 있는 우리 동포들에게 도움이 되는 나라가 되었으면 좋겠다는 바람을 해 보았다.

오늘은 백두산 천지를 보러 가는 날이다. 아침에 일어나니 새벽 4시였다. 그런데 백야현상 때문인지 환했다. 태호와 태성이 그리고 집사람과 함께 한 이번 여행에서 오늘 날씨가 좋아서 나는 이것이 태성이 덕 때문인지 아니면 하늘이 도와서 그런지 백두산 천지를 볼 수 있을 것 같아 기분이 들떴다. 어제는 장수왕의 무덤, 광개토대왕의 비석뿐만 아니라 고구려의 옛 궁궐이었던 곳과 오녀산성 등을 둘러보았다. 그런데 잊지 못할 일은 우연히 그곳에서 행운의 네잎클로버를 발견하였다는 점이다. 아무튼 대제국을 건설한 조상들을 본받아 힘을 키워 세계로 나가자. 세계의 빛이 되자.

우리 민족은 강하고 힘이 있을 때 이곳 만주, 연변의 거대한 지역을 통치하였으나 힘이 없을 때는 타국의 침입을 많이 받았고 주권도 빼앗겼다. 지금 한반도는 둘로 나뉘어 있다. 힘이 강해서 그런가 아니면 힘이 약해서 그런가? 아무튼 세계적 흐름에 의해 양분되었다. 분단되었지만 옛 고구려는 큰 제국을 가졌다. 통일될 때는 오히려 영토가 작아졌다. 아이러니하다. 정녕 우리 민족은 좁은 땅 한반도에만 머물러야 하는가! 좁은 땅 한반도로 족해야 하는가? 이 정도밖에 되지 않은 민족인가? 아무튼 유구한 역사를 지니고 있는 우리나라이기에 조상의 얼과 기백을 본받아 이 아름다운 강산을 잘 가꾸고 더 나아가서는 세계의 평화와 인류사회의 발전에 기여하는 큰 정신적 문화국가가 되자. 그럼 우리는 무엇을 남겨야 하고 무엇을 지향해야 하나? 한마디로 말하면, 부드러움과 인간에 대한 사랑이라고 나는 생각한다.

백두산 정상의 천지, 돌계단을 올라가 처음 본 그 느낌, 거대한 천지가 나를 반겨 주었을 때 그 기쁨은 말로 형언할 수 없다. 나는 백두산 천지를 내 가슴에 품었다. 아니 정확히는 대천지가 나를 품었다. 지난번에 왔을 때는 비바람이 불어서 보지 못했는데 이번에는 볼 수 있는 기회를 하늘이 주었다. 하늘이 허락해 준 것에 대해 무한히 감사한다. 덕을 쌓고 운이 있어야 볼 수 있다고 생각하니 더 기뻤고 민족의 영산인 백두산을 하루빨리 닮아서 이제는 살면서 짜증이 나는 일이나 사소한 것에 얽매이지 말아야 한다는 생각도 들었다. 먼저 인간으로 생명을 얻어 살고 있음에 감사하자.

분명 하늘(天)로 가는 길은 멀고도 힘든 길. 보통사람들은 잘 알지도 못하고 중요하게 생각하지도 않을 수 있는 길. 이생에서 못하면 다음 생에서라도 가야 하는 곳이 천국(해탈)이 아닐까 하는 생각을 해 보면서. 그럼 천국에 가는 방법(길)은 무엇일까? 물론 많은 인내와 노력과 지혜가 요구되는데 무엇보다도 비워야 할 것이다. 왜냐하면 일단 가벼워야 잘 올라갈 수 있기 때문이다. 여기서 가볍다는 말은 물질적으로 남에게 보시를 많이 했음을, 정신적으로 고민과 괴로움 등으로부터 벗어났음을, 유유자적하게 걸림이 없이 다닐 수 있음을 의미한다. 백두산 정상의 천지에서 본 흰 구름, 웅장하고 거대한 산봉우리, 푸른 천지를 본 것에 감사한다. 우리 모두는 좋은 생각을 하며 자기 몸에 맞게 열심히 살면 된다. 결코 무리하지는 말자. 모든 것은 다 하늘이 허락해야 하는 것. 내려오면서 백두산협곡도 잠깐 구경하게 되었는데 그곳에는 생사동연이라는 푯말이 달린 죽은 나무와 살아 있는 나무가 함께 하고 있는 것을 보았다. 이것은 生死가 하나임을 말하고 있었다. 따라서 이를 보고 우리는 더 이상 죽음에 연연하지 말자.

 **정상**

누구나 높이 오르려고 한다. 그래서 사람들은 땀과 노력을 쏟고 극기도 하면서 정상을 향해 몸부림치며 가고 있다. 그런데 정상에는 무엇이 있나? 아니 정상에 가면 무엇을 얻을 수 있을 것인가를 한번 생각해 보라. 인간이란 존재가 태생적으로 일을 해야만 하고 또 땀을 흘려야만 하지만 왜 정상에 그리 가고자 할까? 언제부터 그런 마음이 생겼을까? 물론 정상에 가고자 하는 사람들은 나름대로 이유가 있을 것이다. 어떤 이는 성취감을 더 얻을 수 있기 위해서 정상에 가고자 하며, 또 어떤 이는 성공하였다는 소리를 듣고 싶어서이기도 할 것이며, 그 외에는 정상에 가면 남보다 더 많은 것을 가질 수 있기 때문에, 아니면 뭔가 특별한 업적을 만들어 이름을 남기기 위해서, 아니면 남보다 더 부유하고 존경을 받기 위해서, 이것도 아니면 자신의 운명 혹은 세상에 더 좋은 일을 많이 하기 위해서 일 것이다.

그런데 여기서 하나 짚고 넘어가야 할 바는 정상에 가기 위해서는 필히 남을 이겨야만 하는 것일까라는 것이다. 물론 그런 경우도 있고 선의의 경쟁도 경우에 따라서는 더 좋을 수도 있지만 나는 전적으로 그렇다고는 보지 않는다. 정상에 가기 위해서는 무엇보다도 부단히 자신과의 싸움에서 이겨야 하고 하늘과 땅이 도와야 가능하다. 남을 이기고 많이 물리쳤다고 진정한 정상에 가는 것은 아니다. 이 세상은 단순히 다른 사람보다 경쟁하여 더 가지고 더 높은 곳으로 가기 위해 경쟁하는 곳이 아니고 우리는 이런 경쟁을 하는데 인생의 시간을 허비하기 위해 태어난 것은 아님을 알아야 한다. 왜냐하면 귀중한 생명과 시간을 보다 좋은 일을 하는데 써야 하는 것이 인생이고 이렇게 되어야 할 곳이 세상이기 때문이다. 만약 어느 누군가가 진정으로 정상에 가고자 남과의 경쟁보다는 스스로 부단히 노력했다면 그는 눈에 보이는 이 인간 속세에서는 설령 최고의 정상에 가지 못할지라도 그 누구보다도 하늘나라에 더 가까이 간 자가 될 것이다. 남을 의식하고 남을 이기겠다는 마음으로 가득 찬 사람일수록 본인이 더 지치고 힘들게 되며 이런 사람들을 유도하고 방관하는 사회는 많은 비인간적인 사건들을 초래할 바람직하지 못한 후진사회이기에 반드시 지양되어야 한다.

인생은 결코 경쟁의 장만은 아니라는 것이다. 매우 많은 것들이 이루어지고 있는 고귀한 곳이다. 흔히 경쟁에서 이긴 자들은 자기 잘난 멋에 사는 경우가 많고 오만하고 자기보다 못한 사람을 업신여기거나 무관심하여 신경을 잘 쓰지 않는다. 이렇게 되어서는 안된다. 진정 인간세상이 이런 곳인가? 인간세상이 욕계이고 사바세계라 보다면 으레 그렇지만 보다 나은 인간세상이 되기 위해서는 달라져야 한다. 태어나서 서로 더 가지고 더 높이 올라가기 위해 경쟁하고 여기서 진 사람을 이긴 쪽에서 함부로 대하는 사회가 더 이상 반복 재생산되지 않기를 나는 학수고대하고 있다. 특히 정상에 올라간 사람일수록 더 겸손하고 더 남에게 좋은 일을 많이 하고 자기보다 못한 사람을 도와주어야 한다. 부와 권력보다 더 위대한 것은 정의이고 이 정의보다 더 위대한 것은 사랑이다. 따라서 진정 위대한 자가 되려고 하면 더 따뜻하고 더 부드러워야 한다.

한편 관료화된 답답한 인간들이나 규칙과 관례에 꽉 막힌 사람보다는 무엇이 더 가치있고 값진 것임을 잘 알고 보다 융통성이 있고 자유롭게 생각하며 가급적이면 어려운 사람을 더 많이 도우려는 착한 심성을 가진 사람을 하늘이 더 원할 것이다. 이와 관련하여 내가 세상에 바라는 점은 힘이 지배하는 세속사회에서 정상에 있는 사람들 모두가 착한 마음을 가진 보다 지혜로운 이들이 채워지는 것이다. 어쩌면 금방 이루어질 수도 있겠지만 참으로 어려운 일이라 그렇지가 않으면 아마 1,000년이 지나도 힘들지도 모른다. 왜냐하면 이런 것이 인간세상이기 때문이다. 보다 착한 마음을 가진 사람들이 더 정상에 많이 올라갈 수 있는 세상이 되기 위해서는 먼저 장애물이 제거되어야 한다. 기존의 관습도 장애가 될 수도 있고 권모술수나 아부, 세습이나 기회주의 등도 장애가 될 수 있다. 착하고 성실한 사람들이 더 인정받아 높은 곳에 올라가는 사회가 바른 사회라 본다. 이런 건강한 바른 사회는 요원할까? 건강, 지식과 기술, 특히 자신이 가지고 있는 부와 권력은 다 남을 위해 잘 쓰라고 자신에게 주어진 것이라 생각하는 것이 건전한 사람이 가지는 태도이다. 건강한 사람은 참된 이치와 하늘을 기쁘게 하는 방법을 잘 안다. 따라서 눈에 보이는 것들이나 현세에서 우리가 흔히 추구하는 것들은 다 영원히 가질 수도 없을 뿐 아니라 허망한 것임을 알고 혹 가졌다면 그것은 일시적으로 자기에게 빌려 진 것이라 생각하고 하늘(부처)이 원하는 것이 무엇인지 생각하고 그 원하는 방향으로 쓸 것이다.

맑고 푸른 하늘을 자주 보자. 하늘이란 무엇인가? 크다. 무한이다. 비어 있다. 무한한 사랑, 관용, 자비 같은 것. 그리고 위인이자 큰 인물들은 이 하늘의 뜻을 보다 더 알고 행하고자 한 사람들이다. 그는 결국 선이 이긴다는 것과 좋은 일을 하면 좋은 복을 받고 남에게 나쁜 짓을 하면 자신이 다음에 고스란히 다 받는다는 점을 누구보다도 잘 알고 있다. 그래서 그는 하늘을 한 번이라도 더 생각하고 하늘의 목소리에 더 귀를 기울이고자 했고 하늘의 뜻을 조금이라도 더 실천하고자 했다. 따라서 그는 더 가지려고 하는 것보다는 남을 더 돕는 것을 인생의 목표로 하면서 유유자적하게 산다.

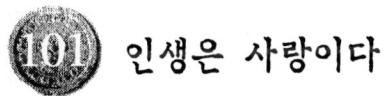

인생은 사랑이다

인생이 무엇인가에 대해서는 사람에 따라 다르기에 매우 다양한 대답들이 나올 수 있다. 예를 들면 한 여름날의 꿈이라 보는 사람도 있을 것이며, 어떤 이는 희로애락이 섞여 있는 것이라 말 할 것이고, 다른 한편으로는 여행이나 등산과 같은 것이라 볼 수도 있고, 구도의 한 과정이라 생각될 수도 있다. 이처럼 각자 자기 나름의 다양한 정의를 내릴 수가 있겠지만 나는 내가 가르치는 한 학생이 추천한 노래를 들으면서 더욱더 인생이란 사랑하는 것이란 생각을 하였다. 왜냐하면 우리 인간들은 하늘에서 그냥 떨어진 존재도 땅에서 솟아난 존재도 아니라 부모님의 사랑으로 자랐고, 살려면는 공기와 물 그리고 빛 등 자연의 많은 사랑을 받았기 때문이고, 무엇보다도 사회가 이렇게 지속되고 있는 것은 수많은 사람들이 타인에 대해 인내와 포용 그리고 양보와 배려 등을 실천했기 때문이라 생각하기 때문이다. 그래서 나는 삶은 사랑하는 것이라 보고 있다. 따라서 삶의 과정에서 부단히 참고 베풀어야 하기에 교육을 통해 사랑하는 태도를 익히도록 교육시키는 것이 참된 교육이며 그렇게 교육시키는 자가 참된 교육자라 생각하고 있다. 따라서 가정뿐 아니라 학교는 더욱더 사랑하는 방법에 역점을 두고 가르쳐야만 한다.

사랑에 대표적인 책으로는 내가 좋아하는 사람인 E. FROM이 쓴 『사랑의 기술』이 있다. 물론 이 외에도 여러 책들이 있지만 잘 쓰여진 책이라 판단하기에 아직까지 읽어보지 않았다면 시간을 내어 한번 읽어보았으면 한다.

한편 여기에 사랑에 대한 나의 생각을 짧게나마 적어보았다. 사랑을 하기 위해서는 그것이 어떤 것이든 먼저 대상이 있어야 하는데, 그것은 자기 자신일 수도 있고, 꽃이나 나무와 같은 자연일 수도 있고, 학생이나 자식처럼 움직이는 생명체일 수도 있다. 그 다음 사랑한다는 것은 무엇을 의미할까? 혹은 사랑한다는 것은 그 대상에게 어떻게 하는 것일까? 그것은 첫째, 그 대상에 관심을 가지는 것이다. 이때의 관심은 그 상대가 보다 성장하고 잘 되기를 바라는 마음을 전제로 한다. 따라서 사랑하는 사람은 남(상대)이 더 잘되기를 바라는 마음을 변함없이 가지고 있으며 사랑을 실천하고자 한다. 그래서 남이 잘 되기를 바라는 마음이 없는 관심은 결코 사랑이라 할 수가 없다. 이때의 관심은 주로 관리나 통제 때 나타난다. 둘째, 필히 그는 상대가 진정으로 무엇을 필요로 하는가를 잘 알고 있으며 해 주려고 한다는 것이다. 사랑하는 사람은 상대가 원하는 것을 해 주고자 하는 마음으로 가득 차 있다. 그래서 원하는 것이 빛이면 빛을, 물이면 물을, 기름진 흙이면 흙을 또 다른 어떤 것이든 제공해 준다. 이때 그도 좋고 그 조직도 더 좋아진다.

셋째, 인내를 할 줄 알고 그 대상에 맞게 제공하는 것이다. 사랑하는 사람은 성급히 무엇인가를 이루려고 하지도 않고 시간을 갖고 느긋이 하고자 하며 무엇보다도 상대를 고려하여 그에게 맞게 적절히 주고자 한다. 여기에 학생이 추천한 대니 보이(Danny Boy)란 노래의 가사를 적어 보았다.

오 대니 보이, 백파이프 소리들이 울려 퍼지네.
골짜기에서 골짜기로 그리고 산허리 아래로.
여름은 가고, 모든 잎들이 떨어지고 있으며
너는 가야하고 나는 머물러야 하네.
하지만 너는 돌아와, 초원에 여름이 오거나
또는 조용한 골짜기가 눈으로 희게 될 때.

난 햇빛 속이거나 그늘 속이거나 여기 있을 거야
오 대니 보이, 오 대니 보이, 난 널 사랑해.

만약 모든 꽃들이 죽어 갈 때 네가 돌아오면
나는 죽었거나, 틀림없이 죽어 있겠지.

너는 와서 내가 누워 있는 곳을 찾을 것이며
무릎 꿇고 나를 향해 '안녕'이라고 하겠지.

나는 들을 것인데, 네가 부드럽게 내 위를 밟으면
내 무덤은 더 따뜻해지고 달콤해지겠지.

네가 나를 사랑한다고 틀림없이 말할 것이지
나는 네가 나에게 올 때까지 평화롭게 잠들 거야.

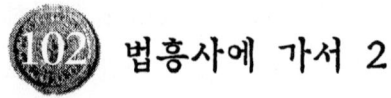 **법흥사에 가서 2**

가다 보면
험한 길도 있고
힘들 때도 있다.
으레 그러려니 생각하자.

살다 보면
마음에 화를 낼 때도 있고
내 자신을 내세우기도 하고
자신도 모르게 더 가지려고 한다.
나를 버리자.
양보하자.

물안개처럼
없어질 것을 좇기도 하고
뭔가를 이루기 위해 발버둥도 친다.
결국 다 없어질 것.

고요히 앉아
부처임을 깨닫고
해서는 안 되는 일 하지 않고
할 수 있는 일도 욕심을 부리지 않고
내 능력껏 한다.

좋은 꽃에는 나비가 오고
더러운 찌꺼기에는 파리가 온다.
아름다운 진리를 담기 위해
몸과 마음을 깨끗이 하고 좋은 일을 많이 한다.

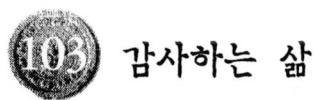 **감사하는 삶**

살면서 감사하는 마음을 계속 가지기는 매우 어렵다. 세상일을 하다보면 일에 쫓겨 잊어버리기도 하고 자기도 모르게 불평불만을 하게 되고 스트레스를 받는 경우도 종종 있다. 그래서 우리는 자주 힘들어 한다. 하지만 힘들다는 생각 자체를 없애는 지우개가 있다면 힘들어 하지 않는다고 보며 그 지우개가 바로 감사하는 마음이라 생각하고 있다. 따라서 우리 모두 힘들다는 생각이 조금이라도 마음속에 자리 잡지 못하도록 먼저 감사하는 마음을 가지도록 노력한다.

첫째, 큰 줄거리를 보고 작은 일에 마음을 빼앗기지 말자.

인간으로 태어나지 못한 경우도 많고 지금 이 순간에 죽음을 목전에 두고 있는 사람들도 많다. 따라서 먼저 인간으로 태어나 살고 있음에 무한히 만족하고 감사해야 한다. 그리고 인생을 보다 즐겁게 살기를 원한다면 무엇보다도 하루에도 여러 번 감사하는 마음을 가져야 한다. 그 다음은 아직도 좋은 일을 할 수 있는 시간과 에너지가 자신에게 있다고 생각하는 것이다. 살다보면 사소한 일을 크게 확대해석하여 그다지 중요하지 않는 일로 괴로워한다. 그래서 우리는 큰 것만 생각하고 작은 일로 마음 상하지 말아야 한다. 인생에 있어 큰 것은 죽느냐 사느냐, 계속 가던 길을 갈 것인가, 누구와 결혼할 것인가, 자식을 낳을 것인가와 같은 것이다. 물론 이런 것들도 경우에 따라 큰 것이 아닐 수도 있다.

둘째, 자신의 행복의 기준을 낮추자.

기준이 높으면 높을수록 충족시키기 어렵다. 그래서 행복할 수 있는 그 기준을 대폭 낮추어 작은 일에도 기쁠 수 있어야 한다. 욕심이 크면 클수록 채우기가 힘들다. 특히 큰 욕심에 집착하면 한순간 한순간과 하루하루를 힘들게 살 수 있기에 주위에서 행복거리를 많이 찾는 사람이 되어야 한다.

셋째, 상대방이 원하는 대로 하자.

우리 삶의 대부분은 자기와 상대와의 관계이다. 상대가 기쁘면 나도 기쁘다. 그래서 상대방이 좋아하는 것이나 원하는 것을 해 주고 도와주고 편하게 해 주며 잘해 준다. 물론 이렇게 하는 것이 매우 어려울 수 있지만 이것이 인생의 궁극적 목적이고 자신도 좋고 또한 남도 잘되는 길이라 생각한다.

넷째, 욕심을 한 순간이라도 덜 갖는다. 달리 말하면 먼저 부에 대한 욕심이 없어야 하고 그 다음 권력 더 나아가서는 명예마저 머리에서 지운다.

인간이 살면서 필요한 것이자 살면서 자연히 추구하게 되는 돈·힘·이름에 시달리지 않고 초월해야 한다. 그럼 무엇을 위해 사나? 그럼 인생이 무슨 재미가 있나라고 말할지도 모른다. 더 큰 것이 있다. 이를 다 버리면 인생을 진짜 즐길 수 있다. 재미있게 살 수 있다. 교육이 중요하다.

다섯째, 포용하는 마음을 가지자.

세상은 불완전하기도 모순적이기도 하고 모두가 너나 할 것 없이 살면서 잘못하기도 하고 작은 죄든 지으면서 살기에 잘못한 경우를 보거나 불합리한 것을 보더라도 가능하면 최대한 포용하자.

 # 자기 능력껏 하고 두려워 말자

무엇 때문에 걱정하는가? 열심히 하고 그 결과에 맞추어 살면 된다. 무리하게 욕심을 부려 근심하고 초조해하여 몸을 상하게 할 필요가 없다. 뿌린 대로 거두고 한 만큼 받는다는 생각을 가지면 된다. 더 이익을 생각하지 말자. 대학입시도 학교시험성적도 각종 취업시험과 승진 및 고시도 마찬가지이다. 성적대로 자기 원하는 곳을 찾아가고, 해 보고 안 되면 차선책을 택하면 된다. 더 가지고 싶거나 더 올라가고 싶으면 더 땀을 흘리면 된다. 눈이 녹듯이 가야하면 가면 된다.

가지면 얼마나 더 가질 것인가?
죽을 때나 다른 일로 결국 자기 손을 떠난다.
가진 것이 적으면 적게 먹으면 된다.
올라가면 얼마나 더 올라갈 것인가?
올라가면 반드시 내려와야 한다.
더 높이 못 올라갔으면
그곳에서 적게 명령하고 적게 책임지면 된다.

변화하고 바꾸려면 얼마나 바꿀 것인가?
왔다 갔다 하기에 세상은 다시 원상 복구된다.
문제는 자기 자신부터 변화되어야 하며
그것도 타인에게도 도움을 주는 변화여야 하기에 매우 어렵다.

현실에 만족하고 기쁨을 만끽하자.
봄 · 여름 · 가을 · 겨울의 공기를 느끼고
자연이 주는 맛있는 과실들을 먹으며 온몸으로 기뻐하자.

105 대승사에 갔다 와서

시간을 내어서 처음으로 이곳 대승사에 왔다.
높은 지위를 얻기 위해 태어난 것도
더 가지려고 태어난 것도 아니다.
꽃피듯 열매 맺듯이
어느 순간에 태어났네.
인생은 바람처럼 구름처럼 지나갈 것.
우연인가 필연인가도 중요하지 않고
어디서 왔는지도 그다지 중요하지 않다.
재미있게 보람되게 살면 될 일.
고통이 어디서 오고 기쁨은 누가 주느냐가 중요한데
이 모두 다 자신이 만든 것.
그래서 더욱더 화엄경 사구게가 떠오른다.
마음이 중요.
지옥에 가든 어디에 가든
水처럼 살면 되고
만족하면 되고
긍정적으로
아름답게 보면 된다.
그러면 그곳이 극락일 것이다.
집착하지 말자. 자기를 버리자. 물욕을 버리자.
죽음을 내가 싫다고 피할 수 없다.
많은 사람들은 싫어도 가야만 했다.
겨울이 싫다고 오지 않게 할 수는 없다.
겨울에는 옷을 많이 입든지 따뜻하게 지내면 된다.
自他一體.

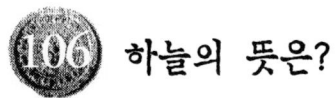 **하늘의 뜻은?**

하늘이 우리가 사는 이 지구를 포함한 우주 세계를 만들었다면 그 진의가 무엇일까? 그리고 이 지구만 해도 이루 헤아릴 수 없을 정도의 많은 생명체들이 살고 있는데 굳이 인간을 만든 이유는 무엇일까? 하느님이 자신의 능력을 시험하기 위해, 자신과 비슷한 존재를 원해서, 아니면 자신의 뜻(사랑의 힘)을 이루기 위해서, 혹은 심심풀이로, 혹은 불가피한 일이자 순리이기 때문일 수도 있다. 우리는 아직 그 진의를 알 수가 없다. 물론 알 필요도 없지만 하늘(天)이 최소한 무엇을 원하고 어떤 이치로 움직이고 있는지 정도는 알 필요가 있으며 또한 이것이 실제 삶에도 도움이 된다고 생각하고 있다.

먼저 하늘이 어떤 이치로 움직이는지에 대한 내 생각은 자신이 지은 (행위)업에 따라 거의 진행된다는 것이다. 물론 그 바탕에는 하늘의 지극한 사랑이 있음은 분명하다.

먼저 우리가 이 세상에 온 것과 인간으로 태어난 것은 우리들의 노력(업)과 함께 하늘의 매우 큰 사랑이 있었기 때문이라 본다. 가정하여 말하면 앞으로 자신이 천국에 갈 것인지 혹은 지옥에 갈 것인지 아니면 다시 인간세상으로 갈 것인지는 본인이 거의 결정한다고 보면 된다. 그 행위를 보고 하늘이 도울 만큼은 도울 것이다. 만약에 자신이 한 노력이나 행위에 관계없이 주사위 돌리듯이 추첨하듯이 결정된다면 이 얼마나 불합리한 것이 되는가. 하늘이 이처럼은 하지 않을 것이라 판단된다. 그런데 만에 하나 내가 생각하지 못하는 다른 이유가 있을지도 모른다. 이 세상에 태어나는 것부터, 동물이 아닌 인간으로 태어나는 것, 부모가 결정되는 것, 부자든지 혹은 가난한 집에서 자라는 것 등의 모든 것들이 무작위로 이루어진다고 볼 수는 없다. 다 근거와 합당한 이유가 있다고 보고 싶다. 그래서 자신의 처지나 환경 그리고 부모, 국가나 살고 있는 시대 등에 대해 원망하거나 불평할 필요가 없다. 지금 자신이 힘들고 어렵거나, 편하고 힘들지 않으면 다 그만한 이유가 있어서 그런 것이다. 현재는 다 과거의 결과물이기 때문이다.

불교에서는 과거의 업에 따라 현재가 이루어지고 현재 자신의 행동에 따라 미래가 결정된다고 말한다. 착한 일을 한 정도를 기준으로 결정하면 지극히 선한 사람이나 좋은 일을 한 사람은 다음에 천국(천당)에 가거나 좋은 환경에서 태어날 것이고, 지극히 못된 사람이나 큰 죄를 지은 사람은 지옥에 가거나 어렵고 힘든 환경에 가게 된다. 그러니 우리에게 남은 과제는 착하고 열심히 살면 된다. 착실. 이것은 조화와 함께 내가 강조하는 말이다. 위에서도 말했듯이 하늘은 기본적으로 우리가 더 잘되기를 바라고 있다. 그래서 지금도 많은 사랑과 자비를 베풀고 있기에 감사한 마음을 가지는 것은 당연하다. 하느님이 원하는 사람이 되도록 노력하자. 하느님은 사랑을 하는 큰 인간을 바라고 부처는 자비심을 행하는 인자한 인간을 원하니 우리는 마음을 잘 닦아서 어떤 환경에서든지 사랑과 자비를 실천할 수 있는 사람이 되도록 하자. 이처럼 말을 하기는 쉽지만 실천하기는 매우 어렵다는 점을 시인한다.

 고통에서 벗어나 행복의 세계로

누구나 고통에서 벗어나기를 바라고 행복하기를 원한다.

苦는 어디에서 오나? 幸福은 또 어디에서 오나?

자신의 마음에서 비롯된 것이다.

살다 보면 자기도 모르게 우울하기도 하고 힘들기도 하고 괴롭기도 하며

자기도 모르게 힘이 솟기도 하고 기쁘기도 하고 즐겁기도 하다.

마음은 요지경이다.

그래서 자신의 마음을 자유자재로 부릴 수 있는 주인이 되는 것이 聖者의 모습이다.

우리가 살면서 느끼는 대부분의 기쁨과 슬픔의 단초는 다양하다. 여러 가지 요인들이 있다. 하지만 그렇게 느끼는 최종적 결정은 역시 자기 마음이다. 따라서 먼저 될 수 있는 대로 욕심을 줄이고 주어지는 현실을 긍정적으로 받아들여야 한다. 그리고 어떤 것이 자기를 괴롭히더라도 여기에 굴하여 마음이 흔들리지 말고 평상심

과 즐거운 마음을 유지할 수 있어야 한다. 따라서 최소한 판단착오나 실수를 하지 않아서 스스로 고통을 유발하거나 어려운 상황에 들어가지 않도록 주의해야 한다. 고통을 만들지 않거나 자신을 고통 속으로 가지 않기 위해서 무엇보다 필요한 것은 바로 올바른 생각과 올바른 행동이다.(부처님은 그래서 특히 8정도를 강조하셨다.) 자신과 타인과의 관계에서는 살다 보면 자신도 모르게 남을 무시하거나, 괴롭게 하거나, 피해를 주는 경우도 있다. 이 모든 것의 뿌리에는 자기, 자기의 이기심, 자기 생각의 고유한 시스템이 있다. 이 세상에 살면서 누구나(지위고하와 가진 것의 정도를 떠나서) 자신을 상대방이나 주어진 환경에 맞추려고 하고 자신의 주장과 이익보다는 타인이 원하는 위주로 행동하면 이 세상은 보다 살기 좋은 사회가 될 것이라 확신한다.

여러분들은 언제 괴롭고 힘든가? 물론 여러 경우가 있을 것이다. 어떤 경우에는 하는 일이 많거나 힘에 부쳐서, 또 다른 경우에는 하는 일이 자기 뜻대로 되지 않아서, 혹은 먹고 살기가 힘들어서, 그 외에 자신과 타인에 대한 기대와 욕심이 지나쳐서, 죄를 지었거나 부정한 잘못을 저질러서, 난처하고 어려운 위기에 봉착을 하여서, 쓸데없는 망상을 하여서, 과거의 잘못에 집착하고 있거나 미래에 대한 우려와 걱정을 하여서, 남이 나를 힘들게 하여서 등 이루 헤아릴 수 없을 정도로 그 이유가 많다.

각 경우에 대해 일일이 그 해결방안을 모색할 수도 있지만 한마디로 말하면 다 자기 마음이 만든 것이기에 제일 좋은 방법은 미리 고민이나 고통에 아예 빠지지 않는 것이고 만약 불가피하게 혹 그런 상황에 처할 경우에는 마음을 걱정에 빼앗기지 않는 것이다. 만약 고민이 엄습하면 가급적 고민거리를 머리에서 지우도록 한다. 이미 지나간 과거의 일을 생각해서 무엇하랴! 현실에 대한 생각도 자신이 왜곡해서 보았을 수도 있고 미래에 대해 미리 걱정하고 불안해하는 것도 쓸데없는 짓이다. 아집, 욕심, 왜곡이 머리를 복잡하게 만들고 현재의 행복을 앗아가는 것들이다. 따라서 주어진 조건에 대해 긍정적인 사고를 하고, 순간순간을 재미있고 즐겁게 보내려고 하고, 하던 일에 욕심 부리거나 남과 비교하지 말자. 이것은 등산할 때와 매우 비슷하다. 힘들 때 잠시 쉬며 가는 것, 정상이라는 목표에 집착하지 않고 여유를 가지고 주위의 아름다운 경치를 음미하면서 가는 것, 갈 길이 아직 얼마나 남았을까라는 생각을 덜 하고 정상에 도달했을 때의 성취감을 생각하며 가는 것이 좋은 것처럼 말이다.

여러분들은 언제 가장 즐겁고 행복한가? 자신이 원하는 것을 얻었을 때, 자신이 좋아하는 것을 가지게 되었거나 누릴 때, 사랑을 받고 있다고 생각할 때, 건강하고 마음에 맞는 친한 친구와 술 한 잔 할 때, 사랑을 할 때, 가족이 서로 화목할 때, 자신을 인정하고 이해할 때, 열심히 일하고 땀을 흘릴 때, 괴롭지 않을 때 등 이루 헤아릴 수 없을 정도로 많은 경우가 있다. 더 행복하고 즐겁기 위해서는 자신이 언제 가장 즐겁고 기쁜지에 대한 객관적인 파악을 하여 본인이 그런 때를 만드는 것이 좋다. 그리고 무엇보다도 필요한 것은 본인이 사랑을 많이 받아온 사람이고 앞으로 자신도 더 사랑을 하는 사람이 되어야겠다고 마음을 먹는 것이다.

이렇게 되기 위해서는 필히 낮은 마음을 가져야 한다. 왜냐하면 낮은 마음을 가지면 가질수록 자신이 사랑을 받고 있음을 더 많이 느끼기 때문이다. 그러면 항상 감사하는 마음을 가져서 즐겁게 하루하루를 보내게 되며 이런 자신의 즐거움은 또한 타인에게도 좋은 영향을 준다. 남을 사랑하는 것은 우리 인간이 할 수 있는 일들 중에서 최고의 일이다. 따라서 인간이 할 수 있는 최고의 일을 하고 싶은가? 그러면 남을 사랑하라! 단 조건이 있다. 그것은 타인을 사랑하고 즐거움을 주기 위해서는 먼저 자신이 즐거워야 한다는 것이다. 즉, 즐거움을 줄 준비를 갖추고 있어야 한다. 이 준비란 즐거운 생활을 지향하는 마음과 타인에게 즐거움을 주어야겠다는 마음이다. 돈이 들지 않는다. 다만 수행이 필요하다. 여기에는 돈이 들지 않는 밝은 미소나 웃음, 부드러운 말씨와 도와주고자 하는 마음과 행동 등이 있다. 우리 모두 사랑을 실천하는 사람이 되자.

 # 통도사 53선지식 화엄법회에 참여하며

통도사에서 2007년도에 53일 동안 화엄법문을 들을 수 있는 기회를 주어서 나는 바로 신청을 했고 시간이 날 때마다 가서 스님들의 높은 법문을 들었다. 그리고 부모님들의 영가도 올렸다. 좋은 말씀을 많이 들으면 더 좋을 것이라 생각하였다. 실제로 엄청 많은 사람들이 동참을 했다. 평소 시간이 날 때 가볍게 절에 갔다 오기에 스님들의 설법을 들은 기회가 드물었다. 그래서 항상 불경을 읽는 것도 중요하지만 미리 깨우친 분들의 말씀을 좀 듣는 것이 좋다고 생각하고 있었기에 이번 기회에 나는 실컷 여러 스님들의 좋은 말씀을 들을 수 있었다. 이것도 복이다. 법문하신 스님들 대다수는 이 화엄법회가 바로 극락이고 이 법문을 듣는 것은 매우 많은 복이 있어야 가능하기에 우리들 모두가 복이 많다고 했다. 우연인지 필연인지 아무튼 나는 좋았다.

깨달은 사람은 자유자재하여 자기가 마음먹은 대로 행할 수 있는 존재이기에 자기 마음대로 이승에 왔다가 저승에 갔다가 할 수도 있다고 본다. 나는 인간이면 누구나 불성을 가지고 있어서 자신이 마음먹고 노력을 한다면 얼마든지 깨쳐서 높은 경지까지 갈 수도 있다고 생각하는데 이 경지란 바로 즐거움 속에 거하는 것을 말한다. 그런데 대부분의 사람들은 자신이 부처라든지 불성이 있다든지 깨치면 자유자재할 수 있는 존재라는 것을 잘 모를 뿐 아니라 심지어는 인생의 참된 의미뿐 아니라 더 나아가 자기 자신에 대해서마저도 잘 모르고 살고 있다. 그래서 안타까운데 이렇게 된 이유에는 그만큼 삶에 여유가 없어서 일수도 있고, 물욕이나 이기심 혹은 환경에 너무 지배되어서 그럴 수도 있고, 아니면 지혜가 그만큼 없기 때문이기도 할 것이다. 그럴수록 한 번 더 생각해 보고 올바른 길로 가고자 해야 하고 깨끗한 마음을 가져야 하는데 먹고사는 데 정신이 없고 여러 사람들과 같이 살아보니 자기도 모르게 진정으로 올바른 것을 놓쳐 버리는 경우가 많을 만큼 세상은 혼탁해졌다. 그래서 우리는 더욱더 진리를 가까이해야 한다. 왜냐하면 진리는 결국 우리를 더 편하게 하고 보다 올바른 삶을 살게 만들어 주기 때문이다. 따라서 특히 교육에 종사하는 모든 사람들은 교육이 이 방향으로 가도록 애써야 한다.

한편 세상을 즐겁게 살아가는 방법에는 여러 가지가 있다. 그 대표적인 것은 눈에 보이는 것만을 중시하여 추구하지 않는 것이다. 달리 말하면 눈에 보이지 않는 것을 중시할 수 있는 마음의 눈을 가지는 것이라 말하고 싶다. 눈에 보이는 것에는 부(돈)뿐만 아니라 권력과 명예, 여자(남자) 등이 해당된다. 물질은 살아가면서 없어서는 안 되는 필수 불가결하지만 이것이 전부가 아니기에 눈에 보이는 것에만 매달리거나 지나친 집착을 하는 삶은 잘못된 방향으로 흘러갈 수 있기에 항상 경계해야 한다. 우리에게 주어진 인생이란 시간은 결코 길지도 않을 뿐만 아니라, 단순히 돈과 권력을 더 가지기 위해 주어진 시간도 아니고, 남에게 자신의 능력을 자랑하기 위해 곳도 아님을 명심해야 할 것이다. 따라서 귀중한 시간인 우리의 인생을 남을 이기기 위해 쓰지 말고 보다 가치가 있고 숭고한 일을 하는 데에 쓰는 것이 바람직하다. 최소한 좋은 뜻을 가지고 행동하는 사람에게 있어 자신이 장애물이 되지는 말아야 할 것이다.

우리가 현재 살면서 행해야 하는 것은 첫째, 더 가지려고 하지 말고 물질에 덜 집착하고 남을 더 생각하고 잘해 주는 것이다. 둘째는 인간의 몸으로 태어나 살고 있고 일할 수 있음에 무한히 감사하는 것이다. 셋째는 자신의 몸에 맞는 일과 배우자와 사람들을 만나서 사는 것이다. 넷째는 보다 좋은 일을 하는 것이다. 선행을 하며 선업을 쌓는 것을 말한다. 웃는 얼굴과 밝은 얼굴 그리고 부드러운 말도 여기에 해당된다. 옛말에 一日一善이란 말이 있지 않는가! 나는 어느 순간부터 이 말을 좋아하게 되었다. 왜냐하면 교육적으로 매우 중요하다고 보았기 때문이다. 그래서 최소한 하루에 한 가지씩은 착한 일을 하겠다는 마음을 가지고 살면 좋다. 내가 보기에 하루에 한 번 착한 일을 하면 그 하루를 헛되게 살았다는 마음이 없어질 것이고, 하루에 두 번 착한 일을 하면 마음이 즐겁고 기쁠 것이며, 하루에 세 번 좋은 일을 하면 천상에 온 것 같은 느낌을 가질 것이라 본다. 문제는 하루에 일상생활 속에서 얼마나 실천하느냐가 관건이다. 그에 따라 더 행복하기도 하고 덜 행복하기도 할 것이다. 인생은 정해진 것이라기보다 자신의 생각과 노력여하에 따라 달라지기에 우리는 서로 연관되지만 위의 네 가지에 더 근접하는 사람이 되고자 하자. 그것이 부처님(예수님)이 바라는 것이다.

 **세상은 각기 다른 존재들의 집합소**

　세상을 살아감에 있어 우리가 사는 이곳이 어떤 곳인지를 잘 아는 것이 매우 중요하다. 물고기가 물을 떠나 살 수 없듯이 우리 인간은 사회를 떠나서는 살 수가 없다. 그래서 우리가 사회에 대해 잘 아는 것은 지극히 당연한 일이다. 왜냐하면 자신이 몸담고 살아가고 있는 곳이 어떠한 가를 잘 알아야 보다 잘 살 수가 있기 때문이다. 그런데 이 세상이 어떤 곳이라고 한마디로 단정하기는 매우 어렵다. 하지만 내가 이 세상에서 이제까지 살면서 느낀 몇 가지 점들을 말하고자 한다. 이것만이라도 명심하고 살면 보다 더 지혜롭고 행복하게 살 수 있을 것이라 생각한다.

　첫째, 세상은 각기 다른 존재(Difference)들이 공존하는 곳이다.

　저 들판에 서 있는 소나무들도 그 모양이 각기 다르다. 어느 소나무가 진짜 소나무라든지 어느 소나무가 옳은 나무인지를 말할 수가 없다. 각기 다른 크기와 모양을 하고 있다. 따라서 우리가 타인을 대할 때 그는 나와 다르다는 점을 먼저 인정하고 들어가야 한다. 그래야 세상 살기가 더 편해질 것이다.

둘째, 세상은 변한다(Changing)는 점이다.

어제의 남대문이 오늘은 잿더미가 되어 있네. 30년 전의 세상과 나의 모습과 지금과 다르고 또한 50년 후의 미래에는 더욱더 몰라볼 정도로 엄청 달라져 있을 것이다. 아마 이 세상에서 자신의 모습은 사라져 그 어느 누구의 눈에도 보이지 않을 것이다. 형태가 있는 모든 물질은 변하기에 너무 자신을 내세우지도 말고 너무 물질에 연연해하지도 말자.

셋째, 세상은 비합리적(Unjustice)이기도 하다.

이 세상은 어느 한 사람에 의해 조정되지도 않을 뿐만 아니라 그 어느 누구의 계산대로 움직이지도 않는다. 따라서 내 뜻이나 상대의 뜻과는 다르게 돌아가기도 하고 완벽하게 움직이지도 않아서 불합리한 것들이 많다는 점이다. 그러니 이를 빨리 인정하고 받아들이며 살면 보다 더 마음이 편할 것이다.

넷째, 세상은 경이로운(Wonderful) 곳이다.

즉, 새로움의 산실이다. 어제와 오늘이 다르다. 오늘 하루도 자신이 알지 못했던 많은 것이 새로 만들어지며 발견된다는 점이다.

새로운 것들이 널려 있는 곳인데 습관에 젖어 그냥 쳇바퀴 돌듯이 살면 보이는 것이 똑같고 무미건조하여 재미가 없다. 눈을 크게 뜨고 보면 낯설고 신기한 것이 지천에 있으니 발견하고 느끼며 살자. 그래야 인생이 보다 더 재미있을 것이다.

다섯째, 세상은 사랑으로 움직여지는 충만(Loveful)한 사랑이 있는 곳이다.

이 세상은 하나님, 부처님, 진리, 선조, 부모님, 선생님, 친구, 대자연, 뭇 생물들, 이웃들의 보이지 않는 사랑의 덕으로 움직여지고 있는 곳이기에 사랑이 충만한 곳이라 할 수 있다. 따라서 지금의 자신이 매우 많은 사랑을 받고 있는 존재임을 먼저 깨닫고 사랑을 창조하여 다른 사람들에게 줄 수 있는 존재라 생각하며 살자. 그래야 보다 더 즐겁게 살 수가 있다.

 **우리나라**

좋거나 싫거나 우리가 태어나 살고 있는 곳.

금수강산이라 불릴 만큼 자연이 아름다운 곳.

널리 인간을 이롭게 하자는 것이 국가이념인 곳.

유구한 역사를 가졌고 찬란한 문화유산이 있는 곳.

이념적으로 갈라서 지금까지 남북분단으로 있는 곳.

타고르가 일찍이 우리나라를 동방의 등불이라 부른 곳.

강대국인 미국, 러시아, 중국, 일본이 둘러싸고 있는 곳.

땅이 좁고 지하자원이 거의 없지만 많은 외침을 받은 곳.

흰색과 평화를 사랑하며 인정이 많은 우수한 사람들이 많은 곳.

세계가 놀랄만한 경제성장을 이루었고 민주주의를 키우고 있는 곳.

유교, 불교, 기독교, 천주교 등 많은 종교들이 함께 공존하고 있
는 곳.

누구나 노력하면 출세할 수 있고 돈을 많이 벌수 있다고 믿는
곳 등.

이처럼 우리나라에 대해 말하자면 끝이 없을 것이다.

여기서 특히 말하고 싶은 것은 우리나라는 이름 없는 수많은 국민들이 일군 나라라는 것이다. IMF나 수많은 외침 등 우리나라가 어려움에 처했을 때 자신의 몸과 가진 물질을 아무런 조건도 없이 나라에 바친 이름 없는 국민들, 평화로운 시기에는 찬란한 문화유산을 만들기 위해 자신을 희생하면서까지 몸과 영혼을 바친 이름 없는 사람들이 있었다.

우리나라의 문화유산 중에서 대표적인 것을 하나 말하라면 나는 서슴없이 경주의 불국사나 석굴암을 들 것이다. 이외에도 팔만대장경이나 뛰어난 다른 문화재들이 많지만 그렇게 말하는 이유는 고향이 경주이고 불교를 믿기 있기 때문이 아니라 그 작품들이 만들어진 목적 및 그 기술이 어떤 다른 작품들보다도 뛰어나기 때문이다. 과거 국가의 발전을 위해 황룡사라는 거대한 목조건물이 경주에 지어진 것도 결코 잊어서는 안 될 것이다. 이처럼 우리나라의 호국과 문화발전에는 필히 불교가 큰 역할을 했다는 점을 한 번 더 느끼며 앞으로도 마찬가지일 것이라 생각한다.

내 고향은 그 옛날 1000년 동안의 수도였기에 매우 융성했음은 말할 필요도 없다. 그러나 1000년 후 어린 내 눈에 비친 경주는 과거의 그 찬란했던 영광은 볼 수가 없고 몇몇 문화유산들만이 남아 있는 작은 소도시일 뿐이었다. 그래서 나는 어릴 때부터 인생무상을 많이 느꼈다. 산천은 의구한데 인걸은 간 데 없네라는 시조의 한 구절이 자주 떠올랐다. 그래서 세월(인생)은 태풍보다도 더 무서워 모든 것들을 없애버리거나 가져간다는 것을 나는 어릴 때부터 잘 알고 있었다.

한편 김대성이가 만들었다는 불국사나 석굴암이 진정으로 김대성이 혼자가 한 것인가 하는 생각도 해 보았다. 물론 첨성대 및 다보탑 등의 많은 문화유산들도 마찬가지일 것이다. 불국사나 석굴암은 손이 많이 필요로 하는 거대한 작업이기에 분명히 많은 사람들이 함께 그 일을 했다고 확신한다. 물론 건립을 위해 국가나 불교 쪽에서도 도왔을 것이지만 내가 여기서 말하고 싶은 것은 이 위대한 작품을 창조할 때 자신의 피와 땀과 혼을 바친 수많은 예술인들이 있었다는 점이다. 지금은 그들의 이름이 그 어디에도 남아 있지 않다. 이 위대한 작업을 이루기 위해 흘렸을 땀과 노력을 생각하니 고개가 저절로 숙여지고 그들에게 한없는 존경을 보내고 싶어졌다. 이처럼 우리나라는 이름 없는 수많은 국민들에 의해 유지 발전되고 있다는 점이다. 6·25전쟁 때는 또 얼마나 많은 힘없는 국민들이 죽어갔는가! 이 자리를 통해 그들에게 명복을 빈다.

석굴암이나 불국사에 동참한 그 사람들을 생각하여 자신들의 이름이라도 좀 남겨두지라는 나의 말에 옆에서 내 말을 듣고 있던 사람이 그런 위대한 불후의 명작을 남길 사람들이 자신의 이름을 남기는데 연연했겠는가라는 대답을 듣고는 순간 멍해졌으며 정말로 그들이 그랬다면 자신의 몸과 지혜 그리고 정열뿐만 아니라 이름까지 바친 그들은 높은 단계의 존재들이라 하지 않을 수가 없다. 나는 언제쯤 그들처럼 명예까지 다 버리며 이름 없이 위대한 일을 할 수 있을까라는 생각이 든다. 분명 그런 날이 올 것이라 믿고 싶다.

한편 석굴암은 지금으로부터 1200년도 훨씬 전에 만들어진 것으로 매우 오래되었을 뿐만 아니라 종교적으로나 예술적으로도 가치가 매우 높은 작품이다. 나는 석굴암 불상의 부드럽고 인자한 인상과 밝은 미소 그리고 그 불상 전체에 흐르는 곡선을 최고라 생각한다. 왜냐하면 이 작품이 내가 생각하고 있는 우리 문화의 대표적인 아름다움인 곡선미를 잘 보여주고 있을 뿐만 아니라 우리에게 진정으로 무엇을 원하는 지를 그대로 잘 나타내어 주고 있다고 보기 때문이다. 세계최고의 작품이라 생각한다.

그런데 이성계가 의도적으로 고려를 멸하고 세운 조선시대의 것으로 많이 잡아도 600여 년쯤 밖에 안 되는데 남대문이 왜 국보 1호인가? 이것과 관련하여 몇 가지를 아울러 말하고자 한다. 첫째, 경주에서 출토된 국보83 및 78호로 되어 있는 금동 미륵보살 반가사유상과 매우 비슷한 보관(寶冠) 미륵보살 반가사유상(그 재료가 경북 봉화 쪽에서 자라는 춘양목으로 추정)을 일본은 국보 1호로 하고 있다. 그래서 어떤 합당하고 좋은 기준에 의해서 경주의 것이 국보 83호로 되어 있느냐하는 점이다. (물론 숫자에 그렇게 큰 의미를 두지 않으면 그만이다.) 둘째, 경주에서 출토된 것으로 경주를 빛내는 귀한 유물이기에 경주국립박물관에 두어 경주시민들의 문화적 자부심과 긍지를 더 높이도록 하는 것이 더 맞다고 보는데 왜 굳이 서울에 두고 있나?(서울이 경주보다 보관이 잘 되어서? 혹은 외국사람들이 많아서? 이런 이유들은 그렇게 합당하다고 생각하지 않는다.) 셋째, 우리의 정신과 선조들의 숨결이 고스란히 담겨 있는 수많은 문화재들을 일제 때 일본이 가지고 가서 아직까지도 그곳에 있다고 한다. 정말 안타까운 일이다. 왜 아직 돌려받지 못하고 있는가? 우리나라가 힘이 없어서 그런가? 마음이 좋아서 그런가? 아니면 바보라서 그런가? 혹은 구체적인 물증이 없어서 그런가? 등 알 수가 없다. 아무튼 범정부적 차원에서 되돌려 받기 위해 계속 힘써야 한다.

 # 관세음보살보문품을 사경하면서

우리가 어떻게 살아야 하고 무엇을 해야 하는지에 대한 답은 이미 밝혀졌다. 왜냐하면 우리가 조금만 관심을 가지면 역사를 통해 과거의 수많은 위인들이 우리에게 주문한 바를 잘 알 수 있기 때문이다. 그것은 바로 자비와 사랑이다. 문제는 실천이다. 한 사람이라도 더 이를 명심하고 행하는 것이 필요하다. 따라서 이를 진짜 뼈 속 깊숙이 새기고 매일 몇 번씩 생각하면서 꼭 그렇게 하고자 하는 의지를 다져야 한다. 그리고 그 실천의 정도에 따라 각자의 삶은 그만큼 달라진다. 그럼 어떻게 하면 이에 대한 매우 강한 필요성과 의지를 가질 수 있는가이다. 그 방법에는 여러 가지가 있다. 下心하는 것, 인간으로 태어난 것 자체에 대한 무한한 감사, 모든 생명체와 사물들에 대한 존경, 우리 모두가 한형제이자 한뿌리라는 것, 自業自得, 無我, 자신의 생각을 초월하는 것, 인내, 욕심 안 내기, 화 안 내기 등도 있고 무엇보다도 필요한 것은 지혜라 생각한다.

누가 말했듯이 이 세상은 欲界이다. 따라서 서로가 자신의 이익을 더 생각하며 더 가지기를 바라고 자신의 생각대로 되기를 바라니 마찰과 갈등과 투쟁이 생기지 않을 수가 없는 것이다. 이때 제일 좋은 것은 서로가 다 잘되는 방향으로 가는 것이다. 너무 자기 이익만을 챙기려고 하지 말고 조금씩 양보를 하자. 그래서 우리는 평상시에 올바른 판단과 결정을 할 수 있도록 많은 훈련과 수양을 해야 한다. 정·반·합에 따라 너의 생각도 나의 생각도 반영되었지만 서로가 주장하는 것이 아닌 제3의 길(방법)을 받아들이며 살만한 덕이 있는 사람이 되는 것이 바람직하다고 본다. 나는 이와 관련하여 헤겔이 서로가 잘 사는 방법을 제시했다고 보기에 나도 모르게 그가 매우 위대해 보인다.

그리고 긍정적인 사고를 하는 것이 필요하다. 왜냐하면 이 세상은 자신의 뜻대로 되지 않을 때가 많고, 전혀 생각하지 못한 일들이 불청객처럼 찾아오는 경우도 많고, 불합리한 것도 많기 때문이다. 그래서 마음 편히 즐겁게 살기 위해서 이래도 좋고 저래도 좋다고 크게 생각하는 마음을 가지자. 즉, 비가 오면 비가 와서 좋고, 햇살이 비치면 비쳐서 좋다고 보는 것이다. 자기 뜻대로 되면 그래서 되어서 좋고 그렇지 않으면 그것은 신의 뜻이라 생각하며 내가 생각하지 못한 좋은 것을 준다고 생각하며 좋게 생각한다. 물론 처음에는 쉽지가 않을 지도 모르지만 그래도 노력하자. 그러면 된다. 우리가 힘써 노력해야 하는 이유는 더 나은 자신, 더 훌륭한 상대, 더 나은 미래, 더 나은 곳과 일들을 만나기 위함이다.

이 세상에는 아름다운 것들이 많고 아름다운 사람들도 많고 이 생이 끝난 후에도 자업자득으로 계속 된다고 생각해 보라. 이 짧은 인생이 죽음으로 완전히 끝나지 않고 자신이 이생에서 행한 선행의 정도에 따라 또 다른 시작을 한다고 생각을 해 본다면 누가 감히 함부로 행동할 수가 있겠는가! 우리가 지금 이 세상에 사는 것도 과거에 뿌린 업(씨앗) 때문일 것이다. 우리는 앞으로 어떤 곳에 갈지, 어떤 사람들을 만날지, 어떤 사건들을 겪을지 잘 모른다. 다만 분명한 점은 보다 자신이 원을 세우고 노력을 하면 반드시 그 자신의 생각대로 되거나 그렇게 진행될 확률이 높아진다는 것이다. 그래서 미래를 자신이 원하는 방향으로 유도하고 자기 생각대로 만들기 위해서는 부단히 노력해야 한다는 결론이다. 이와 동시에 어떤 상황과 어떤 곳에 가든지 즐겁게 지낼 수 있는 마음(긍정적 사고)을 갖는 것도 필요하다. 그렇지가 않으면 천국(좋은 곳)에 가서도 불평을 할 수가 있기 때문이다.

관세음보살이 이 사바세계를 유람했듯이 우리도 그런 신통력을 하루빨리 가져서 이 세상을 유람하며 즐겁게 살자.

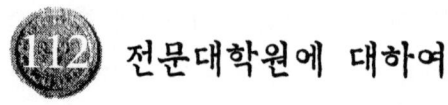

전문대학원에 대하여

이 책에서는 현재 제기되고 있는 사회의 여러 이슈들에 대한 나의 진단 및 개선점에 대해서는 가급적 실지 않으려고 했다. 그 이유는 첫째, 이 책의 전반적 흐름이 자연이나 행복에 대한 것이며 둘째, 다음에 얼마든지 시간과 기회가 있기에 따로 사회전반에 대한 책을 낼 수 있다고 판단했기 때문이다. 그래서 여기에서는 로스쿨(의학전문대학원)에 대해서만 몇 가지 말하고자 한다. 물론 이쪽 방면의 전문가가 아니기도 할 뿐 아니라 진행된 상황에 대해 정확히 몰라서 매우 망설였던 것이 사실이다. 하지만 이것도 넓게 보면 다 교육에 해당되는 것들이고 교육학자로서 나름대로 매스컴을 통해 느낀 점을 적어 보는 것도 괜찮을 것이라 판단하였다.

흔히 교육은 백년지대계라 말한다. 그래서 이 로스쿨은 오래전부터 시간을 두고 충분한 논의와 검토를 한 결과 정말 우리들이 꼭 가야 할 길이고 매우 바람직한 방법이라 결정이 되었기에 실시하고 있다고 믿고 싶다. 그런데 최근에 국회에서 변호사시험 등에 대한 법이 여야 갈등으로 통과되지 못했다는 보도를 접하고는 정말 이렇게 되어서는 안된다는 생각이 들었다. 이것은 각 정파나 이권세력들에 의해 좌지우지되어서는 안된다. 따라서 나는 정말 이것이 법조계에 종사하는 대다수가 찬성했는가에 대한 의문도 들었다. 제도개선을 위해 가장 많이 그럴듯하게 하는 말은 세상은 지금 급변하고 있고 외국의 선진국들도 그렇게 하고 있기에 우리도 그렇게 해야 한다는 것이다. 물론 그 흐름과 추세를 무시할 수는 없지만 모든 사람들이 다 같지 않듯이 나라들마다도 문화·역사·환경 등이 각기 다르기에 그냥 남이 하니까 그 쪽으로 가야한다는 것은 일단 방향은 좋을지 몰라도 그 시행의 방법적 측면에서 잘못하면 오히려 고치지 않은 것보다 못할 수 있다. 분명한 점은 교육제도와 마찬가지로 우리 실정에 맞게 해야 한다. 그렇지가 못하면 또 다른 혼란이 야기된다. 이것은 국가내적 문제이다. 전쟁처럼 국가외적인 요인에 의해 국민들이 어려움이 겪는 것은 다소 불가피한 경우도 있지만 국가내의 요인에 의해서는 그런 경우가 없도록 최소화해야 한다. 국가의 관리들이 자국의 국민을 힘들게 하는 일은 어찌보면 큰 죄가 된다고도 볼 수 있기에 고위관리들은 마땅히 신중에 신중을 기해야 한다.

정부에서 나온 정책은 아침저녁으로 바뀌어서는 안 될 것이다. 그래서 미리 충분한 시간을 확보해야 할 뿐 아니라 충분한 검토와 합의를 이끌어 낼 수 있도록 하는 것이 기본이다. 그리고 빼놓을 수 없는 것은 그 정책을 왜 하고자 하는지에 대한 물음을 제기해 보아야 한다. 국가에서 그렇게 하는 가장 큰 이유가 어디에 있느냐이다. 대통령의 업적을 남기기 위해, 정권이 바뀌어서니 지난 정권과는 당연히 다르게 뭔가 새로운 것을 실시해야 하니까, 인기를 얻기 위해, 관료들이 일을 열심히 하고 있다는 것을 보이기 위해서 등으로 정책이 나와서는 결코 안 될 것이다. 나는 그 어떤 정책이 일단 필요한가를 파악하기 위해서는 비용과 효과도 고려해야 하지만 이것보다도 더 중요한 것은 진정으로 그 정책이 실시되었을 때 전체 국민들에게 정말로 도움이 되는 것인가를 생각해야 한다. 대다수의 서민들에게 도움이 되지 않는다면 그 어떤 미사여구를 붙이더라도 바람직하지 못하다. 물론 혜안을 가진 지도자가 국민을 위해 하려는 큰일에 대해 국민이 근시안적으로 보아 반대하거나 이해하지 못하거나 깨닫지 못하는 경우도 혹 있을 것이다. 그 지도자가 국민모두에게 이익이 되는 좋은 방향을 잡을 수 있을 정도의 혜안이 있다면 설득하는 좋은 방법들도 가지고 있을 것이라 믿는다.

헌법에 교육은 정치적으로 중립을 취해야 한다고 명시되어 있다. 그런데 삶 자체가 정치와 전혀 무관할 수가 없고, 우리나라의 학교교육과정의 개정의 역사를 보면 거의 정권이 바뀔 때마다 연례행사처럼 바뀌어왔기에 정치권력과 많이 관련되어 있다고 볼 수밖에 없다. 특히 최근의 사법부 파문으로 외부에 들어난 사법부의 문제들을 거의 고스란히 우리 교육계도 가지고 있다는 점이다. 위의 교과부에서 아래로 교사에까지 수직적으로 그어져 있다. 국가가 실시하는 시험을 거부한 교사를 파면(해임)과 같은 중징계 처분을 하는 것이 엄연한 오늘의 우리교육의 현실이다. 아량이 잘 보이지 않는다. 생각과 사상 및 문화는 당연히 통제되어야 하고 그렇게 되어야 통치하는데 효율적이라 보는 의식과 문화가 지금까지

이어져 오고 있는 것 같다. 나는 그 역사이자 뿌리를 멀리 거슬러 가지 않고 일제가 우리를 잘 길들이고 통치하기 위해 실시한 일본 식민지시대와 군사정부시대의 유산으로 보고 있다. 정말 안따깝다. 질서는 있어야 한다. 그런데 우리 인간은 동물과 다르다. 따라서 인간세계가 동물세계처럼 되는 것을 나는 원하지 않는다. 동물의 세계처럼 힘에 의한 줄 세우기는 이제 지양되어야 한다. 그렇지 못하면 영원히 우리들은 일차원적이며, 수준이 낮은, 물리적 힘을 키우기 위해 태어나서 죽을 때까지 발버둥칠 것이다. 힘을 얻기 위해 출세하고자 목을 매고 그렇지 못하면 비열하게 아부하도록 한다. 살기위해 혹은 조금이라도 힘이 있는 대열에 가기 위해 중상모략도 하게 한다. 이런 상황의 종식은 진정한 가치를 볼 수 있는 눈을 가질 때와 가진 자들이 바로 설 때 가능하다. 물리적 힘에 의해 힘이 없는 약자들을 말 못하는 억눌린 삶을 살게 하는 인간세상은 없어져야 한다고 나는 생각한다.

　나는 외국의 이론이나 사례를 도입하여 실시하는 것도 잘 하지 않으면 또 다른 문제가 발생한다고 본다. 외국과 그 문화와 역사 및 토양이 다르다. 그리고 우리나라에서 보다 좋은 기능을 하기 위해서는 사회의 여러 부분들이 서로 맞물려 있기에 다른 요소들도 고려하여 총체적으로 뿐만 아니라 각 사정을 고려하여 서서히 단계적으로 실시해야 하는 것이 맞는데 우리는 그렇지가 못해 그냥 제도만 도입하고 그것도 획일적으로 하게 한다. 전국의 모든 곳에 다 일률적으로 적용한다. 지시하고 명령한다. 그렇게 실시하다가 잘 되지 않거나 반대에 부딪히면 폐지한다.

　특히 교육의 본질은 거의 그대로 두고 주변의 가지들만 자꾸 손을 대고 만지니 매우 안타깝다. 물론 필요(경우)에 따라서는 정말 강력한 새 정책을 내놓을 때도 있지만 우리의 현장에 대해 충분히 아는 사람이 참여하여 탁상행정이 되지 않도록 해야 한다. 그래서 가급적이면 특별한 문제가 없으면 점진적인 개선 쪽으로 가는 행정을 펴는 것이 좋다고 보며, 만약 실시한다면 외국의 사정과 우리의 현실 등을 충분히 다 고려하여서 우리 문화에 맞는 보다 융통성이 있는 좋은 안을 만들어야 할 것이다. 이를 위해서는 교육에서 무엇이 제일 중요한 지에 대한 깨달음과 합의가 있어야 하고 그 다음으로는 관료사회의 권위적 문화와 의식의 개혁이 있어야 한다고 본다.

어떤 정책이나 이슈에 대한 지지와 반대는 그것을 바라보는 입장과 생각에 따라 상당히 달라진다. 로스쿨이 지금 실시되고 있기에 전적으로 반대하기도 그렇고 아직까지 모든 것들이 결정된 것이 아니라 전적으로 찬성하지도 않는다. 법률전문가가 아니어서 충분한 정보와 지식을 가지고 뚜렷한 신념이나 철학을 가지고 있지도 못하고 또한 그동안 진행되어온 상황이나 계획안에 대해 잘 모르고 있지만 분명한 점은 그 어떤 정책이든지간에 그렇듯이 얼마나 합의를 하고 있냐는 것이다. 나는 법조계에 아무런 이해관계도 없는데 지금 취업하기가 매우 어려운 시기인 만큼 한 사람이라도 더 많은 사람들이 원하는 법조인이 되고 국민 모두가 보다 더 쉽고 편하게 서비스를 받았으면 좋겠다고 생각하기에 이런 방향으로 진행되기를 바란다.

먼저 왜 로스쿨이 등장했는가라는 근본적인 물음을 던져본다. 물론 이해당사자들마다 그 답들은 조금씩 틀릴 것이다. 하지만 절대 간과할 수 없는 것이 바로 누구를 위해서 로스쿨을 실시해야 하느냐이다. 위에서도 말했듯이 가장 바람직한 이유는 힘이 없고 약한 국민 대다수에게 더 많은 혜택을 주기 위함이어야 한다. 그리고 이것이 최상위의 목적이라면 이에 맞게 로스쿨의 인원을 정하는 것이 순리이다. 내 생각으로는 국민들이 더 질 높은 혜택을 받기 위해서는 법률뿐만 아니라 의학 쪽의 입학 정원은 더 늘어나야 한다고 생각한다. 기득권 수호만 생각하는 것은 이기적인 사고로 이기적인 사로로는 사회가 발전할 수가 없다. 우리 사회전체가 발전하려면 자신만이 아닌 전체를 생각할 줄 아는 사람들이 많아야 한다. 특히 전문가들이나 기득권을 가진 자들이 앞장을 서는 것이 맞다.

인원을 늘리는 것에 반대하는 쪽의 가장 큰 이유는 무엇일까? 찬성 쪽보다 설득력이 떨어진다고 본다. 지금 가장 큰 사회문제가 취업이다. 자본이 없는 대다수는 졸업 후 직장(회사)에 다녀야 한다. 요즘은 옛날과 달라서 누구나 직장생활을 하고자 한다. 여자들도 사회에 진출하기에 일자리 문제가 시급하다. 인간으로서 인간적으로 혹은 좀 독립적이고 주체적으로 살기 위해서도 필요하기에 이것을 부정하거나 막을 수 없다. 따라서 육아문제가 걸리지 않는 범위 내에서는 최대한 권장하고 원하는 일자리를 얻을 수 있도록 국가에서 힘써야 한다. 교육에 종사하는 한 사람으로서 나는 앞으로의 시대는 인간이 보다 창조적인 일을 해야만 하는 시대가 올 것이라 예측하고 있다. 단순한 일이나 반복적인 일들은 점점 과학이 발달하여 기계나 로봇이 맡을 것이기에 이제는 수동적인 존재가 아닌 적극적이고 창의적인 학생이 되도록 해야 하기에 여기에 맞는 교육이 있어야 될 뿐만 아니라 국가 사회적으로도 이런 서비스업이나 예술 등과 같은 창의적인 분야의 일자리를 확대하여 사람들이 몰리도록 해야 한다. 또한 내가 보기에 더 나은 사회는 한 명이라도 직장이 없어서 방황하지 않고 오히려 더 많은 사람들이 더 배우고 더 전문적인 일을 하는 것이라 생각한다. 따라서 전문적 서비스분야에서의 일자리 확대는 바람직하다.

그 다음은 시대의 변화 및 다른 선진국에서도 실시하고 있다는 점을 로스쿨도입의 이유로 흔히 이야기한다. 따라서 굳이 선진국처럼 실시하겠다면 시간을 갖고 그 나라의 문화와 실시하고 있는 그 제도에 대한 충분한 검토를 하여 어떤 점이 좋고 어떤 점이 문제가 되고 있는 지에 대한 철저한 분석과 함께 우리 상황 모두를 고려하여 우리가 실시한다면 더 나은 결과를 얻기 위해서는 어떻게 하는 것이 가장 좋은 지에 대한 논의가 있어야 한다.

또 그 다음은 법이나 의학에 필요한 지식과 경험이 많아야 한다는 요구이다. 이를 위해서는 해당 대학에서 교수들이 중심이 되어 지혜를 발휘하여 교육과정에 있어서의 변화를 기하는 것이 필요하다. 이들은 사회적으로 매우 중요한 일을 하는 사람들이기에 대학 다닐 때 보다 폭넓은 학문적 소양과 높은 인격을 가지도록 교육시켜야 한다. 예를 들면 신이 판결했다고 느낄 정도의 최상의 판결을 하는 훌륭한 판사와 열 사람의 범죄자를 잡아서 벌주는 것보다는 한 사람의 무고한 사람에게 죄를 가하는 실수를 결코 하지 않겠다는 검사와 힘이 없는 사람에게 삶에 조금이나마 용기를 줄 수 있는 변호사가 많기를 바라며, 의사의 경우에는 슈바이처나 장기려 선생님처럼 없는 사람들에게 따뜻한 사랑을 실천하거나 남이 잘

하기 힘든 오지나 아프리카 등의 곳으로 가서 의료활동을 묵묵히 수행하거나 봉사활동을 실천하고 있는 사람들을 나는 원한다. 이런 전문인들이 한 사람이라도 더 생겼으면 하는 것이 부끄러운 내가 가지는 바램이다. 따라서 이런 착하고 용기 있는 사람들을 어떻게 하면 더 확보할 수 있느냐가 문제이다. 이것은 교육의 몫이다. 의식의 전환이 요구된다. 낮은 마음을 가지도록 하는 것이다. 돈과 권력보다는 베푸는 것을 최고의 가치로 여기게 하는 것이다.

그래서 어떻게 뽑고 어떻게 교육시키느냐가 매우 중요하다. 나는 될 수 있으면 잡음이 일어나지 않도록 하기 위해서라도 매우 공정하고 합리적인 기준을 정하여 뽑아야 한다고 보며, 돈과 권력만을 위해 공부하는 것이 아니라 불쌍한 사람들을 위해서 공부를 한다고 말할 수 있는 훌륭한 인품이 있는 사람과 개방적인 사고뿐 아니라 균형 잡힌 사고를 할 수 있는 인간이 될 수 있게 하는 교육이 필히 있어야 한다. 따라서 우리 사회 전체가 더 수준 높은 도덕성과 합리성을 갖추기 위해 노력해야 할 것이다. 특히 사고의 경직화와 권력의 남용으로 자기와 생각이 비슷한 사람은 뽑고 생각이 다르면 뽑지 않으려고 하는 행위를 하지 못하도록 해야 한다. 물론 나름대로 합리화하겠지만 그 짧은 면접시간에 나타난 평가자와 피평가자 간의 대화에서 나타난 생각 차이나 가치관의 차이로 그가 앞으로 유능한 직장인이자 전문인이 될 수가 없다고 단정하여 떨어뜨리는 것은 있을 수 없다고 본다. 이는 매우 경직된 사고와 고집의 결과이기에 만약에 그렇게 할 수 있도록 규정이 만들어져 있다면 그것은 또 다른 문제를 양산하게 만드는 잘못된 후진 사회적 모습이다. 따라서 이런 오해의 소지를 미리 차단하기 위해서는 될 수 있으면 면접을 실시하지 않는 방법도 있고, 면접을 하더라도 당락에는 영향을 주지 않는 방법을 실시하는 것이 좋다.

일반적으로 권력을 가지면 가질수록 그는 더 자의적이 된다. 절대 권력이 절대 부패를 낳는다는 말처럼 사회의 어떤 부분이든지 강한 권력을 행사하는 권력 독점자는 재량권이 크기에 자칫 자기 뜻대로 결정하기가 쉽다. 그래서 중요한 사람을 뽑을 때는 면접이 높은 비중을 차지하면 임의로 될 가능성이 많기에 이것이 불합리나 불공정으로 이어진다. 이때 물론 연줄도 작용할 개연성도 높아진다. 따라서 나는 우리 사회가 충분히 성숙되고 합리적인 사회가 아닌 시점에서 점수화된 객관적인 시험을 보완하기 위해 실시하는 면접은 자칫 사회를 더 혼란으로 이끌 가능성이 있다고 보기에 신중해야 한다고 생각하고 있다.

한편 실력(능력)과 공부할 의지가 있는데 가정형편이 어려운 관계로 돈 때문에 의사나 법조인으로서의 길을 포기하는 사람이 없도록 사회와 국가에서 많이 도와주어야 한다고 말하고 싶다. 그래서 이것과 관련하여 현실적으로는 매우 요원한 이야기지만 장기적인 측면에서 사회의 화목과 발전을 위해 필요한 것이라 판단한 것 한 가지를 여기에 말하고자 한다. 그것은 돈에 대해 덜 집착하고 봉사정신을 더 실천할 수 있는 의사나 법조인을 양성하는 것이다. 이를 위해서 내가 생각한 것은 첫째, 의대에 들어가면 공부해야 할 것들도 많은데 의사(법조인)가 되기 위해 돈을 많이 들이면 다음에 한번이라도 더 본전 생각이 나서 들인 비용을 더 생각할 것이고 그리고 더 많이 벌어야겠다는 과욕을 하게 될 것이라 판단된다. 이렇게 되면 병원이나 법원의 문을 가는 서민들은 쉽게 가지 못하기도 하고 더 힘들어진다. 따라서 이를 막기 위해 국가나 선배들 그리고 사회단체에서 최대한 지원하여 학창시절에 돈을 덜 내고 공부하게 하여 사회와 국가에 대한 고마움을 더 느끼게 하고 다음에 자신도 국가와 사회에 더 기여해야겠다는 다짐을 하게 하는 방법이 필요하다고 본다. 예를 들면 선배들이나 사회의 여러 단체들과 국가 차원에서 자라나는 미래의 지도자급 사람들에게 적극적인 경제적인 지원을 해주는 것이다. 등록금을 대폭 낮게 해주는 것부터 반액을 거쳐 무료까지 가는 방법이 있다. 왜냐하면 능력이 있고 유능한 사회의 지도자들이 될 사람들에게 일찍부터 금전적 지원을 더 해 주어서 머릿속에 돈을 덜 생각하게 하고 국가나 사회로부터 많은 도움을 받도록 하여 당연히 다음에 사회(국가)에 더 기여하고 보다 좋은 일을 많이 해야만 한다는 생각과 각오를 다지도록 하는 것이다. 물론 현실적으로 볼 때 매우 어렵겠지만 우리가 반드시 가야 할 하나의 방향이라 생각한다. 사회의 어렵고 힘든 사람들을 먼저 당장 도와주는 것도 필요하지만 예수도 이야기했듯이 가난한 자는 어제도 있었고 오늘도 있고 내일도 있을 것이다. 따라서 앞으로 이같이 없는 사람들에게 직접적으로 많은 도움을 줄 의사나 법조인들에 대한 직접적인 지원프로그램을 국가가 해 준다면 그들을 자주 만나는 힘이 없고 아픈 사람들이 많은 도움을 받는 보다 밝고 좋은 사회가 될 것이라 확신한다.

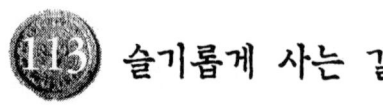 슬기롭게 사는 길

슬기롭게 사는 길이란 제목으로 적힌 메모지가 눈에 띄었다. 한참 전의 일인지라 정확하게는 기억 못 하지만 그것은 아마도 수년 전 내가 힘들었을 때 우연히 소개를 받고 가 보았던 현광사의 벽에 적혀 있던 글을 내가 옮겨 적은 것으로 추정된다. 이 현광사는 울산과 경주 사이에 있는 조그마한 절로서 특히 법화경을 모시고 있는 곳이다. 그때 처음 간 나에게 스님은 법화경 한 권을 그냥 주어서 지금도 기억하고 있으며 집에서 시간 날 때마다 틈틈이 읽고 있다. 이 법화경은 부처님께서 마지막 시기에 설하신 것으로 알려져 있다. 처음에 해당하는 것으로는 흔히 화엄경을 꼽고 그 중간 시점에 해당하는 것으로는 반야경을 든다. 어느 것이 최고라 단정하기는 매우 어렵다. 다 중요하다.

오늘 내가 빈천하거든 베풀지 않았음을 보며
남의 고통을 외면하고 악착스레 재물 모아 자식 주려 하였거든
일시에 재가 되어 허망할 때 있을 것을 각오하라.

상대는 내 거울이니 그를 통해 나를 봐라.
빈천자 보이거든 나 또한 그와 같이 될 것을 알고 보시하며,
부자를 만났거든 베풀어야 그와 같이 될 것임을 알아라.
가진 자 보고 질투하지 말라! 베풀어서 그렇고, 없는 자 비웃지 마라.
베풀지 않으면 너 또한 그러리라.

자식이 나를 돌보지 않거든 내 부모를 내가 편히 모시지 않았음을 알라.
단출하다 좋다 마라 다음 생에 어디 가나?
첩첩산골 외딴 곳에 외로워서 어찌 살며 오순도순 화목한 집
서로 도와 만났느니라.
오래 살며 고통 보면 부모 지천(至賤) 원인이고, 불구자식 안았거든
부모불효 과보니라.

내 몸이다 내입이다 마음대로 하였느냐?
내 몸이 도끼가 되고 너 말이 비수 되어 한 맺고 원수 맺어
죽어 다시 만난 곳이 이 세상 너의 부부 너의 자식 아니겠냐?
뿌리는 부모, 줄기는 남편, 열매는 자식, 부모에 거름하면 남편 자식 절로
되고,
뿌리가 썩어지면 남편 자식 함께 없다.

현세의 고통 내가 지어 내가 받는 것. 뿌리지 않고 어찌 거두랴!
누구를 원망하고 누구를 탓하느냐?
지은 자도 너였고, 받은 자도 너이니라.
오늘 고통 달게 받고 좋은 종자 다시 심어 이 몸 받았을 때 즐겁게 가꾸
어라.
짜증내고 원망하면 그게 바로 지옥이고, 감사하게 받아 내면
서방정토 예 있으니 마음 두고 어디 가서 무얼 헤매는가?
열심히 정진하여 우리 모두 성불하세!

　참고로 그곳에서 본 몽수경(夢授經)이란 글도 있어서 여기에 좀
소개할까 한다.

　옛날 손경덕이라는 분이 꿈에 이 경을 얻어 조석으로 지극하게
독송한 끝에 죽을 목숨을 건졌다고 해서 몽수경이라고 한다. 이

교육학자 김성봉 교수의 삶, 자연, 행복

경은 관음신앙을 대표하는 경으로서 그 영험을 이루 다 말할 수 없다. 또 이 경은 여러 사람을 고통에서 건지는 경이라는 뜻으로 구고구난관음경(救苦救難觀音經)이라고도 하며, 제나라의 어떤 이가 이 경을 유포한 공덕으로 왕위에 올랐다고 하여 고왕경(高王經)이라고도 한다.

관세음보살님께 지극한 마음으로 귀의합니다.
거룩하신 부처님께 귀의합니다.
미묘하신 부처님의 가르침에 귀의합니다.
비구, 비구니 모든 부처님 제자에게 귀의합니다.

부처님과 인(因)이 있고 부처님과 연(緣)이 있어
불법을 만나 항상 괴로움 없는 즐거움 속에서
나의 본성이 맑고 밝아
아침에도 관음보살님을 생각하고
저녁에도 관음보살님을 생각하고
생각 생각마다 관음보살님 생각 일어
부처님 생각이 마음에서 떠나지 않으니
하늘의 신, 땅의 신이 지켜 주어
모든 재난이 떠나 없는 거룩한 성인처럼
모든 재앙이 티끌 되어 흩어지이다.
고해를 건어 불국토로 가게 할 큰 지혜에 의지하고 따르리다.

 **성경 속의 좋은 말씀**

　강의준비를 하기 위해 성경을 잠깐 볼 기회가 있었다. 하지만 시간이 별로 많지가 않아서 전체 내용을 다 보지는 못하였지만 신약전서 중에서 특히 눈에 띄는 몇 구절이 있어서 내 나름대로 중요하다고 생각하는 것을 여기에 실었다. 물론 하나님을 진정으로 믿고 따르고 있는 사람들은 익히 잘 알고 있는 내용일 것이다. 내가 여기에 적는 이유는 이 글을 통해 교회에 가는 사람이든 그렇지 않은 사람이든지간에 하느님의 진정한 뜻을 잘 알았으면 하는 마음 때문이다.(나의 학문적 스승인 김정환 교수님은 과거 함석헌 등이 지지한 퀘이커교도 쪽 입장에 많이 동조하셨다는 인상이 남아 있다. 아무튼 나는 개인적으로 아무 관련이 없지만 김정환교수님방의 조교를 하는 동안인 1980년대 후반 시기에 돌아가신 함석헌 선생님의 빈소가 마련된 서울대병원에 간 기억이 있다)

　다음은 마태복음 4장에 나오는 복이 있는 사람에 대한 글이다.

"심령이 가난한 자는 복이 있나니 천국이 그들의 것임이요
온유한 자는 복이 있나니 그들이 땅을 기업으로 받을 것임이요
의에 주리고 목마른 자는 복이 있나니 그들이 배부를 것임이요
긍휼히 여기는 자는 복이 있나니 그들이 긍휼히 여김을 받을 것임이요
마음이 청결한 자는 복이 있나니 그들이 하나님을 볼 것임이요
화평하게 하는 자는 복이 있나니 그들이 하나님을 볼 것임이요
의를 위하여 박해를 받은 자는 복이 있나니 천국이 그들의 것임이라"

다음은 마태복음 5장부터 누가복음에 걸쳐서 나오는 내용들이다.

악한 자를 대적하지 말라.
원수를 사랑하라.
구제함(의를 행하고 착한 일을 하는 것)을 은밀하게 하라.
기도도 남에게 보이기 위해 하지 말며 할 때는 다음과 같이 하라.
나라가 임하시오며 뜻이 하늘에서 이루어진 것같이 땅에서도 이루어지이다
오늘 우리에게 일용할 양식을 주시옵고 우리가 우리에게 죄 지은 자를 사
하여 준 것같이 우리 죄를 사하여 주시옵고
우리를 시험에 들게 하지 마시옵고 다만 악에서 구하시옵소서.
너희가 사람의 잘못을 용서하면 너희 하늘 아버지께서도 너희 잘못을 용
서하시려니와 너희가 사람의 잘못을 용서하지 아니하면 너희 아버지께서
도 너희 잘못을 용서하지 아니하시리라.
공중의 새를 보라 심지도 않고 거두지도 않고 창고에 모아들이지도 아니
하되 너희 하늘 아버지께서 기르시나니 너희는 이것들보다 귀하지 아니
하냐. 오늘 있다가 내일 아궁이에 던져지는 들풀도 하나님이 이렇게 입히
시거든 하물며 너희들이야. 믿음이 작은 자들아 그러므로 염려하여 이르
기를 무엇을 먹을까 무엇을 마실까 무엇을 입을까 하지 말라. 너희는 먼
저 그의 나라와 그의 의를 구하라. 그리하면 이 모든 것을 너희에게 더하
시리라. 그러므로 내일 일을 위하여 염려하지 말라. 내일 일은 내일이 염
려할 것이요 한 날의 괴로움은 그날로 족하니라.
비판을 받지 아니하려거든 비판하지 말라.
구하라 그리하면 너희에게 주실 것이요. 찾으라. 그리하면 찾아낼 것이요
문을 두드리라 그리하면 열릴 것이다.
무엇이든지 남에게 대접을 받고자 하는 대로 너희도 남을 대접하라.
좁은 문으로 들어가라. 멸망으로 인도하는 문은 크고 그 길이 넓어 그리
로 들어가는 자는 많다.

나더러 주여 주여 하는 자마다 다 천국에 들어갈 것이 아니요, 다만 하늘에 계신 내 아버지의 뜻대로 행하는 자라야 들어가리라.

나는 마음이 온유하고 겸손하니 배우라. 그리하면 너희 마음이 쉼을 얻으리니.

진실로 너희에게 이르노니 너희가 돌이켜 어린아이들과 같이 되지 아니하면 결단코 천국에 들어가지 못하리라. 그러므로 누구든지 이 어린아이와 같이 자기를 낮추는 사람이 천국에서 큰 자니라.

예수께서 이르시되, 네 마음을 다하고 목숨을 다하고 뜻을 다하여 주 너의 하나님을 사랑하라 하셨으니 이것이 가장 크고 첫째 되는 계명이요. 둘째도 그와 같으니 네 이웃을 네 자신같이 사랑하라 하셨다.

누구든지 자기를 높이는 자는 낮아지고 누구든지 자기를 낮추는 자는 높아지리라.

어떤 사람이 타국으로 갈 때 그 종들에게 자기가 가진 것을 맡기게 되었다. 그 때 각각 그 재능대로 한 사람에게는 금 다섯을, 또 다른 한 사람에게는 금 둘을, 세 번째 사람에게는 금 하나를 주고 갔다. 오랜 후에 그 종들의 주인이 돌아와 결산할 때, 다섯을 받은 사람은 다섯을 더 가지고 왔고, 둘을 가진 사람은 둘을 더 가지고 왔다. 이에 그 주인은 잘하였도다 착하고 충성된 종아 네가 적은 일에 충성하였으매 내가 많은 것을 네게 맡기리니 네 주인의 즐거움에 참여하라고 하였다. 그런데 하나를 받은 자는 그것을 그동안 땅에 감추어 두었다. 그리고는 보소서 당신의 것을 가지셨나이다라고 하였다. 이에 그 주인은 그에게 게으른 종이라 하면서 그 하나를 빼앗아 열 개를 가진 자에게 주도록 하였다. 이처럼 무릇 있는 자는 받아 풍족하게 되고 없는 자는 그 있는 것까지 빼앗기리라.

어떻게 하면 영생을 얻을 수 있는지에 대한 물음에 예수는 가난한 자들에게 너의 것을 주라고 하였다. 예수는 하나님의 나라에

교육학자 김성봉 교수의 삶, 자연, 행복

들어가기가 얼마나 어려운지 낙타가 바늘귀로 나가는 것이 부자가
하나님의 나라에 들어가는 것보다 쉽다고 하였다.

어찌하여 형제의 눈 속에 있는 티는 보고 네 눈 속에 있는 들보
는 깨닫지 못하느냐. 따라서 먼저 네 눈 속에 있는 들보를 빼라.
그 후에야 형제의 눈 속에 있는 티를 빼리라.

바리새인들이 하나님의 나라가 어느 때에 임하나이까라고 물었
을 때 예수께서 답하기를 하나님의 나라는 볼 수 있게 임하는 것
이 아니고 너희 안에 있느니라고 하였다.

 무(無)

우리는 살면서 끊임없이 무엇인가를 바라고 있다.

일차적으로는 자기 자신이 가장 필요로 하는 것을 원한다.

그것은 먹는 것일 수도 있고, 아니면 돈, 여자, 높은 지위, 명예, 평온함, 존경, 사랑 혹은 자유 등이다.

욕심이 많은 자는 더욱더 자신이 가지고 싶은 것에 집착하고 매달린다.

제일 큰 문제는 물질과 같은 낮은 수준의 것들에 매달려 자기 분수도 모르고 빠져있는 경우이다. 여기서 번뇌와 망상이 생긴다.

따라서 쓸데없는 걱정을 덜하고 마음 편하게 살기 위해서는 일단 욕심을 줄이고 자기 위치에서 최선을 다하며 살고 주어진 결과를 겸허히 받아들이며 자족해야 한다.

자신이 원하는 것을 어느 정도 가지고 있다고 생각하는 사람은 먹을 것, 입을 것, 돈, 권력, 지위, 명예 등을 어느 정도씩 가지고 있는 형편에 있다고 볼 수 있다.

그럼 이제는 자신이 가지고 있는 것들을 잃지 않으려고 애쓴다. 이때 또 노심초사한다.

따라서 일단은 무(無)를 생각하자. 아니면 공(空)을 생각하자. 그러면 마음이 편해질 수 있다.

자기 자신이 왜 있는가? 필연인가? 필연과 우연을 떠나서 그럼 무엇이 자기 자신을 형성했다고 생각하며 어디에서 왔다고 보는가?

분명한 점은 지금은 형태를 갖추고 있고 존재하지만 영원히 그럴 수는 없다는 점이다. 계속 있을 수는 없다. 결국은 없어지는 것이 이치이다. 따라서 현재를 편하게 지내기 위해서는 자신이 지금 가지고 있는 것이나 생명은 결국 공이 된다는 것. 무가 된다고 생각하고 가지려고 하는 물질이나 죽음에 초연한다.

큰 사람은 물질에 연연해하지 않으며 지금 당장의 이익에 집착하지도 않는다. 다 품는다. 다 인정한다. 그는 좋은 일을 남모르게 하면서 인생의 즐거움을 느끼며 때로는 있으면서 없는 듯이 살기에 마음에 걸림이 없고 편하게 산다. 따라서 진정으로 인생을 보다 참되고 좋게 살고자 한다면 자신을 드러내지 않고 남을 위해 좋은 일을 하고 사소한 것에 몸과 시간을 허비하지 않는다. 그는 현재를 보다 기쁘고 즐겁게 보낼 수 있는 방법뿐만 아니라 더 좋은 미래를 보장받을 수 있는 비법을 잘 알고 있다.

 **不二門**

　절에 가면 가끔 불이문이라는 현판이 눈에 들어온다. 정확히는 잘 모르지만 둘이 아니고 하나임을 말하는 것으로 알고 있다. 그럼 무엇과 무엇이 둘이 아니고 하나라는 말인가? 너와 내가 각기 다른 존재가 아니라 결국 하나라는 의미인 것 같기도 하고, 어떤 절에 가면 입구에 천지동근이라고 적혀 있어서 그럼 하늘과 땅이 원래 같은 뿌리이고 둘이 아니고 하나인 것을 말하는 것 같기도 하다. 그리고 진리는 둘이 아니고 하나라는 것을 의미한다고 본다. 비로자나불은 왼쪽 엄지손가락 하나를 오른손으로 감싸고 있어서 부처님도 불이문처럼 둘이 아니고 하나임을 보여주기 위해 그렇게 하고 있는 것이란 생각도 들었다. 또한 기독교와 불교 혹은 기독교와 이슬람교도 결국 둘이 아니고 하나이자 같다는 것을 의미하는 것은 혹 아닌지, 남자와 여자도 하나임을 뜻하는 것은 아닌지, 나와 상대가 결코 둘이 아님을 말하고자 한 것은 또한 아닌지, 육체(물질)와 마음(정신) 역시 둘이 아니고 하나이자 같은 것을 말하

려고 한 것은 또한 아닌지, 부드러움과 강함이 결국 하나인 것을 말하는 것은 아닌지, 없음과 있음이 또한 하나임을 말하는 것은 아닌지, 天人合一처럼 하늘과 사람이 또한 하나임을 말하는 것은 아닌지, 그리고 대통령(왕)과 서민(백성)까지 결국 하나임을 말하려고 하는 것은 아닌지, 대통령보다 더 위에는 누가 있나? 하늘이다. 그런데 하늘은 모든 백성이 잘 되기를 바라고 있다. 그래서 대통령이 하늘을 위하고 하늘을 생각한다면 필히 국민을 항상 생각하고 위하는 마음을 가져야 하는 것이다. 그리고 우리는 살면서 죽음을 많이 두려워한다. 불이문을 생각하니 죽음과 삶도 결국 하나라는 생각이 든다. 마지막으로 부처와 중생 또한 둘이 아니라 결국 하나임을 말씀하고자 한 것이란 생각도 들었다.

 **십일면관세음보살 수원 즉득다라니경**

　시간이 되면 가끔씩 가는 서울 도선사의 반야굴에 붙어 있는 글 하나를 여기에 소개하고자 한다. 나만 알거나 소수의 몇 사람들만 아는 것보다 한 사람이라도 더 많은 사람들이 이 내용을 아는 것이 좋을 것 같아서 적어 보았다.

　한때 부처님께서 보타락가산에서 대중을 위해 설법을 할 때 관세음보살이 부처님께 다음과 같이 말하였다.

　"저에게 신비한 주문이 있사오니 만약 중생이 수지하여 외우는 자가 있으면 일체의 병환과 병고를 물리치고 일체의 악업과 번뇌 또한 소멸하고 신(몸으로 지은 업), 구(입으로 지은 업), 의(마음으로 지은 업) 삼업이 모두 청정하여 마음 가운데 어떠한 어려운 일이든지 모두 성취하지 아니함이 없습니다."

　이처럼 누구든지 이 경을 매일 108번씩 외우게 되면 만병이 소멸하고 수명이 장원하여 항상 시방세계 부처님의 호념하는 바가 되어서 재물과 의식에 부족함이 없고 여러 사람의 공격과 사랑을 받으며 다시 일체의 재앙인 귀사(뱀·독사), 더징(칼·옥살이), 독약, 저주, 원적(원한의 적), 수화의 폐를 받지 아니하고 두려움을 멀리 여의고 편안함을 얻어서 마침내 생명을 다할 때는 시방의 부처님을 뵙고 극락세계로 왕생하여 다시 악도에 떨어지지 아니한다는 것이다.

십일면관세음보살 수원 즉득다라니경은 다음과 같다.

"옴 마하 가로니가 사바하"

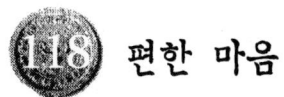 **편한 마음**

　과거에 내가 지은 업이 두텁든지 아니면 나도 모르게 욕심을 많이 가져서 그런지 평소에 걱정이 많고 마음이 편치 못할 때가 종종 있다. 그래서 나는 앞으로 많은 수행을 해야만 한다. 꾸준히 하니 조금 달라지고 있음을 느낀다. 누구나 보다 편한 마음을 가지기를 원한다. 그런데 이것은 자신이 해야 할 몫이다. 아무리 부자이고, 아무리 많이 알고, 아무리 지위가 높고, 아무리 명성이 있다고 하더라도 자신의 마음이 편하지 못하면 그는 행복한 사람이 아니다. 따라서 그 해결책을 찾기 위해 지금도 노력하고 있다.

　나의 화두는 나 자신을 포함하여 사람들이 어떻게 하면 더 마음이 편하고 행복해질 수 있을까이다. 그 답은 무엇일까? 현실 인정하기, 자기중심으로 생각하지 않고 자기를 낮추고 상대 위주로 생각하는 것, 아니면 욕심을 덜 가지는 것, 과거의 잘못에서 벗어나는 것, 자족하거나 만족하는 것, 무한히 감사하는 마음을 가지는 것. 마음을 비우는 것, 無我 등이 떠오르는데 일단은 근심과 걱정이 없어야 한다고 본다.

그렇게 되기 위해서는 자기 자신의 몸과 인생 그 자체가 절대적이지 않음을 알고 자기 자신의 이익과 관련된 것들에 집착하지 말아야 할 것이다. 예를 들면, 잘될 때도 있고 못 될 때도 있고 세상일이 내 뜻과 관계없이 흐르기도 하고 더 가진 것이 오히려 짐이 되어 없는 것보다 못할 때도 있고 자신이 귀하게 여기고 애지중지한 것이나 목숨을 걸 정도로 구하기 위해 애썼던 것들이 결국에는 허망하거나 그리 중요하지 않은 것임을 알아야 한다. 그런데 이 모두가 다 쉽지만은 않은 일들이다. 따라서 더 편하고 행복해지기 위해서는 많은 노력이 요구된다.

현재는 과거의 산물이라 볼 때 자신이 지금 불안하고 걱정이 많은 것이 다 과거에 알게 모르게 지은 자신의 업 때문이라 생각한다면 먼저 업장소멸을 하는 것이 맞다. 그 방법은 과거 지은 업에 대해 먼저 회개하거나 참회하고 잊어버리는 것이다. 아무리 큰 잘못이라도 참회 혹은 반성하면 이슬처럼 사라진다는 말이 있듯이 깨끗이 잊도록 한다. 머리에서 잘 지우는 사람일수록 즐겁다. 과거의 것에 매이지 않는다. 그리고 현재 주어진 환경과 결과를 겸허히 받아들이고 참고 열심히 사는 것도 한 방편이 된다. 즉, 지옥에 가든지 간에 일단은 내가 지은 것이라 생각하고 참고 그대로 받아들이는 자세가 필요하다. 그러면 업이 소멸된다.

그 다음은 나를 내세우지 말고 상대방을 더 위하는 마음을 가진다. 자기를 내세우지 않는 것은 여러 가지 의미가 있는데 이것은 일차적으로 자기중심적 생각을 버리는 것 혹은 자기 자신의 이익을 생각하지 않는 것이다. 달리 말하면 자신의 욕심에 매이지 않고 순리에 맞게 살며 자족하고 만족하는 것이다.

구름처럼 살자. 구름은 무엇에도 빼앗길 것이 없다. 자기 자신이 없어지는 것에도 연연해하지 않는다. 초연하다. 또 다른 탈바꿈을 당연한 것으로 생각한다. 그리고 무엇을 얻고자 하지 않는다는 점이다. 구름이 무엇을 얻고자 한단 말인가. 그는 손과 발이 없고 무엇을 담을 그릇도 없다. 오히려 준다. 그늘과 비(물)를 주고 있다. 그 고마움을 잊지 말자.

또한 햇빛처럼 살자. 세상에서 겪는 대부분의 괴로움은 모두 욕심에서 비롯된 것. 즉, 받으려고 하는 마음 때문이다. 그런데 햇빛은 그냥 자신의 전부를 주고 있다. 어둠을 밝히고 에너지를 주어 온 세상의 만물을 살리고 있다. 이 얼마나 거룩한 일인가! 자신이 더 가지려고나 더 인정받으려고 하지 않고 어제도 오늘도 내일도 묵묵히 그냥 주기만 하기에 그는 고민과 걱정을 하지 않는 참기쁨 속에 있으며 오히려 많은 사람들의 존경의 대상이 되어 있다. 아낌없이 주는 그를 닮자.

나는 언제 그렇게 될 수 있을까? 우리는 무엇인가를 끊임없이 구하고자 하고 있고, 뺏기지 않으려고 발버둥치고 있다. 말없이 우리에게 항상 주고 있는 나무, 흙, 물, 햇빛, 식물처럼 되자. 자연을 본받자. 그리고 자연에 항상 고맙고 감사한 마음을 가지고 살자.

자연은 우리 생명의 모태이자 우리의 영원한 동반자임과 동시에 우리의 위대한 스승이다.

 **행복의 불씨를 피우는 아궁이**

　행복은 누구나 꿈꾸는 것이지만 그렇지가 못할 때가 종종 있다. 나도 한 순간이라도 고민과 걱정을 덜 하고 행복한 마음을 지속해 가며 살고 싶다. 너무 큰 욕심일까? 아무튼 노력해야 한다. 행복하다고 느끼는 순간을 더 가지려면 어떻게 해야 하나? 나는 행복을 꽃피우고 불행의 씨앗을 없애는 아궁이가 바로 긍정적인 사고라 생각하고 있다.

　힘들 때는 힘들어서 좋고, 힘들지 않을 때는 힘들지 않아서 좋다고 생각하고, 비가 올 때는 비가 와서 좋다고 생각하고, 비가 오지 않으면 비가 오지 않아서 좋다고 생각하는 것, 다른 사람이 자신과 생각이 다르면 달라서 좋다고 생각하고, 같으면 같아서 좋다고 생각하는 것이다. 또한 일이 자기 뜻대로 잘 이루어지면 잘 이루어져서 좋다고 생각하고, 일이 자기 뜻대로 이루어지지 않으면 그렇지 않아도 좋게 생각하는 마음. 남보다 덜 가지고 있지만 좋은 장점들을 더 생각하고, 무엇인가를 더 가지고 있으면 그래서 또한 좋다고 생각하는 것이 긍정적 사고이다. 당신은 얼마나 긍정적 사고를 하고 있다고 생각하는가? 나는 긍정적 사고가 바로 만병통치약이자 우리를 행복(극락)으로 가게 하는 용화선이라 보고 있다.

　이처럼 불행하다는 마음의 불씨를 끄고 행복하다는 마음의 불씨를 살리는 것은 낙관적으로 생각하고 긍정적으로 생각하고 좋게 생각하는 것이 있다. 따라서 이렇게 잘 할 수 있는 능력을 가진 낮은 마음을 가진 긍정적인 사람은 어떤 일을 겪더라도 어떤 사람을 만나더라도 어떤 상황에 처하더라도 어떤 곳에 가더라도 설령 지옥에 있더라도 결코 행복을 놓치거나 잃어버리지 않을 것이라 생각한다. 나도 이런 사람이 되고 싶다.

교육학자 김성봉 교수의 삶, 자연, 행복

120 소중한 것 주기

이 세상에 처음 태어나는 인간의 상태는 다른 동물들에 비해 매우 미숙하다. 예를 한 가지 들면 처음 태어난 코끼리가 2시간 정도면 스스로 걷는 데에 비해 인간은 10달이나 일 년 정도는 있어야 스스로 걸을 수가 있기 때문이다. 이처럼 매우 많은 시간이 필요한 이유는 인간이 다른 동물들에 비해 발달해야 하는 신체적 정신적인 부분이 매우 많기 때문일 것이다. 아무튼 분명한 점은 충분한 발달을 하기 위해서는 꼭 교육이 필요하다는 것이다. 그래서 옛날부터 많은 교육학자들이 인간이 정말 인간다워지기 위해서 무엇보다도 교육이 필요하다고 많이 강조하였다.

살기 위해 무엇이 필요한가? 먼저 인간에게 필요한 공기와 햇빛 물 등과 같은 자연환경과 의식주이다. 그 다음에는 또 여러 가지가 있어야 한다. 먹고 자는 것으로 살 수만은 없고 인간은 일하고 생각하고 움직이고 취미활동 등을 해야만 하는 존재이다. 따라서 이를 잘 하기 위해서는 반드시 배워야 하고 익혀야 하기 때문에 교육이 매우 중요하다. 교육은 가급적 자기에게 맞는 일을 찾도록, 그 일을 하는 데에 있어 필요한 지식과 기술을 얻도록, 삶을 보다 더 잘 살도록 사회에 필요한 규칙과 문화를 익힐 수 있도록 해 준다.

우리 인간들은 식욕, 성욕, 수면욕, 지식욕, 명예욕, 권력욕 등을 채우며 살고 있다. 인간인 이상 필요한 이런 것들을 바라고 얻고자 하는 마음을 가지는 것은 지극히 당연하다. 그런데 문제는 그 어떤 한 가지에 경도되거나 집착되어 그것을 위해 몸부림치다가 자칫 참된 인생을 보내지 못하고 삶을 허비하는 경우이다. 따라서 여기서 말하고자 하는 바는 이것들에 너무 집착하여 행복한 생활(참된 생활)을 놓치지 말자는 것이다. 이에 대해 몇 가지를 부연하면 다음과 같다. 첫째, 각자 모두 귀한 존재이지만 자신이 가진 능력과 소질이 각기 달라 모두가 다 똑같이 될 수도 가질 수가 없다는 점이다. 그래서 나는 결과적 평등은 불가능하며, 이것은 오히려 세상의 진리에 맞지 않는 것이란 생각이 들 때도 있다. 획일화는 우리가 가야 할 길이라 할 수 없다. 왜냐하면 모두가 똑같아지는 것은 자연의 순리에 맞지 않는다고 보기 때문이다. 이 세상에 장미꽃도 있다고 상상해 보라. 혹은 모든 꽃들이 다 한 가지 꽃처럼 될 수도 없다. 불가능하다. 둘째, 인생은 순간순간이 모여 이루어지는 것으로 하루하루가 매우 소중하기에 무엇에 집착하여 즐겁게 보내야 할 현재를 희생시킨다면 이것은 바람직하지 못하다. 셋째, 인간의 욕심은 물질에 대한 것이든 지식에 대한 것이든 그 어떤 것이든 간에 끝이 없다는 점이다. 따라서 지나친 욕심을 가지지 않는 것이 옳다. 단지 자신의 형편에 맞게 하는 것이 현명하다.

그럼 어떻게 사는 것이 보다 바람직한 삶인가를 생각해 보자. 그것은 주는 삶을 사는 것이다. 가지려고 하는 삶과 거의 반대적인 삶이라 할 수 있다. 왜 주는 삶을 살아야 하나? 왜냐하면 주는 삶이 진정 하늘(부처)이 원하는 삶이며, 실제 그렇게 하면 본인도 더 기쁘고 행복하기 때문이다. 물론 매우 어렵다. 왜냐하면 살면서 자기도 모르게 이것저것을 원하거나 가지려고 하는 삶에 매우 익숙해져 있기 때문이다. 따라서 하나님이든 부처님이든 제일 원하는 것을 하나 들어 줄 테니 지금 말하라고 하면 선뜻 대답하지 못할 것이다. 왜냐하면 원하는 것이 많기 때문이다.

여러분들 자신은 무엇을 가장 원하는가? 자신이 가진 것 중에서 가장 소중히 여기는 것은 또한 무엇인가? 이것과 관련하여 이 세상에서 제일 큰 보배는 무엇일까라는 물음도 던져 본다. 내가 생각하기에는 그것은 아마 자유·진리·행복·평안(건강) 등일 것이다. 그럼 이런 것을 어떻게 하면 얻을 수 있을까? 내 생각으로는 이것들은 자신이 더 가지려고 하거나 남을 이기려 하면 도리어 얻기 힘들고 오히려 자신의 몸을 낮추고 자신의 몫을 챙기기 보다는 남에게 자신이 생각하는 귀한 것이나 평안·자유·행복을 줄 때 가능해진다고 생각한다. 따라서 주자. 주고 또 주자. 자신의 행복을 위해서라도 주자. 심지어는 자신이 원하는 것을 상대가 먼저 더 가지도록 하거나 심지어는 자신이 가장 소중하게 생각하는 것마저 내어 줄 때 그는 누구도 얻기 힘든 진정한 보배를 얻을 것이라 확신한다. 당연히 그때 그는 이미 聖者가 되어 있을 것이다.

아름다운 자신·세상·삶을 위해

이 세상에 살고 있는 수많은 생명체들 모두가 고귀한데 인간은 더욱더 차원이 높은 존재이다. 왜냐하면 다른 생명체들과는 달리 인간은 발달된 이성을 가지고 주체적으로 무엇인가를 창조할 수 있는 존재이기 때문이다. 이처럼 하느님은 우리 인간에게 자신의 얼굴 모습, 성격, 마음뿐 아니라 자신의 인생도 스스로 만들 수 있는 능력을 주었을 뿐 아니라 우리 스스로 보다 좋은 일들을 할 수 있게 만들었다는 점이다. 얼마나 큰 뜻인가! 그래서 우리는 자기 자신뿐만 아니라 이 세상을 보다 아름답게 가꾸어야 하는 책무를 지고 있다.

이를 위해 나는 무엇보다도 필요한 것은 바로 자신과 세상을 아름답게 볼 수 있는 눈(마음)을 가지는 것이라 생각한다. 이렇게 되면 자연히 자기 자신과 세상을 보다 더 아름답게 보게 된다. 물론 이것도 본인이 얼마나 노력하느냐 달려 있지만 국가차원의 교육에서 꼭 강조되어야 한다. 그런데 안타깝게도 우리 교육은 이를 소홀히 하고 있다. 그래서 알맹이 빠진 교육을 하고 있다고 말할 수 있다. 왜 그런가에 대한 체계적인 조사와 연구를 하고 이에 대한 근본적인 대책을 하루빨리 세워야 한다. 이런 일은 교사뿐 아니라 교육전문가들과 교육관료 모두가 함께 해야 할 부분이다.

어떤 곳에서 어떤 일을 하더라도 자신·세상·삶을 보다 아름답게 보는 인간이 되게 함과 동시에 자신이 하고 있는 일을 통해 자신과 이 세계를 보다 더 아름답게 가꿀 수 있는 인간이 되게 해야 보다 아름다운 세상이 될 것이다. 노력한 만큼 될 것이다. 학생은 공부를 열심히 하고 겸손한 마음으로 잘 배우고자하는 행위를 통해서, 교사는 따뜻한 마음을 가지고 꼭 배워야 할 것을 쉽게 가르치는 교육적 실천을 통해서, 음악가는 아름다운 음악을 통해, 미술가는 아름다운 그림으로, 가르치는 입장에 있는 사람들은 아름다운 말씀으로, 문학가나 학자들은 아름다운 글을 가지고, 건축가는 아름다운 건축물을 지으면서, 정치가는 아름다운 정치를 통해서, 등 모든 사람들이 자신이 하고 있는 일을 통해 아름다움을 꽃피우면 온 세상은 아름다운 향기로 가득할 것이다.

한편 아름다움(美)이란 무엇인가에 대해 한번 생각해 보자. 무슨 생각이 나는가? 여자의 몸이 떠오르는가. 아니면 마음씨 착한 사람의 선행이 떠오르는가, 저 서산으로 지고 있는 태양이 떠오르는가, 멋진 산천이 생각나는가, 보통 사람들이 하기 힘든 어려운 일을 해낸 사람들의 얼굴이 떠오르는가, 가슴을 울리고 기분을 좋게 하는 노래가 떠오르는가, 좋은 책의 내용이 생각나는가, 어린 자녀들을 정성껏 보살피는 어머니가 떠오르는가, 아니면 예쁘게 핀 저 들판의 꽃들이 그려지는가? 매우 다양할 것이다.

나는 眞, 善, 美는 결국 다 같다고 보고 있기 때문에 최고의 참된 진리는 선행을 하는 것이며, 착한 일을 하는 것이 바로 최고의 아름다움(미)이라고 생각하고 있다. 따라서 진선미는 하나가 되며 그 핵이자 중심에는 善(착한 행위)이 있다. 그럼 어떻게 하면 선행을 할 수 있는 착한 마음을 가질 수 있느냐이다. 내가 보기에는 다음과 같은 마음가짐을 가지면 더 가능해질 것이라 생각한다. 첫째, 착한 마음은 우리 인간 누구나 가지고 있는 본성으로 선을 해행하는 것이 당연한 우리의 의무라고 생각하는 것, 둘째, 선은 우리를 기쁘게 하고 우리를 정말로 살리는 최고의 길임을 아는 것, 셋째, 선은 우리를 결국 자유롭게 하고 우리 모두를 귀하게 만든다는 것이다. 마지막으로 분명한 점은 악을 행하면 악을 받고 선을 베풀면 반드시 그 좋은 보답을 받으며 그 덕으로 보다 좋은 곳으로 갈 수도 있다는 것이다. 우리 모두 노력하자.

비록 우리 인생의 거의 모든 것들이 세월이 지남에 따라 변하며, 특히 우리가 날마다 하는 행동은 금방 연기처럼 사라지지만 이것에 실망을 하지 말고 제일 중요한 일이나 보다 오래 갈 수 있는 일을 더 하도록 하자. 그것은 바로 아름다운 행위(선행)를 하는 것이다. 세상을 꽃으로 장식하자. 먼저 아름다운 꽃이 되자.

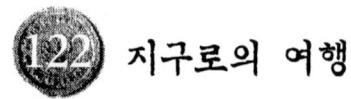# 지구로의 여행

나는 여행을 매우 좋아한다.
당신은 무엇을 좋아하는가?
자신이 좋아하는 일을 많이 하자.
그럼 인생이 즐거울 것이다.

내가 여행을 무엇보다도 좋아하는 이유는
첫째, 새롭고 아름다운 것을 더 볼 수 있기 때문이다.
달리 말하면 Life is Wonderful함을 더 맛보기 위해서이다.
둘째, 일상생활의 스트레스로부터 벗어날 수 있기 때문이다.
즉, 여행기간만이라도 일상의 걱정이나 근심에서 벗어난다.
셋째, 무엇엔가 집착하지 않고 그냥 즐길 수 있기 때문이다.
예를 들면, 무욕과 같은 편안한 마음을 좀 더 가질 수 있다.

여행과 일상의 삶은 다르다.
내가 생각하는 여행이란 그 지역 사람들의 삶에 깊숙이 관여하지 않고
또한 그곳의 그들로부터 무엇인가를 꼭 얻기 위함도 아니다.
여행은 그냥 보고 즐기고 음미하면 된다.

여행과 일상의 삶 간에는 공통점도 있다.
그것은 여행이나 삶 모두 다른 사람들과 함께한다는 점이다.
그래서 제일 좋은 여행이자 삶이 되도록 하기 위해서는
먼저 어떤 곳에 가든지 기뻐하고 감사할 줄 아는 마음을 가지는 것.

그 다음은 좋은 동행자와 함께 하는 것이며
또 그 다음은 보다 아름다운 곳(자기에게 맞는 곳)에 가는 것이다.

당신은 앞으로 여행을 간다면 어디로 가고 싶나?
죽은 후에 다시 지구로 여행 올 생각은 있는가?
나는 어디든 좋다고 생각한다.
먼저 여행 그 자체를 좋아하기 때문이다.

굳이 말하면, 아름다운 세계로 가는 여행이면 더 좋다.
그곳은 약육강식의 세계도 아니며, 물질과 권력이 중심인 세계도 아니다.
가슴이 따뜻하고 지혜로우며 즐겁게 살아가는 사람들이 있는 곳.
어떤 일이나 상황이든지 긍정적으로 생각하는 사람들이 사는 곳.
적게 가졌더라도 자족하며 욕심이 별로 없이
바람처럼 물처럼 바위처럼 나무처럼 사는 사람들이 있는 곳.
세상의 미물을 포함하여 만물을 다 귀하게 여기며 사는 곳.
자신의 고집과 주장보다는 상대방의 생각을 더 먼저 받아들이는 곳.
그래서 남이 잘못하고 부족하더라도 너그럽게 감싸 주고, 위해 주는 곳.
타인이 잘하면 자신의 일처럼 아낌없이 고맙게 생각하고 축하해 주는 곳.
힘과 능력이 있고 지위가 높은 자가 더 약자나 남을 도와주고자 하는 곳.
더 가지기 위해 더 높은 지위를 얻기 위해서 남과 대결하는 것을 원치
않는 곳 등.
아무튼 내 자신부터 먼저 이런 곳에 적합한 사람이 되도록 힘쓴다.

자신이 원하는 곳으로의 여행을 꿈꾸자. 그리고 더 가능하도록
하기 위해 미리 준비하자.

나의 바람은 보다 더 성숙한 사람이 되어 어떤 곳으로 가는 여
행이든지 간에 마음의 주인이 되어 내 마음을 편안함과 즐거움에
머물게 하는 것이다.

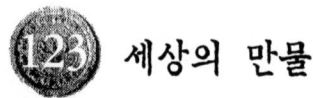 # 세상의 만물

세상의 모든 것들이 다 귀하니 상대를 아끼자.
상대를 아끼면 상대도 자신을 분명 아껴 준다.

세상의 모든 것들이 다 나의 스승이라 생각하자.
겸손하고 배우면 그만큼 성장하고 또한 편하다.

세상의 모든 상황들이 다 나에게 도움이 된다는 긍정적 사고를 가지자.
긍정적 사고는 자신을 죽이지 않고 살리며 더욱더 자신을 빛나게 만든다.

이것과 관련하여 행복하고 좋은 삶을 살기 위해서는 내가 선택할 수 있는 부분은 최선의 선택이 될 수 있도록 평소에 지혜를 갖추도록 하며, 자신의 의사와 관계없이 선택되어 주어지는 부분에 대해서는 긍정적으로 생각하여 다 그럴만한 이유가 있어서 그렇겠지, 혹은 그렇게 된 것은 다 나를 더 성장시키기 위함이라 생각하면 편하다.

 **발전의 끝**

우리 인간은 인생이란 짧은 시간을 이 지구에서 보내고 있다.

이 지구는 오랜 세월에 걸쳐 문명을 발달시키며 유지되고 있다.

나는 잘 모른다.

태초의 우주와 지구는 어떠했는지? 그리고 이루 헤아릴 수 없을 만큼의 시간이 흐른 후의 지구의 모습은 또한 어떠할지? 물론 굳이 알 필요를 느끼지 않지만 또한 알기도 어렵다.

인간들은 보다 편안한 삶을 위해서 혹은 가만히 있지 못하여서 끊임없이 새로운 것을 모색하고 변화시키고 만들고 발전시키기 위해 피땀을 흘릴 것이다.

어찌 보면 이것이 인간의 본능이고 운명이 아닌가 싶다.

그런데 그 발전이 끝나면 어떻게 되는 것인가라는 우문을 한 번 던져 본다.

즉, 만약 인류가 계속 발전의 과정을 밟는다면 그 끝은 어떠할까이다. 나는 잘 모른다. 하지만 잠깐 멈춤이나 정지 혹은 후퇴가

교육학자 김성봉 교수의 삶, 자연, 행복

있다가 또 다시 발전의 과정을 밟을 것이란 생각은 든다. 물론 그 과정에서의 후퇴는 천재지변이나 큰 전쟁으로 일어날지도 모른다. 그로 인해 문명에 큰 손상이 생길 것이다. 하지만 그래도 남아있는 사람들이나 태어나는 후손들이 다시 시작할 것이다.

암도 정복하고, 우주의 끝까지 갈 수도 있고, 우주 전체의 비밀을 다 알고, 투명인간도 만들고, 아톰처럼 날아다니고, 등등 ……. 이와 같은 것을 포함하여 시간이 많이 걸리겠지만, 인간이 머리로 지금 그리는 대부분이 실현될 것이라 본다. 하지만 불가능한 것도 물론 있을 것이다. 왜냐하면 근본적으로 인간이란 존재가 지닐 수밖에 없는 한계가 있을 것이라 보기 때문이다. 예를 들면 차원이 다른 개미나 물고기와 같은 생물들이 어떻게 인간의 세계를 알 수 있으며 인간처럼 행할 수 있는가. 이처럼 인간이 넘을 수 없는 차원도 있을 것이라 추정해 보는데 ……

이처럼 인간이기에 필연적으로 가지는 한계도 있고, 또한 짧은 시간 동안만을 살 수 밖에 없기에 발전의 끝을 굳이 생각할 필요는 없다. 그래서 나의 결론은 앞으로 인류가 지금 우리가 생각하지 못하는 엄청 발달된 문명을 이루더라도 가장 중요한 최상의 삶은 역시 행복과 보람을 더 느끼며 즐겁게 사는 것이라 생각한다.

 # 만나는 사람에게 알아서 잘하자

강물은 위에서 아래로 흐른다.
결국 아래로 흘러내릴 수밖에 없는 물처럼
우리도 언젠가는 시간이 흘러 결국 죽는다.

강물은 흐르다가 중간에서 혹은 바다에 가서는
다시 다른 것으로 변화되든지 또 다른 그 무엇이 된다.
계속 이어진다.
종착점이 무엇이라 딱 말할 수 없다.

물이 더러운 것을 씻거나 다른 생명체를 살리는 것처럼
자연의 많은 생물들은 자신의 몸을 바쳐
우리 인간과 다른 생명체를 살리거나 도움이 되는 좋은 일을 한다.

식물들은 전적으로 인간에게 자신을 내놓고 있고
소·돼지·닭 등과 같은 동물들도 기꺼이 자신을 바친다.
자신의 몸 전부를 인간의 양식으로 제공한다.
이 얼마나 위대한가!
고마움을 알자.
인간은 누구를 위해 전적으로 자신의 몸을 맡겨야 하는가?
아니 헌신하고 있나?
어렵다. 이기심 때문에 몸을 사리기 일쑤이다.

교육학자 김성봉 교수의 삶, 자연, 행복

인간은 주체적 존재이기에 이렇게 생각하기도 저렇게 생각하기도 하며 이런 행동을 할 수도 저런 행동을 할 수도 있다.

이처럼 누구에게나 선택할 자유가 있고 또한 자신이 그렇게 선택한 이유가 있을 것인데

바람직한 모습은 자기 자신과 타자 모두에게 도움이 되는 삶을 사는 것이다.

자신도 좋고 남도 좋은 상생의 삶을 살도록 자신을 관리한다.

먼저 자신과 같이 생활하는 사람들이나 그가 누구든 만나는 사람들 모두에게 잘하자.

그가 돈을 많이 가졌든, 적게 가졌든지 간에, 지위가 높거나 낮거나 간에, 옷이 남루하든지, 모양새가 있든지 간에, 내 생각과 일치하든지 반대의 생각을 가지고 있든지 간에 말이다.

그 다음에는 모르는 사람과 인류 전체로 확대시킨다.

사랑을 행하는 자는 하늘(부처)의 진정한 뜻을 아는 자이다.

분명히 하늘(부처)은 기뻐할 것이다.

 **사랑하는 좋은 방법**

나는 사랑을 강조하는 사람들을 매우 좋아한다. 그래서 예수, 석가뿐 아니라 톨스토이, 프롬, 간디, 페스탈로치 등과 같은 인물들을 존경한다. 그리고 10대 때 내가 가장 좋아했던 사람은 아인슈타인과 슈바이처 그리고 안중근과 김유신이었다. 그래서 이 당시에 이들을 닮고자 하는 마음에서 그들 이름의 이니셜을 모아 나의 사인을 만들어 지금까지 사용하고 있다. 아인슈타인은 학문을 매우 사랑한 사람으로, 쉬바이쳐는 병들고 약한 사람들을 지극히 사랑한 사람으로, 안중근과 김유신은 나라를 너무 사랑하여 자기의 목숨까지 바친 인물이었기에 때문이다. 특히 안중근 의사가 강조한 見利思義 見危授命과 人無遠慮 難成大業이란 문구가 마음에 들어서 학창시절에 적어서 지갑에 넣어 가지고 다녔다.

나는 자연과 문화, 그리고 가정의 행복뿐 아니라 국가 발전 및 인류평화에도 관심이 많다. 그래서 인간이나 자연 그리고 평화에 어떤 형태로든지 이바지한 사람이 있으면 존경하며 그들로부터 한

교육학자 김성봉 교수의 삶, 자연, 행복

가지라도 더 배우고자 하는 마음을 가지고 있다. 평화와 관련해서는 교육학을 공부하면서 알게 된 코메니우스와 타고르가 생각이 난다. 코메니우스는 지금으로부터 400년쯤 전에 이미 인류평화를 위해 세계학교, 세계언어 등을 주창하였고, 다 알다시피 타고르도 자연을 통해 평화를 이루기 위해 숲속의 학교를 설립하기도 했다.

그런데 이것도 생활 속에서 얼마나 실천을 하고 있느냐가 제일 큰 문제이다. 아는 만큼 보이고 깨닫는 만큼 깊어지기에 사람들이 조금이나마 더 사랑의 중요성을 깨닫고 몸소 실천했으면 하는 바람을 계속 가지고 있던 차에 마침 이와 관련된 좋은 글이 있어 여기에 소개하고자 한다. 이 글은 갤리온에서 낸 막시무스의 지구에서 인간으로 유쾌하게 사는 법이란 책의 15 - 16페이지에 나온다.

어느 판사가
빵 한 덩어리를 훔친 죄로 잡혀 온 노인을
재판하게 되었다.
그런데 노인은 가족들이 굶고 있어
빵을 훔쳤다고 말했다.
판사는 노인의 사연이 안타깝기는 하지만
법에는 예외가 없다고 말하면서
10달러의 벌금형을 선고했다.
선고를 마친 판사는 자기 주머니에서 10달러를 꺼내
노인을 대신해 벌금을 내었다.
그러고는 그날 법정에 모인 모든 사람들에게
그 노인이 살기 위해 빵을 훔칠 수밖에 없는 도시에 사는 죄로
50센트씩의 벌금형을 선고했다.
판사는 벌금을 모아 노인의 손에 쥐여 주었다.

이 이야기는 나중에 미국 뉴욕 시의 시장이 된 라 구아디아가

판사 때의 있었던 이야기라 한다.

　나는 자연과 인간을 사랑하는 것이 출세, 돈 이념 등 그 무엇보다도 먼저 챙겨야 할 중요한 것이라 보고 있다. 그런데 이를 자주 망각하는 것은 현실적으로 출세, 돈 등이 더 필요하기 때문이기도 하고, 인간을 사랑하는 것이 얼마나 중요한가를 잘 몰라서 그렇기도 하고, 자기 안에 있는 자존심이나 이기심 그리고 규칙 등과 같은 것을 맹목적으로 따르는 경우이기도 하기 때문일 것이다. 따라서 우리가 필요하다고 생각하여 만든 사소한 규칙이나 규정 혹은 관습을 뛰어넘어서 저 넘어있는 사랑을 생각할 수 있고 실제로 인간에 대한 사랑을 실천하는 큰사람이 더 많아지기를 바라고 있다.
　영국의 시인 바이런은 정의롭기만 한 인간은 잔인한 인간이라고까지 말했다고 한다. 만약 불가피하게 정의와 사랑 중에서 어느 하나를 선택해야 한다면 여러분들은 어떤 것을 선택할 것인가? 나는 사랑을 택할 것이다. 왜냐하면 사랑은 정의보다 더 앞서고 더 높은 가치라 보기 때문이다. 그런데 위에 소개한 글은 정의와 사랑을 함께 실천한 매우 좋은 모델로 여겨진다. 따라서 이 예를 잘 기억하여 적절히 융통성을 발휘하며 사는 것이 보다 좋은 삶이라 생각한다. 좋은 삶이자 바람직한 삶은 한 번이라도 혹은 조금이라도 더 사랑을 실천하는 삶이다. 그런데 우리의 삶에는 사랑의 실천을 방해하는 장애물들이 많다. 이 장애물에는 이기심, 더 가지려는 마음, 남의 부족함을 자기 우위의 계기로 삼으려는 마음(어리석게도 우리 인간들 중에는 후진적이게도 물리적인 방법을 동원하거나 남의 잘못을 지적하여야 자기가 올라간다고 매우 어리석게 생

교육학자 김성봉 교수의 삶, 자연, 행복

각하는 속이 좁은 사람들이 많다는 점이다. 오히려 상대에게 잘해야 본인이 그만큼 높아진다는 것을 어리석게도 잘 모른다.), 인간은 규정보다 못한 존재가 아닌데 규정의 노예처럼 규정에 얽매여 상대에 대해 사랑을 하지 않는 것, 자신의 대접받음과 안위 및 이익만을 생각하는 것, 하나만 생각할 줄 알고 둘 혹은 셋까지는 생각할 줄 모르는 경우가 허다하다.

삶을 풍성하게 하기 위해서는 때때로 규정이나 정의만을 생각하는 것을 넘어서 현명하게 사랑을 실천할 수 있는 넓은 가슴을 가진 지혜로운 사람이 필요하다. 덕이 있는 큰사람이 되자.

 **어디까지 돌고 도는가?**

세상은 계속 변화하고 있다. 그런데 어떻게 변화하는지에 대해서는 정확히 알기는 어렵다. 왜냐하면 나 자신뿐 아니라 세상의 모든 것들이 변하고 있기 때문이다. 하지만 제일 중요한 것은 본인의 마음과 태도이다. 예를 들어 여기에 어떤 한 사람이 있다고 하자. 그 사람의 최종 운명(말년이나 죽은 이후 등)에 대해 그 누구도 앞으로 어떻게 될 것이라고 단정할 수가 없다. 왜냐하면 시시각각으로 바뀌고 변화되는 것이 인간이기 때문이다. 다만 당사자가 얼마나 자기의 목표를 이루기 위해 노력하느냐에 따라 좀 가시적이 되어 예측할 수는 있을 것이다. 자신이 더 행복한 사람이 되어야겠다고 생각하고 이것을 목표로 할 수도 있고, 더 착한 일을 하는 사람이 되고자 하는 것일 수도 있고, 더 인상이 좋은 사람이 되고자 할 수도 있고, 자신이 복과 덕이 많은 사람이 되고자 할 수도 있다. 아무튼 많은 변수들이 있지만 자신이 노력하는 정도에 따라 주체적으로 환경을 변화시킬 수 있다는 점이다. 따라서 일차

적인 책임은 본인이라 보는 것이 맞을 것이다. 이처럼 매우 많은 개연성이 있는 것이 인간이고 인간의 삶이다. 그래서 인간은 자유로운 존재라고 누가 말하지 않았던가!

그럼 무엇을 향해야 하나? 가끔 스님들은 우리 인간(중생)을 부처라고 말한다. A는 B라는 것이다. 인간은 인간이고 부처는 부처이기에 중생인 우리 인간이 부처라는 것이 무슨 말인지 선뜻 이해를 못할 수도 있다. 그래서 내가 부처인가? 저 나무와 꽃이 부처인가라는 생각도 들었다. 헷갈린다. 회의가 들기도 한다. 그런데 다음의 예를 보자. 대한민국이 민주공화국이라는 말하는 것은 민주공화국이라 말할 수 있을 만한 어느 정도의 조건들을 갖추고 있기 때문에 그렇게 이야기를 하는 것이거나, 민주공화국을 지향하고 있으며 앞으로도 보다 더 발전된 민주공화국이 되기를 바라는 차원에서 말하는 것일 수 있다고 본다면 대한민국(전자)이 민주공화국임을 깨달을 필요도 있고 또한 그렇게 되기 위해 노력해야 한다는 의미와 과제가 된다. 이렇게 생각할 때 위에서 말한 중생은 부처라는 말은 먼저 중생이 부처가 될 어느 정도의 조건을 누구나 갖추고 있고 자신이 부처임을 깨닫는 것이 필요함을 말하는 것이다. 또 다른 하나는 우리 인간들이 보다 부처를 지향하고 부처가 될 수 있도록 노력해야 함을 말해주고 있다고 생각한다. 따라서 우리의 지향점 혹은 목표는 분명해졌다. 부처나 하나님을 닮는 것이다. 부처임을 깨닫는 것이다. 물론 노력을 하면 더 빨리 이루어질 것이다.

그럼 부처가 되고 나면 무엇이 되나? 혹은 무엇이 되어야 하나? 이런 질문들은 할 필요가 없는데 만약 물음이 제기되면 어떤 대답을 하는 것이 좋을 것인가? 산 정상에 가면 내려와야 하고, 태어나면 죽어야 하고, 먹으면 빼야 하니 부처가 되면 다시 부처 아님이 되어야 하는 것은 혹 아닌가? 아무튼 모든 고를 없애고 생사윤회를 끊어 마침내 해탈(성불)하면 더 이상 영원히 돌지 않아서 그것으로 완전히 끝인가? 아직은 잘 알 수가 없네.

 **부족한 나**

    살면서 보다 좋은 일을 많이 하고 죄를 짓지 않아야 하는데 살면서 어떤 때는 죄를 짓고 있는 것 같아 부끄럽다. 화를 내기도 하고, 욕심을 내어 걱정도 하고, 게을러 뱃살이 나오고, 남으로부터 대접을 받으려고도 한다. 이런 것들은 잡초처럼 나도 모르게 내 속에서 자라고 있다. 그런데 분명한 점은 이 세상에 사는 나도 부족하지만 상대도 부족한 존재라는 점이다. 따라서 나와 상대가 경우에 따라 잘못된 판단, 잘못된 실수나 행동을 하기도 하고 각자 자기입장에서 생각하여 갈등과 다툼을 초래하기도 하니 너무 자기 자신에 대해 학대할 필요도 없고 상대나 세상에 대해 비관할 필요도 없는 것이 정신건강에 좋다. 다만 앞으로 서로가 좀 더 올바른 판단을 하고자 하고, 어렵지만 자기(이익)보다는 상대를 위하는 마음을 가지고 행동하면 좋을 것이다. 문제는 알면서도 그렇지 하지 않을 때가 종종 있다는 점이다. 따라서 보다 나은 자신이 되기 위해 꾸준히 노력하는 수밖에 없다. 자기 자신과 타인에게 자

비를 베풀자. 부족한 사람들이 모여 사는 이 세상에서 일어나는 여러 일들에 대해 너무 실망하지도 화내지도 말고 자책하지도 말자.

행복을 더 느끼고 인생을 즐겁게 살아야 하는데 부족한 점들이 많으면 주위에서 일어나는 일들로 인해 무력하기도 쉽고 우울해지기도 한다. 조금이라도 더 즐거운 마음과 행복한 마음을 가지기 위해 나는 가끔 자주 절에 가서 절을 한다. 절을 하면 탐(욕심)·진(화냄)·치(이기심)가 나도 모르게 없어진다.

한편 부족한 점이 많은 내가 다음과 같은 것들을 가지고 있으니 누구보다도 더 감사하게 생각하고 즐거운 마음을 가지고 하루하루를 살아야 한다는 생각이 문득 들었다. 그것은 다음과 같다.

첫째, 인간으로 태어나 지금까지 살고 있다는 사실.

둘째, 부처님을 생각할 수 있고 절을 할 수 있다는 사실(기독교신자는 하나님일 것이다).

셋째, 귀엽고 예쁜 우리 가족이 있다는 사실.

넷째, 일이 있고 어느 정도의 먹을 것도 있다는 사실.

다섯째, 자연과 함께할 수 있다는 사실.

여섯째, 바라는 꿈(니르바나 – 성불, 여행, 교육활동)이 있다는 점이다.

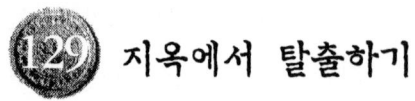 **지옥에서 탈출하기**

    지옥이 있을까? 우리는 흔히 지옥을 현생과는 차원이 다른 세계로 죽은 후에 죄가 많은 사람들이 가는 곳이라 생각하고 있다. 물론 이는 사후의 세계를 인정할 때의 이야기이다. 죽은 후의 내세를 믿는 사람도 많지만, 어떤 사람들은 그것에 대해 확답을 하지 않거나 믿지 않는다. 물론 내세를 믿느냐 믿지 않느냐 하는 것은 전적으로 개인적인 문제이지만 내 생각에는 삶을 보다 풍부하고 참되게 살기 위해서라도 가급적 믿는 것이 좋다고 생각하고 있다. 왜냐하면 믿으면 조금이라도 더 좋은 일을 하면서 살 것이고 그러면 다음에 죽어서 좋은 곳으로 가거나 갈 확률이 높고 혹 내세가 없더라도 그는 현생에서 충분히 그 복덕을 받을 것이라 믿기 때문이다. 그리고 무엇보다도 살면서 많은 어려움을 겪기도 하기에 이를 극복하기 위해서도 필요하고 보다 차원이 높은 인간이 되어야 하는데 종교를 가지면 가능하다고 생각한다.

    지옥에 대한 또 다른 입장은 지옥이 따로 있는 것이 아니라 현재의 삶에서 얼마든지 접할 수 있다는 견해이다. 이는 삶이 지극히 힘들 때 우리가 흔히 지옥 같다고 말하는 경우이다. 즉, 매우 힘들고 어려운 상황을 말한다. 아무튼 내가 보기에 지옥이 현세에 나타나든지 죽은 후에 가는 곳이든지 간에 그 공통점을 생각해 보면 어떤 생물이 살든지 간에 그곳은 생명을 유지하기가 매우 어려운 곳이라 여겨진다. 그래서 생명을 유지하는데 필요한 것들이 부족하거나, 사회가 덜 발달되어 자율적인 부분이 적고 수동적이거나 지나치게 타율적인 부분이 크거나, 아니면 서로 서로가 이기심과 욕심을 많이 가지고 있어서 경쟁이 치열한 곳이라 할 수 있다.

여기서 참고로 윤회에 대한 텐진 빠모가 언급한 글이 있어 간략히 소개하고자 한다. '인생도'라는 그림을 들어 설명하고 있다. 이 그림에는 죽음의 신인 야마의 입 속에 큰 바퀴가 돌고 있는 그림이 있다. 이 안쪽에는 여섯 단계의 윤회가 그려져 있고, 바퀴 축에는 세 가지 동물인 닭, 돼지, 뱀이 서로의 꼬리를 물고 돌아가고 있다. 수탉은 탐욕을 상징하며, 뱀은 분노를, 돼지는 무지를 상징한다. 이를 흔히 탐·진·치에 비유한다. 여섯 단계의 윤회는 제일 낮은 단계인 지옥, 그 다음은 '프레타'라고 불리는 배고픈 귀신 혹은 만족하지 못하는 영혼이 사는 아귀계, 그 다음 세 번째 영역은 동물의 영역인 축생계, 그 다음은 인간계, 다섯째는 '아수라'라고 불리는 반신반인적 존재가 있는 영역이고, 마지막 최고의 영역은 '데바'라고 불리는 영역으로 사전적 의미는 '빛나는 존재'이다.

텐진 빠모는 지옥에 있는 사람들은 주로 망상에 사로잡혀 있거나, 심각한 우울증이나, 편집증 등에 시달리고 있을 것이라 보았다. 프레타라고 불리는 아귀계에 있는 존재들은 인간의 눈에는 보이지 않게 땅 위를 돌아다니며, 커다랗고 비어 있는 위장에 아주 가느다란 목을 갖고 있기에 음식을 먹어도 머리카락 한 올 정도로 가느다란 목으로는 잘 내려오지 않을 뿐 아니라 위장이 마치 산처럼 거대하기에 채울 수가 없는 고통을 당하고 있다. 너무 인색하면 이런 벌을 받는다고 한다. 세 번째 영역은 축생계이다. 여기에 속하는 동물들은 어리석기도 하고 자기 자신에 대한 인식도 부족하여 한 발 물러서서 상황을 객관적으로 바라보지 못한다. 그래서 어떤 일이든지 자기 주관에 따라 무조건 달려간다. 그리고 자신의 본능, 자신의 쾌락, 자신의 몸을 편안하게 만드는 일에만 주로 관심을 갖는 사람들이기에 어떻게 하면 편안하게 맛있는 것을 먹을 수 있을까? 어떻게 하면 좋은 옷을 입을 수 있을까에 많은 집착을 한다. 따라서 인간도 마음을 닦지 않으면 역시 동물과 마찬가지가 된다. 그 다음은 인간계이며, 그 위는 아수라라 불리는 반신적인 존재의 영역이다. 아수라는 신처럼 매우 아름다운 존재들이다. 그런데 아수라들에게 있어 가장 큰 문제는 소원을 들어주는 나무가 뿌리와 줄기를 아수라의 영역에 두고 영양분을 빨아들이고 그 나뭇잎과 열매는 신의 영역에 속해 있다는 것이다. 그래서 아수라들은 질투한다는 것이다. 자신들의 것이라고 여기는 나무열매를 되찾아 오려는 경쟁심에 사로잡혀 스스로를 행복하게 내버려 두지 못하고, 늘 싸움을 벌이고 타이탄처럼 신에 대항한다. 인간계에서도 이와 비슷한 일이 일어난다. 언제나 이들은 자신보다 더 많은 것을 갖고 있는 사람, 자기보다 더 높은 지위에 있는 사람, 자기보다 더 큰 집과 자동차를 소유하고 있는 사람, 자기보다 더 많은 수입을 올리는 사람에 대한 질투심에 불타고 있다. 최고 영역은 '데바'

로 신으로 번역되기도 한다. 불교적 우주론에 따르면 26개나 되는 각기 다른 천국이 있다. 소원을 들어주는 나무의 잎과 열매가 신의 영역에 있고 아름다운 요정들도 있다. 이보다 더 높은 영역도 많은데 각각의 영역은 위로 올라갈수록 더욱 정화되고 세련된다. 남성도 여성도 아닌 양성적인 존재가 있는 영역도 있고 이 영역을 지나면 형태가 없는 영역도 있다. 이는 무한한 공간, 무한한 깨달음의 상태라 할 수 있다. 하지만 이 영역도 여전히 탄생과 죽음의 영역에 속해 있다는 것이다.

보통 불교적인 시각으로 볼 때, 윤회의 틀 안에서 가장 훌륭하게 다시 태어나는 영역을 인간계라 여긴다. 그것은 인간계에 있으면 기쁨과 슬픔을 다 맛볼 수 있고, 사물을 좀 더 선명하게 볼 수도 있으며, 자신의 한계를 뛰어 넘어서고자 하는 마음을 일으키게 하기도 하기 때문이라는 것이다. 즉, 인간에서 충분한 선택권이 있다는 것이다. 자신이 어떻게 생각하고 말하며 어떤 행동을 할 것인지를 선택할 수도 있다. 그래서 잘하면 신의 경지로 간다.

아무튼 우리는 지옥에 가지 않도록 해야 한다. 그럼 어떻게 하면 안 갈 수 있나?(물론 지장보살이나 선지자처럼 남을 제도하기 위해 자신의 한 몸을 희생하여 어려운 곳이나 지옥으로 가는 경우도 없지는 않다고 보지만 이는 보통사람이 하지 못한다.)

살면서 죄를 짓지 않고 최소한 자신의 마음속에 지옥을 만들지 않기 위해 어떻게 하는 것이 좋은지에 대해 생각해 보았다. 첫째, 지혜롭게 상대와 잘 지내는 것이다. 둘째, 최대한 자기를 낮추고 상대를 올리려는 마음을 항상 가지고 사는 것이다. 셋째, 무슨 일을 하든지 간에 그것으로 인해 괴로워하거나 힘들다는 마음을 갖지 않고 낙천적으로 받아들이고 긍정적인 사고를 한다. 넷째, 가지고 있는 것에 만족하고 무아의 상태가 지속되기를 바라며 사는 것이다. 자기라는 그릇이 없으면(無我) 어찌 이기심이나 불만이나 욕심과 같은 마음이 담길 수 있나. 그래서 자기 없음으로 가기 위해 꾸준히 수양을 하자. 매일 거듭 태어나자.

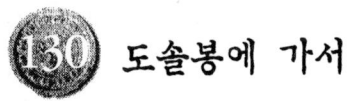 **도솔봉에 가서**

　나는 평소에 도솔봉에 갔으면 하고 생각을 여러 번 했는데 좀처럼 갈 시간이 없어서 그동안 못 갔었다. 백두대간의 소백산에 위치한 이곳에 가기 위해서는 주위 다른 봉우리인 연화봉이나 비로봉과는 달리 제법 많은 시간이 걸린다는 이미 이야기를 들어서 최소한 갈려면 갔다 올만한 시간은 확보되어야 하기 때문이었다. 그래서 몇 년 동안 한번은 가야지라고 마음을 먹었지만 좀처럼 시간이 허락하지 않았다. 그런데 이번에 어느 정도 시간이 나서 큰마음을 먹고 올라갔다. 올라가다가 만난 국립공원관리소에 근무하는 한 사람은 나에게 샘터까지 갔다 오면 될 것이라고 말했다. 그것은 아마도 내가 준비한 것이 없이 빈손으로 갔었고 더욱이 초행길인데다가 출발점에서 올라간 시각이 10시 40분쯤이나 되었기 때문에 그렇게 말한 것이라 여겨진다. 저녁 6시에 모임도 있어서 올라가다가 힘들면 그냥 돌아갈 생각도 하면서 일단 올라갔다. 그런데 내 스타일은 지리산 등산할 때도 그렇듯이 될 수 있으면 중간에

그만두지 않고 끝까지 갔기 때문에 이날도 다소 시간이 부족하다는 것을 느꼈고 매우 힘들었지만 지금 아니면 다음에 또 다시 시간을 내어 올라가기가 어려울 것이라 판단하고는 그냥 강행했다.

땀을 뻘뻘 흘리며 점심도 먹지 않고 오직 정상인 도솔봉에 가야한다는 일념으로 걷고 또 걸었다. 올라가면서 정상의 도솔봉은 과연 어떤 모습일까라는 상상도 하면서 올라갔다. 3시간 정도를 꼬박 걸어서 드디어 정상에 도달하니 참 기뻤다. 주위가 한눈에 다 들어왔다. 달랑 하나 가지고 온 카메라로 혼자서 기념으로 사진을 찍었다. 머리 위의 푸른 하늘과 흰 구름을 보고 야호라고 크게 소리치기도 하였다. 이곳을 도솔천이라 생각하니 더욱더 이곳이 가볍고 깨끗하다는 느낌도 들었고, 조용하고 평화롭기도 하였고, 무엇인가를 더 가지려고 서로 다툼도 하지 않고 할 필요도 없을 정도로 작은 것으로도 만족하는 곳이란 느낌도 들었다. 이처럼 천국은 물질이 중요하지 않는 곳이어서 물질을 가지고 아웅다웅하지도 않을 뿐 아니라 지극히 깨끗하고 청정하여 자기를 비우고 있기에 눈치, 모함, 비리, 탐욕과 이기려는 마음이 또한 없을 곳일 것이다. 이 인간세상도 그렇게 되기를 바라며 나도 그렇게 살고 싶지만 살다보면 주위에서 가만히 놓아주지를 않기도 하고 충분한 수양을 하지 않으면 자칫 물질이나 주위의 파도에 흔들린다.

특히 여름이라 땀을 많이 흘렸고 힘들게 올라갔기에 이런 저런 생각이 들었다. 내가 왜 힘들게 이곳에 이렇게 올라가는 것일까라는 생각도 했고 올라가서도 왜 이곳에 내가 왔는가라는 생각도 해보았다. 그리고 나는 이것을 우리가 이 세상에 왜 와서 이렇게 고생하는가라는 물음과도 관련지어 보았다. 그 결과 도솔봉에 힘들게 올라간 것과 인생을 힘들게 사는 것과는 별 차이가 없다는 생각이 들었다. 이 높은 도솔봉에 아무도 강요하지 않았는데 내 스스로가 원해서 땀을 뻘뻘 흘리며 올라갔다. 이처럼 내가 도솔봉에 가게 된 것은 첫째, 내가 원해서, 둘째, 노력을 하여서, 셋째, 시간이나 여러 조건들이 다 충족되고 하늘이 도와주었기 때문이다. 힘들지만 내가 원했다는 것 그리고 그것이 반영되었고 내가 노력을 하였기에 또한 가능하였을 뿐 아니라 만약에 그날 그 시간에 비가 오거나 다쳤으면 가지 못했을 것이다. 인생도 그런 것 같다. 나뿐 아니라 우리 모두 어디에서 왔는지 정확히는 모르지만 분명한 점은 어느 정도 원했을 것이란 점이다. 자신의 판단으로 인간세상이 좋아 보였기에 아니면 나름의 이유가 있어서 오고 싶어서일 것이다. 그리고 자의 반 타의 반이든 자신이 하고 있는 일이 주어졌던지 아니면 자신이 선택을 했던지 간에 그것을 달성하기 위해서는 그만큼 노력을 해야 한다는 점이다. 지금 치르고 있는 힘듦(고통)은 자신이 원했고 원하는 것을 이루기 위한 과정의 산물이라는 것 그리고 그것을 이루기 위해서는 노력뿐 아니라 하늘(부처님)의 도움도 필요하다는 것이다. 그러니 앞으로는 보다 좋은 願을 세우도록 한다. 그리고 노력하며 하늘의 도움을 받도록 한다.

 영화 신기전을 보고서

추석 때라 시간이 있어 아내랑 영화를 보러 갔다. 보고 느낀 점을 몇 가지 적어 보았다. 첫째, 우리나라는 강대국들 사이에 있는 나라임을 한 번 더 느꼈다. 그런데 이렇게 수천 년을 이어 오고 있다고 생각하니 우리나라는 정말로 대단한 민족이자 위대한 국가란 생각도 들었다. 일찍이 함석헌 선생님이 말씀하셨듯이 우리나라만의 특별한 사명이 있어서 그토록 많은 시련을 우리에게 주었다고 감히 생각한다. 그래서 고난을 통해 영광을 주고자 함이라 믿고 싶다.

한편 강대국(강자)들이 에워싸고 있는 경우에는 어떻게 하는 것이 보다 현명한 방법인지에 대해 한번 생각해 보았다. 어떻게 하는 것이 좋을까? 강자를 일방적으로 싫어하고 배척해도 안 될 것이고 그렇다고 바보처럼 고분고분 그들이 원하는 대로 그대로 다 하기도 어렵다. 우리의 엄연한 현실은 미국, 러시아, 중국, 일본이라는 강대국들 사이에 있다는 것이다. 이것은 부정할 수 없는 사실이자 우리의 운명이다. 그래서 최대한 이웃나라들과 조화를 취하고 우리나라만의 장점과 특색을 살려 그들에게도 도움을 주며 함부로 하지 못하도록 나름의 힘(비법)을 가지고 있어야 한다고 본다. 일찍이 도산 안창호 선생님이 강조하였듯이 우리는 힘을 길러야 한다. 힘을 키워 우리가 우리나라를 지키는 것이 최선의 방법이다. 그 당시에 강대국인 명나라에 굽실굽실하고 사대적인 발상으로 무조건 받들고 따라야만 한다는 일부 관리들의 주장처럼 실제로 그렇게 하여 만약 비굴하고 위축된 삶을 살았다면 정말로 안타까운 일이다. 그리고 만약 영화대로 1400년대에 세계의 다른 나라들보다 앞서서 우리가 우수한 무기를 개발했다면 왜 그 후에 더 개발하거나 활용하지 못했는가라는 의문과 함께 아쉬움도 든다. 지금의 강대국에 의한 핵무기개발 억제정책과 같은 것이었는지도 모른다. 누가 뭐라 하든지 간에 우리는 힘을 길러야 할 것이다. 이것이 우리가 사는 길이기에 우리는 국가적인 차원에서 다 방면에서 힘을 기르기 위해 애써야 한다.

둘째, 영화를 보면 활이나 대포를 우리민족이 개발하여 잘 다루었음을 알 수 있다. 올림픽을 보아도 마찬가지이고 그동안 우리나라가 해외의 다른 나라들과의 시합에서도 특히 잘하는 분야는 주로 손을 잘 쓰는 종목들이었다. 이는 아마도 옛날 우리의 선조들이 교육에서 강조한 말 타기나 활쏘기 그리고 칼 쓰는 소질이 이어져 왔기 때문이라 조심스럽게 생각한다. 그래서 승마나 검도 그리고 활쏘기를 일반시민들이 쉽게 하며 즐길 수 있도록 여건을 조성해 주었으면 한다. 체육은 매우 중요한 과목이다. 정신과 몸이 하나이기에 몸이 건강해야 정신도 건강해진다. 따라서 중 · 고등학교에서 몸을 보다 건강하게 할 수 있도록 학교의 교육과정이 달라져야 한다. 이를 위해 영양분 섭취, 바른 생활습관, 병 예방교육, 단체 구기 종목운동 등이 당연히 강화되어야 할 것이다. 나는 하루라도 빨리 교육학이나 심리학뿐 아니라 예방의학 같은 과목들이 중등교육에서 필수가 되기를 학수고대하고 있다.

셋째는 우리나라는 땅이 좁은데 지금 남북이 갈라져 더욱더 땅이 좁아서 사람들의 스케일에 영향을 알게 모르게 주고 있다고 생각한다. 따라서 나의 희망사항은 하루빨리 통일이 되는 것과 함께 세계 여러 나라에 기여하는 선진 대한민국이 되는 것이다. 이를 위한 한 가지 방법으로 평소에 나는 국가에서 우리의 우수한 인재들이 세계 각국에 나가 그들의 재능과 능력을 십분 발휘하도록 적극적인 지원을 아끼지 말아야 한다고 감히 제언하는 바이다. 좁은 땅에서 우리끼리 제한된 적은 것을 앞에 두고 서로 차지하기 위해서 치고 박고 싸울 것이 아니라 인재들이 보다 넓은 세계무대에서 자신의 능력을 마음껏 키울 수 있도록 적극적으로 나라에서 도와야 한다. 나는 이를 제대로 국가에서 하지 않으면 국가 지도자들의 직무유기가 될 수도 있다고 보며 이것이 우리의 우수한 인적자원을 잘 살리는 길이자 우리나라가 강대국이 되고 세계에 기여하는 좋은 길이라 확신한다. 우리나라의 위상도 자연적으로 높아진다. 따라서 지금부터라도 늦지 않으니 국가가 적극 나서서 이런 방향으로 갈 수 있도록 해 주어야 한다.

저 광활한 세계를 무대로 크게 웅비할 인재를 육성할 토대를 구축하자. 둥지에 갇힌 새가 되지 않도록 해야 할 뿐만 아니라 좁은 땅에서 작을 것을 두고 서로 가지려고 하는 그릇이 작은 후배(후

손)들을 기르지 말자. 국가의 도움으로 마음껏 날개를 펴게 하여
다음에 국민 대다수가 대한민국에 태어난 것을 무한한 영광으로
생각하는 그런 날이 기다려진다. 그런 날을 보고 싶다.

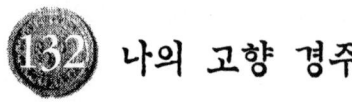 **나의 고향 경주**

　"나의 살던 고향은 꽃피는 산골
　복숭아 꽃 살구 꽃 아기 진달래
　울긋불긋 꽃 대궐 차린~ 동네로

　그 속에서 놀던 때가 그립습니다."로 이어지는 이 노래는 홍난 파가 작곡을 하였고 이원수가 작사한 것으로 나에게는 박태준 작곡 최순애 선생님 작사한 오빠생각과 함께 어릴 때 많이 불렀고 들었던 노래로 지금도 이 노래를 부르거나 들으면 묘한 느낌이 들고 옛날 생각도 나고 할머니 생각도 많이 난다. 할머니가 나를 끔찍이 사랑했었다는 생각을 하면 어떤 때는 하염없이 울고 싶기도 하다. 아! 잠시라도 그 옛날로 돌아갈 수 없다면. 여기에 오빠생각 이란 노래의 가사를 적어 보았다.

　뜸북뜸북 뜸북새 논에서 울고
　뻐꾹뻐꾹 뻐꾹새 숲에서 울제
　우리 오빠 말 타고 서울 가시면

비단 구두 사 가지고 오신다더니

기럭기럭 기러기 북에서 오고
귀뚤귀뚤 귀뚜라미 슬피 울건만
서울 가신 오빠는 소식도 없고
나뭇잎만 우수수 떨어집니다.

내가 태어난 곳은 경주의 인왕동이다. 아버지의 고향은 대구이
지만 여러 가지 사정으로 가족이 경주로 이사를 왔기 때문에 나는
경주에서 태어나 어린 시절을 보냈다. 따라서 20여 년을 경주에서
생활했기에 어떤 곳보다도 경주를 좋아하고 사랑하지 않을 수가
없다. 누구나 고향을 가지고 있다. 고향 하면 정든 곳, 포근함, 어
린 시절의 옛 추억들 등과 같은 단어가 떠오른다. 경주는 서울 등
과 같은 대도시에 비하면 매우 좁은 곳이고, 인구도 적어 활기가
있는 곳이라기보다는 다소 정체된 곳이라 할 수 있지만 나름의 특
징은 있다. 이런 이유들 때문에 나는 서울로 대학을 갔다. 아무튼
지금의 나를 있게 만든 토대이기에 나에게는 마음의 고향이자 친
구이자 어머니임에 틀림이 없다. 경주는 자연적이면서도 문화적인
곳이기에 우리들에게 포근함뿐만 아니라 우리가 추구해야 할 정신
적 목표도 제시해 주고 있다고 생각한다.

경주에서 30분여 거리에 울산과 포항이 있고 부산과 대구까지는
1시간 정도면 갈 수 있고 바다와도 가깝고 인근 다른 지역과도 그
렇게 먼 거리가 아니어서 지리적으로도 괜찮은 곳이라 생각한다.
한 번은 중·고등학교 때 친구들과 점심을 같이 먹는 중에 한 친
구가 오늘날 경주에서 훌륭한 인물들이 많이 나오지 않는 것은 아

마도 그 옛날에 오랫동안 우리나라의 수도였고 그때 훌륭한 인물들을 많이 배출하였기에 이제는 경주의 기운이 거의 고갈이 되었기 때문인 것 같다는 이야기를 반 농담으로 한 적이 있다.

아무튼 경주는 신라의 정신이 살아서 아직도 유유히 흐르고 있는 곳이자 내 마음의 고향으로 한 가지를 추천하고자 한다. 그것은 4월에 피는 경주의 벚꽃을 감상해 보라는 것이다. 절정기에 보면 매우 아름답기에 다음에 시간이 되는 사람들은 꼭 한 번 정도는 구경 오면 좋을 것이라 생각한다. 진해라든지 여의도라든지 구례 쪽 쌍계사라든지 등 다른 곳에도 벚꽃을 구경할 수 있기에 일부러 올 필요는 없고 다음에 죽기 전에 시간이 되면 한번 와서 보면 좋다. 해마다 조금씩은 다르고 가면 갈수록 그 시기가 앞당겨지는데 대충 4월 초순경(5일-10일) 전후쯤에 활짝 핀다. 피크시기에 맞추어 오면 아름다운 벚꽃에 흠뻑 빠질 것이다. 그래서 피크시기에 동아마라톤 대회나 다른 마라톤대회를 개최하면 내 생각에는 참 좋겠는데 꼭 추위가 아직 덜 가고 꽃도 덜 핀 바람 부는 3월에 주로 하니 아쉬운 마음을 가지고 있다. 벚꽃구경하기에 특히 좋은 곳은 불국사 입구 쪽과 불국사에서 경주 시내로 오는 길, 보문단지, 김유신장군묘 근처, 황남빵 본점에서 천마총으로 가는 길 등이다.

경주는 우리나라의 대표적인 문화유적지로서 누구나 아는 석굴암과 불국사가 있고, 김시습이 금오신화를 쓴 곳이자 많은 불상들이 아직까지 남아 있는 자연박물관이라 불리는 남산이 있고, 그곳에는 박정희 대통령 때 만든 통일전도 있고 그 반대편에는 초등학교 때 소풍을 많이 갔던 포석정과 삼릉이 있다. 그리고 시내에는 내가 어릴 때 미끄럼을 많이 타며 놀았던 큰 무덤들과 천마총이 있다. 그 외에도 첨성대와 안압지 등 많은 유물과 유적들이 있다. (기억이 나는 인물로는 원효, 최치원, 김시습, 좋은 일을 많이 한 만석꾼 최부자, 최제우 등이 있고 최근에는 나름대로 열심히 활동을 했던 아버님의 경주고등학교의 동기였던 손봉호 교수가 있다.)

어떤 민족들보다도 우수한 머리를 지녔기에 보다 나은 문화를 창조해야 하는 세계사적 사명을 우리가 가지고 있다고 생각하고 있다. 과거에 불교는 통일과 화합 및 국가발전을 위해 많은 일들을 했다. 그리고 특히 중요한 점은 그 문화적 유산들이 후세의 우리들에게 어떻게 살고 어디를 향해야 하는가를 잘 알려주고 있다는 점이다. 영원히 살 수 없는 우리 인간, 어디서 와서 어디로 가는지도 잘 모르며 사는 인간, 갈 때는 물질을 가지고 가지 못하는 인간, 하지만 짧은 인생을 보다 재미있고 즐겁게 살기를 누구나 바란다. 조상들은 어떻게 하면 즐겁게 살 수 있는지를 그리고 극락이 어디 있는지를 찾기 위해 많이 노력했다. 그 흔적과 답을 문화유산으로 남겼다. 우리는 그것을 보고 깨우치기만 하면 된다.

여기서 꼭 이야기하고 싶은 것이 있다. 그것은 경주가 몇 년 전 핵 방사능폐기물을 처리하는 곳으로 지정되었다는 사실이다. 힘이 있는 사람이나 정부에서 강제로 명령한 것이 아니라 경주시민들 스스로가 대부분이 찬성하여 그렇게 하기로 한 것에 대해 나로서는 아직도 이해가 안 가는 부분이 있는 것이 솔직한 나의 심정이다. 이를 어떻게 해석해야 할지 모르겠다. 자기가 사는 곳 주위에 쓰레기장이나 화장터만 들어온다고 해도 결사반대하는 것이 일반 사람들의 마음상태이다. 부안이라는 전라도 지역에서는 지역주민들이 극렬 반대하여 큰 소동이 벌어졌던 일을 잘 알고 있지 않은가. 이 위험한 것을 어찌 경주 시민들은 찬성했을까 하는 점이다. 경주 시민들이 각자 어떤 생각을 했는지는 잘 모르고 분명 어려운 경제 사정 등 여러 이유들도 있었겠지만 한마디로 나는 그렇게 한 경주시민을 위대시민이라고 높이 치켜 올리고 싶다. 그 정신을 우리 모두가 본받아야 할 것이다.

　한편 우리 모두 경주를 명실상부한 한국의 대표적인 문화중심지로 만들자. 황룡사를 복원하고 경주시 전역을 스위스나 선진국의 어떤 좋은 곳처럼 잘 정비하여 걸어서 다니며 누구나 즐길 수 있는 전원적이며 문화적인 지역으로 만들자. 그래서 어느 누구에게 물어보아도 평안과 행복의 샘터는 바로 경주라는 말이 쉽게 나올 수 있도록 하자. 우리 모두 힘을 모아 위대한 작품을 창조하자.

 **解法**

 오늘 새벽 5시에 뉴질랜드에 가 있는 태호에게서 전화가 왔다. 그곳은 우리보다 3시간이 빨라 아침 8시쯤으로 학교 가기 전에 아빠 목소리 듣고 싶어서 전화를 한 것이다. 우리 첫째 아들인 태호가 어학연수가서 열심히 하겠다고 하였고 내가 생각해 보아도 다양한 경험을 많이 할 수 있을 뿐만 아니라 외국의 좋은 점들도 많이 배워 올 수도 있다고 판단하여 부담이 되지만 과감히 보냈다. 물론 이번 일로 느낀 점은 연수비에 거품도 있고 또한 학생이 단기간의 연수를 통해 얻을 수 있는 그 성과를 생각해 볼 때 가정에 큰 부담이 된다면 제고해야 하는 것이 옳다고 생각한다. 특히 어린 나이에 3달 과정이지만 부모 없이 혼자 외국에서 생활하는 것이 제일 마음에 걸렸고 안쓰러웠다. 아무튼 10주 정도는 그래도 견딜 것이라 보고 과감히 추진한 것이다. 이 기회를 계기로 앞으로는 더 이상 보내지 않을 것이란 다짐도 하였고, 다음에 기회가 되면 우리 가족 전체가 미국 동부의 명문대학을 둘러보는 정도로

만 생각하고 있다. 물론 혼자 생활하면서 가족의 소중함을 더 느끼고 정신적으로 많이 성장하겠지만 매일 전화를 주고받고 있다.

태호가 일찍 전화를 하는 바람에 일찍 깼기 때문에 다시 눕지 않고 통도사에 갔다. 일주문 앞에 차를 세워 두고 운동 겸해서 걸어서 갔다. 먼저 제일 처음에 있는 극락전에 가서 향을 올리고 3배 하였다. 지극한 즐거움의 경지로 가기 위해서는 어떻게 해야 하나? 아마 조용히 있는 것, 海印, 혹은 평정심이라고나 할까? 이런 말들이 생각났다. 다음은 약사전을 갔다. 약사유리광여래불에게 향을 올리고 역시 3배 하였다. 어떻게 하면 아프지 않고 건강하게 보낼 수 있을까? 물과 맑은 공기가 떠올랐다. 아마 감로수가 아닌가라는 생각이 든다. 물로 막힌 것을 뚫고 평소에 깨끗하게 씻어야 한다는 것이다. 그 다음 관음전에 가서 108배 하였다. 관세음보살이 들고 있는 것은 연꽃이다. 이것은 무엇을 의미할까? 그리고 우리 인간들이 어떻게 하면 고통(고민과 걱정 등) 없이 살 수 있을까? 물론 부처님이 고통을 없애거나 줄이기 위해 어떻게 해야 한다는 말씀은 불경에 잘 쓰여 있기에 꾸준히 읽고 실천하면 덜 고통을 겪을 것이라 생각한다. 인간세계가 그렇고 우리 인간들이 태어나서 죽을 때까지 끊임없이 무엇인가를 얻기를 바라기에 고통의 바다를 벗어나기가 어렵다고 본다. 그러면 어떻게 해야 하나? 당연히 물질이나 사적인 욕심을 끊어야 한다. 더 이상 이기적인 무엇인가를 바라지 말아야 하는데 자기 자신의 몸뚱이를 가지고 있기에 쉽지가 않다. 이를 위해서는 無我 즉, 자기 자신을 비워야 한다. 물론 어려운 일이다. 그렇다고 하지 않으면 영원히 고통과 함께 한다. 그래서 부처님도 강조했듯이 일단 바른 생각과 바른 행동(8正道)을 하도록 노력한다. 하다 보면 보다 나아진 자기 자신을 발견할 것이다. 이 말은 탐·진·치를 하지 말라는 말과 일맥상통한다. 무엇인가를 시시각각 바라고 구하려고 하지 말고 반대로 틈만 나면 주려고 하고 베풀려고 한다. 이것이 부처가 되는 길이다. 다음은 지장전에 갔다. 지장보살님께 3배 하였다. 전생이 있다면 전생부터 지금까지 알게 모르게 지은 죄나 잘못이 있다면 소멸되기를 기원하였고, 우리 가족을 잘 보호해 주시기를 바랐고, 다음으로는 죄를 더 이상 짓지 않고 좋은 일들을 하게 해 달라고도 했다. 마지막으로 석가모니 진신사리가 모셔져 있는 곳에 가서 기도를 하고 그 주위를 돌았다. 진리와 자비의 길로 가게 해 주시고 강의나 글 그리고 행위의 측면 등 모든 면에서 하는 일들이 다 잘 풀렸으면 하고 생각했다. 그렇게 되기 위해서 당연히 필요한 것은 분명 노력일 것이다.

우리는 진리와 자비의 길로 가야 한다. 모르면 물어서 가야하고, 잘못갔으면 다시 고쳐서 가야하며, 가는 시간이 오래 걸리더라도 가야하며, 힘들어도 포기하지 말고 가야 한다. 자신이 부처와 같아질 때까지 계속하는 것이다. 공부도 더 하고 착한 마음도 더 갖고 용서도 더 하자. 그리고 아직 먼 이야기지만 죽어서 극락정토에 가고 싶다는 내 마음을 부처님은 이미 알고 계실 것이라 여겨진다.

134 무엇을 향해 달려야 하나?

우리는 하루하루를 살고 있다. 그런데 저마다 자신이 바라는 바가 각기 다르다. 물론 같은 경우도 많다. 예를 들면 더 가지려고 하는 것, 더 편해지려고 하는 것, 더 대접받고자 하는 것, 좋은 직장과 승진을 바라는 것, 돈을 많이 벌기를 바라는 것, 건강하고 화목해지는 것 등을 대부분이 원한다. 그래서 노심초사하며 경쟁을 한다. 이렇게 추구하는 것이 같거나 비슷한 것은 누구나 다 똑같은 인간들이기 때문이다. 인간이란 존재는 무엇인가를 갈구하는 존재이다. 그런데 제일 먼저 추구하는 것은 생존과 안전에 대한 욕구이다. 그래서 사람들은 돈을 좋아하고, 타인이 나를 해치거나 피해를 주는 것에 몸을 사리고, 직장이 안정되기를 또한 원한다. 이와 같은 것들은 인간이 살아가는데 있어서 기본적으로 필요한 것이기에 인간이 갖기를 원하는 것은 당연하다. 그래서 사회와 국가는 한 사람이라도 더 이 문제에 신경을 덜 쓰도록 할 책무가 있다.

욕구는 끝이 없다. 그러기에 자기 스스로 적당한 선에서 절제나 제한을 할 필요가 있다. 또한 마땅히 그렇게 해야 한다. 돈이 아무리 있어도 더 가지기를 바라며, 권력이 어느 정도 있어도 더 큰 것을 원하고 더 지속되기를 바란다. 성욕이나 식욕 같은 것뿐만 아니라 지식욕이나 명예욕도 마찬가지이다. 채울 수가 없다. 그래서 우리는 이런 것들에 매달리지 말고 보다 좋은 것에 눈을 돌리는 용기가 필요하다. 그것은 진리와 선으로 향하는 것을 말한다. 쉽게 말하자면 스스로 과거보다 더 깨끗하고, 더 바르고, 더 남을 위하고, 더 자기를 잊어버리고, 더 원하는 것이 없고, 가지고 있는 것들에 미련(집착)을 갖지 않는 것이다. 이렇게 되면 구름처럼 바람처럼 자유로워질 것이다. 고민이나 두려움도 없을 것이고 기쁜 마음을 가지며 천상에도 자유자재로 갈 수 있을 것이다.

현재 우리 삶의 모습은 가장 낮은 단계인 살아남기 위해서부터, 남을 이기기 위해, 더 높은 점수를 받기 위해, 더 승진하기 위해, 남으로부터 더 인정받기 위해, 가지고 있는 많은 것을 잃어버리지 않기 위해, 더 빨리 성공하기 위해 몸부림치고 있다. 이때 권력을 찾고 권력은 부패의 길을 걷는다. 아! 인생이 이런 것인가? 하나님이 우리 인간을 만든 이유 혹은 인생이란 귀한 시간을 이런 일들을 하도록 하기 위해 보낸 것은 아닐 것이란 생각이 든다. 보다 좋은 사람이 되는 것과 보다 나은 행동을 하며 사는 것이 참된 인생임을 느낀다. 우리가 부여받은 인생은 그리 길지가 않다. 그런데 이 짧은 인생을 더 가지기 위해, 더 높이 올라가기 위해, 더 군림하기 위해, 남에게 잘 보이기 위해, 눈에 보이는 성취물만 생각하고 일하는 껍데기 같은 삶에 반대한다. 그래서 사회도 하루빨리 사람들이 더 이상 이렇게 하지 않도록 브레이크를 걸어야 한다.

교육학자 김성봉 교수의 삶, 자연, 행복

우리 모두는 돈과 권력을 더 빨리 더 많이 차지하기 위해 자기도 모르게 죽음의 낭떠러지를 향해 가고 있음을 명심해야 한다.

우리를 포함한 이 삼라만상의 모든 것과 사건과 행위들은 다 空이라 보는 입장이 있다. 나도 정확히는 모르지만 눈에 보이는 것들이 절대적이거나 실체가 아니고 단지 꿈과 같고 이슬 같다는 정도로만 알고 있다. 그래서 세속적인 것에 목숨을 걸거나 시간을 허비하거나 안달하지 말고, 초연하면서도 느긋한 마음도 가지고, 보다 긍정적으로 생각하며, 좋은 일을 더 하는 사람이 되자.

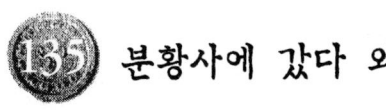 **분황사에 갔다 와서**

국보 30호인 석탑이 있는 분황사는 황룡사 바로 옆에 있는 위치해 있는 절로서 과거 원효스님이 이곳에 머물면서 공부를 하였던 곳이다. 경주의 거의 시내에 위치해 있어서 가끔씩 가곤 하였다. 반월성과 안압지와 가깝고 나의 모교인 경주고등학교에서도 걸어서 3분 정도의 거리에 있다.

모처럼 분황사에 가서 다른 몇 분들과 함께 사시 예불을 드렸다. 약사여래불을 부르면서 절도 하면서 불경을 읽었다. 어떤 한 노보살님께서 고맙게도 빈손으로 온 나에게 같이 동참을 하라는 의미로 그곳에 있던 불경 책을 한 권 나에게 보여 주었다. 그중에서 특히 반야심경을 읽으면서 그 밑에 설명된 부분도 함께 읽었는데 오늘따라 새롭게 깨달은 바가 있어서 이렇게 적어 본다. 평소에 시간이 날 때 반야심경을 자주 읽지만 약사여래불께서 약병을 들고 계시는 분황사에서 보아서 그런지 혹은 그 앞에서 누구나 가지고 있을 고통을 덜어 주는 비법을 알게 해 달라고 마음속으로 내가 원해서 그런지 새롭게 느껴진 부분이 있었다.

그것은 크게 두 가지이다. 하나는 모든 苦를 空으로 넘었다는 말이다. 세상에 살면서 우리는 여러 가지의 힘든 일이나 과정을 겪는다. 절에 오는 대부분의 사람들은 인생을 살면서 자연히 동반되는 자신의 고통을 조금이나마 줄이거나 없애기 위해서 오거나 혹은 무엇인가 자신이 바라는 소원을 이루기 위함이라 나는 보고 있다. 물론 큰 뜻을 세우고 좋은 일을 하는 인간이 되기 위해서처럼 좀 다른 목적을 가진 경우도 있지만 대부분의 사람들은 일상생활을 보다 잘살려고 한다. 一切唯心造라는 위대한 말씀을 한 원효 스님이 생각난다. 모든 것은 마음먹기에 달렸다. 그래서 지옥이든 그 어떤 곳이든 어떤 상황이든지 자신의 외부 환경을 뛰어넘어 만족하고 즐길 수 있는 사람이 되어야 한다는 생각도 하면서 약사여래불앞이니 어떻게 하면 몸과 마음이 건강할 수 있을까라는 생각도 해 보았다. 아무튼 관자재보살이 공으로 고를 없앴기에 우리도 노력해야 한다. 모든 현상은 결국 공(空)이라는 것. 문제는 먼저 각자가 이를 얼마나 깨닫느냐에 있다.

또 다른 한 가지는 얻을 것도 잃을 것도 없다는 말씀이다. 이 얼마나 큰 말인가! 나도 100% 다 이해하지는 못했다. 아무튼 우리가 사는 이 인간 세상은 끊임없이 우리에게 영향을 주고 있으며 이 환경에 의해 자기도 모르게 계속 무엇인가를 추구하며 살고 있다. 그런데 얻을 것이 없다는 말은 무엇을 가르치고자 한 것인가? 물론 이것은 인간 자신이 부처임을 깨닫고 그렇게 행하라는 말일 수도 있고 물과 같이 살아야 한다는 말을 뜻하는 것 같기도 하다. 우리 인간은 신과 같이 완벽하기도 어렵고 모든 것이 다 구비하기도 사실 어렵다. 따라서 내 생각에는 최소한 일단사일표음처럼 자연과 자주 벗하며 요기를 할 수 있는 것으로 만족하고 평안하고 기쁜 마음을 누리며 사는 것을 의미한다고 본다. 특히 물질을 포함하여 그 무엇인가를 구하고자 하는 마음을 가지지 않는 것이 해탈에 가장 가까운 단계에서 지녀야 할 마음상태라 느껴진다.

 통일

나의 어릴 적 희망사항 중에는 다음에 커서 우리나라의 국가적 과제인 남북통일에 조금이나마 이바지하는 사람이 되는 것이 있었다. 이것은 내가 과거 삼국을 통일한 신라의 수도인 경주에서 태어나 어린 시기를 보내면서 나도 모르게 역사와 문화의 영향을 받았기 때문이라 생각된다. 통일과 관련하여 특히 내 기억에 남아 있는 것은 초등학교에 다닐 때 보이스카웃을 하면서 옛날의 화랑도처럼 경주 주위의 산천으로 돌아다니면서 자연 속에서 텐트를 치며 생활하고 잤던 일과 화랑교육원에 임원으로 참가하여 며칠을 숙식하며 화랑교육을 받았던 일과 경주국립박물관에서 실시한 한 어린이 박물관학교에 매주 토요일마다 가서 역사공부를 한 것 등이다. 경주의 남산에 있는 화랑교육원에는 '화랑은 삼국통일 우리는 남북통일'이라는 푯말이 있다. 10대 어릴 때부터 삼국통일에 대한 화랑도들의 대업을 많이 듣고 자랐기에 남북통일이 지금 우리 조국의 시대적 사명이라 생각하였다. 그리고 어떤 형태로든지 통일

에 기여하고 싶었던 것이 어린 나의 솔직한 마음이었다. 하지만 누구나 나이가 들면서 그런 것처럼 나도 나이를 먹어 가면서 옛날 내가 원했던 그 바람이 현실과 점점 멀어지고 있어서 이제는 가능한 범위 내에서 조금이나마 기여할 수 있는 것으로 만족한다.

우리나라는 그동안 남이 부러워할 정도의 눈부신 경제성장을 하였고 민주주의의 발전을 위해 힘쓰고 있다. 앞으로의 우리의 국가적 과제는 화합과 통일 및 문화적 선진국이 되는 것이라 생각한다. 지역 간, 계층 간, 세대 간, 직업 간 화합과 함께 우리의 소중한 정신문화를 꽃피우고 통일에 매진해야 한다. 언젠가는 반드시 통일이 되기에 지금부터 미리 범국가적 차원에서 체계적인 준비를 하여 통일을 기점으로 우리나라가 한층 더 도약하는 나라가 되었으면 한다. 대인은 눈앞의 이익이나 자신의 명예만을 생각하지 않고 멀리 보고 미리미리 준비를 하기에 지금의 국가지도자들이나 사회의 지도자들도 앞장서서 그렇게 했으면 한다.

한편 통일과 관련이 있는 문무왕에 대해 조금만 더 말하고자 한다. 역사에서는 김유신·김춘추를 문무왕과 함께 삼국통일의 세 주역으로 들고 있다. 삼국통일에 이바지 했다고 하는 문무왕이 묻힌 곳은 경주 시내에서 동해 쪽으로 조금만 가면 있는 감포의 대왕암이라 전해지고 있다. 나는 문무왕이 자신을 동해의 용이 되어 우리나라를 지키고 싶어서 동해인 그 곳에 나를 묻어달라고 했다는 것은 많은 의미가 있다고 생각하고 있다. 죽은 후에도 국가를 위해 애쓰겠다는 것으로 그 정신을 우리는 잊지 말아야 할 것이다. 그가 그렇게 한 의도가 일본의 침략을 막기 위해서라는 그 말이 진짜 사실이라면 일본이 우리나라를 괴롭힌 역사는 매우 오래되었음을 알 수가 있다. 그 후 일본은 임진왜란도 일으켰으며 20세기에 들어와서는 결국 우리나라를 송두리째 집어 삼키는 못된 만행을 저지른 것을 생각하니 반드시 국력을 길러서 앞으로는 절대로 넘보지 못하도록 해야 한다는 생각도 들었다. 즉, 다음에 좋은 기회가 되면 한 번 호되게 몰아쳐 지구가 다하는 날까지 다시는 우리나라를 넘볼 엄두를 아예 하지 못하도록 만들어 버리는 방법도 있다고 본다.

또 한 가지는 지난번 백두산에 가면서 고구려 전성시기에 우리가 차지한 광활한 영토를 보면서 우리조상들의 웅대한 힘과 기개를 조금이나마 느낄 수 있었다. 삼국통일로 인해 영토가 좁아졌다는 비판도 있고, 과거 우리나라의 영토가 지금의 저 중국 너머나 지금의 러시아지역까지였던 때도 있었다고 하니, 하루빨리 통일이 되고 국력이 강해져 우리의 영토가 그 옛날의 영광을 재현했으면 하는 바람도 해 보았다. 우리나라의 영토는 지금 너무 좁다. 큰 지역에서 보다 더 큰 사람이 나온다는 말도 있으니 하루빨리 통일이 되어 보다 큰 우리나라에서 보다 큰 인물들이 많이 나오고 서로가 서로를 도우면서 사는 일류국가가 되어 세계의 여러 나라들이 부러워하는 나라가 되었으면 한다.

마지막으로 잘은 모르지만 북한의 주민들을 생각하면 제일 먼저 제대로 먹지 못하고 있을 우리의 동포들이 떠오른다. 아마 많을 것이라 짐작된다. 실제로 그 수가 어느 정도인지는 정확히 알려져 있지 않지만 수십 년 동안 폐쇄적인 사회로 제대로 발전을 이룩하지도 못하였기에 매우 어렵고 힘든 사람들이 분명 많을 것이다. 그래서 하루빨리 이들을 구원해야 한다. 물론 하늘도 이미 알고

있을 것이라 생각한다. 나는 북한을 생각할 때마다 왠지 중국의
수나라가 자꾸 떠오른다. 비슷할 것이라 생각한다.

교육학자 김성봉 교수의 삶, 자연, 행복

 **해탈**

제목을 해탈이라고 붙였다고 해서 해탈에 대해 잘 알고 있거나 박학다식한 것도 아니다. 단지 나 자신을 한번 되돌아보고 진정으로 해야 할 일이나 바라는 것이 정말로 무엇인지를 생각해 보고 싶었을 따름이다. 따라서 제목을 진정으로 내가 원하는 것이라 해도 된다.

오늘은 너무 일찍 일어나게 되어 통도사에나 갔다 오자는 생각이 들어서 갔다. 그런데 마침 오늘따라 공교롭게도 내가 서울에 가면 자주 가는 북한산(삼각산) 도선사의 108순례단이 조금 후에 이곳으로 온다는 이야기를 듣고는 참 기뻤다. 도선사의 선묵 주지 스님께서 며칠 전에 인도에 가서 직접 부처님 사리를 가지고 왔다는 이야기는 들어서 알고 있다. 오늘 그 사리를 들고 오신다는 것이다. 나는 오늘도 극락전부터 약사전, 관음전, 용화전, 대광명전, 지장전, 사리탑 등을 차례로 들렀다. 대웅전에는 벌써 새 사리 놓여 있었다. 오늘 여러 곳을 돌면서 느낀 점을 간략히 적어 보았다.

인간으로 태어나 살고 있는 이 몸
이번 인생을 극락(해탈)으로 가는 여정으로 삼자.
또 다시 윤회하거나 태어나는 것이 싫다.
죽어서 지옥으로 가는 것은 더욱더 원하지 않는다.
이생은 극락으로 가는 마지막 시간이다.
그래서 서서히 용화선을 탈 준비를 해야만 한다.
모든 어려움도 참는다.
살다가 보면 먼지 길을 지나갈 때도 있고 똥냄새 나는 길을 지나 갈 때
도 있다.
가끔씩 비바람과 태풍을 만날 때도 있다.
이 모든 것은 일시적인 것, 시간이 지나면 없어진다. 그냥 왔다가 간다.
그러니 마음 빼앗기지 말고 동요 없이 가자.
물론 우리가 뜻하지 않는 비바람이 불어 옷을 적시기도 한다.
하지만 이 모든 것은 결코 우리가 가는 길을 멈추게 할 수는 없다.
그 길은 해탈로 가는 길이다.
우리는 가끔 주위의 좋지 못한 환경 때문에 혹은 자기 자신의 편협한 행
동으로 인해 어려움을 겪기도 한다.
다 마음먹기에 달렸다.
正 · 淸淨 · 善行 · 無我
약사여래불전에서는 과유불급이 생각났다.
어떤 문제에 대해 너무 집착하거나 신경을 쓰지 말자.
그러면 자신의 몸을 상하게 할 뿐이다.
세상에는 생각이 자기와 매우 다른 사람들도 많고
일이 내 뜻대로 되지 않을 때도 있다.
그러니 이것들로 인해 마음을 상하게 할 필요가 없다. .
다만 좋은 일을 더 하겠다는 마음만 가지자.
작은 배가 큰 배를 담지 못한다.
큰 사람일수록 먼저 상대를 이해하고 포용하고 용서하며 자비를 베푼다.
관세음보살님께는
저의 가족이 건강하고 행복하고
좋은 생각과 좋은 일을 더 할 수 있도록
보살펴 달라고 기원했다.
미륵불이 있는 용화전 앞에서는
龍華가 눈에 들어왔다.
따라서 용이 되어 나쁜 무리들이 얼씬거리지 못하게 하고
한편으로는 꽃처럼 아름다운 사람이 되어야겠다는 생각도 들었다.

교육학자 김성봉 교수의 삶, 자연, 행복

그 뒤에 위치한 아주 오래되어 보이는 대광명전은
말 그대로 큰 빛이 비추는 곳.
따라서 큰 빛이 나는 사람이 되자.
불상 뒤편의 탱화에는 구름 위에 있는 부처님이 보인다.
나 언제 저기 가나?
우리 인간들은 살면서 많이 괴로워한다.
사람들이 절(교회)에 가는 이유는 대부분
자기 자신의 지나친 욕심으로 일이 자기 뜻대로 되지 않아서일 것이다.
혹은 보다 좋은 생각을 더 하여 보다 나은 인간이 되고자 하는 마음 때문이다.
문제를 해결하기 위해서는 일단 욕심을 덜 가지는 것, 자기 형편에 맞는 바람을 하는 것, 욕심을 모르고 사는 것이 필요하다.
노력하자. 그러면 자기도 모르게 그렇게 될 것이다.
내가 탑 위에 동전을 던져서 올릴 때에
나 나름의 소원과 함께 더 이상 죄를 생각하지 않는 존재가 되기를 빌었다.
오늘따라 죽은 후에 반드시 심판을 한다는 업경대가 생각났다.
못난 행동을 줄이도록 노력할 뿐 아니라 좋은 일을 더 하자.
석가모니 사리가 있는 대웅전에서 새로 온 사리 앞에서 절을 하였다.
부처님이 만약 내 앞에 있고 대화를 나눌 수 있다면
나는 무슨 말을 할까 하는 생각도 하였다.
가족의 평안뿐 아니라 진리와 자비의 길로 가는 사람이 되고 싶다는 생각이 들었다.
남은 인생을 불심을 더 가지고 성불의 길로 가는 데 힘쓰고
여력이 되면 불심을 전하는 사람이 되어야겠다는 생각도 해 보았다.

 **노블레스 오블리주**

이것은 내가 평소에 관심을 두고 있는 분야들 중의 하나이다. 다른 나라의 경우도 마찬가지이겠지만 나는 우리나라가 보다 살기 좋은 나라와 행복한 사회가 되기 위해서는 이것이 꼭 있어야 한다고 생각하고 있다.

그럼 어떻게 해야 하나? 간단히 말하면 방법은 두 가지이다. 하나는 노블레스 오블리주를 잘 실천할 만한 사람들이 사회의 지도자가 되는 시스템을 구축하는 것이다. 또 다른 한 가지는 사회 전체적으로 노블레스 오블리주에 대한 교육을 강화하는 것이다. 그래서 지도자급에 있는 사람이면 누구나 이렇게 할 수밖에 없는 분위기와 문화를 만드는 것이다. 물론 이 모두는 가진 자, 힘 있는 자가 사회에서 매우 중요하다는 것을 전제로 한 것이다. 나는 이들이 보다 더 깨끗하고, 착하고 지혜로우면 사회는 한층 더 잘 될 것이라 보고 있다. 그래서 나는 지도자가 바로 서야 나라가 바로 선다고 굳게 믿고 있으며 이를 위해서는 당연히 지도자들이 다른 사람들보다도 더 좋은 사람이어야 한다. 여기서 더 좋은 사람이란 솔로몬처럼 매우 지혜로울 뿐만 아니라 특히 마음이 따뜻한 사람을 말한다. 지도자가 좋으면 서민(국민)들은 살기가 더 편하다. 만약 그렇지 못하면 국민(서민)들은 더 힘든 삶을 살 가능성이 매우 높다. 따라서 지도자 혹은 가진 자들은 더 윤리적이어야 하고 많이 베풀어야 할 것이다. 큰 관련이 없을 수도 있지만 한 가지를 이야기하면 미국의 대통령은 취임식 때 성경에 손을 얹고 판사앞에서 선서를 하도록 되어있다. 우리는 왜 그렇게 하지 못하는가? 이는 국민에 대한 심복임을 나타냄과 동시에 최고의 통수권자로서 보다 더 법을 준수한다는 의미 등 여러 상징성을 가진다. 굳이 성경 하나에 국한 시킬 필요는 없다. 다 형식적인 것으로 하는 데 더 큰 의의가 있기에 불교신자면 불경에 기독교신자면 성경에 얹는 방법도 있다고 본다.

진정으로 위대한 사람은 누구이며, 우리가 하는 그 많은 일들 중에서 가장 가치가 있거나 아름다운 일이 어떤 것인가에 대한 올바른 생각과 답을 낼 수 있는 사람이라면 노블레스 오블리주의 당위성에 대해 더 많은 공감을 할 것이다. 그래서 여기서 몇 가지를 말하고자 한다.

상식적으로 보아도 더 가진 자가 더 베풀어야 한다는 것은 옳은 일이다. 그런데 사실은 그렇지가 않은 경우가 많다. 왜 그럴까? 물론 남이 모르게 혹은 이름을 밝히지 않고 잘 하고 있는 지도자들도 있지만 가급적이면 더 많은 지도자들이 그렇게 하기를 바라는 마음에서 이렇게 강조한다. 물론 이것은 쉬운 일이 아니다. 그 이유 중의 하나는 익숙하지 않아서일 수도 있다. 우리 모두에게는 베풀고 좋은 일을 할 기회가 거의 똑같이 주어졌다. 왜냐하면 그 것은 물질적으로 뿐만 아니라 밝은 미소나 고운 말처럼 비물질적인 것으로도 얼마든지 할 수 있기 때문이다. 그런데 노블레스 오블리주에서 말하는 가진 자는 물질적으로 부자거나 높은 지위를 가졌거나 하는 사람들로서 이들이 선뜻 그렇게 하지 못하는 것은 위에서 말한 것처럼 습관이 되어 있지 않아서일 수도 있고, 그동 안 남모르게 피나는 노력을 했기에 아깝다고 생각한 경우일 수도 있다. 이처럼 자신 자신이 많은 고생을 했기 때문에 당연히 가져야 된다는 생각을 하면 남에게 주지 못한다. 아무튼 어떤 연유에서든 참된 삶을 사는 길은 더 가지는 것이나 성취욕을 채우는 것, 남을 의식하고 명예를 얻기 위함에 있지 않고 실질적으로 남에게 더 많이 베푸는 데 있기에 그 선을 넘어서 자신이 가진 것을 나누어 주어야 한다. 그러면 그는 더 큰 기쁨을 느끼며 더 큰 인간이 된다.

우리 자신보다 더 못하고 약하고 가난하고 없는 사람들을 짐이라 생각하지 말고 오히려 우리의 福田이라 생각하자. 우리에게 좋은 일을 할 수 있는 기회를 제공해 주는 사람들이기에 항상 좋게 생각하고 기회가 날 때마다 형편에 맞게 도와주자. 만약 세상에 완벽한 사람이나 남의 도움이 전혀 필요없는 사람들만 있다면 도움을 줄 기회도 없다. 살다보면 누구나 힘들 때가 있고 자기보다 더 힘든 사람들도 많이 만난다. 그러니 자신이 어려울 때 도움을 받기 위해서라도 도와주자. 남에게 좋은 일 하자.

힘이 있는 자리에 있는 자는 우연이든 자신의 노력이든 운이든 (내가 보기에는 자신의 노력이 70%, 운이 20%, 우연이 10%라 본다.) 그 자리에 있지만 언젠가는 힘이 없어진다는 것을 명심해야 할 것이다. 해가 계속 떠 있을 수는 없는 것처럼 말이다. 원래 산의 정상은 더 추워서 오래 있을 수가 없다. 정상에 가면 반드시 다시 내려와야 한다는 것을 다 알고 있지 않는가(혹 산의 정상에 혹 오래 있을 사람이라면 오래 있기 위해 미리 나름의 준비할 것이다. 특히 필요한 것은 무욕이다. 그리고 진정으로 된 사람은 정상에 오래 있으려고 하지 않으며 잠깐 머무는 것에 만족하며 감사할 줄 안다.). 그리고 살면서 법대로, 규정대로, 원래 하던 대로 하는 자는 그냥 일을 하고 그냥 살 뿐이다. 보다 의미가 있는 삶을 살기를 바라며 더 기쁜 나날들을 보내고자 원하는 사람이 되고자 한다면 더 선을 행하고 더 참고 더 노력해야만 한다. 도움을 줄 수 있는 사람은 먼저 마음이 넓어야 한다. 도와줄 것이 있거나 도와줄 수 있어도 마음이 넓지 않으면 하기 힘들기 때문이다. 따라서 법을 위반하지 않는 범위 안에서 좀 융통성을 발휘하여 어려운 처지에 있는 사람들을 도와주는 것이 필요하다. 이것이 人情이고 人間美이다. 작은 사람은 잘 하지 못하지만 큰사람이 잘 할 것이다. 또한 작은 그릇이 큰 그릇을 담을 수 없다.

명확한 사실은 남을 도와주면 이것으로 인해 다음에 반드시 큰 도움을 받는다는 이치를 기억하자. 그래서 이를 깨달은 사람은 평상시에 남에게 도움을 줄 것이 없나를 생각하며 산다. 이것은 우리가 가야 할 길이며 꽃을 피우는 길이다.

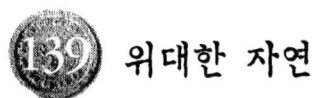 **위대한 자연**

봄이면 따뜻하고 포근한 공기와 함께 온 대지가 여러 가지 색깔의 꽃들로 장식되는 것을 보게 되며 가을이 되면 온 세상이 먹을 것으로 가득차는 것을 보아 자기도 모르게 마음이 풍성해짐을 느낀다. 오늘날은 과학기술이 눈부시게 발전하여 계절에 관계없이 딸기를 비롯한 대부분의 과일이나 채소들을 먹을 수 있는 행복한 시대이다.

나는 과거 중학교 시절에 과학 선생님으로부터 인간이 이 지구상에 이렇게 오랜 기간 동안 살면서 아직까지 인간이 자식을 낳는 것을 제외한 그 어떤 생명체(열매의 씨앗이든지 간에)도 직접 창조하지는 못했다는 말을 들었다. 물론 품질 향상을 위해 여러 가지로 적용하고 많은 변화를 꾀하지만 근본적으로는 그 종들은 인간이 만든 것이 아니다. 잉어, 갈치 등의 이루 헤아릴 수 없는 많은 종류의 바다생물들뿐 아니라 땅에서 자라는 벚꽃, 장미, 국화, 매화 등의 꽃들과 사과나무와 같은 많은 유실수를 보라. 자연의 위대함을 절로 느낄 것이다. 따라서 이 위대한 자연의 산물에 대해 우리 인간들은 무한히 감사해야 한다.

추운 겨울이 지나 따스함 봄에, 한 달 전까지만 해도 앙상한 가지만 있던 나무의 가지에서 어디에 숨었다가 나타났는지 아름다운 꽃이 피어 있는 것을 보면 나는 경외감에 빠진다. 특히 수확의 계절인 가을에 봄과 여름 내내 보잘 것 없이 덩그러니 서 있던 사과나무들이 어디에서 훔쳐왔는지 가지마다 주렁주렁 빨갛고 큰 사과란 과일을 매달고 있는 것을 보니 신기할 따름이다. 마치 사과나무가 마술을 부리고 있다는 생각도 들었다. 그때마다 나는 도대체 저것들이 어디에서 온 것인가라는 생각을 떨쳐버릴 수 없다. 일부는 태양의 에너지를 받아 하늘에서 왔을 것이고, 영양분을 섭취하였기에 일부는 땅에서도 받았을 것이고, 비와 같은 물과 여러 가지 것들이 또한 공기를 통해서 전달되었을 것이지만 그 사과나무가 봄에는 없었던 큰 과실들을 주렁주렁 만들어 달고 있는 것을 보니 정말 그 나무가 위대해 보였다. 물론 농부의 정성도 작용했겠지만 아무튼 참 대견한 존재이다.

우리 주위에는 아름다운 꽃들도 많으며, 몸에 좋은 열매(식물)도 많고, 안락함을 주는 숲들도 있다. 이들에게 고마움을 표하자. 그들의 헌신과 희생으로 오늘 우리의 생명이 유지되고 있으니까 말이다. 감사하고 또 감사하자. 감사한 마음을 표하면 그들은 우리가 한 것보다 더 큰 것을 우리에게 되돌려 준다.

교육학자 김성봉 교수의 삶, 자연, 행복

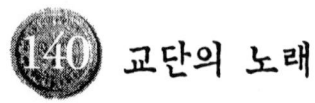 # 교단의 노래

사범대와 대학원 석사를 마친 후 나는 중학교 교사를 시작으로 하여 인문계 고등학교와 전문계 학교에서 남자 학생들을 가르친 적도 있고 여학생들만을 가르친 적도 있다. 과거 내가 가르친 학생들 중에는 임용고시에 합격하여 교사로서 학생들을 가르치고 있는 제자도 있다. 대학원에서 교육에 관한 많은 이론들을 공부하고 학교현장에 가서 직접 몸으로 느껴 보니 책에서 배우지 못한 많은 것들을 알게 되었다. 이때 교사의 삶이 실제적으로 어떻다는 것을 여실히 깨달았다. 그뿐 아니라 한국사회가 이런 곳이구나, 한국의 교육은 지금 이렇구나, 지방의 특색 및 조직도 알게 되었다. 이것은 앞으로의 나의 삶에 어느 정도는 반영될 것이라 생각한다.

다음은 과거 한때 내가 중학교 교사이던 시절에 정성을 들여 펜으로 적어서 책상에 붙여 두었던 글을 소개하고자 한다. 그 후 지금은 앨범에 잘 보관하고 있는데 제목은 교단의 노래이다. 어디에서 본 글인지는 기억이 나지 않는다. 내가 다시 이 글을 보니 아마도 그 당시에 내가 다음과 같은 몇 가지의 생각들을 했을 것이라 여겨진다. 첫째는 학생에 대한 순수한 사랑이 젊은 나의 가슴에 있었다는 점과 이 사랑을 실제 마음껏 발휘하고 싶었는데 현실적으로 여러 가지 제약과 어려움이 많았다는 생각이 든다.(지금도 울산의 중학교는 방과후수업을 제외하고도 주당 23-4시간을 하고 있는 사람들이 많다. 주업시수를 줄이는 것이 교육의 질 발전을 위해 시급히 해결되어야 할 사항이다.) 둘째, 경험하지 못한 사람들은 잘 이해하지 못하겠지만 특히 저학년이나 초등학교나 중학교처럼 학교급이 낮은 학교의 교사들은 매우 세세하게 해야 할 일들이 무척이나 많다. 이와 함께 나는 돈과 권력을 지향하는 사람들은 가급적이면 학교에 오지 않는 것이 좋다고 가끔 교직과정을 밟고 있는 학생들에게 이야기 한다. 권력과 돈은 교육을 황폐화시키고 잘못된 방향으로 빠지게 한다. 왜냐하면 권력추구하고 돈을 좋아하는 교육자는 교육을 출세 및 권력 추구의 수단으로 삼아 교육현장을 망치게 할 여지가 매우 많기 때문이다. 그런데 안따깝게도 내가 위에서 이야기한대로 순수한 마음을 가지고 가르치는 일에 한 몸을 다 바치겠다는 각오로 교육에 들어온 사람들도 수업시간이 너무 많아서 등으로 승진에 자연히 눈을 돌리게 된다는 것이다. 교육은 가르치는 일이 주 업무이자 가장 중요한데 나이가 들수록 가르치는 일이 힘들어서 교감이나 교장이 되면 가르치지 않으니 승진하기 위해 점수에 신경을 써서 승진하려고 하니 이 어찌 교육이 제대로 되겠는가! 셋째, 제이의 창조자란 말처럼 나는 교사를 창조자라고 생각하고 있다. 그래서 나는 강의시간에 앞으로 교사가 될 학생들에게 교사는 전문가(전문적인 지식을 추구하기 위한 연구)나 봉사자(희생과 헌신적 모습)나 성직자(깨끗하고 올바른 길로 가고자 하는 마음)들이 갖는 직업적 특성을 가져야 함과 동시에 예술가처럼 창조자적 역할을 해야 하는 직업임을 많이 강조하고 있다. 그리고 그들이 충분히 그렇게 될 수 있는 계기도 마련해 주고 있다. 넷째는 어떤 어려움이 있더라도 교사로서 교육에 대한 자신의 소신을 굽히지 말고 소박한 꿈을 잃지도 않으면서 때로는 자연을 벗 삼아 초연하게 사는 것이 좋다는 생각도 한다. 그래서 이 글은 간결하면서도 우리에게 여러 가지로 많은 시사점을 던져주는 좋은 시라 생각한다.

교단의 노래

보라!

나는 내 인생을
즐거이 던진 곳이 있다.

거기는 내 교단
정든 제자들 모여 있는 곳.

오늘도 웃으며 노래하며 나는 내 길을 간다.

황금보다 더 빛나는 고난의 훈장 번쩍인다.

제이의 창조자.
가장 고귀한 이름을 띠고
저기 저 해와 달과 더불어
나는 내 길을 간다.

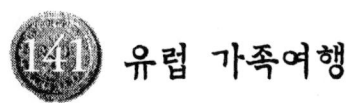 **유럽 가족여행**

여행은 살면서 아직 보지 못하고 알지 못했던 새로운 것을 접하게 할 뿐 아니라, 일상의 삶에서 나를 벗어나게 하여 가지고 있던 고민을 씻어 주는 등 나의 삶에 많은 활력이 되기에 나는 가급적이면 여행을 많이 하고자 한다. 총각시절에는 혼자서 갔지만 이제는 가족이 있기에 가족끼리 함께 간다. 형편에 따라 멀리 가기도 하고 가까운 곳에 3일 정도 갔다 오기도 한다. 그래서 벌써부터 돌아오는 방학에는 또 어떤 곳으로 여행갈까 하는 행복한 고민을 하기도 한다. 특히 가족끼리 같이 가면 자식들에게도 많은 도움이 될 것이라 믿고 있다.

내가 이제까지 간 곳을 다 기억하지도 못할 뿐만 아니라 다 적기도 힘들기에 해외여행 중에서 지금 이 순간에 가장 기억에 남는 것들 중심으로 간략히 말씀드리고자 한다. 총각시절에 유럽으로 혼자서 배낭여행을 한 적도 있고 패키지로 간 적도 있는데 지금은 정확히 기억은 나지 않지만 북유럽의 덴마크인가 하는 곳에서 바다 건너 스칸디나비아반도로 가려고 기차를 탔는데 차량이 여럿 달린 내가 타고 있던 기차가 부두의 큰 배로 들어가더니 잠시 후 배가 승객들이 그대로 타고 있는 이 어마어마하게 큰 이 기차를 그대로 싣고서 출발하였다. 그 당시에 전혀 생각하지 못했던 뜻밖의 일을 겪어서 나는 한편으로는 많이 놀랐고 또 다른 한편으로는 신기하고 기분이 좋았다. 다음에 여건이 되면 우리 가족과 함께 다시 한번 더 그 기분을 느끼고 싶다.

다른 하나는 로마(바티칸)의 시스티나 성당에 갔던 일이다. 매우 오래된 일이지만 그 당시까지만 해도 잘 알지도 못한 상황인지라 직접 보고는 입을 다물지 못했다. 그것은 바로 미켈란젤로가 그린 천지창조이다. 물론 매우 높은 곳에 있었기에 당연히 입을 벌릴 밖에 없기도 하였겠지만 그 작품의 스케일과 아름다움에 놀랐던 것이다. 그리기 위해 떨어져 다치기도 했다는 가이드의 이야기를 들으며 이런 큰 그림을 그리려면 최소한 몇 년 아니 수 십 년이 걸렸을 것을 생각하니 경외감이 온몸을 휘감았다. 미켈란젤로에 대한 존경의 마음이 저절로 우러나왔다. 대단한 걸작이었다. 비너스상 등 많은 유명작품들도 많이 보았는데 내가 느낀 것은 역시 위대한 작품들은 역시 다르다는 점이다. 매우 웅장하면서도 섬세할 뿐만 아니라 완벽한 조화를 갖추고 있었다. 그것들은 정말 살아 있는 것처럼 보였다. 최후의 심판도 보았는데 그 그림에는 우리나라의 불교에서의 탱화처럼 지옥과 천당이 함께 그려져 있었고 최후의 심판은 살아 있을 때 그 어떤 신분을 가졌는가를 가리지 않고 심판함을 보여주었다. 가이드의 말에 의하면 그 그림에는 살아 있을 때 높은 지위에 있었던 분이 죄가 있어서 사후에 심판을 받아서 뱀이 몸을 둘러싸고 있어 괴로움을 당하고 있었다. 아무튼 죽은 후에 심판을 받는다는 것은 살아 있을 때 좋은 일을 많이 해야 한다는 생각을 하게 만든다.

몇 년 전에는 우리 가족 전체가 유럽으로 배낭여행을 한 적이 있다. 어린 애를 데리고 갔는데 지금 생각하면 다소 무모하였다. 달랑 비행기표와 유레일패스만 가지고 간 것이다. 그것도 겨울에 말이다. 처음 우리가 도착한 곳은 독일의 프랑크푸르트를 경유하여 스위스의 취리히였다. 취리히의 공항에 도착하니 밤 10시 30분이었다. 둘째인 태성이는 엄마 등에서 자고 있고 우리 모두 피곤하여 겨울밤에 낯선 곳에서 방을 구하기가 쉽지 않았다. 스위스는 물가가 특히 비싼데 특히 그곳은 신시가지라 방값이 매우 비쌌지만 시간을 두고 구할 수 없는 형편이라 할 수 없이 첫날 매우 큰 돈을 지불하고서 4명이 함께 잤다.

배낭여행은 자유여행이라 가이드는 없지만 자신이 가고 싶은 곳은 얼마든지 갈 수가 있어서 좋은 점도 많다. 여행을 하다보면 낯선 사람을 자주 만나기도 한다. 프랑스 개선문근처의 한 호텔에서 만난 연인은 호주에서 왔는데 다음 여행지가 두바이라고 말하면서 매우 매력적인 곳이라 간다고 하였다. 그때 나도 다음에 두바이로 여행을 한번 해야겠다는 생각을 가졌다.

한편 스위스라 하면 누구나 융프라우를 떠올릴 것이다. 이곳은 다른 나라 사람들뿐 아니라 한국 사람들도 매우 많이 간다. 그런데 우리 가족은 이번 가족여행에서 행운을 가질 수 있었다. 그것은 우연히 그곳의 여행 안내소에서 리기라는 좋은 곳을 추천해준 것이다. 그래서 우리 가족은 그곳으로 가기 위해 배를 탔으며 그 다음에는 기차로 바꾸어 타고 산에 올라갔는데 그 경치가 너무 좋았다. 매우 환상적이었다. 우리나라의 아름답고 웅장한 산세를 가진 설악산의 풍경을 보는 것 같았다. 기차를 타고 구름보다 더 높은 곳으로 올라가면서 창밖에 비친 설악산만큼 멋지게 펼쳐진 산들을 본다는 생각을 해 보라! 여행하면서 생각하지도 못했던 좋은 곳을 가게 되어 기억에 오래 남아 있다. 다음에 이곳으로 여행갈 사람들이 있으면 이곳에 꼭 한 번 가 보라고 권하고 싶다.

세계의 여러 곳을 많이 둘러보았지만 아직도 가 보지 못한 곳이 더 많다. 다음에 한 군데 한 군데씩 갈 예정이다. 히말라야등반도 다음에 형편에 맞게 한 번 해 보고 싶고, 티베트, 중국의 구화산과 보타산, 터키, 인도, 아프리카, 캐나다, 뉴욕, 실크로드뿐만 아니라 자메이카나 쿠바 등의 중남미 여러 나라들도 가 보고 싶다. 아참 죽기 전에 한번은 꼭 러시아의 대문호인 도스토예프스키와 내가 좋아하는 톨스토이가 살던 곳도 가 보고 싶다.

우리나라도 아름다운 곳이 매우 많다. 나는 이제까지 여러 번 해외도 가 보았지만 우리 한국이 세계 어디에 내놓아도 손색이 없을 정도로 아름다운 곳이라 자부하고 있다. 물론 전 세계적으로 아름다운 곳이 매우 많아 보는 사람에 따라 다르게 볼 수도 있지만 우리나라는 내가 제일 좋아하는 설악산과 북한의 금강산을 비롯하여 사계절마다 아름다운 빛깔로 물들어 지는 산천이 있어 참 아름다운 자연을 가진 곳이라 생각하고 있다. 과거에 나는 특히 로마의 시스티나성당에서 본 후에 그럼 우리나라에서는 이처럼 세계에 내놓을 만한 작품이 없을까 하는 생각을 한 적이 있다. 나의 머리에 떠오른 것은 경주의 석굴암이었다. 내가 보기에 가장 석굴암은 완벽한 조화를 가지고 있다고 생각한다. 그 온화한 미소는 그 무엇이라도 다 품어서 용해하는 것 같아 최고의 작품이라 생각한다. 아무튼 세계에 내놓을 만한 것이 있다는 것이 그나마 있다고 생각하니 우리나라가 자랑스러웠다.

 **法名**

　나는 시간이 있을 때 절에 가지만 갔던 절을 또 가는 경우가 많아서 몇 군데로 한정되어 있다고 할 수 있다. 그래서 한 번씩은 가보지 못한 곳이나 사람들에게 회자되는 절들은 둘러볼 예정이다.

　절은 주로 숲속에 있어서 조용하고 맑은 곳인 경우가 많아 머리를 식히거나 조용히 마음을 가다듬기에 좋고 또한 명상을 하기에도 좋다. 여기에 지금 내 머리에 떠오르는 절들을 그대로 적어보았다. 내가 대학원을 다닐 때 김정환 교수님과도 간 적도 있고 그후 박사논문이 제대로 써지지 않아 방황을 할 때 개인적으로 몇 번 간 적이 있는 강화의 관음보량인 보문사(그때 처음 보는 나에게 불자수첩을 준 장미보살님), 나의 고향인 경주의 다보탑과 석가탑이 있는 우리 문화유산의 중심지인 불국사(대웅전에 가면 내가 말하지 않아도 나에게 부처님께 올리라고 향을 내 주시는 노보살님), 어린 나이에 할머니의 손을 잡고 개울을 건너 간 경주남산의 옥룡암(점심때 먹은 상추의 맛을 잊을 수가 없는데 식사 때가 되면 꼭 밥을 먹고 가라고 말하는 주지스님), 서울에서 80년대 대학 다닐 때부터 자주 간 삼각산에 위치한 호국도량인 도선사(직접가지 않고 지방에서 전화로 필요한 것을 말해도 잘 해 주는 전보살), 서울에 갔을 때 시간이 되면 가보는 조계사(거의 매년 초파일쯤에 가서 탑이 있는 마당에 등을 단다), 울산에서 가까운 곳에 위치한 우리나라 불지종찰인 통도사(책이나 물건을 사다가 돈이 모자랐을 때 다음에 주세요라고 말한 보살), 1년에 한두 번씩 가는 법보종찰인 해인사(근처에서 식당을 운영하며 음식을 맛있게 해 주는 보살), 대학교수가 되어 자주 간 아미타불을 모시고 있는 부석사(국보가 경주 불국사다음으로 많다고 말하는 보살님), 등 제법 많은 곳에 갔었고 그곳마다 기억에 남는 사람들이 있는데 여기에 다 소개할 수는 없다.

다음은 나의 법명에 대해 말하고자 한다. 나는 이제까지 총 4군데의 절에서 그러니까 통도사, 도선사, 불국사, 해인사에서 보살계를 받아 법명을 가지고 있다. 절에 자주 가는 불교신자들은 유명한 절마다 일 년에 한 번씩 이런 행사를 하고 있다는 것을 잘 알고 있을 것이다. 여러 번 참여를 하는 사람들도 많은 것으로 알고 있다. 통도사에서 받은 법명은 지명이다. 한문으로는 至明이기에 밝은 곳으로 가는 사람이 되라는 것, 아니면 밝은 인간이나 빛이 되는 존재가 되는 것을 말한다고 본다. 도선사에서 얻은 법명은 덕운이다. 한문으로는 德雲이기에 덕을 가지고 남에게 베푸는 덕이 있는 구름이 된다. 그래서 덕을 많이 베풀고 구름처럼 얽매이지 말아야 한다. 불국사에서 받은 법명은 무외이기에 한문으로는 無畏로 두려움이 없다는 것으로 걱정과 근심뿐 아니라 죽음도 초

월하여 그 무엇에도 얽매이지 않는 큰마음을 소유한 사람이 되라
는 것으로 해석한다. 끝으로 해인사의 비로자나불 無生戒 대법회
에서 받은 법명은 수법이다. 이는 법을 잘 지키라는 혹은 법을 잘
닦아라는 의미라 본다. 아무튼 앞으로 더욱더 지혜롭고 행복한 사
람이 될 것이다.

143 가훈

　교육자로서 학생들에게 특히 강조하는 것이 몇 가지 있다. 그중의 하나가 바로 가정의 소중함이다. 건강에 대해 아무리 강조해도 지나치지 않듯이 가정의 교육적 중요성에 대해서도 아무리 강조해도 지나치지 않다고 생각하고 있다. 왜냐하면 미숙하고 자기 조절 능력이 부족한데다가 빨리 흡수하는 스펀지처럼 특성을 가지고 있어서 어릴 때 가정에서 어떤 생활을 했고 또 어떤 경험을 했느냐가 그 인간의 성격 및 태도에 큰 영향을 미치기 때문이다. 그래서 가정의 공기는 당연히 보다 따뜻하고 화목하고 친밀하고 행복해야 한다. 미리 결론을 이야기하면 그것은 조화를 이루는 것이다. 균형이 잡혀야 더 편안하고 안정된 관계를 유지하며 바른 길로 갈 수 있다. 엄함과 따스함이 다 가정에서는 필요하다. 어느 한쪽이 지나치면 바람직하지 못하기에 너무 부드럽고 온정적인 것도 문제가 될 수 있다. 우리는 흔히 양육방식으로 수용적이고 민주적이고 자율적인 것이 바람직하다고 말한다.

가정뿐만 아니라 학교와 사회에 있는 수많은 회사나 기타 조직들도 그 나름의 문화와 특색을 가지고 있는데 될 수 있으면 보다 좋은 문화를 지니는 것이 바람직하다. 좋은 문화란 한마디로 표현하기 어렵지만 분명한 점은 각자가 인정받고 자율적 인격적인 삶을 사는 문화라 생각한다. 세상이 많이 바뀌어 이제는 가정에서 가부장적 문화가 많이 없어졌다. 부부가 서로 동등하고 자식을 한 인격체로 대우되는 것이 올바른 모습이라 생각하기에 이런 변화는 지극히 당연하다고 생각하고 있다. 이와 관련하여 사회의 지도자들에게 제언한다. 그것은 우리 사회의 수많은 회사나 직장에서 될 수 있으면 남자들의 기를 살려주라는 부탁이다. 그러면 다 가정으로 이어진다. 그 어떤 직장이든지 그곳의 상사나 관리자는 밑에 있는 사람들에게 잘 해 주어야 한다. 밑에 있는 사람들에게 잘해 주면 사회의 대부분의 문제들은 자연적으로 해결될 것이라 본다. 물론 지위가 아래에 있는 사람들은 이기적으로 행동하지 말아야 한다는 것은 기본이다. 내 말의 핵심은 스트레스를 직장에서 가급적이면 덜 받게 하기를 바라는 것이다. 이 말에 공감을 하는 만큼 그리고 상사가 능력이 있는 만큼 밑에 있는 사람들에게 잘해 줄 것이다. 그런데 이 말에 공감을 덜 하거나 상사가 스케일이 작거나 능력이 없는 경우에는 그렇게 하지 못하여 밑의 사람들은 힘들다. 내가 이렇게 생각하는 이유는 직장에서 보다 잘 지낼수록 가정에서 남편(아내)이 아내(남편)와 자식들에게 잘해 주며, 직장에서 받은 스트레스는 가정으로 이어지는 부분도 없지 않다고 보기 때문이다. 오늘도 직장의 스트레스가 많은 사람들을 술집으로 가게 만들고 있다. 그래서 당신이 상사 혹은 관리자로서 직장과 회사가 잘 되기를 바란다면 직원들과 그 가정이 튼튼하고 행복할 수 있도록 도와주어야 한다. 이런 마음이 조금이라도 있고 부하를 사랑한다면 따뜻하게 해 주고 군림하지 말자. 타인이나 부하의 허물을 통해 관리하거나 통솔하고자 하는 것은 옛 시절의 유산이고 낮은 문화수준에서나 있을 법한 일이다. 관리자들의 이런 행태는 조직을 더 악화시킨다. 물론 부하(아랫사람)가 괜찮은데 좋은 상사가 아니면 부하가 괴롭고 피곤하며, 상사가 좋은데 부하가 좋지 못해도 문제이다. 서로가 다 맞아야 하고 좋아야 한다. 즉, 양자 모두가 잘 해야 한다는 것이다. 윗사람은 사랑과 지혜를, 아랫사람은 성실과 충성으로 임해야 한다. 수레의 양쪽 바퀴라 생각된다.

가정의 분위기나 문화에 빼놓을 수 없는 것이 가훈이라 생각한다. 부모의 생각과 지향점이 당연히 반영되어 있기 때문이다. 나는 우리 애들이 특히 초등학교 저학년 때 가훈을 적어 오라는 숙제가 몇 번 있었던 것으로 기억된다. 가훈을 붓으로 써 액자로 집에 걸어 두지는 않았지만 가급적이면 그렇게 하는 것이 좋다고 본다. 내가 직접 붓으로 써서 액자로 해야지 하면서도 아직 못 하고 있다. 우리 집의 가훈은 다음과 같다.

웃으면서 살자.
즐겁게 살며 많이 베풀자.
인내, 조화, 착실.

아무튼 우리 모두는 나름의 좋은 가훈과 삶의 목표를 정하여 매진하여 다 자신이 원하는 인생을 살았으면 한다. 보다 좋은 사람, 보다 좋은 가정 그리고 보다 좋은 직장과 국가가 되었으면 한다.

# 학교교육에서 제일 중요한 것

누구나 학교를 다녔거나 지금 다니고 있다. 그리고 후세 사람들도 앞으로 학교에 다닐 것이다. 의무교육으로 9년 이상을 다녀야 하고, 대부분은 초등학교, 중학교, 고등학교를 나오니 적어도 12년은 다닌다. 요즘은 대학에 80% 정도나 가니 학교에서 보내는 시간은 매우 많다. 그래서 학교는 우리의 삶에서 떼래야 뗄 수가 없다. 그래서 학교를 보다 좋은 곳으로 만들어야 하는 것은 우리 모두의 책무이다. 여기에서는 간략히 나의 뜻만 전하고자 한다. 다음에 낼 교육학 책을 낼 때 좀 자세히 이야기할까 한다.

우리 사회의 교육에 대한 문제는 여럿 있으며 어떤 것들은 어제오늘의 문제만은 아니다. 왜 수십 년간 해결하지 못하는가? 종합적인 진단과 함께 근본적인 해결책을 마련해야 한다. 정말 진정으로 해결하고자 하는 마음이 저 태산과 같이 크다면 벌써 좋은 방법들이 나왔을 것이다. 그런데 이제까지의 정책들을 보면 근본적인 본질을 잘 다루지 않고 있어서 임시방편적이라 생각이 들거나, 정권이 바뀌면 무엇인가 다른 것을 시도해야 한다는 생각이 많은 것은 아닌가라는 의구심을 갖는다.

당신은 학교교육을 진정으로 사랑하는가? 그러면 학교교육에서 무엇이 제일 중요한 지에 대한 명확한 답을 할 수 있어야 한다. 손을 대야 할 부분을 어디라고 보는가? 지도자급에 있는 사람들은 분명히 옳은 답을 가지고 있어야 한다. 그래야 그 다음에 그 목표를 이루기 위해 무엇을 하고 어떤 방법을 써야 하는지에 대한 계획을 세울 수 있다.

나는 배우고 가르치는 내용이 매우 중요하다고 생각하고 있다. 그런데 이 교육내용을 고르고 선정하는 일은 교육철학의 몫이다. 왜냐하면 교육철학은 무엇을 교육내용으로 해야 보다 좋고 이상적인지를 체계적 종합적으로 제시하는 역할을 주로 하기 때문이다. 진리와 최상의 것을 항상 지향한다. 따라서 교육철학은 교육내용(과정)보다 상위에 있다고 할 수 있다. 실제로 이렇게 되어야 하는데 우리의 교육에 철학은 잘 보이지 않는다. 교육학 교재에 교육철학이 중요하고 교육내용보다 상위에 있다고 적는 것 이상을 하지 못하고 있다. 교육기본법에 우리교육의 이념이 잘 나와 있다. 그것은 대략 홍익인간의 이념아래 인격을 완성하고 자주적 생활능력을 신장하고 민주시민으로 인류공영에 이바지하는 것이다. 그런데 지금 학교는 교과목의 하위 단원목표나 입시를 목표로 진행되고 있다. 이처럼 교육목표 따로 교육내용 따로이고 여기에 점수(성적)을 잘 받는 것이 일차적인 목표가 되어 평가방법과 기출문제가 최고의 관심사가 되었다. 따로 따로 움직이는 교육이 행해지고 있다. 누가 이것을 바로 잡을 것인가? 나는 분명히 제안하는 바이다.

교육학자 김성봉 교수의 삶, 자연, 행복

교육을 통해 길러 내야 하는 이상적 인간상이나 목표를 먼저 바로 세워야 한다. 그런데 이제까지 국가는 힘과 법으로 전국의 학교에 대해 교육내용과 그 시간수를 거의 통제하여 왔다. 따라서 많은 중·고등학교들은 나름의 특성을 잃어버렸다.

따라서 될 수 있는 한 교과목(교육내용)아니 시수를 고정시키지 말고 자율적이고 창의적으로 하도록 해야 한다. 이를 위해서는 특히 교과부부터 기존 사고에 대한 획기적 전환이 필히 있어야 한다. 나는 교육의 수준은 교사의 수준을 넘지 못한다는 말보다는 교육의 수준은 교사의 수준과 교과부(관리자)의 수준을 넘지 못한다고 하는 것이 더 정확하다고 생각한다. 그래서 경직된 사고와 권위적인 사고를 관리자들이 덜 가지도록 하는 것이 교육이 사는 첩경이기에 우리 모두는 관리자들이 그런 생각을 덜 하도록 하는 다양한 면에서의 대책을 세워야 한다. 우리 교육이 질적인 발전하려면 그 시기가 언제가 될지는 정확히 모르겠지만 아무튼 자율과 민주쪽으로 더 가야 한다. 당연히 학교교육과정에 대한 국가의 통제를 없애는 쪽으로 가야 한다. 뉴질랜드 등 여러 나라의 학교에는 교과서가 없는 경우가 있는 것으로 알고 있다. 교사의 자율에 맡긴다는 것이다. 우리는 왜 교사에게 계속 행정의 X-Y 인간형 중에서 X형을 고집하나? 우리 사회가 진정 후진적 사회인가? 통제받지 못하면 엉망이 될까봐 혹은 통제하는 것을 좋아하는 힘이 있는 사람들이 원하기 때문인가 아무튼 아직도 좋지 못한 관례에서 벗어나지 못하고 있어서 안따깝다. 교사가 어린이인가? 이렇게 되기 위해서는 물론 하루빨리 교사가 자타가 인정할 정도의 높은 실력을 갖추고 있어야 한다. 그래야 국가나 사회에서 믿고 보다 많은 자율권을 줄 것이다. 특히 대부분의 사람들이 제일 심각한 문제로 꼽는 입시에 대해서도 교과부는 제 역할을 해야 한다. 특히 우리나라를 입시 과열경쟁에서 하루빨리 벗어나도록 모든 조치를 강구해야 한다. 지혜가 있는 자가 진정 없는가? 국민 어느 누구도 부정하지 못하는 것은 우리 교육이 보다 더 발전해야 한다는 것이다. 이를 위해서는 무엇이 가장 필요하고 무엇에 먼저 손을 대야하는 지에 대한 올바른 판단과 결정이 있어야 하고 그 다음에는 이를 위해 우선순위를 정하고 정권을 떠나 연구하고 실시해야 한다.

일찍이 미국의 스펜서 등과 같은 사람들은 교육에서 진정으로 중요한 것이 무엇이고 무엇을 교육내용으로 꼭 되어야 한다는 것에 대한 심도있고 타당한 연구를 하였다. 이것이 학교교육이 나아갈 방향설정 및 그 내용구성에 있어 많은 도움을 주었다. 우리나라는 어떤가? 이 세상에는 우리가 이룬 역사만큼이나 배우고 가르쳐야 할 것이 산더미와 같다. 문제는 그중에서 어떤 것을 선정하느냐에 있다. 자신의 입장과 이해타산을 완전히 떠나 논의해야 한다. 정말 학생의 나이와 수준에 맞는 다양한 교육프로그램이 있어야 한다. 이런 작업을 하는 데에 있어서 꼭 필요한 것이 바로 교육철학이다.

좀 다른 교과목을 실시할 수도, 학교에 맞게 다양한 교과목들을 실시할 수도 있도록 많은 재량을 주어야 한다. 핀란드에서 건강교과목 같은 것을 두어 실생활에 매우 도움이 되게 한다는 것은 큰 의미가 있다. 이는 내가 평소에 강조하는 것과 그 맥을 같이 한다고 본다. 내 생각으로는 의대에서 예비의사들이 배우는 교육내용 중에서 많은 사람들에게 도움이 되는 내용을 뽑아서 예방의학 혹은 기초의학이라는 과목으로 중·고등학교에서도 가르쳐야 한다고 주장한다. 또한 누구나 살면서 교육과는 무관하지 않고 앞으로 부모가 되어서 이혼을 하지 않고 가정을 잘 꾸려나가고 자식을 잘 가르도록 하기 교육학을 가르쳐야 한다고 생각한다. 심리학과 논리학도 마찬가지이다. 그리고 일부 교과 내용에 대해서는 보다 심도가 있는 수업도 할 수 있도록 되어야 할 것이다. 예를 들면 고려시대사 혹은 미국사라는 식으로 구체적인 한 주제나 시기를 집중적으로 배울 수 있게 되어야 한다. 그러나 우리는 전혀 그렇지가 못하다. 어떤 과목의 경우에는 몇 주에 걸쳐서 집중적으로 할 수도 있고, 학생의 능력과 취미(진로)에 따라 다른 과목을 배우게도 해야 한다. 생색내기식으로 몇 시간만 하는 것으로는 해결되지 않는다.

누구나 좋은 학교를 꿈꾼다. 그런데 어떤 학교가 좋은 학교인가에 대해서는 의견이 분분하다. 좋은 학교에 해당되는 요인에는 좋은 교육과정, 마음이 따뜻하고 인간미가 있는 교사, 실력이 있는 겸손한 교사, 학생들이 즐겁게 생활하고 있다고 느끼는 학교, 학생들의 소질과 능력을 조금이라도 더 키워 줄 수 있는 학교, 교사를 제일 존경하고 우대하는 태도를 가지고 민주적이고 자율적으로 운영하는 관리자가 있는 학교, 좋은 생각, 좋은 행동을 많이 하고 서로 협동을 잘하는 학교, 다음에 지도자가 되면 타인에 대해 철저히 노블리제 오블리주를 실천하게 만드는 학교, 지도자가 못 되더라도 어떤 일을 하든지 간에 열심히 하는 인간, 살면서 좋은 사람(착한 사람)을 볼 수 있는 눈이나 인생을 보다 행복하게 살 줄 아는 인간을 기르는 학교, 그리고 국가 및 인류에 대한 사랑을 굳건히 갖추게 하는 학교, 등 여러 것들이 있을 것이다. 나는 이와 같은 것들 중에서도 학교에서 가장 필요한 것이자 중요한 것은 단연코 좋은 교육 프로그램을 운영하는 것이라 믿고 있다. 그 다음에 필요한 것이 바로 좋은 선생님들과 좋은 환경이다.

그동안의 학교 경험에 비추어 볼 때 나는 교육환경이 매우 중요하다고 생각한다. 따라서 대학에서도 교사될 사람들에게 이 부분을 더욱더 강조해야 할 뿐만 아니라 교육관리자들은 필히 이를 명심해야 할 것이다. 왜냐하면 어찌보면 교사의 능력보다도 더 중요하다고 할 수 있기 때문이다. 따라서 우리 교육의 질적 도약을 진정으로 원한다면 학생도 좋고 선생님들도 좋은 환경을 만들어야 한다. 따라서 지금 강조되고 있는 학교평가가 성공을 거두기 위해서는 가장 중요한 것 예를 들면 교사의 수업능력과 관리자들의 자질, 얼마나 다양하면서도 알찬 교육과정을 운영하고 있는가 등에 높은 비중을 두는 등 재려고 하는 것을 재대로 재어야지 그렇지가 않으면 역효과와 불신만 조장한다는 것이다.

교육은 가르치고 배우는 사람이 있고 그 과정에 교육내용(교육과정)이 있으면 된다고 단순히 보지 말자. 교육환경이 매우 중요하다. 한 인간이 어떤 환경(가정)속에서 살았고, 지금은 어떤 환경에서 살고 있느냐가 중요하듯이 그 교사가 어떤 환경에서 가르치고 있느냐가 매우 중요하다. 아무리 그 사람이 능력이 있어도 그 환경이 뒷받침해 주지 못하면 괴로울 뿐이다. 환경이 좋지 못하면 자신의 능력을 제대로 능력을 발휘할 수도 없을 뿐만 아니라 그 능력이 퇴색되기도 하고 어떤 경우에는 왕따를 당할 수 있다. 따라서 교사의 자율성과 전문성을 적극적으로 키우고자 하는 학교,

창의적이고 개방적인 학교, 민주적 학교, 시설이 좋은 학교, 수업을 우선으로 하는 학교가 되도록 국가는 교육풍토를 바꾸는데 역점을 두어야 한다. 윗사람 눈치를 보는 학교, 위에서 일방적으로 지시하는 학교, 승진에만 관심이 있는 학교, 사고만 안 나면 된다고 생각하는 학교, 원래 해 오던 대로 하면 된다고 생각하는 학교, 시험성적만 좋으면 최고라 생각하는 학교는 결코 교육의 발전을 가져올 수가 없다.

교육환경에는 그 학교의 역사와 독특한 문화, 교장선생님의 특성, 교육청, 지역 사회와 학교의 시설과 같은 물리적 조건, 국가의 문화와 교육법 등이 있다. 이것들은 끊임없이 교사들에게 많은 영향을 주고 있다. 따라서 교사의 수준뿐 아니라 학교의 관리자의 수준, 교과부의 수준, 국가문화의 수준 등이 반드시 높아져야 한다. 교과부는 학생들이 학교생활을 즐겁게 하고 학업성취가 더 높아지기를 진정으로 바라는가? 그렇다면 먼저 교사들이 그렇게 느끼게 해야 한다. 교사가 즐겁게 생활하며 보람을 가지고 신바람나게 생활하면 자연히 그것들이 학생들에게 다 돌아간다. 학생들을 위한마면 먼저 교사들을 위해야 한다. 교과부는 진정 힘이 있는 곳인가? 혹 일부 교과부의 관리들 중에는 우쭐해하며 다니는 사람도 있을 것이다. 그런데 힘은 어디에서 나오나? 그것은 단순히 자리에서 나오지 않는다. 자리이기 때문에 나오는 힘은 결코 오래 가지 못한다. 상대가 마음으로 인정해 주는 힘이 진정으로 참된 힘이다. 진정한 힘은 지혜를 가지고 어려운 상황이나 문제를 잘 해결하는 경우나 어렵고 힘없는 사람이나 밑의 사람들을 도와주는 데서 나온다. 그러니 진정한 힘이란 바로 덕이 있는 힘이다. 따라서 하급기관이나 교사들을 적극적으로 위하고 도와주고자 하는 헌신적인 자세가 선행되어야 한다. 물론 이렇지 못한 데에는 여러 가지의 이유들이 있다. 내가 보는 그 원인들에는 우리의 뿌리 깊은 관존민비의 사상과 잘못된 공무원의식, 일제 식민지 시기의 중앙에서의 일방적인 지시와 감독의 역사, 관주도의 사회풍토가 있다. 따라서 공무원에 대한 혁신적인 의식개선과 고등고시에 대한 획기적인 제도 개선이 필요하다.(참고로 교육행정 쪽 고등고시는 응시자격에 반드시 교사를 실제로 해 본 경험이 있는 사람들 중에서 뽑거나 아니면 뽑아서 반드시 교사생활을 꼭 몇 년이라도 하게 해야 한다. 아니면 혁신적으로 현직 교사들 중에서 뽑던지 아무튼 지금과는 다른 조치를 취하는 것이 좋다. 그래야 교육의 현실에 대해 더 잘 알게 되고 탁상행정이 아닌 정말 중요한 것을 좀 더 잘 다룰 것이라 생각한다. 물론 뽑을 때는 중앙인사위원회처럼 외부기관에서 뽑아야 공정성과 객관성을 더 유지할 수가 있기에 교과부 자기들이 뽑을 때 발생하는 많은 오해와 궁금증을 덜 생기게 할 것이다.) 또 다른 한 가지는 중앙의 힘이 있는 부서에 가면 반드시 1년 정도 있다가 순환하도록 하는 방안이다.(판사들은 지금 서울 지방으로 순환하여 근무한다.) 왜냐하면 그 자리에 오래 있으면 자연스럽게 권력남용과 부패가 초래되기에 미리 방지해야만 하기 때문이다. 그리고 반드시 제일 낮은 한직으로 돌아가도록 하는 근무형태를 취하게 하는 것이 필요하다. 왜냐하면 그렇게 하면 보다 어려운 사람의 마음을 헤아릴 수도 있고, 실상을 보다 잘 알 수도 있으며, 특히 겸손한 인간이 될 것이라 보기 때문이다. 물론 이것이 모든 문제를 해결하지는 못할 것이지만 내 생각으로는 반드시 이런 쪽으로의 개선이 꼭 필요하다고 보고 있다. 공무원은 국민의 심복이다. 따라서 국민을 위하는 일이라면 무슨 일이든지 다 하는 공무원이 되어야 한다.

나는 마지막으로 학교교육에서 중요한 것으로 승진체제를 올바르게 운영하는 것이라 본다. 학교교육이 그 교육적 본질에 충실하기 위해서는 승진도 이에 맞게 되어야 한다고 본다. 우수한 교사나 능력이 있는 사람 즉, 학생을 보다 사랑하고 헌신적으로 가르치는 일에 매진을 하는 학구적인 사람이 보다 승진을 할 수 있도록 되어야지 그렇지가 못하고 다른 요인들에 의해 더 빨리 승진을 한다면 이는 교육의 본질을 흐리는 것이자, 교육을 잘못된 방향으로 이끄는 것이다. 학생과 진리에 대해 사랑하는 사람보다는 술자리를 많이 하거나 윗사람의 눈에 들려고 하는 사람이 만약에 더 승진을 잘 하게 된다면 이는 교육의 본질이 부차적인 것에 놀아나는 꼴이 되어 참된 교사나 교육자들은 의욕을 상실하며 그만큼 참된 교육도 죽어가는 것이다. 이제는 사회가 이를 더 이상 묵인하지 않기를 바란다.

이를 위해서는 수업능력에 포커스를 맞춘 보상과 승진제도가 필요하다. 따라서 관련법을 바꾸어야 한다.(승진에서 이 부분을 절대적으로 다루어야 가르치는 일에 교사들이 실질적으로 매진할 것이다. 그렇지 않으면 다른 것들에 매달리게 된다. 그런데 문제는 지금 승진을 위한 근무성적평정을 10년이나 하고 있다는 점이다. 그리고 근무평정에서 수가 아니라 한번 미를 받으면 거의 승진하기 힘들다는 이야기는 나를 충격주기에 충분했다. 그러니 교장들에게 목을 맨다. 그것도 10년이나 말이다. 그러니 반드시 최소 기간으로

축소시켜야 한다. 물론 이에 대한 좋은 평가 안이 현장을 잘 아는 전문가들에 의해 잘 만들어져야 한다.)

교육에 대한 순수한 열정과 학생들에 대한 사랑으로 교육의 참된 본질을 위해 노력하고 있는 많은 선생님들이 지금보다도 더 교감이나 교장 그리고 장학사가 될 수 있도록 해야 한다.(며칠 전 교과부에서 2009년도 업무보고 중에서 능력 있는 교사를 교감 거치지 않고 바로 교장이 될 수 있도록 하겠다는 내용이 있었다. 그 취지에 공감이 간다. 그래서 한 마디 말하면 만약 시행을 한다면 그 능력 중에서 학생에 대한 사랑과 수업을 잘 하는 능력을 핵심으로 해야 하며, 시행과정에서 학교나 힘이 있는 교과부나 교육청 관계자들이 나이가 많은 순으로 정하거나 형식적으로 하지 않아야 이 제도가 살 것이다. 만약 그렇지가 않으면 이것은 또 유명무실해지거나 또 다른 부작용을 발생시킬 것이다.)

교원들은 주로 자율적이기를 바라는 성향을 가지고 있다. 그래서 하루빨리 우리 학교들이 더 이상 상부의 눈치나 보며 지시와 통제에 의해 움직이는 수준이 낮은 피동적인 곳이 되지 않고, 보다 주체적이고 자율적인 현장이 되고, 교육에 뜻이 있고 열정이 있는 현장의 교사들이 교육의 본질에 계속 매진하여 당연히 더 좋은 평가점수를 받아 주류가 되기를 바란다. 그러면 교육에 대한 열의와 능력이 없는 자들은 덜 활개 칠 것이다. 교육의 핵심은 학생들에게 자기 수업을 통해 보다 훌륭한 인간과 보다 능력이 있는 학생이 되게 하는 것이다. 따라서 수업과 학생 사랑 및 연수를 받는 것 등 교육을 위해 준비하고 노력한 것들을 교사 평가에서 제일 큰 비중을 차지하도록 해야 할 뿐만 아니라 교감이나 교장도

교육학자 김성봉 교수의 삶, 자연, 행복

반드시 주당 몇 시간이라도 수업을 하도록 법제화 및 현실화하는 것이 옳다고 본다. 대학에서도 처장이나 보직을 맡아도 수업을 다소 줄이더라도 적게 한다. 물론 나는 대학총장도 주당 1시간이라도 강의를 하는 것이 바람직하다고 생각하고 있다. 진정으로 교육에 열의가 있는 사람이나 교육의 본질에 충실하고자 하는 사람들은 수업이 중요하다는 것을 잘 알고 있고 수업을 잘 하기 위해 많은 노력을 한 사람들이라 보기 때문에 별 문제가 되지 않고 오히려 나의 생각에 동의할 것이라 본다. 나는 오랜 기간을 중·고등학교에 있었고 지금 대학에 있기 때문에 잘 알고 있다. 우려 차원에서 그리고 우리 교육의 정상궤도로의 진입과 질적 발전을 위해 제안하고 있는 것이다. 소수이지만 수업을 적게 하기 위해 보직을 맡고자 하거나 승진을 하고자 하는 사람들이 적어지는 풍토가 되었으면 한다. 어떤 사람은 이와 관련하여 수업을 잘 하는 사람들을 학원강사처럼 높은 인센티브를 주어 교장보다 더 많은 수입이 되도록 하면 굳이 승진하려고 하지 않을 것이란 말을 했다. 일리가 있는 말이라 본다. 아무튼 이런 방향으로 교육현실이 하루빨리 변화되기를 바란다.

나는 항상 될 사람이 되어야 하는 것이 순리라 생각하고 있다. 그렇지가 못하면 못할수록 그 사회와 조직은 그만큼 잘못되었거나 후진적인 곳이 된다. 그 이유에는 기존 지도자가 그만큼 보는 눈이 없거나 자신도 그렇지 못한 경우를 밟았기에 계속 반복되어 엉뚱한 사람이 올라가거나, 구성원들이 의식이 그만큼 되지 않아서 좋은 사람을 뽑을 수준이 되지 않았기 때문 등이 있다. 살다보면 꼭 그렇지 않는 경우도 물론 있겠지만 대체로 그렇게 되는 것이 선진사회로 가는 길이라 생각하고 있다. 사회의 지도자급은 그만한 자질과 능력을 갖춘 분이 되는 것이 본인뿐만 아니라 그 조직과 사회를 위해서 바람직하다.

　나는 이런 사회를 원한다. 보다 덕이 있어 인자한 분이자 능력이 있는 사람이 예를들면 부장이 되고 교감이 되고 교장이 되고 장학사가 되고 교육장이 되고 중앙고위관료가 되고 사장이나 회장이 되었으면 한다.(며칠 전 울산의 모 초등학교 교장으로 정년퇴임한 어떤 분이 조선일보에 교장선생님의 헌신이 희망입니다라는 제목으로 글을 적은 것이 있었다. 여기에서 그는 특히 교장선생님의 역할이 매우 중요하다. 문제를 전교조 교사 탓으로만 돌리거나 학부모의 눈치나 인기에 영합해서는 학교경영이 올바르게 될 수가 없다고 말했다. 특히 얼마 남지 않은 정년을 무사히 맞겠다는 무사안일로는 학교도, 아이들도 바꿀 수 없다는 글을 남겼다.) 특히 교육분야에서 만큼은 바로 잡혀야 한다. 줄이 있어서 혹은 아부를 하여 아니면 출세만 생각하고 승진의 평가점수에만 매달린 작은 사람이 지도자(관리자)가 되지 않았으면 한다. 왜냐하면 특히 덕이 없고 능력이 없는 사람이 지도자가 될 가능성이 되면 그 조직의 많은 하위구성원들은 더 힘들어지고 윗사람을 존경하지도 않으며, 장기적으로는 여러 문제가 발생하여 그 조직과 사회는 위기를 맞이할 수도 있기 때문이다.

　나는 학교현장이 교육의 본질에 충실하는 훌륭한 교육의 마당이 되기를 항상 염원하고 있다. 이렇게 되기 위해서라도 혹은 교육을 존중하는 사회분위기를 위해 그리고 자율적인 분위기 속에서 교사들이 존중받고 즐겁게 본업에 최선을 다하도록 하기 위해서라도 필히 교사가 되기 위해서는(혹은 교사를 계속하기 위해서는) 석사학위가 있도록 하고 교장이 되기 위해서는 박사학위가 의무화되는 쪽으로 가야 한다고 확신하다. 물론 시행하려면 좀 더 다듬어야 하는데 예를 들면 수석교사 쪽은 전공분야의 박사학위가, 교장 쪽으로 가고자 한다면 교육학 쪽의 박사학위가 있도록 하는 것도 좋은 방법이라 생각한다. 이에 따라 사대나 교육대학원을 운영하면 될 것이다. 아무튼 우리가 해야 할 많은 것들 중에서 제일 중요한 것이 무엇인가를 사견 없이 올바른 판단으로 잘 정하고 그 후 과감한 법 개정 및 제도 개혁을 해야 할 것이다.

 水

통도사의 극락암에 水(수)에 대한 좋은 글이 있어서 말씀드리고
자 한다. 처음에는 이 글을 누가 썼는지 몰랐었는데 책을 내기 며
칠 전에 우연히 어떤 책을 읽다가 알게 되었다. 그 책에는 과거
통도사의 주지도 역임한 위대한 선사 가운데 한 사람으로 불렸던
경봉 큰스님이 썼다고 되어 있다.

이 글은 대웅전 옆에 세워져 있는 돌에 새겨진 것으로 그 제목
은 山精藥水(산정약수)이다. 글은 영취산의 정기가 담긴 물을 나쁜
마음을 버리고 청정한 마음으로 먹으면 모든 병이 없어진다는 말
로 시작된다. 그 다음은 물에서 배울 점이라 적혀 있다. 우리도 여
기에 적힌 글처럼 당연히 이 물처럼 살아야 할 것이다. 이 글을
적으면서 나도 이렇게 살아야겠다는 다짐을 한 번 더 해 보며 이
글을 읽는 분들도 이 내용을 항상 되새기며 살았으면 좋겠다.

사람과 만물을 살려 주는 것이 물이다.

갈 길을 찾아 쉬지 않고 가는 것이 물이다.

어려운 굽이를 만날수록 더욱 힘을 내는 것이 물이다.

맑고 깨끗하며 모든 더러움을 씻어 주는 것이 물이다.

넓고 깊은 바다를 이루어 많은 고기와 식물을 살리고 되돌아 이슬비가
되나니

사람도 이 물과 같이 우주 만물에 이익을 주어야 한다.

유태인의 자녀교육법

　유태인이 세계적으로 우수한 민족임을 우리는 잘 알고 있다. 그들이 우수한 민족이라 불리게 된 이유에는 유전적인 부분 등 여러 가지 요인들이 있을 수 있지만 무엇보다도 그들만의 독특한 교육방법을 이야기하지 않을 수가 없다. 이는 후천적인 환경과 교육 그리고 노력이 매우 중요하다는 것을 말해주고 있다. 따라서 우리와 역사 등에서 많이 다르지만 배울 것은 배워서 보다 우수한 문화민족이 되어야 할 것이다. 어느 누구(국가)나 다 역사적인 혹은 지리적인 혹은 선천적인 한계나 제약들을 다 가지고 있다. 따라서 문제는 얼마나 노력을 하여 극복을 하느냐에 달려 있다. 물론 우리도 많은 장점을 가진 우수한 민족이다. 그런데 유대인들의 독특한 교육철학과 방법을 통해 더 나은 국가가 되었으면 하는 마음으로 루스 실로의 책과 또 다른 책들을 참조하여 내 나름대로 정리해 본 것이다.

　루스 실로는 미국의 총인구 중 유태인이 차지하는 비율은 약

3% 미만이지만, 유명한 대학교수의 약 30%가 유태인이며, 노벨상 수상자들 중에서 약 15%를 유태인이 차지한다고 말했다. 특히 그는 유태인이 수많은 우수한 인재를 배출한 근본 원인을 유태인들의 유아기 및 유년기의 성장과정 및 교육방식에서 찾고 있었다. 그리고 그들의 교육을 보니 내가 교육에서 지향하는 전인과 많은 부분 맥을 같이하고 있었다. 그들은 지혜로우며 마음이 따뜻하고 의로운 인간을 중시하였다. 그래서 더욱더 많은 호기심과 관심이 생겼다.

첫 번째, 남과 다르게 키워라.

한국에서는 이웃집 자녀의 학습방법을 자기 아이에게도 똑같이 가르치려고 하는 반면에 유태인들은 '모든 것을 어린이 위주'로 생각한다는 점이다. 이것은 그들의 생각 속에는 모든 어린이에게는 저마다의 개성과 소질이 있으므로, 획일적으로 바라보지 말고 그 나름의 개성에 맞추어 긴 안목으로 지켜보아야 한다는 것이 깃들어 있기 때문이다. 그래서 유태 어머니들은 자녀가 다른 아이들과 다른 점이 무엇인지를 찾아내어 그 점을 키워 주기 위해 노력을 한다. '히브리'라는 말의 본래 뜻은 '혼자서 다른 쪽에 선다.'이다. 따라서 개성을 충분히 신장시키고자 하는 것이 그들의 생활원칙이라 할 수 있다.

두 번째, 질문을 많이 하도록 가르친다.

우리나라의 학교에서는 종종 질문을 하면 선생님들이 싫어하기도 부모나 아이 스스로 상황을 파악하여 될 수 있으면 질문을 하지 않으려고 하고 질문을 꼭 해라고 가정에서 이야기하지 않는다. 그런데 유태인 어머니들은 아이에게 교실에서는 질문을 하는 것을 아주 당연한 것으로 생각한다. 그 이유는 유태인들이 어린이에게 요구하는 것은 암기나 메모를 잘하는 것이 아니라 이해하는 능력이기 때문이다. 따라서 선생님들이 문제를 내고 학생들이 그것을 풀 때 잘 모르는 것을 끝까지 질문하고 이해하는 것이 배우는 자의 의무이다. 그리고 가르치는 사람 또한 상대가 질문을 많이 하도록 유도하도록 해야 한다. 특히 생각할 기회를 주는 질문을 하는 것이 좋다. 따라서 "어땠니?" 하고 개방형 질문을 많이 하여 사고의 폭을 넓히도록 가르친다. 이와 관련하여 5천 년 전부터 유태인들에게 전해 내려오는 탈무드의 내용을 보면 다음과 같다.

'교사는 혼자 떠들어서는 안 된다. 만일 학생이 잠자코 듣기만 한다면 많은 앵무새를 길러 내는 결과가 될 뿐이다. 따라서 교사가 이야기하면 학생들은 거기에 대해 질문을 해야 한다. 이와 같이 교사와 학생이 많은 말들을 서로 주고받는 과정을 통해 우리는 보다 큰 교육적 효과를 얻을 수가 있다.'

세 번째, 지식을 주입하기보다는 지식을 얻는 방법을 가르친다.

유태인들의 옛 속담에 "물고기 한 마리를 주면 하루밖에 살지 못하지만, 물고기 잡는 방법을 가르치면 한평생을 살 수 있다."는 말이 있다. '물고기'를 '지식'에 비유할 수 있다. 그래서 어린이들에게 학문을 가르치는 것만으로는 임무를 다한 것이 아니다. 배우는 방법까지도 가르쳐 주어야 한다. 이런 이유로 유태인학교에서는 학생들에게 과제물을 내줄 경우에는 가능한 많은 자료를 먼저 수집하도록 요구한다. 그 다음에는 그 자료들을 종합, 정리, 수정하여 자신의 머리로 직접 과제를 완성하여 제출하도록 한다. 평가의 기준도 그 내용보다는 자료를 다룬 방법에 더 비중을 둔다.

네 번째, '신'에 대한 생각으로 논리적 사고를 키운다.

고도의 추상적 사고력을 요하는 학문이나 사업에 종사하는 사람들의 대부분은 유태인이다. 이론물리학의 앨버트 아인슈타인, 정신분석학의 지그문트 프로이트가 대표적인 인물이다. 이처럼 유태인들의 추상 능력이 우수한 이유는 어렸을 때부터 '추상으로서의 신'에 대해 생각하는 것을 습관화하였기 때문이라 한다. 눈에 보이지는 않지만 존재하는 신에 대해 생각하게 하는 것은 특히 어린아이들에게 커다란 지적 자극이 된다고 보고 있다. 어릴 때 아브라함은 신이 무엇인가에 대해 생각하기 시작했다. 아버지의 손으로 만들어진 우상은 신일 수가 없다. 그렇다면 신은 태양일까 달일까. 그러나 태양은 밤이 되면 사라지고, 달은 날이 밝으면 사라지고 만다. 따라서 신은 태양이나 달이 아니라 그보다 더 위대한 것이라 생각하였고 그는 결국 신은 물질이 아니라 정신이라는 결론에 도달했다. 이 옛날이야기를 들으면서 유태 어린이들은 추상의 중요성을 직관적으로 알게 된다. 그리고 신을 이해하기 위해서는 추상적 사고력을 갖고 있지 않으면 안 된다는 생각도 한다. 어린아이에게 추상적인 대상을 가르치는 것은 매우 어려운 과제이다. 초등학교에 들어가서 수학에 실패하는 것은 이처럼 추상적인 부분에 대해 무관심하기 때문이기도 하다.

다섯 번째, 나쁜 감정은 그날로 풀어 준다.

아이를 크게 혼낸 날일지라도 잠자리에 들 때에는 따뜻하게 대해 주고 나쁜 감정이 아이의 마음속에서 사라지도록 해야 한다. 어린 아이의 마음은 스펀지와 같아서 혼낸 다음에 그대로 방치해 두면 나쁜 감정을 계속 품게 되는 것이다. 그러나 한 번이라도 '쓰다듬어 주면' 스펀지에서 물이 흘러나오듯 모든 것이 쏟아져 나오고 만다. 특히 어머니들은 적어도 부정적인 감정만은 아이들에게서 빨리 제거시켜 줄 의무가 있다. 잠자리에 든 아이 곁에 앉아 있는 정다운 엄마만큼 마음을 안정시켜 주는 것은 없다. 물론 살면서 생기는 나쁜 감정이나 좋지 못한 마음을 자기 스스로 없애는 것이 가장 바람직한데 아직 어린 시기이기에 이때는 어른이 풀어 주는 것이 좋다.

여섯 번째, 어릴 때 충분히 놀게 한다.

유태인들은 긴 안목을 가지고 자녀의 미래를 생각한다. 그래서 서두르지 않으며, 인간은 평생에 걸쳐 배워야 한다는 것이 그들 나름의 기본적인 사고방식이다. 그래서 최소한 노는 시간만큼은 충분히 놀게 한다. 특히 유아기 때는 놀고 싶어 하면 마음대로 놀게 한다. 놀이는 어린이의 정신을 형성하는 데 있어 매우 중요한 요소이다. 그래서 이것을 빼앗으면서 공부를 강요하는 것은 긴 안목으로 볼 때 현명한 방법이 아니라고 본 것이다. 이처럼 놀 때 충분히 놀아야 진정한 학문 활동을 할 때 더 잘할 수가 있다.

일곱 번째, 휴일은 자녀들과 대화를 하면서 보낸다.

부모와 자녀 간의 대화의 단절은 비단 한 나라만의 일이 아니라 전 세계적인 문제라 할 수 있다. 어떤 통계에 의하면 부모와 자녀가 대화하는 시간이 하루 평균 5분 정도밖에 되지 않는다고 한다. 그런데 유태인의 가정에서는 그렇지 않다. 안식일을 철저히 지키는 덕에 안식일에만은 아버지가 모든 노동에서 벗어나 평소에 못 한 이야기를 자녀들과 한다는 것이다. 안식일에 아버지는 아이들을 한 사람씩 자기 방으로 불러서 차분히 이야기를 나눈다. 아이들은 보통 일주일 동안 공부한 것과 주중에 있었던 일들을 모두 얘기하기에 때때로 아버지가 선생님이 되기도 한다. 보통 30분 정도 하지만 이 시간은 아이들이 일주일을 잘 정리하게 만드는 중요한 시간이 된다. 우리나라에서는 평일에 귀가 시간이 일정하지 않아 어렵고 일요일에도 잠을 자거나 모임에 나가거나 낚시나 골프 등의 취미활동을 위해 외출하기도 하여 제대로 대화가 이루어지지 않는 경우가 많다. 유태의 아버지들은 평일에도 특별한 사정이 없으면 가족과 함께 저녁 식사를 할 수 있는 시간에 귀가한다.

여덟 번째, 생활의 참된 기반은 자선활동에 있다고 생각한다.

유태인들에게 자선이나 이웃을 위한 선행은 대단히 높은 가치가 있는 일로 생각한다. 탈무드에 그 일례를 보면 다음과 같다.

옛날 어떤 왕이 한 남자에게 즉시 입궁할 것을 명했다. 그 남자에게는 세 친구가 있었는데, 그중의 한 친구는 그와 매우 절친한 친구였고, 두 번째 친구는 그 정도는 아니고 그냥 좋아하는 친구사이였고, 세 번째 친구는 친구이긴 하지만 그다지 친한 사이는 아니었다. 왕이 오라고 한 것은 분명 자신을 문책하기 위한 것이라 판단한 그는 혼자 가는 것이 두려워 세 친구들에게 같이 가기를 부탁했다. 그러자 첫 번째 친구는 냉담하게 거절했다. 두 번째 친구는 "왕궁문 앞까지는 데려다 주겠다."라고 말했다. 그런데 별로 친하지 않다고 생각했던 세 번째 친구는 "같이 가겠다. 너는 아무 잘못이 없지 않는가?"라고 했다.

탈무드에 의하면 첫 번째 친구는 '재산'이다. 아무리 친밀한 관계라도 죽을 때는 두고 간다. 두 번째 친구는 '친척'으로 화장터까지는 함께 가 준다는 말이다. 마지막까지 함께 가는 세 번째 친구는 다름 아닌 '선행'이다. 평소에는 눈에 띄지 않지만 죽어서까지 남는 것은 선행뿐이라는 것이다. 아무리 많이 배우고 일을 잘한다고 할지라도 '자선'을 잊는다면 세상이 제대로 이루어질 수 없다. 그래서 가난한 사람을 돕는 자선은 아이들이 어릴 때부터 가르쳐야 할 교육의 내용이다. '자선'을 뜻하는 히브리어 '체다카'는 '정의'라는 의미로도 쓰인다. 물론 영어에서의 자선(Charity)은 '베풀다'를 의미하는 라틴어에서 나왔다.

아홉 번째, 먹을 것에 대한 감사는 신에 대한 감사임을 가르친다.

유태인들은 매일 식탁에서 하나님을 찬미하고 하나님께 감사드린다. 왜냐하면 하나님의 도움으로 매일 식사를 할 수 있다고 보기 때문이다. 그래서 식사 때마다 식탁에 앉아서 빵을 놓고 하나님을 찬미한다. 아이들은 이런 의식을 통해 저녁 식사 시간이 되면 하나님의 도우심으로 그날 하루가 무사히 끝났다는 기쁨을 또한 느낀다. 그리고 그들은 인간은 다른 동물과는 달리 아무 음식이나 먹어도 된다는 생각을 하지 않는다. 그래서 인간답게 깨끗한 음식만 먹는 것이 개나 고양이와 구별되는 기준이 된다고 보고 있다. 그들은 돼지나 말 같은 것들을 먹지 않는다.

열 번째, 부모에게서 받은 것은 자녀들에게 베푸는 것으로 보답한다.

부모가 자녀들에게 하는 것은 다음에 보답을 받기 위한 것이 아니다. 달리 말하면, 부모와 자녀의 관계는 서로 주고받는(give‑and‑take) 관계가 아니라 본 것이다.

이외에도 많은 것들이 있다. 남에게 받은 피해는 잊지 말되 용서는 하라는 것, 틈틈이 아이에게 민족의 긍지를 심어 주라. 몸을 청결히 하는 것은 선행의 시작으로 위생 이상의 의미가 있다는 것, 정해진 시간에 자신의 일을 끝내는 습관을 길러 주는 것, 아이에게 돈으로 선물을 대신하지 않도록 하는 것, 어릴 때부터 자신이 원하는 것을 얻으려면 상당부분 참고 인내해야 한다는 것, 현명한 사람이 더 잘 웃기에 유머가 있는 인간이 되는 것 등 이루 많다.

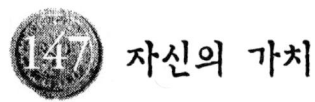 자신의 가치

이 글은 자신의 가치를 제대로 알자는 취지에서 조엘 오스틴이 쓴 긍정의 힘이란 책에 나오는 세 나무 이야기를 바탕으로 적은 글이다. 이외에도 좋은 글들이 많아 한번 읽어 볼만한 책이라 생각된다. 그리고 좋은 생각이란 월간지도 읽어 볼만한 좋은 글들이 많아서 읽어 보기를 권하는 바이다.

하늘에 계신 하나님은 우리가 쓰러 넘어지는 순간이나 실수하는 순간은 보지 않고 우리의 두 걸음을 보며 우리가 잘한 일을 주로 을 보신다는 것이다. 저자는 우리가 '완성되어 가는 작품'이기 때문이라 말했다. 인간은 잘못을 할 수 있기에 너무 자책하지 말아야 하며, 또한 하나님의 유일무이한 창조물이기에 우리 모두는 그 나름의 가치가 있고 다른 누구에게 줄 수 없는 것을 세상에 줄 수도 있는 존재라는 것이다. 나도 공감하는 바이다. 만약 여러분의 새끼손가락을 값으로 매긴다면 여러분들은 얼마쯤이라 말할 수 있나? 값으로 매길 수 없다. 이처럼 귀한 몸을 가진 존재가 바로 우리들이다. 따라서 삶에 있어서 하나님이 창조하신 자신과 과거의 일들을 그대로 받아들이고 기뻐하는 일이 먼저 선행되어야 한다. 왜냐하면 현재의 자기 자신에 대해 불만을 가지면서 행복한 삶을 꿈꾸는 것은 어렵기 때문이다. 그리고 이는 남을 행복하게 하고 사랑하기 위해서라도 먼저 자기 자신부터 자신을 사랑하고 행복하게 느끼는 사람이 되어야 함을 의미한다. 이 세상에 완벽한 사람은 없다.

희망은 언제나 우리 곁에 있다! 하나님은 우리에게 자기의 가치를 회복하라고 말씀하였다. 참고로 The Tale of Three Trees(세 나무 이야기)라는 멋진 책의 내용이 실려 있어 여기에 소개하고자 한다. 이 글은 올리브나무와 떡갈나무, 소나무의 원대한 꿈을 이야기하고 있는 동화이다. 이들 나무들은 각자 특별한 존재가 되겠다는 큰 꿈을 품고 있었다.

올리브나무는 자신이 정교하고 화려한 보석 상자가 되어 그 안에 온갖 보물을 담을 꿈을 가지고 있었다. 그런데 어느 날 한 나무꾼이 숲의 수많은 나무 중에서 그 올리브나무 자신을 선택하여 베어버렸다. 그래서 그 올리브나무는 아름다운 보석 상자가 될 기대와는 달리 더럽고 냄새나는 짐승의 먹이를 담는 구유가 되었다. 그는 가슴이 무너져 내리고 꿈이 산산조각 났다. 자신이 가치가 없고 천한 존재라는 느낌마저 들었다.

떡갈나무는 위대한 왕을 싣고 바다를 건널 거대한 배의 일부가 되겠다는 꿈을 가지고 있었다. 그래서 어느 날 한 나무꾼이 자신을 베었을 때 흥분을 감추지 못했다. 하지만 시간이 갈수록 나무꾼이 자신으로 조그만 낚싯배를 만들고 있음을 알고는 슬픔의 눈물을 흘렸다.

높은 산의 꼭대기에 사는 소나무의 유일한 꿈은 언제까지나 높은 곳에 버티고 서서 사람들에게 하나님의 위대한 창조 섭리를 일깨워 주는 것이었다. 그런데 순식간에 번개가 치더니 소나무 자신을 쓰러뜨리면서 그 꿈을 빼앗아가 버렸다. 그리고 얼마 후에는 쓰러진 그를 가져다가 쓰레기 더미에 던져 버렸다.

세 나무는 모두 자신이 품었던 꿈들이 좌절되어 자신의 가치를 상실했다는 생각에 크게 낙심했다. 세 나무의 꿈은 모두 사라졌다. 하지만 하나님은 다른 계획을 갖고 계셨던 것이다.

오랜 세월이 흘러 마리아와 요셉이 아이를 낳을 곳을 찾지 못해 헤매고 있던 차에 그들은 마침내 마구간을 발견했고, 아기 예수가 태어나자 그 구유에 누였다. 그런데 이 구유가 바로 그 올리브나무로 만든 것이었다. 올리브나무는 귀중한 보석을 담고 싶었으나 하나님은 더 좋은 계획을 갖고 계셨다. 올리브나무는 이 세상에서 가장 귀한 보물인 하나님의 아들을 담는 행운을 가지게 되었다. 또 시간이 흘러 어느 날 예수님이 호수 건너편으로 건너가기 위해 크고 멋진 배가 아닌, 작고 초라한 낚싯배를 선택하셨을 때 그 낚싯배는 바로 그 떡갈나무로 만든 것이었다. 그래서 떡갈나무는 위대한 왕을 태우고 바다를 건너고 싶었으나 하나님은 더 좋은 계획이 있으셨다. 이제 그는 만왕의 왕을 태우게 되는 행운을 누리게 되었다. 또 몇 년이 흘렀다. 몇몇 로마 병사들이 그 소나무가 버려진 쓰레기더미에서 뭔가를 부지런히 찾고 있었다. 이에 소나무는 곧 땔감 신세가 되겠거니 생각했다. 하지만 놀랍게도 병사들은 소나무를 작은 두 조각으로 쪼개 십자가를 만들었다. 그리하여 이 소나무는 오늘날까지도 사람들에게 하나님의 사랑과 연민을 보여주는 십자가의 재료가 된 것이다.

이 이야기의 핵심은 세 나무 모두 자신의 가치를 상실했다고 생각하였는데 자신들이 생각과는 달리 결국 이 나무들은 중요한 일을 하도록 쓰임을 받았다는 점이다.

우리 인간들은 완전하지가 않아서 정확히 판단하지 못할 때도 많고, 지금뿐 아니라 미래에 일어날 일은 제대로 알 수도 없다. 그래서 설령 지금 자기가 하는 일이 자기 뜻대로 되지 않거나 실패했다고 실망하거나 좌절할 필요가 없다. 하나님(부처님)이 우리를 보살펴 주시고 우리 삶이 보다 빛이 나게 하도록 애쓰고 있다는 것을 생각하며 힘을 내자. 어려울 때일수록 고개를 높이 들고 결코 포기하지 말자. 무엇보다도 그 누가 자신을 비난하거나 버릴지라도 자기 자신만은 자기를 버리지 않도록 해야 한다.

모든 사람들에게 하나님의 사랑과 부처님의 자비가 있기를 빈다.

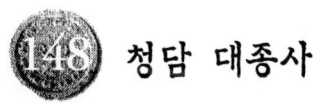 **청담 대종사**

　내가 청담스님(1902-1971)을 알게 된 것은 도선사에 가서이다. 도선사에 가면 호국참회도량도 있고, 박정희 전대통령과 육영수 여사의 큰 영정도 있어 나라를 위하는 마음이 어느 절에 못지않다는 것을 절로 느낀다. 특히 청담스님의 동상이 입구를 따라 올라가다가 보면 오른쪽 위쪽에 세워져 있어 불교와 나라의 발전을 위해 많은 일들을 했다고 여겨진다. 물론 성철스님만큼이나 일반사람들에게 널리 알려지지는 않았고 나도 직접 보지도 못했기에 정확히는 모르지만 내 느낌으로는 높은 뜻을 가진 분이었다고 생각된다.

　나는 산세가 좋고 아름다운 북한산(삼각산)을 특히 좋아하는데 이 절이 바로 이곳에 위치해 있기에 가끔 등산을 하기 위해 올라갈 때도 청담스님을 한 번씩 생각한다. 그리고 도선사에서 발행하는 도선법보에는 항상 첫 면에 다시 듣는 사자후라고 해서 청담스님의 말씀을 싣고 있어서 직접 배우지는 않았지만 글을 통해 그 정신을 배우고 있다. 그에 대해 쓰여진 책을 보면 여러 스님들이 그를 존경하고 있음을 알 수가 있다.

도선법보에 실린 글 중에서 '마음을 깨치면 어떤 법에도 걸림없어'라는 제목으로 된 것이 있었다. 어떤 법에도 걸림이 없다는 것은 우리가 지향하는 바인데, 그 방법은 마음을 깨치는 것이라 하였기에 마음에 대해 잘 알지 못하는 우리로서는 그가 말한 마음의 깨침에 대해 조금이나마 알 필요가 있다고 판단하여 여기에 그 일부를 소개한다.

> 사람은 나면서부터 죽음의 적에 쫓기고 있습니다. 사람은 개구리이고 죽음은 구렁이입니다. 낮이면 낮, 밤이면 밤마다 찰나도 쉬지 못하고 죽음이란 구렁이에게 쫓깁니다. 자는 시간까지 죽음의 구렁이에게 쫓기는 개구리의 생활을 하는 것이 우리 중생들의 생입니다. 그것도 한 번 죽고 그치는 죽음이 아니고 천당·지옥·축생으로 내생에도 무량겁에 쫓기고 죽고 합니다. 마음을 깨쳐서 육신이 내가 아닌 것을 확인해야 죽음의 쫓김을 면합니다. 이렇게 해서 마음을 깨치면 모든 근심을 여의고 어떤 법에도 걸리지 않습니다.

그리고 또 다른 신문에는 '마음이 현실, 육체는 그림자일 뿐'이라는 제목으로 된 글이 있었다. 흔히 우리가 생각하기로 물질과 같이 눈에 보이는 것을 실재하는 것이고 현실이라 보기에 어떤 깊은 뜻이 있는지를 알아보는 것이 바람직하고 판단되어 아래에 그의 글을 실었다.

> '현실이란 무엇인가' 마음이 현실이지 육체가 현실은 아닙니다. 육체는 마음의 그림자에 불과합니다. 실재의 현실이 아니고 환각으로 있는 것뿐이란 뜻입니다. 이 법당도 그렇고 서울 시내도 그렇습니다. 그뿐 아니라 '모든 현상이 다 환각으로 있는 것이지 진실상이 아니며 실재가 아니다. 그런 줄 알면 곧 부처님을 보리라' 하셨는데 부처님을 본다는 소리는 곧

자기 마음을 깨친다는 소리입니다. 마음을 깨치면 다 부처니 모두의 마음은 이미 다 부처가 되어 있기 때문입니다. 흔히 견성했느냐 하는 말은 부처님을 보았느냐는 말이 됩니다. 우리 불교는 따지고 보면 지나칠 정도로 무서운 틀림없는 이론입니다. 전자계산기로 계산하는 정도가 아니라 그 몇천 배 더 철두철미한 이론입니다.

현상이 실다운 상이 아닌 줄 알면 곧 여래를 발견한다라는 말은 다른 각도에서 바꾸어 말하면 우리의 모든 것은 다 환상이고 진공묘유이니 지금 이 법당 안에 아무것도 없는 것 같지만 지옥도 있고 천당도 있다는 뜻이 됩니다. 이 공간, 조그마한 법당 속에 한량없는 우주가 이 안에 있고 우주와 차원이 다른 하늘나라 등의 다른 현상계가 다 있다는 것입니다.

 **자족하며 인생을 즐기는 남자**

　자족하며 인생을 즐긴다는 말은 참 좋은 말인데 실제로 그렇게 하기는 매우 어렵다. 왜냐하면 살다 보면 자족해야 함을 잘 알면서도 자기도 모르게 욕심을 부릴 때도 있고 그 정도를 넘어설 때도 있고 또 어떤 순간에는 자기도 모르게 그 무엇인가에 매달려 있기도 하기 때문이다. 따라서 인생을 즐길 수 있도록 평소에 수양을 많이 하여 욕심(번뇌와 망상)이라는 찌꺼기가 더 이상 붙지 않도록 매끈하고도 투명한 빈 마음을 굳건히 유지할 수 있어야 한다. 수많은 위대한 사상가들이나 선각자들이 이제까지 많은 이야기들을 했는데 종합하면 이 세상을 최고로 잘 사는 사람이란 인생을 보다 즐겁게 사는 사람이라 생각한다.

　여기에 대해 우리가 살아가면서 참고할 만한 좋은 글을 모 휴게소의 식탁 위에서 보아서 여기에 소개한다. 그 내용은 다음과 같다.

　　어느 욕심 많은 부자가 돈 문제로 고민을 하면서 길을 가다가 바다를 계속 바라보고 있는 한 어부에게 못마땅한 듯이 물었다.

"왜 고기를 잡으러 나가지 않습니까?"라고 하니
어부가 "오늘은 충분히 고기를 잡았습니다."라고 대답하였다.

그래서 다시 그 부자는 "왜 더 많이 잡지 않습니까?"라고 물었다.
그러자 그 어부는 "더 잡아서 무엇에 쓰겠습니까?"라고 답했다.

이 말을 들은 부자는 어부를 한심하게 여기며 다음과 같이 말했다.
"더 많은 돈을 벌 수가 있지요.
그러면 더 좋은 배를 사서 더 깊은 곳에 갈 수도 있고,
좋은 나일론 그물도 사서 더 많은 돈을 벌 수가 있지요..
이렇게 하다 보면 곧 배도 여러 척 갖게 되고,
결국 나처럼 부자가 될 수 있지요."

그때 듣고만 있던 어부가 입을 열었다.
"그 후에는 무엇을 할까요?"라고
그러자 부자는 큰 소리로 말했다.
"당신은 앉아서 인생을 즐길 수 있습니다."라고
그 말에 어부는 미소와 함께 시선을 바다로 돌리며 조용히 말했다.
"내가 지금, 무엇을 하고 있다고 생각하십니까?"
<Sales Weekly News 제 41호>

여기에서 우리는 그 어부가 자기 나름의 판단으로 적정한 선을 정해 무리하지 않고 자족하며 인생을 충분히 즐기고 있음을 엿볼 수가 있다. 우리도 어렵지만 나름의 적정한 기준을 잘 정하여 다소 부족해도 여유를 가지고 인생을 즐길 수 있도록 하자. 물론 이 말은 게으름을 찬양하거나 어려움을 불굴의 의지로 극복하지 말라는 이야기는 아니다. 인간의 욕심은 끝이 없기 때문에 때로는 어느 선에서 멈출 수 있는 지혜롭고 용기 있는 사람이 되는 것이 보다 현명한 삶을 사는 지혜인의 자세임을 말하고자 한 것이다.

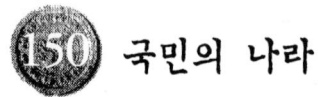

국민의 나라

　며칠 전 TV를 보다가 화면에 등장한 기자 옆으로 국민의 문이란 돌에 새겨진 글자가 눈에 들어왔다. 순간 아 저런 것도 있구나라는 생각과 함께 바로 저거야라는 생각이 문뜩 떠올랐다. 아마 국회였던 것 같은데 정말로 맞는 말이다. 그래서 이것을 보니 우리가 가야 할 방향과 길을 그래도 잊어버리지는 않고 있구나라는 생각도 들어 다소 희망을 가져본다. 그런데 지금 국회의원들이 하는 모습을 보니 별 생각이 다 드는 것이 사실이다. 참 안타까운 일이다. 국회 점거, 쇠사슬, 전기톱, 망치 등이 동원되었다. 그래서 내 생각은 '국민의 집'이라는 글귀를 국회의원들이 다니는 출입구 앞에다 크게 현판으로 적든지 아니면 '우리는 국민의 종'이란 표현을 국회 본회의장 중앙에 크게 써서 붙이거나 군데군데 적어 두었으면 하는 생각이 들었다. 그리고 국회의 여당을 움직이는 곳이자 한 나라를 책임지고 이끄는 사람들이 있는 곳이 청와대이기에 특히 여기에 이곳은 '국민의 집'이라든지 아니면 나는 '국민의 심복'

이란 글귀를 적어두어야 한다고 생각한다. 심지어는 이런 글귀를 빼꼭히 적은 벽지를 만들어 국회나 청와대의 벽지로 사용하여 언제든지 보지 않으려고 해도 볼 수밖에 없도록 하는 방법도 있다는 생각까지 들었다.

절대 권력은 절대부패를 자연히 양산하며, 국회가 스스로 자정노력을 제대로 하지 못하고, 또한 20세기 중·후반기의 전 세계적 추세가 특권을 배제하는 탈권위사회를 지향했기에 사회개선의 하나로 나는 지난번 나의 책에서 국회의원들의 권력남용을 막기 위해 일단 연속으로 3번은 하지 못하도록 법제화하자고 말한 적이 있다. 대통령도 부작용을 생각하여 단임제를 실시하고 있기에 국회의원도 자신이 능력이 있거나 국민이 원하면 얼마든지 하는 것은 맞지만 만약에 3번 계속하면 12년을 하는 것이 되어 다소 길기에 4년을 두 번 하면 8년이기에 연속으로 두 번 계속하는 경우에는 반드시 한 번은 쉬도록 하자는 것이었다. 그래야 겸손하게 국민을 잘 섬기며, 치열한 경쟁을 덜 하게 만들어 분열을 막을 수도 있고, 돈도 더 적게 들며, 또 다른 사람들에게도 더 많은 기회가 돌아가는 등 실보다 득이 많을 것이라 판단된다. 아무튼 어떤 방향으로든 국회에 대해 이번 기회에 다시 자리매김을 했으면 한다.

지금 국회의원을 지역별 인구로 주로 뽑고 있다. 비례대표에 적은 수가 할당되어 있지만 공천권을 소수의 당 권력자들이 좌지우지하여 자연히 해바라기가 되게 하고 돈을 바친다는 이야기까지 나돌고 있다. 내 뜻은 정말 명실상부한 국민의 대표가 되게 하는 것이다. 그래서 나는 가급적 현행 지역별 선거에 대한 개선이 있어야 한다고 생각한다. 상식적으로 생각해도 국회의원은 국민의 대표이니 국민모두가 동등한 자격을 가지고 있기에 한 표를 행사하여 대표를 뽑아야 한다는 것은 맞다. 그런데 이렇게 하니 시의원이나 도의원도 아닌데 지역의 이익을 대변하는 또 다른 사람들을 뽑는 것이 되어 회기 중 자기 지역을 많이 이야기하거나 내세우는 경우까지에 이르렀다. 지역의 극복과 진정한 국가의 대표를 뽑기 위해서는 솔로몬의 지혜를 발휘하여 묘안이 나와야 한다. 그래서 지역대표보다는 직능이나 여러 사회단체들을 대표하는 사람들이 더 국회의원이 되게 하는 것이 바람직하다고 생각한다. 혹 지역별 위주로 뽑더라도 이를 대폭 줄이고 직능별이나 직업별 혹은 여러 단체(회)별로 대표를 자체적으로 뽑도록 하고 그 조직의 대표(회장)이 국회의원이 되게 하는 자율적인 아래로부터의 국민대표선출이 활성화되기를 기대하고 있다. 그러면 학생대표, 경찰대표, 어민대표, 실직자대표, 여성대표, 군인대표, 재계대표, 노동자 대표, 의사대표, 중고등학교교사대표 등이나 사회의 각종 위원회나 학계의 여러 대표들이 뽑힐 것이다. 물론 몇 명씩(%)할 것인가 하는 문제는 또 논의가 되어야 할 것이다. 그리고 국민(사회 전문가)들이 직접 법안을 발의할 수 있도록 하는 방법 등도 있지만 아무튼 관련 전문가들이 많이 골고루 국민의 대표가 되는 것이 옳다고 생각한다.

한편 내 생각에는 의사표현은 좋은데 최근의 국회사태를 보고 느낀 것은 어떤 이유에서든 최소한 국회 본회의장 뿐 아니라 상임위원회의장에 대한 일방적 점거는 하지 못하도록 국회법을 바꾸어야 한다고 본다. 민주적 사회에서 제일 필요한 것은 상대에 대한 이해와 대화를 많이 하는 것이기에 더 시간을 갖고 대화를 많이 하고난 후 법 개정을 하도록 하며, 법을 개정할 때 지금의 입법고

시를 더 확대하여 그 내용에 대해 신문이나 방송을 통해 모든 국민들이 다 접할 수 있게 널리 알리도록 하는 법 개정도 있었으면 좋겠다.

국회가 진정으로 국민을 대표하는 곳이고 그곳에 적혀 있는 문구처럼 정말로 국민의 문이라면 이름이 없는 어떤 국민이라도 이 문을 자유롭게 드나들 수 있도록 하여 해야 할 것이다. 우리는 살면서 여러 어려움을 만난다. 따라서 국가 차원에서 각 개인들이 안고 있는 문제들을 해결하는 데 조금이라도 도움을 주어야 마땅하다. 그래서 최소한 그 애로사항을 말할 수 있는 상대나 기회를 일단 국민의 대표들이 모인 국회차원에서 공개적으로 국민의 의견을 수렴하고 국민들이 불편해하는 애로사항들을 해결하는 장치를 만들어야 한다. 그러니 따로 전담하는 부서와 사람들이 있어야 할 것이다. 먼저 힘들고 하소연하고 싶은 사람들이 언제든지 자기 이야기를 할 수 있도록 하고 그 다음은 이를 항목별로 하여 담당 전문가들에게 맡기는 것이다. 좋은 법을 만드는 것도 필요하고 여러 다른 일들도 있지만 진정으로 국민을 위한다면 특히 어려울 때 도와주는 것이라 보기에 꼭 이렇게 되기를 바란다. 다시 말하면 국회쪽에서 주로 국민으로부터 애로사항을 듣고 수합하고 법조계나 사회의 전문가들과 연계하여 공정한 판단과 해결을 할 수 있을 만한 판사(변호사)나 사회의 전문가들을 구성하여 이런 일들을 시행하는 것이다. 전문가들은 자원봉사 차원에서 얼마든지 할 수 있다고 본다.

한편 인품(덕)이 있고 능력이 출중한 국회의원이 되게 하기 위해서는 국회의원을 뽑을 때 청문회를 실시하는 것이 좋겠다는 생각을 해 보았다. 국회의원은 국민의 대표자로서 입법활동을 하는 중요한 사람들이기에 투표 시작되기 한 달 정도에 걸쳐 지금의 인사청문회처럼 실시되기를 바란다. 범사회단체에서 고르게 뽑은 좋은 위원들로 구성된 위원회에서 분담하여 국회후보자들에 대해 자질 등을 심사하고 이것을 국민(지역민)들이 볼 수 있게 반드시 TV를 통해 방영하게 해야 한다. 지금의 인사청문회를 보니 여와 야가 자기 정당의 색깔을 분명히 보여주기도 하고 사소한 것이나 그렇게 중요한 것이 아닌 사항들에 대해서 자주 물고 늘어지는 경우가 있어서 보기에 거북하였다.

그 다음 나의 바람은 우리가 보다 더 교양이 있는 문화시민이 되는 것이다. 물론 그 방법에는 교육을 통한 의식개혁 등 사회 전 분야에서의 노력이 함께 필요하지만 여기에서는 문화적 차원에서 말하고자 한다. 지금은 옛날에 비하면 문화강좌나 프로그램이 다양해졌고 국가나 지방 자치단체 더 나아가 지역주민센터와 지역도서관 그리고 대학교에서도 많은 도움을 주고 있다. 하지만 더 문화사회가 되기 위해서 제안을 하고 싶은 것은 우리의 공공기관들 중에서 최소한 박물관이나 경복궁 등과 같은 유적지에서는 입장료를 받지 않게 하는 것이다. 그러면 가고 싶을 때 언제든지 부담 없이 갈 수가 있기에 매우 가깝고 편한 장소가 될 것이다. 교육적으로도 좋을 뿐만 아니라 심적으로도 많은 도움이 될 것이다. 이것이 잘 되면 더 나아가 연극이나 영화 그리고 각종 공연과 전시 등 모든 문화시설을 무료화하여 모든 사람들이 언제든지 즐길 수 있는 날도 왔으면 한다.(지난 5월부터 시작해 왔던 전국 17개 국립박물관·미술관에 대한 무료 관람의 기간이 연장된다는 보도가 있었다. 이는 매우 기쁜 일이다.) 단계적으로 서서히 실시하여 더 확대되기를 바란다. 사실 독일 등 선진국에서는 대학이나 병원에 국민들이 무료로 가서 혜택을 받고 있다기에 우리도 그렇게 되도록 많은 노력을 하여야 한다. 물론 타산지석으로 삼아 그들보다 더 좋은 제도를 실시하면 더 좋을 것이다.

참고로 몇 달 전부터 울산광역시는 에너지 절약 차원에서 대중교통을 더 이용하도록 하기 위해 매달 넷째 주 월요일 날 아침 7시부터 9시까지 운행되는 버스를 모든 시민들이 공짜로 탈 수 있도록 하고 있다. 물론 자금 확보도 중요하지만 좋은 사회를 만들어야겠다는 사회의 지도자들의 마음가짐과 지혜가 매우 중요하다는 말씀을 드린다.

마지막으로 우리 사회가 더 살기 좋은 선진 문화사회가 되기 위해서는 종교계가 더 바른 마음을 가져야 한다고 생각한다. 즉, 좋은 일들을 더 많이 하여야 한다는 말이다. 宗敎란 말 그대로에 보면 최고의 가르침이다. 그래서 보다 나은 사회로 가기 위해서는 최고의 가르침을 주는 사람들이 솔선수범하여 물질에서 벗어나야 한다. 흔히 사람들은 종교하면 깨끗해야 하고 진리를 따르는 곳이라 생각한다. 사회를 이끌려면 자신이 사회보다 더 지혜롭고 깨끗해야 한다. 정말로 물질을 초월한 무소유의 정신을 실천하는 종교계 지도자들을 더 보고 싶다.

 **새벽을 여는 사람**

저녁에 일찍 자고 아침에 일찍 일어나 활동을 하는 사람을 흔히 아침형 인간이라 하고, 이에 비해 저녁이나 밤늦게까지 일하고 아침에 늦게 일어나면 저녁형 인간이라 한다. 다 아시다시피 역사적으로 많은 분들이 이른 아침에 명상을 하는 것을 적극 권했다. 나도 하루 중 어느 때 보다도 이 새벽에 머리회전이 잘 되고 아이디어도 많이 생기어 계획을 세우거나 공부를 하는 데에 있어 좋은 때라 생각하고 있다. 물론 나이가 들면 잠이 없어져 누구나 아침에 일찍 일어난다고들 하지만 나는 체질적으로 일찍 자고 아침에 일찍 일어나는 아침형인간이다.

오늘도 아침에 일찍 일어났기에 차를 몰고 통도사로 갔다. 조금이라도 더 걸으면 몸에 좋을 것 같아 차를 입구에 세워두고 주위의 소나무들이 주는 맑고 선선한 공기를 마시면서 걸어 올라갔다. 역시 참 좋았다. 그래서 새벽에 이렇게 조용히 산책을 하니 참 좋아서 여기에 새벽에 대한 예찬의 글을 짧게나마 쓰는 것이 좋다고 판단하여 새벽을 여는 사람이란 제목으로 몇 자를 쓰게 되었다. 그 내용은 다음과 같다.

새벽을 여는 사람

하루를 잘 보내고자 하는 사람이 있다면,
아니 성공하고 싶은 사람이면 더욱 좋다.
맑고 깨끗한 공기를 마시고 싶은 사람이 있다면,
아니 건강하고 싶은 사람이라면 더욱 좋다.
좋은 생각이나 아이디어를 얻고자 하는 사람이 있다면,
아니 마음을 안정시켜 평안을 얻고자 하는 사람이 있다면 더욱 좋다.
혹 진리에 가깝게 가고자 하는 사람이 있다면, 더 말할 필요가 없다.
새벽을 여는 사람이 되어야 한다.

따라서 한 해를 잘 보내고자 하는 사람이 있다면
그는 반드시 새해를 여는 사람이 되어야 할 것이다.
위의 것에 별 관심이 없거나 원하지 않으면 하지 않아도 된다.
그렇지만 위의 것들 중에서 단 어느 한 가지에라도 관심이 있으면
필히 새벽과 친해져야 한다.
새벽을 열어야 한다.

어찌 보면 이 새벽에 하늘의 문 혹은 지혜의 문이 열린다고 할 수 있다.
따라서 하늘에서 전하는 말씀을 더 명확히 듣기를 원하거나
하늘의 뜻을 더 잘 이해하기를 바라는 사람이 있다면
이 순간을 잘 놓치지 말아야 할 것이다.
그러면 그는 앞서가고 있는 존재가 된다.
그는 이미 지혜나 진리와 함께 하고 있다.

교육학자 김성봉 교수의 삶, 자연, 행복

 **인간**

　우리 인간이란 진정 어떤 존재인가? 소크라테스가 말한 너 자신을 알라라는 말이 있듯이 우리는 자기 자신에 대해 보다 잘 알고 있어야 할 뿐 아니라 인간이기 때문에 인간에 대해서도 잘 알아야 마땅하다고 생각하고 있다. 그런데 인간이 어떤 동물인가에 대해서는 보는 입장과 견해에 따라 매우 다양하게 이야기될 수 있기에 한마디로 말하는 것은 불가능하다. 하지만 인간인 우리가 인간에 대해 어느 정도는 잘 알고 있어야 한다고 판단하여 여기에서는 조금이나마 참고가 되었으면 하는 차원에서 내가 이제까지 살면서 느낀 인간에 대한 생각들을 여기에 간략히 한 번 적어 보았다.

　인간은 이익을 생각하지만 의리도 생각할 줄 아는 존재이다.
　인간은 피동적이지만 능동적이기도 하는 주체적 존재이다.
　인간은 복종해야 하지만 때로는 지배하기를 바라는 존재이다.
　인간은 이성도 있지만 따뜻한 가슴을 가질 수 있는 존재이다.

인간은 현실적 존재이기도 하지만 이상적 존재이기도 하다.

인간은 습관이나 고정관념에 따라 움직이는 존재이지만 무한한 변화가능성을 또한 지닌 존재이다.

인간은 자기도 생각하지만 남도 생각할 줄 아는 존재이다.

인간은 편하기를 바라지만 일을 해야 하고 땀을 흘려야만 하는 존재이다.

인간은 아는 만큼 따지기도 하지만 알면서도 모르는 척할 수도 있는 존재이다.

인간은 절망하며 한없이 비관할 수도 있고 마음이 바늘 하나 들어가기 힘들 정도로 매우 좁을 때도 있지만, 마음만 먹으면 희망을 가질 수 있고 세상을 좋게 볼 수도 있고 마음이 저 바다처럼 매우 넓을 수도 있는 존재이다.

인간은 신과 동물의 중간적 존재로 신을 생각할 줄 아는 존재이다.

인간은 조화를 추구하는 것이 제일 좋은 길임을 알아야 하는 존재이다.

인간은 무엇인가를 끊임없이 추구하는 불완전한 존재이다.

인간은 과거·현재·미래를 다 생각하는 3차원이상의 존재이다.

인간은 덜된 부처이다.

그 사람이 어떻게 살아왔고 무엇을 추구하고자 하느냐에 따라 이쪽에 가까운 사람이기도 하고 저쪽에 더 가까운 사람이 되기도 한다. 아무튼 우리 인간들은 자신이 어떤 선택을 하느냐에 따라 그만큼 다른 인생을 산다는 것을 알았으면 한다.

 후기

 세상을 살면서 느낀 점들을 조금씩 적어두었던 것이 오늘 이런 결실을 보게 될 줄은 미처 몰랐다. 비록 부족한 부분이 많지만 나의 생각을 이런 형태로 나마 피력할 수 있게 된 것에 대해 나 자신뿐 아니라 나의 가족 그리고 하느님(부처님)께 고마움을 표하고 싶다. 왜냐하면 먼저 이 책은 현실적 조건 속에서 열심히 살고자 했던 내 마음에서 시작하였고 그동안 별다른 큰 사고가 없이 무사히 건강하게 이 작업을 마칠 수 있게 된 것은 당연히 가족의 희생과 하느님(부처님)의 보이지 않는 보살핌이 있었다고 믿기 때문이다.

 이 책에 표현된 나의 뜻과 사상은 이제까지 내가 공부를 하면서 혹은 인생을 살면서 깨닫고 배운 것들로 이런 형태로 다른 사람들에게 도움을 주는 것도 좋을 것이라는 판단하여 이 작업을 끝까지 지속하였고 최종적으로 글을 손질하여 마무리하게 되었다. 그 분야에 대해 많이 알면 알수록 혹은 핵심을 꿰뚫을 정도로 잘 알면 알

수록 강의를 보다 알기 쉽게 하고 책을 읽기 쉽게 쓴다는 생각하고 있기 때문에 과거부터 지금까지 나의 일관된 생각은 최대한으로 쉽게 강의하고 쉽게 글을 써야겠다는 것이다. 그래서 최대한 독자들이 쉽게 읽고 쉽게 이해할 수 있도록 하기 위해 책의 편재를 기존의 것들과는 다르게 많이 하고자 하였으나 제대로 되었는지 잘 모르겠다. 아무튼 이 책의 부족함은 다 나의 한계이고 나의 능력부족 때문이라 생각하기에 독자 여러분들의 넓은 이해를 구하는 바이다. 이를 계기로 다음에는 더 좋은 책을 만들어야겠다는 각오도 새로 생겼다.

한편 이 책에 나의 모든 생각들을 다 담지는 못하였다. 그러나 내가 전하고자 하는 핵심은 어느 정도 전달되었을 것이라 믿으며 교육학에 대한 이해 및 교육철학과 사상 등에 대한 글들은 훗날의 작업으로 미루었다. 참고로 내가 바라는 사회는 인간의 인간에 대한 싸움이 종식된 사회이다. 더 이상 인간이 또 다른 인간을 지배하고 억압하고 수단화하지 않았으면 한다. 그래서 그동안 나는 이런 세상을 위해 인간의 가치를 높이려고 하였고 그 차원에서 인간주의교육을 연구하고 강조하였다. 힘이 있는 사람들과 힘이 없는 사람들이 다 즐겁고 행복하게 지냈으면 한다.

끝으로 우리 모두가 지향했으면 좋다고 생각하는 나의 인간상에 대한 글로 마무리 하고자 한다. 그 첫째가 우리 모두 학자가 되자는 것이다. 이는 각자가 지금 어떤 직업을 가지고 어떤 위치에서 어느 정도의 수입(월급)을 가지고 살든지 간에 항상 학자적 자세를 가지고 살자는 것이다.(물론 선비적인 정신으로 삶을 산다면 더 좋은 일이다.) 여기서 말하는 학자는 꼭 전문적인 과정을 밟거나 전문적인 지식을 탐구하는 자나 깊이 있는 지식을 추구하는 소수의 사람들만을 의미하지 않는다. 내가 생각하는 학자(學者)란 말 그대로 배울 학과 사람 자가 합성된 것처럼 항상 배우는 사람이 되자는 것이다. 내가 가장 필요한 것들이 매우 많고 사랑이 매우 중요한데 굳이 학자가 되자는 말을 꼽은 것은 우리 모두가 보다 나은 인간과 보다 살기 좋은 사회를 만들기 위해서는 꼭 필요한 것이라 보았기 때문이다.

내 생각으로는 이처럼 배우고자 하는 열린 마음을 가진다는 것은 기본적으로 첫째, 그가 자신의 생각과 판단이 항상 완전하지 않다는 것을 이미 잘 아는 겸손한 마음의 표현이고, 둘째, 자기 자신의 생각이 끊임없이 자기이익 쪽으로 가려고 하는 내면의 항상성이 있음을 잘 알고 있어서 이를 고치려고 하는 적극적인 행동의 한 단면이라 보며, 셋째, 보다 더 발전된 자기 자신이 되기를 바란다는 뜻도 포함되어 있다는 것을 말한다. 그 방법에는 자기 자신이 자기 자신을 가르쳐 주는 경우도 있고, 자연이나 책을 통해 배우기도 하고, 연령을 불문하고 모든 사람들의 말이나 행동을 통해 배우기도 하고, 아니면 사회교육원이나 정규학교 혹은 자신의 경험을 통해 배울 수도 있다. 아무튼 우리는 귀와 마음의 문을 활짝 열고 살아야 한다. 그러면 어제보다는 오늘, 오늘보다는 내일이 더 나아질 것이다.

그 다음에는 항상 감사하며 살 줄 아는 낮은 마음을 가진 인간이 되어야 할 것이다. 그 외에는 어떤 일이나 상황이 되어도 그것을 긍정적으로 보는 사람, 깨끗한 사람, 마음이 따뜻한 사람, 정의롭고 공정한 사람, 많이 웃는 사람, 삶을 보다 즐겁게 사는 사람,

어떤 경우에도 낙천적으로 인생을 즐길 수 있는 사람, 좋은 것을 자신이 가지려고 하기보다는 오히려 그것을 남에게 양보하는 사람, 타인을 인간 그 자체로 존중하고 역지사지의 정신으로 그의 입장을 잘 이해할 줄 아는 큰 사람, 못난 사람이나 자신보다 힘이 없는 사람을 챙겨 주고자 하는 큰마음을 가진 사람, 언제나 하늘로 날아갈 수 있을 정도로 비워서 가벼운 사람, 물질적인 욕심이 없는 사람 등이 내가 바라고 지향하는 인간상이다. 나를 포함하여 우리 모두 이렇게 되도록 노력하자. 나는 아직 갈 길이 멀다.

우리 모두는 대부분 좋은 것(좋은 지위, 다이아몬드, 권력, 좋은 직업 등)을 가지려고 하는데 그것은 제한되어 있다. 아! 이를 어떻게 해결해야 하나? 바라는 마음을 가지는 존재가 바로 인간이기에 인간에게 무엇인가를 바라지 말라고 하는 것은 인간이기를 포기하라는 말이 된다. 따라서 내가 생각하기에는 그 해결방법은 각자가 욕심을 줄이고 타인에게 조금씩 양보하며 사는 것이라 본다. 이와 관련하여 오늘 아침에 내가 느낀 것을 짧게 적어본다.

진리란 무엇입니까?
주라! 그러면 더 많은 것을 얻는다.
따라서 좋은 것을 항상 주도록 하라.

 추천도서

갈매기의 꿈, 리처드 바크/정성환 역, 혜림출판사, 1989.

건전한 사회, 에리히 프롬/김병익 옮김, 범우사, 1999.

그림자 없는 나무, 월하대종사, 통도사, 2004.

긍정의 힘, 조엘 오스틴/정성묵 옮김, 두란노, 2005.

교육사, J. S. Brubacher/이원호 역, 문음사, 1984.

교육철학이란 무엇인가, G. F. 넬러/정희숙 옮김, 1990.

교육학개론, 김정환·강선보 공저, 박영사, 2003.

논어강독, 김기평 역주, 아세아문화사, 2002.

논어인간학, 최근덕, 집문당, 1996.

달라이 라마의 행복론, 달라이 라마·하워드 커틀러/류시화 옮김, 김영
　　　사, 2001.

대교수학, J. A. 코메니우스/정확실 역, 교육과학사, 2007.

뜻으로 본 한국역사, 함석헌, 제일출판사, 1989.

맹자 집주, 성백효 역주, 전통문화연구회, 1993.

마음이 행복해지는 책, 세프라 코브린 피첼/편집부 편역, 경성출판, 2006.

마지막 강의, 제프리 재슬로/심은우 옮김, 살림, 2008.

무소유, 법정, 범우사, 1993.

미국교육이야기, 이일용, 학지사, 2008.

법화경, 묘일 석동광, 현광사, 2001.

불자보감, 임벽봉 편저, 선문출판사, 2007.

사람됨의 뜻, 이규호, 제일출판사, 1988.

사람은 무엇으로 사는가, 톨스토이/안의정 옮김, 맑은 소리, 1998.

사랑과 교육관, 김재만, 배영신서, 1977.

사랑의 본질, 에릭 프롬, 박영문고, 1991.

사랑이 있는 곳에 신도 있다, 톨스토이/송명의 옮김, 하문사, 1998.

석가 우리들의 부처님, 석주큰스님 · 김현준, 효림, 2007.

성경전서, 대한성서공회, 1998.

성숙인격론, 김성태, 고려대학교 출판부, 1986.

살아있는 것은 다 행복하라, 법정잠언집, 류시화 엮음, 조화로운 삶, 2008.

소유냐 존재냐, 에리히 프롬/최혁순 옮김, 범우사, 1999.

소크라테스의 변명, 플라톤/황문수 역, 문예출판사, 1986.

실존주의는 휴머니즘이다, 장폴 사르트르/방곤 역, 문예출판사, 1975.

역사란 무엇인가, E. H. Carr/황문수 역, 범우사, 1990.

영원으로 향하는 마음, 일타큰스님, 효림, 2005.

엘리트보다는 사람이 되어라, 전혜성, 우석, 1996.

우리에게 가장 소중한 것은, 김홍식, 주변인의길, 2004.

유태인의 자녀교육법53, 루스 실로/박민경 옮김, 국민출판, 2006.

유토피아, 토마스 모어/황문수 역, 범우사, 1977.

위대한 버림, 이준엽 엮음, 빨간우체통, 2007.

인간이란 무엇인가, 라다크 리슈난 · 라쥬 편저/곽철 역, 동문출판사, 1979.

인간본성에 관한 10가지 철학적 성찰, 로저 트리그/최용철 옮김, 자작나
    무, 1999.

인간주의 교육의 실천방향, 김성봉, 한국학술정보(주), 2006.

인간주의 교육학, J. M. 리치/김정환 역, 박영사, 1986.

인격교육과 덕교육, 정세구 외 옮김, 배영사, 1990.

인생이란 무엇인가, 박상규·최혁순 공역, 범우사, 1983.

자기를 바로 봅시다. 성철스님법어집 1집 7권, 장경각, 2535.

정토삼부경, 지정, 왕산기획, 2004.

존재의 심리학, 에이부러햄 머슬로우/이혜성 역, 이화여자대학 출판부, 1996.

죽음의 수용소, V. Frankl/정태시 역, 제일출판사, 1969.

진리의 말씀(법구경), 법정 옮김, 나무심는사람, 2004.

천부적인 교사, E. 슈프랑거/김재만 역, 배영사, 1990.

카네기 인생론전집, 카네기/최광열 역, 일조각, 1996.

큰스님 큰가르침, 윤청광, 문예출판사, 2004.

탈무드, 마빈 토케이어/정진택 옮김, 범우사, 1986.

토토의 눈물, 구로야나기 테츠코/김경원 옮김, 작가정신, 2002.

퇴계선생 일대기, 권오봉, 교육과학사, 2001.

파우스트, 요한 볼프강 괴테/정서웅 옮김. 민음사, 2003.

페스탈로치가 어머니들에게 보내는 편지, J. H. Pestalozzi/김정환 옮김,
     양서원, 1996.

플라톤의 국가론, 최현 옮김, 집문당, 1996.

화, 틱낫한/최수민 옮김, 불교시대사, 2005.

金聖奉

▌ 약력

경주출생
교육학 박사
동양대학교 교육대학원 교수

▌ 저서 및 논문

인간주의 교육의 실천방향
교육 소외계층의 교육실태와 정책과제
인간주의의 가치와 교육적 지향 등

▌ 관심분야

전인교육, 지도자윤리교육, 사랑의 교육, 인간존중교육, 행복과 희망의 교육.

교육학자 김성봉 교수의 삶, 자연, 행복

행복으로 가는 열쇠 산

초판인쇄 | 2009년 4월 20일
초판발행 | 2009년 4월 20일

지은이 | 김성봉
펴낸이 | 채종준
펴낸곳 | 한국학술정보㈜
주 소 | 경기도 파주시 교하읍 문발리 513-5 파주출판문화정보산업단지
전 화 | 031) 908-3181(대표)
팩 스 | 031) 908-3189
홈페이지 | http://www.kstudy.com
E-mail | 출판사업부 publish@kstudy.com

등 록 | 제일산-115호(2000. 6. 19)
가 격 | 36,000원

ISBN   (Paper Book)
978-89-534-2282-7 08040 (e-Book)

여답 는 한국학술정보(주)의 지식실용서 브랜드입니다.